杜保瑞作品集003

王陽明傳習錄疏解

杜保瑞 著

王國慶 校勘

陽明先生的發言，六七成都是在《大學》文本的詮釋上展開，
而且主要都是心學進路的工夫論觀點。由於陽明先生自己就是真實實踐，
因此心地上對於儒家仁義之道體貼真切，每能貫穿經典深入情境呈現細節，
這是他作為明代大儒的真才實學。

緒論

　　《傳習錄》是王陽明哲學思想的載體，編目方式都是以門人弟子的著錄爲主，爲使其哲學思想更有體系地呈現，本書之作，便將其哲學觀點以二十三個主題的方式分類彙整，加以疏解。由此可以見出，他在儒學各種主題上的觀點，見到他所關切的核心問題，呈現他的發言的主要方向。

　　陽明哲學，以問題意識而言，傳統上說是心學，而心學主要就是談工夫論。然而，工夫論不孤起，必有本體論及宇宙論的依據，也將有境界論的結果。陽明的主要思考力都灌注在工夫論的問題意識上，這沒有問題，有問題的是，陽明對本體論、宇宙論問題的忽視，以及對其他儒者在這方面觀點的誤解。本書之作，都將指出這些問題，務使陽明思想不必與他儒決然對立衝突，而是共構的儒學有機整體。

　　陽明的發言，六、七成都是在《大學》文本的詮釋上展開，而且主要都是心學進路的工夫論觀點，陽明當然也討論《論語》、《孟子》、《中庸》之作，解讀之際，也是心學工夫論的進路爲主。由於陽明自己就眞實實踐，因此心地上對於儒家仁義之道體貼眞切，每能貫穿經典、深入情境、呈現細節，這是他作爲明代大儒的眞才實學。

　　陽明的語言，確有混入佛教名相的實情，當然陽明絕對是儒家的價值立場，但是名相的混合必然導致理論命題的糾纏，「無善無惡」、「應無所住」、「本來面目」等等文字，使得他的性善論旨儘管甚費唇舌，依然不能讓弟子明白。涉及此處關節之文，本文都將爲之轉譯，務使陽明的文字謹守儒學模式。

　　陽明在心學工夫上確實與禪宗心法雷同，但這只是心法形式上的一致，關鍵在本體論的價值意識，陽明就是儒家的仁義價值，但是，本體論背後有宇宙論、世界觀的背景，就此而言，陽明亦從未論及佛

教三界、六道的他在世界，只是，論於宇宙的發生與存在問題，陽明的心學模式依然大起作用，這就有了形上學的唯心論旨在，這一部分，筆者最後的擇定，則是替陽明抹去這樣的觀點，直說這是他還沒有深入發揮的意見，一時話說過頭的表述，否則，陽明將溢出《中庸》、《易傳》的儒家形上學邊界，真正儒佛不分了。惜乎，這些說法，竟在牟宗三先生的創作中再度崛起發揮了。這就是必欲儒學高於佛學的心態所致，筆者沒有這樣的心態，所以務必提醒陽明心學的學習者不要走進這一條道上，保持在《中庸》、《易傳》和「程朱理學」的客觀唯心論的形上學立場就好了。

本部之作歷時五年，最初乃為講授陽明心學之需，便進行了依據主題分類編輯文本的工作，編目之後，繼以講授，講授之餘，落實文字注解，文字工夫都在這三年疫情期間完成，由於線上之課程與會議依然眾多，餘暇並不寬裕，所以做得斷斷續續，恰逢上海疫情嚴峻的這三個月期間，完全無法出門，省掉了舟車勞頓的時間，終於完成。

本書著作之完成，亦是筆者陽明學研究的一個段落之結束。筆者於碩博士期間以及教學任教之後，都在儒學陣營中筆耕，最初，陽明學始終不在筆者用力耕耘的對象中，原因就是，《傳習錄》一讀就懂，沒有糾結難解之處，不若蕺山、船山、朱熹、張載等人的作品，筆者甚至以為，不能善解、深解、全解朱熹之學，不能真正算是談儒學的大家，因此對陽明學的深入研討之功就一直擱置。然而，主要就陽明學的當代影響力而言，實不容筆者不正式處理其學，至於用功之後，一方面解決了當代詮釋上的爭辯問題，二方面作為未來陽明心學的講學材料，更能綱舉目張。

筆者碩士論文題目為《劉蕺山的工夫理論與形上思想》，博士論文為《論王船山易學與氣論並重的形上學進路》，在華梵大學任教時完成《北宋儒學》專書，在臺灣大學任教時完成《南宋儒學》專書，來上海交大時完成《牟宗三儒學平議》專書，以上研究，無一不圍繞陽明思想展開相關討論，那麼陽明思想的本質為何？特別是在經歷了方東美先生、唐君毅先生、牟宗三先生、勞思光先生處理的陽明思

想與朱熹思想的比較意見之後，除了唐先生之外，幾乎都是一面倒地揚王貶朱，深究思想的底蘊，果其然乎？筆者並不以為然。關鍵都是哲學基本問題的錯置使然，亦即沒有搞清楚朱熹某些理論所面對的問題和陽明的問題是不一樣的，陽明意氣高昂，以朱熹為敵論而予以批評，至於當代學者，則不應續走其路，而是要適予調節為佳。筆者在中國哲學研究方法領域上有所申論，並著有《中國哲學方法論》、《中國生命哲學真理觀》、《中國哲學的會通與運用》三書，以書中核心觀點「中國哲學真理觀的四大問題」與「中國哲學基本問題的四方架構」為基礎，展開的《王陽明傳習錄疏解》之作，正是要凸顯陽明哲學的核心意旨，調和陽明心學與程朱理學的鴻溝，異者說其異，同者說其同，由於是針對文本作疏解，且分類議題作討論，因此這樣的成果必然可期，講清楚陽明思想的本身，又不受到陽明錯解先儒思想的影響，也不受到陽明辯證三教的偏見干擾，老老實實正本清源，既讓陽明的創造性得獲彰顯，亦讓陽明思想的邊界限定明確，不使其溢出，不獨高而小天下。筆者以為，這樣才是當代中國哲學研究的善解之路，既彰顯，又收斂；既承擔，又謙下。期望這樣的疏解成果能給所有讀者一個清晰又不傲慢的陽明圖像。

　　筆者的陽明研究，在此之前，亦有《陽明哲學與陽明文選》之作出版，該書中收錄了三篇筆者的陽明學研究論文，包括：〈王陽明知行合一的本體工夫論〉、〈王陽明的三教辯證與教學風格〉、〈對王陽明批評朱熹的理論反省〉，以及〈王陽明哲學文選〉。本書之作，即是針對〈王陽明哲學文選〉進行的文本疏解，並另外附上〈工夫論與做工夫 —— 論王陽明編定《朱子晚年定論》的理論合理性〉一文，以及重錄〈對王陽明批評朱熹的理論反省〉，至於〈王陽明知行合一的本體工夫論〉、〈王陽明的三教辯證與教學風格〉二文，裡面的內容與材料，已經包含了本書主要部分〈王陽明傳習錄疏解〉，便無需再錄，但是對於陽明與朱熹的千古之辯，仍需一言再言，因此本書附錄該二文。

　　針對陽明之學，尚有當代學者的討論，筆者亦有多文涉及此一領

域，討論了方東美、牟宗三、唐君毅、勞思光、陳來的陽明著作，唯因出版規畫之故，不錄於本書之中，其中就是勞思光和牟宗三有提出個人的解釋架構以安排定位王學，唯其持有高王貶朱的立場，背後則是解釋架構的問題，筆者亦已同時於《中國哲學方法論》相關專文中討論過牟先生與勞先生的觀點，以求解消此一高下分判之立場。其他諸家則是依據原本以經解經的進路談的陽明學，確有諸多細緻之處。

陽明學於今日之內地，於講學風氣之盛，其他儒學經典無出其右者。於當代中國哲學詮釋體系，多有以之為千古第一高峰者，故而陽明學必須細講。陽明學的實際內容，已於本書《傳習錄疏解》中盡現其旨了。陽明與朱熹的辯論，筆者於本書文末兩篇附錄的專文中，已充分表述了個人的立場了，就是陽明學並沒有高明於朱熹學，而是互有不同，可以共構融貫於一，只要指出陽明對朱熹的誤讀之處即可。至於當代學者與哲學家的陽明討論，面向眾多，不敘於此，另待他書。

本書對當代陽明學研究的作用，就是深入經典，展現細節，對於陽明學家喻戶曉的任何命題，都是無數陽明自己的文本詮釋下的闡釋，意旨絕不走作，則能收穫深入經典為我所用之學習效果。對於陽明自己對道教、仙家、佛教先儒的批評意見，則皆予以解消，不能任憑陽明說之，則能收穫整個中國哲學理論體系正本清源之實效。

CONTENTS

目　錄

CONTENTS

第一章　王陽明心境自述——答聶文蔚

　　王陽明的一生，爲官、懲亂、剿匪、教學，無一不耗盡心力，毫不保留，所做所爲與一般官員士子皆盡不同，他深知自己的關切在天下百姓，雖然這正是讀聖賢書者應有之所爲，卻不爲當代時人所喜，頗有孤寂之憾，唯有摯友聶文蔚，相得於心，聶文蔚來拜訪王陽明，兩人相談甚深，互相深受感動，聶文蔚離去之後，來信抒懷，王陽明更加心繫好友，回信中間，情深意切，下筆千言，特別是對於官場惡行的揭露與批判，可謂深惡痛絕，必欲掃除而後已，也是將自己內心深處最隱藏的胸懷，揮灑奉告，可謂得一平生知己而無憾矣。《答聶文蔚書》是最能彰顯陽明心境的自述，是以選爲陽明心學開篇。

一、聶豹之言正是陽明心境

　　陽明表達收到來信的欣喜之情，以及自述自己的心志：

　　【178】¹春間遠勞迂途，枉顧問證，惓惓此情，何可當也！已期二三同志，更處靜地，扳留旬日，少效其鄙見，以求切劘之益；而公期俗絆，勢有不能，別去極怏怏如有所失。忽承箋惠，反復千餘言，讀之無甚浣慰。中間推許太過，蓋亦獎掖之盛心，而規礪眞切，思欲納之於賢聖之域，又托諸崇一以致其勤勤懇懇之懷，此非深交篤愛何以及是；知感知愧，且懼其無以堪之也。雖然，僕亦何敢不自鞭勉，而徒以感愧辭讓爲乎哉！其謂「思、孟、周、程無意相遭於千載之下，與其盡信於天下，不若眞信於一人。道固自在，學亦自在，天下信之不爲多，一人信之不爲少」者，斯固君子「不見是而無悶」之心，豈世之謏謏屑屑者知足以及之乎！乃僕之情，則有大不得已者存乎其間，而非以計人

之信與不信也。（《答聶文蔚書》）

陽明與聶豹惺惺相惜，聶豹自覺要承擔子思、孟子、周敦頤、二程之志，而不論天下人之信與不信。此旨，正是陽明心聲，因為，眼前的時代，宮廷奪權詭譎，官員結黨營私，百姓生活困窘，地方盜匪橫行，對於一個有心於天下的知識份子而言，內心豈不悲痛，對於一干庸庸碌碌的官員而言，豈能知我內心。於是繼續發揮，講出他對人與天地萬物關係的看法。

二、以天地萬物為一體是陽明心學的理論依據

陽明直接打開自己的儒學理念，陳述與天地萬物為一體的認識：
【179】夫人者，天地之心，天地萬物本吾一體者也。生民之困苦荼毒，孰非疾痛之切於吾身者乎？不知吾身之疾痛，無是非之心者也。是非之心，不慮而知，不學而能，所謂「良知」也。良知之在人心，無間於聖愚，天下古今之所同也。世之君子惟務致其良知，則自能公是非，同好惡，視人猶己，視國猶家，而以天地萬物為一體，求天下無治，不可得矣。古之人所以能見善不啻若己出，見惡不啻若己入，視民之飢溺猶己之飢溺，而一夫不獲，若己推而納諸溝中者，非故為是而以蘄天下之信己也，務致其良知求自慊而已矣。堯、舜、三王之聖，言而民莫不信者，致其良知而言之也；行而民莫不說者，致其良知而行之也。是以其民熙熙皞皞，殺之不怨，利之不庸，施及蠻貊，而凡有血氣者莫不尊親；為其良知之同也。嗚呼！聖人之治天下，何其簡且易哉！（《答聶文蔚書》）

陽明講「夫人者，天地之心」，朱熹講「仁者天地生物之心」，朱熹就存有論說，天道以仁德價值生發天地萬物。陽明亦談存有論，從人心主體說，天地之心說得是天道的終極價值意識，是仁，這個仁，會賦命於人性之中，人生的意義就在彰顯它。這就是陽明講話的脈絡，人，就是揭露顯發這個天地之心的實踐主體。為何要顯發？就

是下一句所說的「天地萬物本吾一體者也」，這個一體，必須有宇宙論的依據，天道化生，整體流行，無可分割，包括人類，依「正德利用厚生」的做法而言，以人類爲中心，修養品德，利用天地萬物，生養人類社會。人與人之間，便是這個一體的所含，而所謂仁德的價值意識，正是要人人愛人，於是，儒家建立了關心天下人、爲天下人服務的人生目標。天道將人與他人以及天地萬物一體流行，所以天下一體。天道有仁德的價值意識，所以，君子效此，也以仁德善待天下人。其做法只要致良知，就能夠天下大治，這也就是自古以來聖人治理天下的心法。又言：

> 生民之困苦荼毒，孰非疾痛之切於吾身者乎？不知吾身之疾痛，無是非之心者也。是非之心，不慮而知，不學而能，所謂「良知」也。良知之在人心，無間於聖愚，天下古今之所同也。世之君子惟務致其良知，則自能公是非，同好惡，視人猶己，視國猶家，而以天地萬物爲一體，求天下無治，不可得矣。

既然是一體，則天下人有苦痛，便是自己的苦痛，感同身受，若非如此，便是沒有良知之人，良知就是這個賦命於人性中的天道的在人心人性之內的價值自覺主體，良知天下人皆有且皆同，若天下人皆務力於致其良知，視人猶己，則天下必大治。又言：

> 古之人所以能見善不啻若己出，見惡不啻若己入，視民之饑溺猶己之饑溺，而一夫不獲，若己推而納諸溝中者，非故爲是而以蘄天下之信己也，務致其良知求自慊而已矣。

古人之所以與萬民一心者，就是因爲良知的發用，良知就是仁德之心，此心必欲天下人好，所以有別人做了對天下人好的事情，會高興得就像自己做的，而不是忌妒對方成了賢人。有別人日子過得不好，會覺得就像是自己害到他的，這樣的心態，就是良知擴充自滿的結果，就是與天地萬物爲一體，就是與天下人爲一體，這就是儒者的承擔天下之志。以良知自我要求。又言：

> 堯、舜、三王之聖，言而民莫不信者，致其良知而言之也；行而民莫不說者，致其良知而行之也。是以其民熙熙皞皞，殺之不

怨，利之不庸，施及蠻貊，而凡有血氣者莫不尊親；爲其良知之同也。嗚呼！聖人之治天下，何其簡且易哉！

良知是人我一體的，同步感通的，古代聖王之治理天下，百姓既信且悅，便是聖王致其良知，以自己與天下人爲一體之同，所以所有施政皆乃利益百姓之舉，於是民信民悅，並且百姓德性也受到教化，前提就是，天下人有共同的良知，這也就造成聖人治理天下極爲容易的結果，關鍵就是聖人除良知發用之外毫無私心，但恰恰是這個毫無私心不是一般人容易做到的，因此也正是聖人與一般人的不同之處。

三、缺乏良知之後知識份子將犯下種種惡行

王陽明一口氣把官場上的種種陋行全部呈現了：

【180】後世良知之學不明，天下之人用其私智以相比軋，是以人各有心，而偏瑣僻陋之見，狡僞陰邪之術，至於不可勝說；外假仁義之名，而內以行其自私自利之實，詭辭以阿俗，矯行以干譽；揜人之善而襲以爲己長，訐人之私而竊以爲己直，忿以相勝而猶謂之徇義，險以相傾而猶謂之疾惡；妒賢忌能而猶自以爲公是非，恣情縱欲而猶自以爲同好惡；相陵相賊，自其一家骨肉之親，已不能無爾我勝負之意、彼此藩籬之形，而況於天下之大，民物之眾，又何能一體而視之，則無怪於紛紛籍籍而禍亂相尋於無窮矣。（《答聶文蔚書》）

爲何人間世界會世衰道微呢？陽明以爲這就是儒學不明的結果。天下紛亂，關鍵就是良知沒有成爲每個人生命生活的主宰，私心熾盛，於是有種種詭怪之行爲，以下陽明之所說，深刻見血，值得一句一句分述之如下。首先：

後世良知之學不明，天下之人用其私智以相比軋，是以人各有心，而偏瑣僻陋之見，狡僞陰邪之術，至於不可勝說；

良知就是孟子講的性善，它不發揮，各種惡事就做出來了。僻陋之見，就是偏而不中，瑣屑而不縝密，故而僻陋。陰邪之術，就是狡

詐不實，虛偽欺人，故而陰邪。人一自私，種種惡事就敢於暢行了，說都說不完了，便條分縷析以說之：

「外假仁義之名，而內以行其自私自利之實。」個人固然不能提起良知，而私欲用事，但是對於知識份子而言，書讀多了，還懂得利用仁義之名以為惡，隱其惡事之動念，求其私利之滿足，表面裝做仁義之詭行，這簡直比直接為惡者更加可惡了。還有：

「詭辭以阿俗，矯行以干譽。」首先，阿俗以求利，明明不正之事，以詭譎的話語去合理化它而諂媚俗人，讓別人欣喜而得利。其次，矯詐其行以求名譽，刻意作出讓人稱譽的行為，該行為未必是人們當場所需要的，只是為了引人注目而用的，事情做得花花俏俏，搶奪虛名不亦樂乎。還有：

「掩人之善而襲以為己長」，不能欣賞別人而會忌妒他人的人，就會遮掩別人的優點，做出同樣的行為，侵略之以為自己的成果，故意炫耀。

「訐人之私而竊以為己直」，為了顯示自己是正直的人，沒事亂說別人的壞話，故意厭棄別人的惡行，好像自己非常正直，無法忍受別人為惡，其實別人未必有惡行，都是自己想像扭曲而惡意中傷他人。所以總是嚼舌根愛說別人壞話的人，基本上他自己就是最壞的人。還有：

「忿以相勝而猶謂之徇義」，自己好勝過強，凡事要贏過人家，故意做一些標榜自己有能力的事情，把別人比下去，卻表現得自己正在追求仁義之行，其實只是在好勝較勁，滿足自己勝過別人的欲望。還有：

「險以相傾而猶謂之疾惡」，自私的人時時與他人爭奪利益，所使用的手段十分卑劣，任意攻擊別人之時，卻還要美化自己的行為，把自己的做法表演成為在為社會除害，其實只是在壓制他人。所以，只要是手段卑劣的事情，在一般職場上這樣做事的人，不管找出什麼理由，其實都是惡行而已。還有：

「妒賢忌能而猶自以為公是非」，心中沒有社會國家百姓的人，

做事只求私利，不欲他人凌駕於己，一旦別人有優點，做出對團體有貢獻的事情的時候，他就會忌妒別人，說一些他的壞話，假裝是在講公是公非，拿許多大道理來譭謗對團體有貢獻的人，這其實就是妒賢。所以看人要看他做的事情，只要事情有利於團體，就不要管周圍的人怎麼評價，那些評價常常是妒賢忌能的惡言而已。還有：

「恣情縱欲而猶自以爲同好惡」，貪圖享樂的人，結交權貴，不務正事，整天和酒肉朋友放浪形骸追求感官滿足之事，卻把這些行爲說成只是在交朋友，美化自己不良的行爲，說是和朋友必須一同好惡，其實只是一起縱欲而已。所以，我們需要有團隊意識，但這是指公事上的合作，而不是私下的玩樂。還有：

「相陵相賊，自其一家骨肉之親，已不能無爾我勝負之意，彼此藩籬之形，而況於天下之大，民物之眾，又何能一體而視之，則無怪於紛紛籍籍而禍亂相尋於無窮矣。」

這些自私的人爲什麼人性如此之不堪呢？這是因爲，從小家庭教育就不行了。長大以後，與自己家人都還計較利害，他又如何能與天下人一體呢？既然不能與天下人一體，那麼這些做官的，爲了掌握權力資源就會爲爭權奪力製造紛爭了。

以上種種詭怪之行爲，都是自私好勝之心所致，都與作爲知識份子官員應該扮演的角色是違背的，爲了糾正這種行爲，陽明挺身而出，但卻也成爲天下之笑柄。下文述之。

四、以良知之學救天下卻遭受喪心病狂之譏

陽明陳述自己遭受的譏諷，與自己拯救天下人的心切：

【181】僕誠賴天之靈，偶有見於良知之學，以爲必由此而後天下可得而治。是以每念斯民之陷溺，則爲之戚然痛心，忘其身之不肖，而思以此救之，亦不自知其量者。天下之人見其若是，遂相與非笑而詆斥之，以爲是病狂喪心之人耳。嗚呼，是奚足恤哉！吾方疾痛之切體，而暇計人之非笑乎？人固有見其父子兄

弟之墜溺於深淵者，呼號匍匐，裸跣顛頓，扳懸崖壁而下拯之。士之見者，方相與揖讓談笑於其傍，以爲是棄其禮貌衣冠而呼號顛頓若此，是病狂喪心者也。故夫揖讓談笑於溺人之傍而不知救，此惟行路之人，無親戚骨肉之情者能之。然已謂之無惻隱之心非人矣，若夫在父子兄弟之愛者，則固未有不痛心疾首，狂奔盡氣，匍匐而拯之，彼將陷溺之禍有不顧，而況於病狂喪心之譏乎？而又況於蘄人之信與不信乎？嗚呼！今之人雖謂僕爲病狂喪心之人，亦無不可矣。天下之人心，皆吾之心也。天下之人猶有病狂者矣，吾安得而非病狂乎！猶有喪心者矣，吾安得而非喪心乎？（《答聶文蔚書》）

要拯救天下受苦之百姓，這必須是眞正的儒者才會有的胸懷，就是以良知爲主宰，把天下人當作自己，與天下爲一體者，才做得到的。陽明任何時刻都在講學傳道，講的就是這樣的思想。但陽明這樣的關懷之行止，對於其他官員而言，他們只顧自己的私利，便視陽明爲異類，他們看著陽明奔走呼號到處作爲，仍然不爲所動，所以陽明以父兄墜谷事件比喻之，說明自己爲何如此作爲，以及別人爲何如此冷漠。陽明譬喻道：人會捨身忘己而救助別人，是因爲視天下人爲一體，就是把人人都當成是自己的親人。不管任何人，如果自己親人跌入谷底，他一定會捨身冒險下去救親人，爲了去拯救，披頭散髮連滾帶爬，形象不顧，這時候，旁邊的人不僅不會關心他，甚至還會嘲笑他衣冠不整，說他喪心病狂，跑得像個瘋子。然而要救親人的人，就算別人是這樣，他也不會在意，因爲親情所致，救親人的行動不是爲了社會形象榮譽資源，而是發自內心本來的良知，不能不救，更不會顧及形象顏面，所以就不顧他人非笑了。現在，王陽明作爲知識份子官員，爲了天下人的困苦，講學、理政、治亂、剿匪，無事不爲，無時不爲，而當其時，各地盜匪橫行，爲救百姓，一邊講學一邊剿匪，盡心盡力，耗盡心氣，同時代全國其他的官員沒有人這麼認眞的，百姓之事是沒有人全力投入的，因此反而對陽明的行徑視爲異端了，陽明因此以喻自明，說明自己的所作所爲，就像是爲了救親人，是不會

畏懼別人譏笑的，這同時也說明了，陽明眞正是做到了與天下人爲一體的境界。

五、即便是聖賢如孔子一樣會為世人嘲笑

陽明清楚就算是做一個拯救天下的君子，也一樣會被天下人嘲笑或誤解，但這一條路還是要走：

【182】昔者孔子之在當時，有議其爲諂者，有譏其爲佞者，有毀其未賢，詆其爲不知禮，而侮之以爲東家丘者，有嫉而沮之者，有惡而欲殺之者，晨門、荷蕢之徒，皆當時之賢士，且曰「是知其不可而爲之者歟？」、「鄙哉硜硜乎！莫己知也，斯已而已矣。」雖子路在升堂之列，尚不能無疑於其所見，不悅於其所欲往，而且以之爲迂，則當時之不信夫子者，豈特十之二三而已乎？然而夫子汲汲遑遑，若求亡子於道路，而不暇於暖席者，寧以蘄人之知我、信我而已哉？蓋其天地萬物一體之仁，疾痛迫切，雖欲已之而自有所不容已。故其言曰：「吾非斯人之徒與而誰與？」、「欲潔其身而亂大倫。」、「果哉，末之難矣！」嗚呼！此非誠以天地萬物爲一體者，孰能以知夫子之心乎？若其遁世無悶，樂天知命者，則固無入而不自得，道並行而不相悖也。（《答聶文蔚書》）

陽明唱聖學，正是孔子之志，然孔子之志誠固其然，他們生活的當時，即是已遭世人譏笑者，甚至被自己的學生誤解責罵，但是孔子依然堅定地做著自己要做的事業，且積極不輟，並不是爲了取得別人的信任爲目的，因爲許多人根本是不相信他的，但是他還照做不誤，這是爲什麼？這就是有一個「以天地萬物爲一體」之心者方能爲之。有此心者，便能遁世無悶、樂天知命、無入而不自得，因爲他們的行爲，與道並行不悖。孔子都已如此，我陽明又何獨能免，就自我寬心吧！其實，孔子也罷、陽明也罷，要匡正世局的人，這都是他們的必然命運，都必須要自我覺悟的。

六、希望與聶文蔚共明良知之學

王陽明向聶文蔚表示願攜手共同走這條聖學大道：

【183】僕之不肖，何敢以夫子之道爲己任；顧其心亦已稍知疾痛之在身，是以彷徨四顧，將求其有助於我者，相與講去其病耳。今誠得豪傑同志之士，扶持匡翼，共明良知之學於天下，使天下之人皆知自致其良知，以相安相養，去其自私自利之蔽，一洗讒、妒、勝、忿之習，以濟於大同，則僕之狂病固將脫然以愈，而終免於喪心之患矣，豈不快哉？嗟乎！今誠欲求豪傑同志之士於天下，非如吾文蔚者，而誰望之乎？如吾文蔚之才與志，誠足以援天下之溺者，今又既知其具之在我，而無假於外求矣，循是而充，若決河注海，孰得而禦哉？文蔚所謂一人信之不爲少，其又能遜以委之何人乎？（《答聶文蔚書》）

陽明最終寄希望於與聶文蔚共明良知之學，使天下人一一掃除其病。雖說不敢以孔子之道爲己任，其實就是說要以孔子之道爲己任，今卻有同道如聶文蔚者，便要一起努力，治療世疾，那麼自己的辛勞便有人知，便不至於再受喪心病狂的譏笑之苦了，心中就暢快了。只要兩人同心，就能行道天下。

七、自覺言猶未盡

書信結尾的文人氣質展露：

【184】會稽素號山水之區，深林長谷，信步皆是，寒暑晦明，無時不宜，安居飽食，塵囂無擾，良朋四集，道義日新，優哉遊哉，天地之閒寧復有樂於是者？孔子云：「不怨天，不尤人，下學而上達。」僕與二三同志方將請事斯語，奚暇外慕？獨其切膚之痛，乃有未能恝然者，輒復云云爾。咳疾暑毒，書箚絕懶，盛使遠來，遲留經月，臨歧執筆，又不覺累紙，蓋於相知之深，雖已縷縷至此，殊覺有所未能盡也。（《答聶文蔚書》）

這裡就是文末收尾而已，心情稍一舒展，雖然寫了很多話，又好像還沒有說夠似的。

八、小結

總結本文，陽明面對的是時代知識份子官員的品性不端，其結果，必是百姓生活的困苦，陽明與聶文蔚相知相惜，以良知學共明自勉，進而展開良知學的理論發揮，關鍵就是以良知之自覺而得與天地萬物為一體。

理論上說，儒家的仁德之心，就是對天下百姓的關心與照顧，此仁德之心，孟子性善論中論證其為人人所共有，《中庸》天命之性中指出其為天道之賦命，這就是天道賦命人人本具的性善良知。陽明所言之與天地萬物為一體者，這是可以從莊子氣化宇宙論中說出之命題，因其氣化流行，故而萬物一體，皆不外此氣流行，即不外天道流行，只是莊子以逍遙價值定之，而儒家則從道德意識定位之，張載的理論建構之特點就在於此。於是，識得此體，必發為關切天下人的仁德之心，提起良知，付諸行動，便不會有人我之隔，便不會有好勝、輕視、壓迫、傷害別人的行為了。陽明見於官場腐敗之象，從理論上講，就是孟子性善論的工夫沒有做到，也就是良知沒有做到，良知即性善之性，本具於心，發揮即是，理論上沒有問題，唯一有問題的，是個人的心志力量的堅定，陽明可以做到，陽明的弟子就未必能做到，至於官員，幾乎都做不到。因此，如何做好工夫，才是天下滔滔百姓安危的真正關鍵，而這一步，只有依賴個人的自覺，人不自覺，自我欺騙，學問再多，一點用也沒有。陽明之說，只是把要點說清楚，性善良知，天道賦命，人人本具，自發即可。但，如何感動人心，令其自動自發自覺地去做呢？就陽明言，只能講明道理，找到同道，一起實踐，至於他人，就是將自己建立為典範，帶領眾人，精神感召。就眾人言，永遠是自覺自證之事業。因此，沒有好學之心，沒有理想信念之人，是無法學好陽明心學的，而一旦繼續深陷陽明本

文中所說的種種頑劣之舉時，此類之人將或者在官場中傷害陽明此類之君子，或者在職場中欺壓善良的平民百姓，於是，君子只能受辱，百姓只能受害，沒有強力的君王法令，無人能正止其惡。筆者以為，這也就是儒家不及的地方，無能處理改變此局此事此人，反而多受傷害，必欲處理，定須訴諸法令，訴諸權力，若仍無法無權，則不能治之，若不能治之，則只能留待命運轉變，則是以佛法因緣之觀念來面對眾生生命之歷程，現實上並無絕對保證有效之法，只有積極教化之做法，此一積極教化之做法，便是講學，以期能使學生變化氣質，令其自我以良知主導，自立自強承擔天下。至於現實社會，永遠有好人壞人，而社會之好壞，關鍵是好人的自覺如何。君子固能剛健自強，小人也不乏兇狠肆虐，最終，社會國家天下還是一個眾人生命的道場，有人利他成就君子人格，有人損人成為小人人格，那麼社會的存在、天地的存在，究竟為何而有？如何變化？儒道佛以及西方哲學各有所說，爭論不止，唯一真實的是，世界依然存在並運行，個人仍任其自由地成就自己為君子或小人。這個成為君子的可能，理論上儒家建構完成了，至於如何證明？就待實踐，一旦證明，就是說明有聖賢的誕生，成就了儒學的理想人格，一如陽明本人，「此心光明」。這樣，陽明的精神與心學，就待有志者自覺地繼承落實成為自己的生命就是了。

註釋：

I 此處之編號，乃取自網站「中國哲學書電子化計劃」之排版。網址：
https://ctext.org/。本書之傳習錄文本，皆已附註出處，文末錄出是哪位門
人弟子所記，已十分便於查找，加上編號，更易尋找，是以保留。唯不同
版本的編號仍有不同，若與讀者手中傳習錄書本編號不同時，讀者可以
忽略之。本書傳習錄文本內容，參考王陽明撰，鄧艾民注：《傳習錄註
疏》，上海古籍出版社，2017年。

第二章　王陽明面對的時代問題──答顧東橋書──《拔本塞源論》

　　顧東橋以朱熹《大學》詮釋「先知後行」之說，是爲了替天下人尋找出一個講工夫次第的學習理論，以此與王陽明強勢論難。陽明做出回應，陽明之說誠屹立不搖，然而用力之儱侗或見，關鍵就是陽明有他心中眞正面對的時代課題，並非朱熹學問立說時之所對，陽明對時代、歷史、政治的感受更爲纖細敏銳，憂國之心幾於屈原，欲拔天下之病痛，不能不下一大猛藥，回答了顧東橋扎實有基礎的學術爭辯之後，不得已敞開心門，傾瀉了萬頃的心憂，後人以其文中所述之「拔本塞源」之說，編爲《王陽明拔本塞源論》，誠陽明文選之精華篇章之一。選爲本講次書，以爲時代課題之背景鋪墊。

一、陽明申說拔本塞源

　　以下，陽明將要講出誠爲聖人治理天下救助百姓最重要的觀點，就是把良知提起而遏阻私心，這樣才是根本大法。由於本文過長，是以分段討論之。首先：

　　【142】夫拔本塞源之論不明於天下，則天下之學聖人者，將日繁日難，斯人淪於禽獸、夷狄，而猶自以爲聖人之學。吾之說雖或暫明於一時，終將凍解於西而冰堅於東，霧釋於前而雲滃於後，呶呶焉危困以死，而卒無救於天下之分毫也已。（《答顧東橋書》）

　　陽明認爲，聖人之學的要點要講清楚，絕不只是做學問講知識，而是切實修養照顧百姓的行爲，如果他不把道理說清楚，破除謬見，

那麼其他的呼籲說得再多也沒用，人們都是聽過就忘了，這樣終將無救於天下。什麼才是成就聖人之道呢？其言：

夫聖人之心，以天地萬物爲一體，其視天下之人，無外内遠近，凡有血氣，皆其昆弟赤子之親，莫不欲安全而教養之，以遂其萬物一體之念。天下之人心，其始亦非有異於聖人也，特其間於有我之私，隔於物欲之蔽，大者以小，通者以塞，人各有心，至有視其父、子、兄、弟如仇讎者。聖人有憂之，是以推其天地萬物一體之仁以教天下，使之皆有以克其私，去其蔽，以復其心體之同然。其教之大端，則堯、舜、禹之相授受，所謂「道心惟微，惟精惟一，允執厥中」；而其節目，則舜之命契，所謂「父子有親，君臣有義，夫婦有別，長幼有序，朋友有信。」五者而已。

聖人把天下人當作自己的親人家人，都要去照顧救助，日日如此終於成聖。世人本來也不是跟聖人有什麼重大的差別，只不過是有私心而已，結果，別說是天下人，就是自己的家人親人也會因爲利益搶奪而互相爲敵。聖人要改變這些現象，於是積極教育百姓世人，要人們回復自己的良知本性，自堯舜禹諸位古聖王之教育方法而言，其德目也就是以下這五倫：「父子有親，君臣有義，夫婦有別，長幼有序，朋友有信。」這就是要教導人們做人的道理，在人際關係之中，人的一生就是這樣的五種關係，各有其應有的原理與分際，知道與人相處的道德準則，就能做個君子，爲社會服務，人人如此，就是天下大治之時到了。這就是聖人教育的重點目標，而非其他知識資訊，然而，歷史的發展卻是，文明愈多，知識愈多，聖人教育的重點就被淹沒了。其言：

唐、虞、三代之世，教者惟以此爲教，而學者惟以此爲學。當是之時，人無異見，家無異習，安此者謂之聖，勉此者謂之賢，而背此者雖其啓明如朱，亦謂之不肖；下至閭井、田野，農、工、商、賈之賤，莫不皆有是學，而惟以成其德行爲務。何者？無有聞見之雜，記誦之煩，辭章之靡濫，功利之馳逐，而但使之孝其親，弟其長，信其朋友，以復其心體之同然；是蓋性分之所固

有，而非有假於外者，則人亦孰不能之乎？

古代聖王堯舜禹等，他們教人就是德性教育而已，就是上述五倫之教。無人有異議，皆安於此學而成聖成賢，若背離於此，再怎麼擁有知識，也是不肖。於是，各行各業的人都要學習人倫之道，人人皆以成德爲務，彼時，沒有那些許多的瑣碎知識、背誦文章、華麗詞藻、追求功利之事，只是一心追求人倫德性的圓滿而已，如此才讓人心恢復本體，人人同體相親，一切求諸於自己的內心，而這些都是人人可以做得到的。至於學校的教育，其言：

> 學校之中，惟以成德爲事，而才能之異，或有長於禮樂、長於政教、長於水土播植者，則就其成德，而因使益精其能於學校之中。迨夫舉德而任，則使之終身居其職而不易。用之者惟知同心一德，以共安天下之民，視才之稱否，而不以崇卑爲輕重，勞逸爲美惡；效用者亦惟知同心一德，以共安天下之民，苟當其能，則終身處於煩劇而不以爲勞，安於卑瑣而不以爲賤。當是之時，天下之人熙熙皞皞，皆相視如一家之親。其才質之下者，則安其農、工、商、賈之分，各勤其業，以相生相養，而無有乎希高慕外之心。

學校教育以成德爲唯一目標，至於個人才能之異，適合什麼就發揮什麼，禮樂政教農事不一，在學校裡精益其能，而服務於社會之中，並且不會改變職業，而是各行各業互相配合，不會計較誰的任務輕重繁簡，亦無地位高低之爭，更無貴賤級別之計較。如此天下人都如一家之親。沒有人想攀高富貴，都是各安其業。陽明說此，就是在指責時人，讀書重點在求官，在較高下，而不是在修養品德。其言：

> 其才能之異，若皋、夔（音魁）、稷、契者，則出而各效其能，若一家之務，或營其衣食，或通其有無，或備其器用，集謀並力，以求遂其仰事俯育之願，惟恐當其事者之或怠而重己之累也。故稷勤其稼，而不恥其不知教，視契之善教，即己之善教也；夔司其樂，而不恥於不明禮，視夷之通禮，即己之通禮也。蓋其心學純明，而有以全其萬物一體之仁，故其精神流貫，志氣

通達，而無有乎人己之分、物我之間；譬之一人之身，目視、耳聽、手持、足行，以濟一身之用，目不恥其無聰，而耳之所涉，目必營焉，足不恥其無執，而手之所探，足必前焉；蓋其元氣充周，血脈條暢，是以癢疴呼吸，感觸神應，有不言而喻之妙。此聖人之學所以至易至簡，易知易從，學易能而才易成者，正以大端惟在復心體之同然，而知識技能非所與論也。

陽明講聖人之學只種德性，知識份子知此則不會在知識上躐等，只求盡心服務，不求知識科舉做官晉升，因此各盡其才，通力合作，感謝別人的才能，也盡自己的能力，把人我的貢獻等同視之，因為無有你我彼此之隔閡，所以舜的大臣，都能各盡其力，而成就天下大治，這就是聖人之學的真正要點，恢復天下人我一體之仁德仁心，這也正是陽明講的良知。何其容易。陽明此說，就是在批評今日學聖賢書者，務多求官，而不務政事愛民，都是讀得聖賢之書，卻在知識上討利害，真違背聖人之道矣。陽明以為這就是他的重大發現，故而非說清楚不可，唯有能此，才能復興天下，達至太平大治的盛世。然而，衡諸堯舜以後的歷史，陽明認為，一直都在走錯誤的道路，下文論之。

二、陽明對歷史上各家英雄豪傑的評價

陽明對聖人與聖王當然是推崇備至的，但是對於霸王，以及歷史上的英雄豪傑，就都會以聖人為標準而有所批評了，參見其言：

【143】三代之衰，王道熄而霸術昌；孔、孟既沒，聖學晦而邪說橫；教者不復以此為教，而學者不復以此為學。（儒家的理想）霸者之徒，竊取先王之近似者，假之於外以內濟其私己之欲，天下靡然而宗之，聖人之道遂以蕪塞。相仿相效，日求所以富強之說，傾詐之謀、攻伐之計，一切欺天罔人，苟一時之得，以獵取聲利之術，若管、商、蘇、張之屬者，至不可名數。既其久也，鬥爭劫奪，不勝其禍，斯人淪於禽獸、夷狄，而霸術亦有

所不能行矣。（《答顧東橋書》）

陽明以爲夏商周三代之後，王道息霸術猖，這其實也是跟孟子一樣的儒者的自我以爲，夏商周三代就沒有霸術奸邪之徒站上高位嗎？當然有的，只是爲做對比，故而以之爲典範。陽明說三代之後，霸者上臺，指的是春秋戰國時期的諸侯君主，爲一己之私，攪亂天下，爲了富強，用盡機謀詐術，當時叱吒風雲的人物如管仲商鞅蘇秦張儀等，也就是助長霸道政治的人物，結果天下大亂，無人能收拾，光靠霸道也不能了。筆者以爲，適當其時，孔孟誕生，宣導正宗聖學，卻不得志於天下，這要怪誰？顯然不會去怪罪孔孟，而是怪罪人心，天子諸侯百官大夫庶民，無人能免於權力資源的搶奪，這個問題不解決，天下不能太平，孔孟所倡之道，陽明亦倡之，不解決君王官員外敵的衝突問題，一樣是無效的，陽明死時此心光明，誠乎其然，但是明王朝還是覆滅了，滅於內亂與外患，究竟是聖人之道的教育收效迅速？還是人心的貪鄙狡詐發展得快？顯然是後者，但前者也力道猶存，從歷史看，這就是一代一代的循環，儒者永不放棄，時時一陽來復就是了，但永遠不可能保證永遠。亦經泰卦之後就是否卦，但是泰卦的前提是天下已經崩解，也沒什麼好的。接受歷史循環重複，永遠捍衛儒家聖人之道便可，欲求拔本塞源而一勞永逸，只能求之於我，此心光明。所以陽明不是發現了心的眞理，而是明白了孔孟所想，但孔孟做不到的，陽明也做不到。在孔孟之後，爲救天下的儒者都做了什麼？陽明說到：

> 世之儒者慨然悲傷，搜獵先聖王之典章法制而掇拾修補於煨燼之余，蓋其爲心良亦欲以挽回先王之道。聖學既遠，霸術之傳積漬已深，雖在賢知，皆不免於習染，其所以講明修飾，以求宣暢光復於世者，僅足以增霸者之藩籬，而聖學之門牆，遂不復可睹。於是乎有訓詁之學，而傳之以爲名：有記誦之學，而言之以爲博，有詞章之學，而侈之以爲麗。若是者，紛紛籍籍，群起角立於天下，又不知其幾家，萬徑千蹊，莫知所適。

陽明這一連結，上下千餘年的事蹟了，認爲現在的訓詁記誦詞章

之學，就是儒者不免於霸術的習染，一味效習的結果，結果就是霸術之道更加昌盛，聖學之門遂不可睹。後世儒者，學術繁增，不可適從。依陽明，世之學問，非聖學即霸術，聖學不主導，一切知識皆成霸道之術，故要拔本塞源，所以陽明等於指責了兩漢以降的儒學理論，認爲都是雜於霸術之道。霸術之昌盛，就是聖學之隳墮，於是而有訓詁詞章記誦之學，都是浪費時間消耗精力的無用之學。儒學家是如此，那麼一般學子呢？其言：

> 世之學者如入百戲之場，歡謔跳踉、騁奇鬥巧、獻笑爭妍者，四面而競出，前瞻後盼，應接不遑，而耳目眩瞀，精神恍惑，日夜遨遊，淹息其間，如病狂喪心之人，莫自知其家業之所歸；

一般學子一旦讀書，目眩神移，不知所歸，沒有典範。所以，陽明要自己給出新的典範。就是陽明所認定的孔孟的聖人之道，其實就是致良知與知行合一。所說無誤，先立道德本心，再求世間學問知識，從而服務社會報效國家，而不是讀書只爲求官，甚至陷溺於學問爭訟之中。天下滔滔，百姓遭苦，歷代君王們呢？其言：

> 時君世主亦皆昏迷顛倒於其說，而終身從事於無用之虛文，莫自知其所謂。間有覺其空疏謬妄、支離牽滯，而卓然自奮，欲以見諸行事之實者，極其所抵，亦不過爲富強功利、五霸之事業而止。

這就是說君王亦思有以挽救，但沒找對路子，觀其所爲，也只能是富強功利一途，還是春秋戰國霸王之道而已。目睹晚明衰敗之局，反思自古儒者之所爲，受霸術影響，溺於知見，而學子無所適從，而歷代君王亦只能求霸，整個中國歷史都挽救不了三代聖人之道。這就是陽明以及儒者的思考方式。陽明是極度簡化了歷史以及簡化了問題癥結，明王朝科舉取士，莫不是儒學爲宗，否則，何來他自己以及無數學子的功名職位？這就是儒學有所當道之證明，至於依舊世衰道微，還是人心的常態。眞僞公私，不斷作用翻攪，永遠是各種勢力較勁的過程，儒學的價值與功能毫無疑問，但現實人心的貪鄙自私爲惡也無可免除，就是自我堅持而已。儒學必須要講，君子必須要做，永

不放棄就是了。那麼，這些讀儒學書籍科舉為官的明代知識份子的情況如何呢？其言：

> 聖人之學日遠日晦，而功利之習愈趨愈下；其間雖嘗瞀惑於佛、老，而佛、老之說卒亦未能有以勝其功利之心；（佛老對他們而言，也不真正入心。）雖又嘗折衷於群儒，而群儒之論終亦未能有以破其功利之見。蓋至於今，功利之毒淪浹於人之心髓，而習以成性也，幾千年矣。相矜以知，相軋以勢，相爭以利，相高以技能，相取以聲譽；其出而任也，理錢谷者則欲兼夫兵刑，典禮樂者又欲與於銓軸，處郡縣則思藩臬之高，居台諫則望宰執之要。故不能其事則不得以兼其官，不通其說則不可以要其譽；記誦之廣，適以長其敖也；知識之多，適以行其惡也；聞見之博，適以肆其辨也；辭章之富，適以飾其偽也。是以皋、夔、稷、契所不能兼之事，而今之初學小生皆欲通其說、究其術，其稱名僭號，未嘗不曰吾欲以共成天下之務，而其誠心實意之所在，以為不如是則無以濟其私而滿其欲也。嗚呼，以若是之積染，以若是之心志，而又講之以若是之學術，宜其聞吾聖人之教，而視之以為贅疣枘鑿；則其以良知為未足，而謂聖人之學為無所用，亦其勢有所必至矣！

陽明認為他們這些讀書人，還是心中私欲為主，功利為目的，不論學佛、學老、學儒，都剷除不了功利之心。結果一直讀書、一直博取功名、一直搶奪權利，所有學到的知識能力都用在爭奪權勢利益上了，知識則是什麼都要學，但是只為博功名奪利益而不是做實事，只為搶占高位，什麼職位不管有沒有能力都敢坐上去，所以一旦聽到陽明講的聖人之道，只會否定之，以為無用之鑽研。陽明所說，是歷史永恆的實況，只有自己立志作儒者的人，才會有公私義利之辨，才會自做聖學之功。陽明的辦法，是把觀念釐清，但是，孔孟之時已經釐清了觀念了，不可謂陽明已發孔孟之所未發，實際上只是再發孔孟之已發，則有何用？有用的，對自己有用，對世道有用，只是世道自己會再度自廢聖學之教而已，那又該如何？那就是後起有志之士繼續自

作儒者捍衛世道了。最後，陽明長歎：

> 嗚呼，士生斯世，而尚何以求聖人之學乎！尚何以論聖人之學
> 乎！士生斯世，而欲以爲學者，不亦勞苦而繁難乎！不亦拘滯而
> 險艱乎！嗚呼，可悲也已！所幸天理之在人心，終有所不可泯，
> 而良知之明，萬古一日，則其聞吾拔本塞源之論，必有惻然而
> 悲，戚然而痛，憤然而起，沛然若決江河，而有所不可禦者矣。
> 非夫豪傑之士，無所待而興起者，吾誰與望乎？

是的，只有寄希望於聽了陽明的話而能自立自強的士君子了。任
何時代都是艱難的，聖者之心永遠是視民如傷望道未見的，陽明並沒
有發現新的眞理，而是發現了三代聖王孔孟之眞理，強度呼籲，並不
能一勞永逸地匡正世界，但絕對能中流砥柱拯救一時，於是需要不斷
繼起的士君子自覺承擔使命。自己拔本塞源，不貪求權勢名利，只求
爲民服務不忘初心。

三、小結

拔起良知，塞住欲望，是爲拔本塞源，拔起良知根本，塞住欲望
水源，則天下回復正道矣。

陽明此說，只能是對君子而言，君子自己自我要求，所以說需要
豪傑之士，可以無所待而興起者，就是要求讀書人要自己立志做道德
事業，要成爲聖賢，不是光讀書求知識就可以的，而是要關愛百姓付
出奉獻。千古一樣的問題，就是個人自己是否立志的問題。知識是必
須要的，但心態更爲根本。心態要告知，但決定於自己，誰也無法主
導別人，只能自己主宰自己，所以人是自由的。教還是要教，就看個
人是否覺悟了。

第三章　心學進路的工夫心法──致良知

　　陽明以孟子「良知良能我固有之」爲人性之善的本體，將《大學》「致知」工夫理解爲「致良知」工夫，成爲陽明心學最核心的工夫心法觀念之第一目。論工夫先論本體，良知首先被陽明視爲本體，本體就是道體、就是天理、就是本性、就是本心，在這個意義下，本體發爲本體工夫，說本體必說及工夫，所以便有致良知的工夫論的表述，利他服務之心即是良知，去做便是致良知，致良知工夫怎麼做呢？都是時時刻刻，無時不在，就像呼吸，這樣才是不離本體。本題之討論，粗分爲三小節，一、從本體說良知，這是談本體論，也談本體工夫論。二、從工夫發用說致良知的種種作用特色，這是談工夫論，也是談許多形式上的心法特徵。三、陸原靜良知問答，陸澄問題很多，皆非善問，然陽明不得不答，亦可澄清，獨立爲一小節。

一、良知是本體

　　所謂本體，既是天道，也是人性，儒家始終是天道是善的立場，《中庸》講天命之謂性，把天道與人性連結起來，孟子講性善、講良知，所以良知就是性善本體，這是無誤的，只是陽明以《大學》「格物致知」的「致知」講爲「良知」而說「致良知」，這是比較特別的文本詮釋，但就哲理而言，依孟子良知說而講致良知，這是毫無問題的。本節，討論作爲本體的良知，以及由此匯出的本體工夫意旨。

（一）良知是心之本體

　　徐愛和陽明討論《大學》文本的工夫論問題，涉及致知概念的知，陽明以良知解知，知便是心之本體了，既然是本體，就是本性，

就是天理之在人性裡。陽明言：

【8】又曰：「知是心之本體，心自然會知。見父自然知孝，見兄自然知弟，見孺子入井，自然知惻隱。此便是『良知』，不假外求。若『良知』之發，更無私意障礙。即所謂充其惻隱之心，而仁不可勝用矣。然在常人不能無私意障礙，所以須用『致知』、『格物』之功。勝私復理，即心之『良知』更無障礙，得以充塞流行，便是致其知。知致則意誠。」（《門人徐愛錄》）

陽明跟徐愛講如何理解「知是心之本體」，這裡，有兩個詞要先區分一下，一是本體，一是主體。中國哲學上講主體是人，是人心，心是人的主體，中國哲學是人生哲學，是實踐哲學，因此是人的實踐的哲學，這就是以心為主宰主導的價值追求的生命事業，因此，論主體，就是人的人心。至於本體，講的是人的本性，天地萬物的本性，天道的終極存在意義，它因此就成為人心的價值意識，理論上也說為人性之本。這裡的知是致良知的知，良知是人性中分辨善惡的靈明知覺主體，人心是主體，主體以本體為終極價值而定，主體有感知能力，主體的感知中有價值決斷的範疇，良知說的就是主體中知善知識的主體能力，就是人性中性善的本體，它是活潑生動的，時刻運作的，所以說「心自然會知」。它一直存在並感知自己的活動，分辨自己的方向。是自己內心本有的，所以「不假外求」。本來就有的智慧，只是不去發用。一旦發動，便無私意障礙。然而，就一般人而言，良知雖然存在並時刻感知著，卻多有私意，這就是需要做工夫的時候了，「致良知」與「格物」就是陽明說的做工夫，實際上就是主體心在進行的「去人欲存天理」的工夫，所以物格而後知致，知致而後意誠。

（二）良知是天植靈根

從本體說，陽明主良知是天植靈根，自能生生不息，參見：

【244】先生一日出遊禹穴，顧田間禾曰：「能幾何時，又如此長了！」范兆期在傍曰：「此只是有根。學問能自植根，亦不患

無長。」先生曰：「人孰無根，良知即是天植靈根，自生生不息；但著了私累，把此根戕賊蔽塞，不得發生耳。」（《門人黃直錄》）

王陽明看到田間植物成長，感嘆才沒多久時間，這些稻苗又長高了。學生反省說，植物是有根，自然能長，學問若也是有根，一樣能自己長大。陽明就藉由良知來說，人做學問，也是有根的，這個根，就是良知，而良知是天植靈根，就是上天已經將良知給到我們人類了，天生就有，在本性的本能中，所以它會自然生長，如果不是人的私欲遮蔽它的話，一定發生。所以良知要自己培植，而這也正是人之所以為人之處，否則為禽獸矣。陽明此處，就是說的性善論，就是說良知固有，就是說它會自己發動發生。接下來的理論問題是，如何說明良知一定會行動？又為何會被遮蔽？又如何由被遮蔽中脫困出來？良知一定行動，是訴諸心的主體能動力。良知被遮蔽，交由理氣論說明存有結構，說明耳目口鼻之欲，說明過度而為惡。良知脫困，則是藉由「善反之」、「求放心」、「去人欲」的工夫論而說之。

（三）須要時時用致良知的功夫

良知作為本體，那麼致良知的工夫就是不可間斷的。參見：

【253】問：「『逝者如斯』是說自家心性活潑潑地否？」先生曰：「然。須要時時用致良知的功夫，方才活潑潑地，方才與他川水一般；若須臾間斷，便與天地不相似。此是學問極至處，聖人也只如此。」（《門人黃省曾錄》）

《論語・子罕》：「子在川上曰：逝者如斯夫！不舍晝夜。」這段話的意思是說，人生過去的時光，奔流而去，不再回來，因此，我們要把握時間，時刻不懈怠。陽明的解讀，還是指望良知，良知為主宰，就能時刻用功，如水之逝，日夜不息，這是對君子說的話，君子應有的人生態度。就是要常惺惺，不間斷，如流水不間斷般，但是不間斷地活著不是只是活著而已，而是去做聖賢的事業，也就是服務社會的任務，否則光是活潑潑地，動物也是活潑潑地。

（四）人心與天地一體

良知是與天地萬物一體的，所以說既是天道也是人性，參見：

【267】問：「通乎晝夜之道而知。」先生曰：「良知原是知晝知夜的。」又問：「人睡熟時，良知亦不知了。」曰：「不知何以一叫便應？」曰：「良知常知，如何有睡熟時？」曰：「向晦宴息，此亦造化常理。夜來天地混沌，形色俱泯，人亦耳目無所睹聞，眾竅俱翕，此即良知收斂凝一時。天地既開，庶物露生，人亦耳目有所睹聞，眾竅俱辟，此即良知妙用發生時。可見人心與天地一體，故上下與天地同流。今人不會宴息，夜來不是昏睡，即是妄思魘寐。」曰：「睡時功夫如何用？」先生曰：「知晝即知夜矣。日間良知是順應無滯的，夜間良知即是收斂凝一的，有夢即先兆。」（《門人黃省曾錄》）

良知是人心道德實踐的主體，但在陽明學說中，還不止此，良知還是生命的主體，所以感官知覺活動也是良知在管攝的，就由此一路，良知與宇宙論發生了關聯，良知已成為造化的本體與主體了，這當然是把理論給複雜化了。陽明說良知是知晝知夜的，這就把良知主宰的功能角色，從除了能夠知道價值意識而為人生之主宰以外，還知道色聲香味以作為感官知能的主體。陽明又說，人熟睡時一叫便醒，這也是良知的功能，這就把良知當作是生命的主體，人命的真宰，既管心理，也管生理。陽明又說天地有日夜，夜裡一切息機，因此人也休息，而一天亮，萬物甦醒，人亦活動感知，所以良知與天地同流，這就是在說良知也是生命感官知覺的主體。在別處，陽明言於良知者時，甚至即是生天生地的主體了，於是良知成了宇宙發生論的最高範疇。最後陽明說夜裡熟睡時良知仍是活動的，這還是將良知同時當成感官知覺的主體。

陽明此說中的良知，其角色功能，既是價值意識的主導，亦是感官知覺的主宰，甚至是天地萬物的發生始源，陽明把一切能活動的屬於主體的角色功能都定義給了良知，這在先秦儒學與宋代儒學，便不是如此使用的。宇宙發生論的功能屬於天道，道德主宰屬於人性，說

道德時可以說是良知主導，這也是孟子的使用意義。感官知覺屬於耳目口鼻，宋儒以之爲氣稟之需。若是加上道家的術語使用，宇宙發生論是道概念的氣稟一邊，價值意識是道概念的天理一邊，人性論是性善說由良知界定，工夫論由心爲主宰。如此，道氣理性心，各自有清楚的角色功能，共成道德哲學與形上學的範疇架構。然依陽明，所有的功能都交由良知去說，概念功能是無限廣大，但對哲學問題卻是混淆爲一，如此便不是好的哲學概念使用方法了。依佛教哲學，這良知等於生命的主體了，像如來藏，但佛教是徹底的主觀唯心論哲學，然而儒家可以是這樣嗎？一旦成爲這樣的哲學，等於說這世界是孔子所創造的了。這就是筆者十分明確的立場，儒學走到陽明這樣創造性詮釋的解讀，已經是越界了。

（五）良知在夜氣發的方是本體

良知是通乎晝夜，一直存在，所以每個人每天都要讓良知起作用的，參見：

【268】又曰：「良知在夜氣發的方是本體，以其無物欲之雜也。學者要使事物紛擾之時，常如夜氣一般，就是『通乎晝夜之道而知』。」（《門人黃省曾錄》）

這裡講本體工夫，本體必發爲工夫，孟子說的夜氣，指的是人在沒有妄念雜想的時節，他的心理狀態就是最單純的，即便是惡人，他的夜氣也是與人相同的，就是他的良知本體，人人皆有之，只是他白天又爲惡了，因此與人又異了而已。陽明再以良知概念解釋之，說良知在夜氣發的正是本體，因其無物欲之雜，這也同時說明良知通乎晝夜之道。這段文字最重要的是良知本體之發出，是無物欲之雜的，也就是說良知純善無惡。至於說良知在夜氣發的方是本體，意思是說此時所發的是純善無惡的，但爲何如此說呢？白天發不出純善的良知嗎？非其然也。這只能是就爲惡者而說的，爲惡者白天發不出來良知，但至少，在夜裡，沒有惡念，身心平靜之時，得以發出純善的良知，此時的心念，純善無惡，就是本體中所發出的，這也正是性善論

的意旨。因此要求學者做工夫，時刻常如夜氣一般。其實就是做工夫要使主體守在純善無惡的念頭上，指導主宰行為，這便是做工夫。

（六）良知能知道見在的幾

【281】或問至誠前知。先生曰：「誠是實理，只是一個良知。實理之妙用流行就是神，其萌動處就是幾。誠神幾曰聖人。聖人不貴前知；禍福之來，雖聖人有所不免，聖人只是知幾，遇變而通耳。良知無前後，只知得見在的幾，便是一了百了。若有個前知的心，就是私心，就有趨避利害的意。邵子必於前知，終是利害心未盡處。」（《門人黃省曾錄》）

周敦頤講誠神幾，劭雍講前知。幾是知其隱微之關鍵，靠價值意識的自覺。前知就是預測了，靠占筮之法。現在，提問的人把道德自覺和前知連結起來，問至誠前知。陽明仍以良知說之，陽明的良知負擔了許多的功能，唯一不負擔前知的功能，亦即否定了道教佛教的法術神通，但這並不是說陽明否定道佛有法術神通，而是陽明哲學中的最高核心範疇良知這個概念裡面，並不包含良知發動可以前知的功能。這是因為，良知固然生天生地知色知聲，但卻不負擔預測未來之功。聖人不貴前知，就是不重視知道未來、對未來可以預測這樣的能力，唯一擁有的能力，是知道是非對錯，在事件處於是非對錯一念之間的時候，看得清楚，若能貫徹之以堅強的意志，一路走去，就是聖賢君子的康莊大道。所以它只是當下的是非之知，不是對未來的前知，它的知幾不是預測，只是知是非。陽明以此批評邵雍預測數是尚有私心在的私念。陽明追求的是知幾而不是前知，該如何就如何，應對得宜的智慧。然而，知幾固然不是預測前知，知幾者也就前知了，因為他對世變時局是瞭如觀火，人心幾動於此，他就知道將來發展，不靠測術，只是智慧，當下他就誠動於此了，就去操作處置了。

（七）良知無知無不知

良知是主體的本體，它存在且行動，不走做就能做得好，參見：

【282】先生曰：「無知無不知，本體原是如此。譬如日未嘗有心照物，而自無物不照，無照無不照，原是日的本體。良知本無知，今卻要有知，本無不知，今卻疑有不知，只是信不及耳。」

（《門人黃省曾錄》）

良知這個東西的功能作用的狀態是如何呢？陽明說良知「無知無不知」，這講的是兩件事情，既講本體也講發用。說「無知」，是說它的無私心，它的道德意志是生命的本能，未嘗有心，而此心不竭，這是說得本體。說「無不知」，是說是非對錯當下即知，無一不知，因此便能為善去惡，這是說工夫發用。因此，今人做工夫，保持本體就好，不必刻意要有知，否則刻意就是有私心，因為你本體所知的，就是大中至正之事。但疑有不知，就是不肯即知即行，不相信自己良知上本來就是知道是非的，不願意把自己知道是對的事情就去做了，故而尚疑。此疑就是意志不堅定、不自信、不立志下的疑。

二、致良知的工夫心法

以良知為本體，就是原本孟子性善論的人性，良知本就是孟子的詞彙，既然要發揮性善本體，就有許多操作上的特色，本節發揮之。

（一）良知自有輕重厚薄的衡量能力

良知的發用是主體自然流露的，並且能夠分辨輕重，解決複雜問題，找到關鍵應世之道，參見：

【189】文蔚謂「致知」之說，求之事親、從兄之間，便覺有所持循者，此段最見近來真切篤實之功。但以此自為不妨，自有得力處，以此遂為定說教人，卻未免又有因藥發病之患，亦不可不一講也。蓋良知只是一個天理自然明覺發見處，只是一個真誠惻怛，便是他本體。故致此良知之真誠惻怛以事親便是孝，致此良知之真誠惻怛以從兄便是弟，致此良知之真誠惻怛以事君便是忠，只是一個良知，一個真誠惻怛。若是從兄的良知不能致其

真誠惻怛，即是事親的良知不能致其真誠惻怛矣；事君的良知不能致其真誠惻怛，即是從兄的良知不能致其真誠惻怛矣。故致得事君的良知，便是致卻從兄的良知；致得從兄的良知，便是致卻事親的良知。不是事君的良知不能致，卻須又從事親的良知上去擴充將來。如此，又是脫卻本原，著在支節上求了。良知只是一個，隨他發見流行處，當下具足，更無去來，不須假借。然其發見流行處，卻自有輕重厚薄，毫髮不容增減者，所謂天然自有之中也。雖則輕重厚薄，毫髮不容增減，而原又只是一個。雖則只是一個，而其間輕重厚薄，又毫髮不容增減；若可得增減，若須假借，即已非其真誠惻怛之本體矣。此良知之妙用，所以無方體，無窮盡，語大天下莫能載，語小天下莫能破者也。（《答聶文蔚書》）

陽明講良知，已經是境界工夫的說法了，良知提起，全體無礙，沒有一絲人欲之夾雜其間，它應對任何情境，同一本體，它做各種處置，事事有別。本文講忠君事兄只是一個良知，又講輕重厚薄不容增減，這都是講主體致良知已然達至純粹至善、臻至化境的境界工夫狀態。

首先，事君事親都是同一個良知，一方不能真誠，另一方就不能達到純粹，這是因為，一般人都是在追求道德的同時又有人欲，或是這件事情天理多些，或是那件事情人欲多些，每件事情都不是完全的純粹，不在這裡人欲就在那裡人欲，人是一個整體，良知完全發露，一切真誠，就不會這裡良知、那裡人欲了。是的，全體是天理而無絲毫人欲，但凡人都是做不到的，因此陽明這樣的說法，只能是就聖賢說了，所以此處筆者說這是已達境界者的境界工夫了。其次，「輕重厚薄」，陽明是儒者，整天為國為民，但有種種現實情境，任一件事都是許多利害是非的考慮，是非沒有問題，涉及他人利害的處理就有「輕重厚薄」，關鍵還是是非的掌握。良知清明者，加上經驗知識豐厚，就能做出準確的判斷。不能事事圓滿時，就須衡量裁斷。做人做事自需單純利他，無間於對象，皆同一心，然而處置只能是一，結果

面對種種情境自有「輕重厚薄」的對待，裁當結果，必是不容毫髮差池，也就是找出最重最厚的價值為主，這又是良知清明者才能有的結果，這還是聖賢的境界，就凡人而言，必是天理人欲不斷交戰，厚薄輕重不能慎斷，自己跟自己討價還價一番，既要天理又要人欲，所以有增減假借。

至於提起良知者，就能真正知道輕重厚薄，良知當然能有此種妙用，否則如何承擔本體道體性體的角色？關鍵就是陽明發言的立足點是高高在上的聖人境界，他做的就是一個工夫，意志堅定，主體心純粹至善，無一毫人欲夾雜其間，當然事親事君都是同一個良知的作用了，厚薄輕重一憑良知自能處置得當了。

（二）良知發用只是各隨分限所及

良知人人具有，也與聖賢無異，但是否每個人都要做到聖賢的境界呢？陽明說，隨分限所及就好了，參見：

【225】先生曰：「我輩致知，只是各隨分限所及；今日良知見在如此，只隨今日所知擴充到底，明日良知又有開悟，便從明日所知擴充到底，如此方是精一功夫。與人論學，亦須隨人分限所及；如樹有這些萌芽，只把這些水去灌溉，萌芽再長，便又加水，自拱把以至合抱，灌溉之功皆是隨其分限所及，若些小萌芽，有一桶水在，盡要傾上，便浸壞他了。」（《門人黃直錄》）

前說良知之事君事兄是同一個良知，說良知之知輕重厚薄是同一個良知，都是達聖境者才能有的作為，此處卻從聖境上下來，就凡人而說凡人能做的工夫，是從自己目前所已知處發用即可，此說合於「成色分兩說」，就分限所及，做知道對的的事情，便是致良知了。但此說又有積極處，今日開悟，明日開悟，意即日日要有新的開悟，再去新的更高的標準處落實良知。陽明關切凡人力量有限，但對凡人的要求仍是一樣，要他就「分限所及」做良知上正確的事情，就是能力上做得到的正確的事情，不過，凡人固然能提起良知，但仍有人欲

夾雜，對的事情能做的做，不對的事情也還是同時會做，所以凡人的良知提起是不完整的。陽明講隨能力而作為，不可要求過高，否則如小苗被大水浸壞，這是就做服務事業的規模而言，就承擔天下的艱難而言，做不到不必硬做。但是就是非對錯而言，那是不能有折扣的。只是在大是大非面前，依然有能力高下之別，那就只依據眼下的能力而作為就好。

（三）良知之學問是有頭腦的

良知發用就是做事情掌握到核心價值意識，不論你在做事還是不做事，甚至是靜坐時，良知都是掌握你的念頭的主宰者，這才是真正良知發用的形式，參見：

【262】一友靜坐有見，馳問先生。答曰：「吾昔居滁時，見諸生多務知解口耳異同，無益於得，姑教之靜坐。一時窺見光景，頗收近效；久之漸有喜靜厭動，流入枯槁之病，或務為玄解妙覺，動人聽聞。故邇來隻說『致良知』。良知明白，隨你去靜處體悟也好，隨你去事上磨煉也好，良知本體原是無動無靜的；此便是學問頭腦。我這個話頭，自滁州到今，亦較過幾番，只是『致良知』三字無病。醫經折肱，方能察人病理。」（《門人黃省曾錄》）

學生靜坐有所收穫，陽明告知，靜坐久了，會忘記社會責任的，喜靜厭動，或轉入玄妙之事，進入神秘主義思路中，這就不是做工夫的妙法了，所以，要做工夫，只要提起良知，就是提起頭腦，就能肆應無窮，能面對任何情境而自作主宰得定，良知作用沒有固定的框架，不是靜坐可以替代的。其實，陽明自己也靜坐，學導引，也有小成就，但最終了悟這些都不足以慰良知之自覺，一旦自覺，只有承擔天下才能安住，所以，價值自覺，才是工夫之主軸，而不是靜坐了。其實，靜坐是身體工夫，它的價值方向，還需要界定，道佛亦講靜坐，目標就和儒者不同了，關鍵在世界觀和價值意識不一樣，所以靜坐可以是儒者的輔助工夫，但絕非主軸進路。

（四）致良知要樸實用功

致良知的工夫要時刻不間斷，但只是樸實用功就好，參見：

【263】一友問：「功夫欲得此知時時接續，一切應感處反覺照管不及，若去事上周旋，又覺不見了。如何則可？」先生曰：「此只認良知未眞，尚有內外之間。我這裡功夫不由人急心，認得良知頭腦是當，去樸實用功，自會透徹。到此便是內外兩忘，又何心事不合一。」（《門人黃省曾錄》）

學生問做工夫，把良知提起以應事，結果又忘掉提起了，怎麼辦？陽明回答，這就是工夫未到家，自我意識與價值自覺尚在二分狀態中，謂之上有內外之間隔在。陽明建議，首先把良知作為主宰，就是認得良知頭腦是當，去樸實用功，至於如何樸實用功，其實就是老實做工夫，知道對的就去做，不對的就不做，良知所知，一定不自欺，如此累積，自會透徹，最後內外兩忘，自我意識與價值意識合一不分，就不會心事不一了。心事不一是心裡想的跟實際上做的不一致，心裡想的要「去人欲存天理」，實際上做的卻都落入人欲。這就是內心世界裡除了想著「去人欲存天理」之外，還有更裡面一層的內心其實欲壑難填，結果行事為其宰制。學生的問題就是這樣，陽明的回答只有一個關鍵，就是「認得良知頭腦是當」，這就是意志堅定地依循良知一路的工夫，做工夫的關鍵在此。只是立志，只是意志堅定。良知固有，知善知惡，依據良知，老實用功，就有效果。這裡講的「認得良知頭腦是當」跟朱熹講的要有大頭腦完完全全意思一樣[2]，勿刻意，樸實即可，不是學別人的做法，而是學聖人的心態。

（五）致良知時要胸中完全淨化

致良知工夫作用時，心中要乾乾淨淨，不要沾滯雜念妄想，參見：

【264】又曰：「功夫不是透得這個眞機，如何得他充實光輝？若能透得時，不由你聰明知解接得來。須胸中渣滓渾化，不使有

毫髮沾帶始得。」（《門人黃省曾錄》）

陽明說，做工夫要透出這個真機，就是把良知拿出來作主導，這樣便有光輝，也就是去惡向善、服務社會而有功效。透得時就是良知主導時，這不是一般的聰明，一般的利害計算。這是胸中無一絲自私惡念時才做得到的，渣滓渾化，就是人欲去除。不使毫髮沾帶，就是無一絲毫人欲夾雜。這就是念頭上工夫，自己在念頭上人欲和天理較勁，以天理化除人欲，關鍵就是意志力，不是知識多寡的問題。

（六）良知能遠慮而不將迎

致良知就是千思萬慮都是它在主導，且是夜以繼日，是以它為主，而不是它去迎合別的欲望，參見：

【284】問：「孔子所謂遠慮，周公夜以繼日，與將迎不同何如？」先生曰：「遠慮不是茫茫蕩蕩去思慮，只是要存這天理。天理在人心，亙古亙今，無有終始。天理即是良知，千思萬慮，只是要致良知。良知愈思愈精明，若不精思，漫然隨事應去，良知便粗了。若只著在事上茫茫蕩蕩去思，教做遠慮，便不免有毀譽得喪人欲攪入其中，就是將迎了。周公終夜以思，只是『戒慎不睹，恐懼不聞』的功夫；見得時其氣象與將迎自別。」（《門人黃省曾錄》）

陽明解讀孔子所講的：「人無遠慮，必有近憂。」[3]，這是說人沒有長遠的理想目標去追求的話，則眼前該做什麼就不清楚了，行事前後矛盾悖禮，必然給自己惹麻煩。陽明說遠慮就是要存天理，天理即是良知，良知就是要為社會服務的，這就是理想，就是遠慮所要思慮的，所以孔子講的遠慮依然是提起良知，而且良知愈思愈精明，不讓人欲雜其中。陽明倡良知說，以此解讀孔子的遠慮，是合理的。孔子的遠慮，就是長遠的理想，服務社會的心志，對自己的未來懷抱高遠的理想，從而眼前近日之生活便戰戰兢兢時刻勤奮，不會茫無頭緒，也不會夾雜人欲，因此便不會惆悵憂慮，故無近憂。否則沒有頭腦的思慮，就會捲入忌妒怨恨毀譽之事中，這就是良知不去發揮作用

的結果。陽明解讀周公夜以繼日，終夜以思，依然是良知作用，因其只在戒慎恐懼，戒懼之功亦必然是良知主導的。至於將迎，就是刻意為善之舉，只是外在的裝飾表演，不是由內而發的，是看人家的需要討巧取悅地配合。將迎只是利害計算，遠慮是價值取捨，以良知思慮就愈精明。遠慮是由良知而發，夜思是由良知而發，這就是與將迎不同之處。關鍵就是，以良知解讀，則遠慮與夜思都是良知主體的發用，原因無他，它就是生命主體的價值意識本體，真正的主宰。

（七）致良知要能是非能好惡

良知作為主體的本體，有知是非的能力，更有行好惡的能力，所以是道德實踐的主宰，參見：

【288】「良知只是個是非之心；是非只是個好惡，只好惡就盡了是非，只是非就盡了萬事萬變。」又曰：「是非兩字是個大規矩，巧處則存乎其人。」（《門人黃省曾錄》）

這一段文字深化了良知在道德實踐上的角色功能，說良知是是非之心，就是說良知能夠清楚地分辨是非，這就是道德意志的主宰之處，說是非只是個好惡，是說對是非之知就是主體意志要貫徹落實之處了，好惡就是意志要落實了，既然意志堅定地落實好惡，當然也就落實了是非對錯之事，於是天下萬事萬變都處理好了。對於陽明而言，事情該怎麼做的重點在是非，也就是價值上的取捨，而不是具體操作的知識，既然談的是價值意識，則是非對錯就要去落實，這就是好惡，且當然是好善惡惡，依據良知好善惡惡，那就是完成了是非，也完成了人間事務。王陽明談的心學重點，永遠是只管價值意識、道德意志，所以說是非是大規矩，至於具體如何做，這已經是第二層次以下的事情了，就看個人聰明能力就好，所以說巧處存乎其人。這也再次說明，陽明談工夫論，就是講意志堅定，知是非盡好惡。

（八）順自然七情而發者亦是良知

人自然就會有七情，如何七情發用不違良知，答案是只不執著便

是好，參見：

【290】問：「知譬日，欲譬雲，雲雖能蔽日，亦是天之一氣合有的，欲亦莫非人心合有否？」先生曰：「喜、怒、哀、懼、愛、惡、欲，謂之七情，七者俱是人心合有的；但要認得良知明白。比如日光，亦不可指著方所，一隙通明，皆是日光所在；雖雲霧四塞，太虛中色象可辨，亦是日光不滅處；不可以雲能蔽日，教天不要生雲。七情順其自然之流行，皆是良知之用，不可分別善惡；但不可有所著。七情有著，俱謂之欲，俱為良知之蔽。然才有著時，良知亦自會覺，覺即蔽去，復其體矣。此處能勘得破，方是簡易透徹功夫。」（《門人黃省曾錄》）

本條談工夫論，重點是人的七情本有，如何對待？關鍵是良知更是固有，以良知主導之，七情本非惡，便使七情為良知之用矣。學生問人性問題，問本能之欲是否也是良知所有，學生以為，天有日亦有雲，雲且能蔽日，因此人性中的人欲，也會遮蔽良知，但也是人心人性中發出來的，因此恐也是人心本有的。

這個問題讓陽明展開了人性論的討論，藉由性情關係以論之。良知是性，至善，但人又有七情，也確實是人心本有的。如此，便進入了存有論的討論，依朱熹，就是理氣論下的心統性情之說，但陽明沒有深入存有論討論，而是只管工夫論，就工夫論而言，指出要認得良知明白，意即要提起良知，要以良知主導七情，使其皆是良知之用。陽明「四句教」說良知就是「知善知惡是良知」，而此處卻說「不可分別善惡」，這就需要好好疏解了。陽明此處是說「七情」本身不可分別善惡，亦即「七情」並非有惡，它是內在人性正常的心情發抒，所以順其自然之時，也仍是良知發用。這就等於把七情當作四端說了，一切都是良知的通口而已了。七情隸屬良知，不主動為善，能主動為善的是良知，人做工夫，良知主導七情，七情便是良知之用。若是七情自身為主，亦即七情有著，便離了良知，便是欲，便會遮蔽良知了。只是良知是活潑潑的，自然會知，知了去蔽，便復良知本體。至於存有論問題，陽明以日與雲譬喻，天中必有雲，但雲之蔽日，終

究不久，亦不終蔽，日中還是天天生光現雲。此說是指良知本有固有，日亦永有，然雲亦隨之而出，但根本上無法永遠或全面遮蔽此日，即此良知，都是只能作用一時一部分而已。此說亦佳，惟於為何會有七情的問題尚不能說明白，如要說明，就是要使用理氣論了，程朱理氣論務力於此，於王學亦無妨礙，陽明時而仍須採用之。

（九）致良知必須是中和的

良知作用，一定是節制了各種需求而發而中節的，參見：

【304】問：「良知原是中和的，如何卻有過、不及？」先生曰：「知得過、不及處，就是中和。」（《門人黃省曾錄》）

學生問良知為何會有過與不及？這個問題是問錯了，語言意思沒有界定清楚。人有身心，人有本性，儒家強調本性中是根本善的，這就是良知固有之說所指。但人有身體，有氣稟維護之需，此處有過與不及，便遮蔽了良知而有為惡之事，所以，不是良知過不及，而是感官知覺的人欲之需有過不及，過不及就是執著了，良知就是要常惺惺，直作用，不使七情過與不及。存有論上講，人有天理也有人欲，天理是天道賦命給予的，人欲是耳目口鼻生理存在的，也是本性，並不以為惡為目的，只是必須要有營生的維持，是營生時的人欲之需的過度與損人而為惡的，為惡是行為惡，不是良知本體或氣稟結構有惡，所以工夫論上只要處理行為狀態，天理要作主，人欲要由良知引導，所以人欲就成了實踐良知的發用載體。良知時時主導，所以陽明說知得過不及就是中和，意思是良知會使人欲之需七情之發發而中節而為中和。所以，良知永遠要作為人生生命活動的主宰，這就是做了工夫了，而良知是固有的，這就是天道賦命於人的天理。

（十）所惡於上毋以使下就是致良知

致良知一定是能夠自我要求、自我約束的，參見：

【305】「『所惡於上[4]』是良知，『毋以使下』即是致知。」（《門人黃省曾錄》）

本文解讀《大學》語句。良知是提起價值意識以為生命目標，以高遠的理想好善惡惡，「所惡於上」，對於地位在自己之上的人的行為厭惡，「無以使下」就不要用這種方法對待地位在自己之下的人。能知「所惡於上」者是良知的作用，他人對自己的壓迫傷害，如孟子說的君視民如草芥，這都是自己的良知能夠發現且不滿的事情，所以是良知的作用，至於能夠「毋以使下」者就是致良知了，就是自己做了自己該做的工夫，不以其人之道還治他人之身。

（十一）致其良知成就出個狂者胸次

致良知就是能依己意而為之，不受他人譭謗譏笑之影響的，參見：

【312】薛尚謙，鄒謙之、馬子莘、王汝止侍坐，因歎先生自征宸藩以來，天下謗議益眾，請各言其故。有言先生功業勢位日隆，天下忌之者日眾；有言先生之學日明，故為宋儒爭是非者亦日博；有言先生自南都以後，同志信從者日眾，而四方排阻者日益力。先生曰：「諸君之言，信皆有之，但吾一段自知處，諸君俱未道及耳。」諸友請問。先生曰：「我在南都已前，尚有些子鄉願的意思在；我今信得這良知真是真非，信手行去，更不著些覆藏；我今才做得個狂者的胸次，使天下之人都說我行不揜言也罷。」尚謙出曰：「信得此過，方是聖人的真血脈」。（《門人黃省曾錄》）

這一段文字是說明王陽明對於良知功能的高度自信，自己提起良知，知是知非，行為都是依據良知，就能不管他人譭謗，或是嘲笑。文章開頭講的是陽明擒獲宸王之後，卻遭受天下譭謗，型態有數種，有忌其功業者，因懼其勢力而排擠者。有在理論上為朱熹較勁者。陽明對此，沒有評論，倒是說了自己的心態，就是良知自信，認為對的就去做，不顧旁人議論，就像是個狂者。弟子評價，就是這番自信，才是聖人的真血脈。

（十二）在聲色貨利上用功以致良知

致良知不是關在象牙塔裡面，更不是在無菌室做實驗，而是能到聲色名利場中去做事功卻不受影響的，參見：

【326】問：「聲、色、貨、利，恐良知亦不能無。」先生曰：「固然。但初學用功，卻須掃除蕩滌，勿使留積，則適然來遇，始不為累，自然順而應之。良知只在聲、色、貨、利上用功。能致得良知精精明明，毫髮無蔽，則聲、色、貨、利之交，無非天則流行矣。」（《門人黃以方錄》）

這一條討論聲色貨利人之所欲，這與良知的關係如何？學生問聲色貨利恐良知不能無，這個問題問得也不清楚。不能說是良知發出了聲色貨利的人欲，因為良知純善，只能說，就算有良知在心，人亦未能免除聲色貨利的人欲。這一點，必須在存有論上說明，那就是人的生命是理氣論的結構，氣稟存在中具備了生理之需，過度了就是人欲為惡，就在聲色貨利上專討，就是遺忘了良知，良知只是個至善，至善就是在利他，在以天地萬物為一體而無一己之私。陽明回答，一般人尚有聲色貨利的私欲，在所難免，但要做工夫，就是要把這些私欲滌除蕩盡，自己沒有了私欲，萬事都能以良知作主宰，則對於他人給自己的聲色貨利的引誘，便能善為引導而不為束縛，始終不能為累，便是自然順應而已。一個人的做工夫，就是在事上磨練，做社會事，自然都是在眾人的聲色貨利之人欲上互動權衡調節，所以良知正是作用在這等事情上的，如此便使得他人的、社會的、國家的聲色貨利交接之際，就是我們自己的良知發用流行的接管之地。

這段文字實際上就是說良知就是要在「有善有惡意之動」之時，去做「知善知惡、為善去惡」的致知、格物的工夫了。佛教講「煩惱即菩提」，儒家講「事上磨練」，就是自練己心，要與別人的聲色貨利打交道。

三、陸原靜良知問答

陽明弟子陸原靜，喜與其師論道問學，但是陸原靜所問的問題都像學術討論一般，糾纏於假設想像之中，死死追求知識命題的無隙露處，這樣就不是直接做工夫之道，陽明每以做工夫要求於他，而不是在知識上糾纏，但總是效果不佳。就讀者而言，陽明的意旨一樣彰顯，但就陸原靜自己而言，進步稀微。

（一）良知會蔽於物欲故需學以去其昏蔽

陸原靜的問題問得並不清楚，主要是沒有理論的主心骨，但王陽明的回答是很明確的，一直有一套他自己的理論，重點就是陳說良知本體有體有用，是可以去除昏蔽的。參見：

【155】來書云：良知，心之本體，即所謂性善也，未發之中也，寂然不動之體也，廓然大公也，何常人皆不能而必待於學邪？中也，寂也，公也，既以屬心之體，則良知是矣。今驗之於心，知無不良，而中、寂、大公實未有也，豈良知複超然於體用之外乎？（陸原靜問）

性無不善，故知無不良。良知即是未發之中，即是廓然大公、寂然不動之本體，人人之所同具者也。但不能不昏蔽於物欲，故須學以去其昏蔽；然於良知之本體，初不能有加損於毫末也。知無不良，而中、寂、大公未能全者，是昏蔽之未盡去，而存之未純耳。體即良知之體，用即良知之用，甯複有超然於體用之外者乎？（陽明回答）

陸原靜是筆者以為陽明學生中資質最差的一位，好勝心重，為問問題而問問題，看似辯才無礙，其實都沒有實得，假設性問題一堆，從來不去實踐體貼用心，真正一個知解之徒而已。參見：

「錢德洪跋：答原靜書出，讀者皆喜澄善問師善答，皆得聞所未聞。師曰：原靜所問只是知解上轉，不得已與之逐節分疏：若信得良知，只在良知上用工，雖千經萬典無不脗合，異端典學一勘

盡破矣，何必如此節節分解！佛家有『撲人逐塊』之喻，見塊撲人，則得人矣，見塊逐塊，於塊奚得哉？」在座諸友聞之，惕然皆有醒悟。此學貴反求，非知解可入也。」（《答陸原靜書》）

所問者，良知既是本有，爲何必待學而後能？而中寂大公之境界爲何不能必得？陽明的回答重點就是，它雖是固有的，但不能不蔽於物欲，所以要學，但所謂學，不是學外在的東西，只是把本有的喚醒，還是自家心體主宰以內的工夫而已。

陽明的回答，還可以再追問，重點在物欲何來？就此而言，必須使用到朱熹的「理氣論」，陽明其實就是預設了理氣論，他自己不深談，對朱熹談事事物物之理視爲理在心外，這是個文不對題的攻擊。物欲也是發自於內的，爲何會有物欲？因爲主體是理氣的結構，良知本體屬理的一邊，物欲屬氣的一邊，因爲人是有身體的，陰陽五行氣稟的結構，人不是抽象的靈魂，不是只有形式，而是有物質肉體之身的，而人是活的，有靈通感官知覺的，首先爲了維繫生命存在，有耳目口鼻四肢的存在，就有食息視聽的需求，這就是物欲，但這是必要的、非惡的。那麼，何以說昏蔽於物欲呢？就是因爲個人過度而已，不中節，過多了，就是人欲橫流，也就昏蔽於物欲了。此時就要做「去人欲」的工夫，也就是陽明解「格物」的意旨。所以陽明「格物」是價值意識貞定的心法工夫，不是求知的工夫。而在《大學》，格物致知是求知的工夫，誠意正心才是價值意識貞定的心法，陽明以格物致知爲價值意識貞定工夫，是特殊解釋，可以理解，做道德教育者可也，做文本解讀者則不可，但可以尊重爲哲學創作，是陽明哲學的創作，不是大學文本的正解。

（二）良知不滯於喜怒憂懼亦不外於喜怒憂懼

前已言及，七情可以就是良知主導而自然發用的，那麼喜怒哀懼就在七情之內，自然不會受制於此，參見：

【158】來書云：嘗試於心，喜、怒、憂、懼之感發也，雖動氣之極，而吾心良知一覺，即罔然消阻，或過於初，或制於中，或

悔於後。然則良知常若居優閒無事之地而爲之主，於喜、怒、憂、懼若不與焉者，何歟？（陸原靜問）

知此，則知未發之中、寂然不動之體，而有發而中節之和、感而遂通之妙矣。然謂「良知常若居於優閒無事之地」，語尚有病。蓋良知雖不滯於喜、怒、憂、懼，而喜、怒、憂、懼亦不外於良知也。（陽明回答）

問者提問，人於工夫得力時，良知一覺，便即消除各種喜怒憂懼之情緒，但是良知本來是閒居無爲的，若不處於諸種情緒，那麼良知是如何起用的呢？

陽明回答，這就是良知作爲人心主體的本體的作用能力，它寂然不動，卻感而遂通，它是未發之中，而能已發中節。這就是以本體爲主宰的良知作用。但陽明說喜怒憂懼亦不外於良知，此語有待疏解。依陽明，陽明確有把良知作爲生命主體的真正主宰，因此是生命存在的根源，生命之存在根源於道德意志，因此道德意志就負擔了使生命身體氣稟存在的宇宙始源的角色了，如此一來，生命中的氣稟及其作用也就不外於良知了。問題是，若有發而不中節的喜怒憂懼，這便是良知處於昏蔽狀態的時候了，可以說是人欲當家，氣稟執掌，此時還說不外於良知，這是對於良知概念角色的言語有過了。當然，陽明對良知概念的過度使用還不止此，論於陽明世界觀宇宙論問題時，陽明確實把良知說成了天道，天道化生萬物，良知即是，生天生地。一個本來是性體的屬人的概念，被說成道體屬天地萬物的概念。只能說這又是陽明自己的特殊概念使用義了。

（三）良知既是知的能力也有能戒慎恐懼的主動能力

良知既能分辨善惡，也能去惡向善、自我管理，而不是只是一個認知的功能而已，是會去實踐的，參見：

【159】來書云：夫子昨以良知爲照心。竊謂良知心之本體也，照心人所用功，乃戒慎恐懼之心也。猶思也，而遂以戒慎恐懼爲良知，何歟？（陸原靜問）

能戒愼恐懼者，是良知也。（陽明回答）

問者問的是語意的問題，良知大家理解，心之本體，能夠照用，也就是能夠戒愼恐懼，但說戒愼恐懼就是良知，問者就不懂了。

陽明回答：「能戒愼恐懼者，是良知也。」原來只是陽明話沒說完整，良知是主體的本體，主體的作用能力，自能知善知惡，也能戒愼恐懼。戒愼恐懼是動詞，是做工夫，一切工夫都是心上的工夫，都是心的主宰性活動，心以道德價値爲行動的方向，意志堅定地執行時，這就是良知爲主導的，所以說戒愼恐懼是良知。這原是語意使用的問題，根本不是問題，陸原靜只是析解概念，沒有實學。

（四）照心妄心的不同狀態中都有良知的作用力在

陽明愛學佛教命題表達方式，講照心非動，又講妄心亦照，最終講無妄無照常守本體，這其實是跳躍在多種不同的問題意識下的思路，需要仔細釐清，倒不能怪學生一直追問，參見：

【160】來書云：先生又曰：「照心非動也。」豈以其循理而謂之靜歟？「妄心亦照也。」豈以其良知未常不在於其中，未嘗不明於其中，而視聽言動之不過則者，皆天理歟？且既曰妄心，則在妄心可謂之照，而在照心則謂之妄矣。妄與息何異？今假妄之照以續至誠之無息，竊所未明，幸再啓蒙。（陸原靜問）

「照心非動」者，以其發於本體明覺之自然，而未嘗有所動也；有所動即妄矣。「妄心亦照」者，以其本體明覺之自然者，未嘗不在於其中，但有所動耳；無所動即照矣。無妄、無照，非以妄爲照、以照爲妄也。照心爲照，妄心爲妄，是猶有妄、有照也。有妄、有照，則猶貳也，貳則息矣。無妄、無照則不貳，不貳則不息矣。（陽明回答）

這是陽明用語高妙之後惹的禍，學生拆解概念，認爲陽明亂用了照心妄心與良知的關係了。這一段文字是因爲陽明以照心妄心來說良知時，說「照心非動」、「妄心亦照」，這兩句說得抽象，學生有疑。

對於哲學命題，有說本體的，有說宇宙的，有說境界的，有說工夫的。說本體，誠善，照心由之而發，為本體工夫。說宇宙，講氣稟，發而不中節時，妄心作用，即未能變化氣質、調節氣稟而為惡。說工夫，本體工夫，發而中節，照心作用。說境界，純善無惡，無照妄之分。

陽明說「照心非動」、「妄心亦照」，其實，講工夫，就是要照心動的，而妄心就是偏離了道路的，故而「照心非動」此語不可解，「妄心亦照」亦不可解。

經王陽明解釋，原來，「照心非動」是講本體的本身，本體是不動的。試想，這個思路跟朱熹所講的「理原是不動的」有何區別，牟宗三先生竟謂之為「只存有不活動」而大加撻伐。孰知，陽明講了一樣的話。至於「妄心亦照」，只是再怎麼在虛妄的狀態，本體良知的靈明自覺還是不變的，也就是說它在存在上還是來自於良知之照心的，如此一來，照心就像陽明的良知一樣，既負擔價值本體的角色，又承擔宇宙發生的功能，所以既是價值本體，又是存在始源，因此妄心之發亦在照心裡面，只照心被遮蔽而已，而照心就是生命存在的始源以及本質。這也就像如來藏既包羅了阿賴耶的所有功能，又增加了本體純善的如來真如本性，既然如此，執著造業的行為之本體也是如來藏了。故而此處說「妄心亦照」。

最後說「無照、無妄」時，其實說的是境界了，工夫達到最高境界，就不二，依陽明，有照心有妄心仍是二，照心發用之時主體在去人欲存天理，此時主體心中有人欲有天理，主體尚在二分的狀態，若無二，即是純粹在至善狀態，亦無需言照，亦根本無妄，故謂之無妄無照。由此可見，陽明用詞，時而喜入高妙，當時弟子已有不解，何況今人。但是，哲學是會進步的，擁有好的研究方法，就可以解釋清楚，此時說境界，故而無照無妄。前時說本體宇宙論，故而妄心亦照。再前說本體，故而照心不動。因此，牟宗三依據陽明批評的朱熹「理在心外」之說，而說朱熹之理是「只存有不活動」之說，當然是錯誤的。

四、小結

　　致良知是陽明工夫心法的核心觀念，關鍵就在大學的致知一概念上，但這是陽明的創造性誤解，有功於他的工夫理論，但對文本詮釋是不恰當的。致良知工夫理論的成立，不在《大學》文本詮釋，而是在《孟子》的良知、良能一概念上，基礎就是性善論。既然性善，便可以擴而充之以做工夫，也可以求放心而做工夫。王陽明發揮他的哲思，從本體說良知，也從工夫說致良知，可謂掌握儒家工夫論的要旨。

註釋：

2 參見拙著，《南宋儒學》，臺灣商務印書館。

3 《論語・衛靈公》

4 參見《大學》：「所惡於上，毋以使下，所惡於下，毋以事上；所惡於前，毋以先後；所惡於後，毋以從前；所惡於右，毋以交於左；所惡於左，毋以交於右；此之謂絜矩之道。」

第四章 心學進路的工夫心法——知行合一

陽明以朱熹格物致知之解讀方式爲聞見工夫，其中缺少了知行合一的功效，遂重新解讀格物致知之意，改爲正物正心以致良知，從而格致誠正四個概念都等於即知即行之本體工夫，而創知行合一、知易行難之說，以爲陽明心學核心之工夫心法，設爲第二目。

一、知行關係的幾種不同狀況

徐愛對於知與行的認識與一般人的理解是一樣的，明明是兩件事情、兩種工夫，爲何陽明必說知行合一？

【5】愛因未會先生知行合一之訓，與宗賢、惟賢往復辯論，未能決，以問於先生。先生曰：「試舉看。」愛曰：「如今人盡有知得父當孝、兄當弟者，卻不能孝、不能弟。便是知與行分明是兩件。」（《門人徐愛錄》）

中國哲學是要追求理想完美人格的哲學，是人生實踐的哲學，所以人人都要追求理想，這就有工夫論的出現，「知行合一」是一個做工夫的要求，知道了理想就要去做，許多人學了人生觀、價值觀，卻不去追求，知行割裂，知而不行，知而無用矣，《論語》言「誦《詩》三百，授之以政，不達；使於四方，不能專對；雖多，亦奚以爲？」這有兩種情況，一是知而不行，二是行而不成，行而不成等於知之不眞切，若知之眞切，行必可成，除非不願意去行。陽明的思路，就是對不願意去行的批評，因此講知行要合一。這是工夫論，是要求做工夫的工夫論，是一個道德律令。講的不是經驗現實，而是追求理想的實踐要求。

徐愛此處問的是經驗現象的事實，眾人皆是如此，皆是雖知而不

行，這都是現實上的事實，人都是知行二分的。其實，就正是因為如此，所以陽明才會要求人人都必須要去實踐，要「知行合一」。因此，陽明不是在描述社會現象，而是在指點人生，理想是要追求的，至於理論合理性，就在儒家的天道論、人性論上。對於徐愛之提問，陽明回答：

> 先生曰：「此已被私欲隔斷，不是知行的本體了。未有知而不行者；知而不行，只是未知。聖賢教人知行，正是要復那本體，不是著你只恁的便罷。故大學指個真知行與人看，說『如好好色，如惡惡臭。』見好色屬知，好好色屬行，只見那好色時，已自好了，不是見了後，又立個心去好；聞惡臭屬知，惡惡臭屬行，只聞那惡臭時，已自惡了，不是聞了後，別立個心去惡。如鼻塞人雖見惡臭在前，鼻中不曾聞得，便亦不甚惡，亦只是不曾知臭。就是稱某人知孝，某人知弟，必是其人已曾行孝、行弟，方可稱他知孝、知弟；不成只是曉得說些孝、弟的話，便可稱為知孝、弟。又如知痛，必已自痛了方知痛；知寒，必已自寒了；知饑，必已自饑了。知行如何分得開？此便是知行的本體，不曾有私意隔斷的。聖人教人，必要是如此，方可謂之知；不然，只是不曾知。此卻是何等緊切著實的工夫。如今苦苦定要說知行做兩個，是什麼意？某要說做一個，是什麼意？若不知立言宗旨，只管說一個兩個，亦有甚用！」

對於知而不行者，陽明的意思就是，肯定是其知不真，因為一旦有真知，就一定會去做的。說一個人知是非，知孝親，決不是說他知道知識而已，一定是說他做到了這件事情，承擔是非、孝順親長。評價一個人的狀態，說他是知了的時候，是說他已經做到了。這是要求做工夫，陽明這樣講是對的，知字這樣用時也是對的。但是，知字當然也有純粹就是說知識的用法，這是中文字詞本身的多義性，陽明強調「知即是行」的一面意思，就是在要求必須去實踐，這正是工夫理論，主張知行不可分開。以《大學》好好色、惡惡臭說之，這是感官上的「知行合一」，但是人於理性上的知，就不是人人能夠合一的

了。這就要有一個貫徹意志的工夫在，不是做做概念定義、做做概念約定就沒事了的，陽明要求人人要做工夫，並且在概念上要求「知行合一」，立意明確，說是立言宗旨，只是，在實踐上，還是人人自爲之事。徐愛還要再問：

> 愛曰：「古人說知行做兩個，亦是要人見個分曉，一行做知的功夫，一行做行的功夫，即功夫始有下落。」先生曰：「此卻失了古人宗旨也。某嘗說知是行的主意，行是知的功夫；知是行之始，行是知之成。若會得時，只說一個知，已自有行在，只說一個行，已自有知在。

徐愛講古人分知行概念，是因爲古人要一做知的工夫、一做行的工夫，此說亦無誤。要求別人做工夫時，有個知行的次第分辨。至於對方願意做工夫了以後，還是有一個「先知後行」的次第的，這沒有錯，這就是《大學》格物致知之旨。然而，陽明卻反對這樣的理解，認爲古人說知時就是要去行的，陽明這樣講也對，但是人的行動就是有「知的行動」和「行的行動」的兩橛，例如，少小讀書就是知的行動，成年做事就是行的行動，這樣簡單明瞭，無須否定。但陽明強調，對於一個成年人而言，知時就是行時，這也是對的。其實說知說行、說一說二都是對的，只要實實在在都有去做，古人之說、陽明之說都是無誤的。問題只是，陽明同時代的因科舉而做官之人，知識是夠多了，但是做官卻不愛民，明擺著的就是知而不行，因此要求其知必須實行，就是去做那個知道的對的必須要做的事情，而不是光講知識只爲去求官，既然做了官，要做的事情就是書上講的愛民服務的事情，就是要去行，行就是行那知的。說到底，說知說行，分開說、合一說都是對的，只有不去做是錯的。陽明爲了對治「知而不行」，硬是要把知就解讀成知已是行，則此時之知，已是念頭端正的工夫，而非客觀知識的求知了。陽明又說：

> 古人所以既說一個知，又說一個行者，只爲世間有一種人，懵懵懂懂的任意去做，全不解思惟省察，也只是個冥行妄作，所以必說個知，方纔行得是；又有一種人，茫茫蕩蕩懸空去思索，全不

肯著實躬行，也只是個揣摸影響，所以必說一個行，方纔知得真。

面對凡人，有時妄做而不求知，所以要告訴他要先知。有時喜歡空想，但從不去做，所以要告訴他要去實行實踐。現實上，今人、古人都有知行分為兩事的現象，這就是凡人大眾的生活實況，所以《大學》八目，朱熹說是行程表，就是指《大學》八目是為所有的普通人說的行為的次第，說人要先知而後行，這就是《大學》原意。至於陽明所說，是道德實踐活動的根本意旨，就是「知行合一」，這種「知行合一」的宗旨，是指已經在做道德實踐活動的人的狀態，他意志堅定，知道了就做，做了就貫徹到底。然而，就普通人而言，學習成長與服務社會之事，還是一步步分開來做才會準確，就像練武術，利根之人看一遍就會練，也掌握心法了，但沒有學過的人，必須一個動作一個動作分開來學，自己做了千遍萬遍分開動作之後，才有可能合起來打出一套拳法。一旦會打了，就不需要再像過去一樣一招一招地講解動作了。可是，這世界上還有一種人，就是光只是知，卻不去行，總以為要把知識搞清楚了，才能去做道德行動，對此，陽明就說：

> 此是古人不得已補偏救弊的說話，若見得這個意時，即一言而足。今人卻就將知行分作兩件去做，以為必先知了，然後能行，我如今且去講習討論做知的工夫，待知得真了，方去做行的工夫，故遂終身不行，亦遂終身不知。此不是小病痛，其來已非一日矣。

古人分知行，對一般人說，陽明講的今人，就是指那些為官之人，以為要先知了才能去行，結果光讀書考試中舉做官，卻不能在職場上行仁政愛百姓，卻還是藉口要先知而後才行，陽明說，這就是找藉口的行為，一味訴諸理論研究，自己卻是遲遲不行，所以他的求知是為了求官，因為愛民之事根本沒有去做，他不能承擔百姓的痛苦、解決人民的問題，結果是終身不行，也等於是終身不知了。其實，官員所研究的理論都是對的，只是不去做對的事情的這種人生態度是錯的。《大學》與朱熹的「先知後行」是對，先知本身就是一種行

動，目標就是修齊治平的事業，去正心誠意地修齊治平就是格物致知的先知的目標。只是後人、小人、假大空的人，假借「先知後行」，就遲遲不行，這才是不對的。所以陽明可以批評的就是不去行動的官員，而不必是去批評要研究知識的學者。陽明繼續把知行關係說清楚：

> 某今說個知行合一，正是對病的藥，又不是某鑿空杜撰，知行本體原是如此。今若知得宗旨時，即說兩個亦不妨，亦只是一個；若不會宗旨，便說一個，亦濟得甚事？只是閒說話。」

陽明十分明白地說「知行合一」是為了治病，此說理論上當然成立，並非憑空杜撰。陽明也說，重點是能夠做到。若能去做，說一說二都沒問題，若不能做，就算說「知行合一」也無用，所以，「知行合一」說到底根本還是要求做工夫的命題，並不需要去改變或規定知概念、行概念本身有的多種用法意思。陽明說知行本體，這是本體的不太正式的使用，仁義誠善是本體，良知是人心主體，是承載了天道本體的人之性體，「知」成了做工夫的概念，即知即行，知行合一。

二、知與行是同一件事

陽明把知行當作一個工夫、一件事情，其言：

【26】「知者行之始，行者知之成。聖學只一個功夫。知、行不可分作兩事。」（《門人陸澄錄》）

陽明把知與行兩概念合在一起了，陽明的做法是，有志向的人，求知就是為了行動，求知就是行動的開始，行動就是求知的落實，知行不是兩事，而是一事。此說正確，特別是為了對治弊端。弊端有兩種，其一是一心求知識長進，卻只是為了自己升官發財，其二是良知上知道了該做的事情，然而卻沒有去做。前者對治官場習氣，後者對治學者通病。因此在工夫論上講，知行就必須是一件事。工夫上可以說知行是一事，但也可以說是兩件事，不論說一說二都可，但是，從來不存在一種主張是說知而不行，或行而不知，就現實上有人為此，

這是事實，就理論上有人主張，這絕非事實。所以說「知行合一」的絕對不必指責說「先知後行」的是主張「知而不行」，這樣，就通通釐清了。

三、念頭發動處就已經是行了

陽明要在知的行動中就要落實此行，則此知便不主要是追求知識的知，而是做事行動的念頭、心中的價值觀，這裡，就是在知的時候就必須做到乾乾淨淨、純純粹粹。參見：

> 【226】問知、行合一。先生曰：「此須識我立言宗旨。今人學問，只因知、行分作兩件，故有一念發動，雖是不善，然卻未曾行，便不去禁止。我今說個『知、行合一』，正要人曉得一念發動處，便即是行了；發動處有不善，就將這不善的念克倒了，須要徹根徹底不使那一念不善潛伏在胸中；此是我立言宗旨。」
> （《門人黃直錄》）

陽明心學，就是做工夫的哲學，做工夫直接在念頭上做，念頭上就要「去人欲存天理」，而不是行為上不為惡而已，克除惡念就是行為，為善去惡包括去惡念，因此做工夫是分分秒秒的事業。陽明言知，不談知識，談念頭，念頭正了，行為也正了，就是「知行合一」的宗旨。「知行合一」當然是對的就要去做，至於不對的，在念頭上就制止了，這也是行。

四、知並不難是行才難

哲學史上有知難行易之說，也有知易行難之說，其實兩說都是對的，只是要強調的重點各不相同，人生指點的話頭，實在沒有必要互相爭個高下，對機當下就是最好的。就陽明，他就主張「知易行難」，參見：

> 【320】或疑知行不合一，以「知之匪艱」二句為問。先生曰：

「良知自知，原是容易的；只是不能致那良知，便是『知之匪艱，行之惟艱』。」（《門人黃直錄》）

有人質疑要做到「知行合一」是很不容易的，就像「知之匪艱」這句話所說，人們自小接受經典教育，道德是非沒有不知道的，所以難的不是是非之知，「知之匪艱」，難的是去做那件正確的事情，「知行不合一」是因為沒有去做，所以難的是去行動。因此陽明就說，良知自知原是容易的，知並不難，致此知於事事物物上才是難的，因為要去人欲，難是難在這裡。這些觀念，陽明的說法都是對的。也是積極鼓勵人們要有自動自發由內而外的行動力。知道是非對錯，跟念頭上去惡向善，再到現實上採取行動，這就是從知到行的一步步走上去的艱難之處，陽明關切的是做工夫的艱難，而不是正確的客觀知識的求索，但這仍不妨礙《大學》本意在強調客觀知識的求索正是立志服務社會的第一步要項。知識要正確，行動才沒問題，所以就是「知難行易」了，這是對心態正確意志堅定的人而言；至於對意志不堅的人而言，是非對錯他是知道的，但是不願去做，所以做才是難的部分，所以就是「知易行難」了。所以，既有知之難也有行之難，知之難針對客觀具體經驗知識，行之難針對個人道德信念價值意識行動意志的部分。

五、知行概念在經典上的彙整

在《中庸》文本中，明明講了知的工夫和行的工夫，所以是兩種工夫，以此質問陽明，參見：

【321】門人問曰：「知、行如何得合一？且如《中庸》言『博學之』，又說個『篤行之』，分明知、行是兩件。」先生曰：「博學只是事事學存此天理，篤行只是學之不已之意。」（《門人黃直錄》）

這裡的討論，首先在《中庸》文本上說知行概念的關係，學生以《中庸》所講博學、篤行之間，就是「知行為二」，質問陽明的「知

行合一」。在《中庸》，博學、審問、慎思、明辨都是知的工夫，篤行是行的工夫，行時意志堅定無一毫人欲之私謂之篤行。所以，博學、篤行在概念上是兩件事。這就是一般的解讀。這個解讀是對的，只是陽明關心的是另外的問題，所以要改變這樣一般的理解。陽明之解，博學時就是學去做，此學含知也含行，因此篤行只是學會了而不間斷地行，篤行那博學的，而博學就是學著去做，不只是學知識而已。當然，博學、審問、慎思、明辨都是知的工夫，知的目的就是為了行，依陽明之博學之解，審問、慎思、明辨都同時就是在做事了。其實不然，事情就是要去做的，但要博學、審問、慎思、明辨之後才做，這樣所做的才是對的、好的、可以成功的，所以知的工夫要下得深，因為知難行易。但換個角度，要講道德意志的堅定時，就要強調「知易行難」，講治國平天下的完成，就強調「知難行易」，只是側重面的不同，沒有誰對誰錯，不論知行難易，都是要追求「知行合一」。不論古今，都有知行概念的區分，概念區分無誤，知行是兩件事情是很自然的，只是，就行動而言，關鍵在意志貫徹，甚至在意志的源頭，這就必須去惡向善，所以是「知易行難」，這個難的就是需要意志去貫徹的地方，這就是心學要旨。總之，以博學與篤行說知行是一回事，陽明這樣在理論上的強調是可以的，但在概念上的故做轉變是不必其然的，因為這樣反而混淆了概念，強調知行要合一是正確的，但否定知行概念二分是不必要的。關於知行，既有《中庸》之討論，也有《周易》之討論，參見：

> 又問：「《易》『學以聚之』[5]，又言『仁以行之』，此是如何？」先生曰：「也是如此。事事去學存此天理，則此心更無放失時，故曰：『學以聚之。』然常常學存此天理，更無私欲間斷，此即是此心不息處，故曰『仁以行之』。」

接著以《易傳》文本討論知行概念，「學以聚之」、「仁以行之」，也是概念上有了知識的與行為的兩面，概念上有兩個不同的事件，就有不同的意旨的強調，強調要學，也強調要行。然依陽明，學習的方向不在知識的聚集，而在學習意志的貫徹，故謂之學存天理，

是在心上做工夫了，要此心無放失時，陽明以此講「學以聚之」，但他講「仁以行之」的時候，其實意思已經完全相同了，行是無私欲間斷，此心不息，因此價值意識的貞定在學在知，貞定時就已經做了心地工夫了，心為主宰，已有行為了，再要講行的時候，就是保持不失而已，反而沒新東西可說了。陽明要強調行動，知了就要去行，甚至，知本身就是行，以此說知行合一。陽明這樣詮釋這些觀念的落實也都是對的，但這些概念本來的意思是另一回事，這就像是《六祖壇經》，一切的知識都往工夫上說。但知識畢竟是知識，概念上本來是可以與做工夫的行動有所區別的，並無誤區。理解陽明的思路，戮力行之，這是最佳的工夫心法，但無須改變概念意旨。知行還是在概念上是兩個概念的。孔子也有知行的發言，於是學生又拿出來討論，參見：

> 又問：「孔子言『知及之，仁不能守之』[6]，知行卻是兩個了。」先生曰：「說『及之』，已是行了，但不能常常行，已為私欲間斷，便是『仁不能守』。」

接著以《論語》的概念來論及知行關係。這裡有概念解析的語意問題，有理想追求的工夫問題，也有工夫實做的問題，其實問題釐清了，學生的問題就解決了。學生問，《論語》中講能知卻不能守，這分明是知行為二了。陽明強調，《論語》此說，在言及「知及之」的時候，就應該已有「仁守之」的行了，只是有些人不能守。孔子的意思是，若知之而不能仁守，則所擁有的地位與尊嚴即將失去。不只仁守，還要莊敬與有禮，這都是孔子對在上位者待民的要求。所以，依孔子，上位者不是不知道要愛民，但只是仁德不足，為私欲遮蔽，因此不能真心待民愛百姓。任何人都有知行割裂的問題，因此強調要「知行合一」當然是做工夫的重點。說知及而不能仁守，就是知行分裂，就是雖知而未能在意志上堅定，為私欲所隔，而不能守仁，所以，知，就是要守仁行仁，否則知而無用矣。學生問這樣在《論語》也是知行兩個概念兩件事呀？陽明的回答，則把知及之就直接解讀為就已經要去行了，此說亦可，完全正確，但這是做工夫的要求，陽明

要求人要「知行合一」，事實上人們多爲知而不行，因此提出要求，要求合一是對的，批評知而不行非眞知是對的，但改變概念是不必要的，取消知行兩個概念的概念區分是不必要的。到了宋儒，程頤也討論這個問題，參見：

又問：「心即理之說，程子云『在物爲理』，如何謂心即理？」

先生曰：「在物爲理，『在』字上當添一『心』字；此心在物則爲理，如此心在事父則爲孝，在事君則爲忠之類。」先生因謂之曰：「諸君要識得我立言宗旨。我如今說個心即理是如何，只爲世人分心與理爲二，故便有許多病痛。如五伯攘夷狄，尊周室，都是一個私心，便不當理，人卻說他做得當理，只心有未純，往往悅慕其所爲，要來外面做得好看，卻與心全不相干。分心與理爲二，其流至於伯道之僞而不自知。故我說個心即理，要使知心理是一個，便來心上做工夫，不去襲義於外，便是王道之眞。此我立言宗旨。」

接著轉到北宋儒學家的話頭中談「心、理」概念的關係，陽明講「心即理」，程頤講「在物爲理」，表面上，理之在心、在物成爲對立不同的命題，實際上，命題意旨的不同，是因爲面對的問題不同，釐清問題，兩種命題皆是正確的主張。「在物爲理」，是談普遍原理，談事事物物皆有其理，磚階有磚階之理，大黃熱附子寒，皆是事理，事理求之於物，格物者格此。今人專業區分，物理、化學、生物、科技，一行是一行，這都是「在物爲理」的具體。然而，陽明講「心在物爲理」，這是工夫論，陽明以物爲事，所以就是心在事上，此心在事事上求個天理，就是去做對的事情。所以，兩種說法根本不必對立，在物爲理講事物之理，這是知識的態度。心即理講立志做工夫，這是道德實踐的課題。

陽明講「心即理」，就是要主張心時時刻刻在天理上，去人欲存天理。其實，心即理可有三種解讀，其一，人性論的本心即天理，這是性善論旨。其二，工夫論的做工夫使心符合於理，去人欲存天理，這是工夫論旨。其三，境界論上的做工夫已臻聖境，從心所欲不踰

矩，這是境界論旨。陽明之說，預設性善論，追求境界論，宗旨在工
夫論。

　　程頤言「在物爲理」，理在事事物物上，一事有一事之理，好好
研究，然後做事時才得要領，此說無誤。陽明強調「心在物爲理」，
做事情的時候道德意志要貫徹，就像《大學》本義之「格物致知」之
後要「誠意正心」一般，這是工夫論。「心即理」是要在心上做工
夫，不使心理爲二，知而不行。陽明說世人分心與理爲二，是私心隔
斷了，「心即理」是要求做工夫，把它找回來，心理無二，這就是心
學宗旨、工夫論旨，意旨正確。但是，程頤講的「在物爲理」，也沒
有錯誤，數學、物理、化學之理在物。說要研究好數學、物理、化學
以及用好這些知識是在本心善念，這樣說是可以的，但其理其知仍是
普遍原理，主體本心有無提起仍是不增不減，這是客觀知識，保留這
個客觀知識的求知以及概念使用義涵，是必要的。最後學生總結地提
問知行，參見：

> 又問：「聖賢言語許多，如何卻要打做一個？」曰：「我不是要
> 打做一個，如曰『夫道一而已矣。』又曰『其爲物不二，則其生
> 物不測。』天地聖人皆是一個，如何二得？」

　　學生正常提問，古今聖賢已有二分知行之言語，何必一定合二爲
一？陽明回答，道一而已。陽明的回答，還是在自己的思路上言說，
陽明的思路是老實做工夫，不外求，道德意志的堅定只在自己心內，
因此要主一，外求是外求聲色名利，主一是主於良知。以上這一段討
論，學生問的沒錯，古人二分是對的，概念分析時，知行是二，分知
行也是爲了知而後行，爲了行動時能有正確的知識掌握，求知也正是
爲了求行，不是古人分了知行就不在心上做工夫了，而是陽明看到時
人不做工夫卻光讀書考試拚做官，所以要將之合一。不是古人講知行
兩事就是不做事、就是割裂知行、就是分心理爲二，古人沒有這樣主
張。這是陽明爲矯枉過正，把古人二分知行的概念硬是等同於知而不
行的解讀，所以都要重新打合爲一，目的就是要求要做工夫，陽明的
要求是對的，但否定概念爲二是歧出了、多餘了。至於把概念打合爲

一是爲了道德理想的追求，因此講心理的合一、知行的合一，這樣是可以的，最終要求眞的去做工夫，所以要暢說「知行合一」。

六、小結

　　談知行問題，強調知行合一是對的，強調即知即行是對的，強調正確的知本身就是行是對的，強調正確的認知然後去做事情這是對的，怎麼個說法都是對的，只有說別人的說法不對是不對的。也就是說，這是一個概念約定的語意學的問題，定義好了，就可以這麼說話，至於如何定義知行，則是依據言說者的情境就好。陽明最關切的是要求做工夫，必須即知即行，一旦達到了合一的境界，就是已經做到了該做的事情。至於對個人的狀態評斷，就是評價特定人物是否做到已知該做的事情。

註釋：

5 《文言傳》：「君子以成德爲行，日可見之行也。『潛』之爲言也，隱而未見，行而未成，是以君子弗用也。君子學以聚之，問以辯之，寬以居之，仁以行之。」

6 《論語‧衛靈公篇》：「子曰：知及之，仁不能守之，雖得之，必失之。知及之，仁能守之，不莊以蒞之，則民不敬。知及之，仁能守之，莊以蒞之，動之不以禮，未善也。」

第五章　心學進路的工夫心法——格物致知

　　王陽明「致良知」工夫及「知行合一」立說的意旨本來十分清晰，唯此二說皆因《大學》文本詮釋而來，其中最與朱熹批註意旨相異的，就是「格物、致知」概念的解讀方向，此二說不明，陽明心學不能成立，故而務必再三致意其說，「格物、致知」論遂成為陽明心學工夫心法中最重要的觀念叢之第三目。

一、格物是去其不正

　　陽明直接定義格物之旨，就是去其不正以歸於正。參見：

　　【7】先生又曰：「『格物』如孟子『大人格君心』之『格』。是去其心之不正，以全其本體之正。但意念所在，即要去其不正，以全其正，即無時無處不是存天理，即是窮理，『天理』即是『明德』，『窮理』即是『明明德』。」（《門人徐愛錄》）

　　格物之格，單就格字而言，古人是有革除穢事的用法，陽明即取此意。但《大學》的「格物致知」不必取此解，關鍵是「誠意正心」已是貞定道德意志的工夫，治國平天下確實需要深厚的知識學養，所以格物是面對事務窮究其理之意即可，至於孝親敬長確實只是意念發動即可做到，但治國平天下確實需要客觀的知識。只是即便是治國平天下，個人的心念不正也是無用，甚至危害更甚，因此陽明關切的是道德意志的堅貞確定，所以把「格物」解成了革除物欲，去其不正以歸於正。依於此解，結果陽明把《易傳》脈絡下的「窮理」也說成是去其不正以歸於正的本體工夫，「窮理」是窮究天理，於主體心上去落實價值意識。因為天理也是明德，窮究天理也是明明德，窮理就變成明明德了，而不是窮究事務的客觀之理了，窮理變成本體工夫，本

體工夫就是陽明說的「去人欲，存天理」，去其不正以歸於正的格物之解。

二、陽明格物與朱熹不同

陽明之說，正與朱熹不同，正是對朱熹解讀的不同意見而說的，以下展開全面的討論，參見：

【6】愛問：「昨聞先生『止至善』之教，已覺功夫有用力處。但與朱子『格物』之訓，思之終不能合。」先生曰：「『格物』是『止至善』之功。既知『至善』，即知『格物』矣。」（《門人徐愛錄》）

徐愛認為聽了陽明「止至善」之教，覺得功夫有用力處，這就是說，陽明講止於至善的重點在止的工夫，止之以至於至善，就是此心純乎天理，則天下必得大治。至於此心純乎天理之後，治國平天下的各種事務一件件該如何做？這是具體知識的問題了，朱熹的格物致知講的就是這一部分，先搞清楚各種事務的專業知識，然後誠意正心，端正價值意識，隨後修齊治平一路上去。然而陽明的格物致知，講的又是堅定道德意志的工夫，亦即誠意正心的工夫，把格物直接當作是本體工夫來解讀了。若是朱熹解釋的面對事務研究知識，則是學習知識之事，如此，研究事物道理的一段被消音了，格物求知變成格除惡念。純粹化主體意志是陽明所重，知識一段工夫是他所略去的，這就是陽明格物與朱熹不同的地方，一般人難以理解，澄清問題就好理解了，因為不是一個概念一定是什麼意思的問題，而是你正在問什麼問題而用什麼概念表達觀念的問題。陽明說得簡要，徐愛再引許多著作中二分知行的句子來討論：

愛曰：「昨以先生之教，推之『格物』之說，似亦見得大略。但朱子之訓，其於書之『精一』，論語之『博約』，孟子之『盡心知性』，皆有所證據，以是未能釋然。」先生曰：「子夏篤信聖人，曾子反求諸己，篤信固亦是，然不如反求之切。今既不得于

心，安可狃於舊聞，不求是當！就如朱子亦尊信程子，至其不得於心處，亦何嘗苟從？『精一』、『博約』、『盡心』，本自與吾說脗合，但未之思耳。朱子『格物』之訓，未免牽合附會，非其本旨。精是一之功，博是約之功，日仁既明知行合一之說，此可一言而喻。

徐愛引的朱熹意見，對於格物致知，就是把知識搞清楚，朱熹解孟子，盡心是因為知性，確實是強調知識的工夫。朱熹對孟子盡心知性之說未必是正解，不過，就《大學》言，朱熹講格物致知是強調知識工夫是對的，而朱熹藉由《論語》講博約也是有知行二分的結構之說法，也是對的。然而，陽明消二為一，強調反求諸己，這其實是純粹化道德意志的本體工夫，陽明強調的是去做工夫的那個意志要純粹化、要堅定，所以無論精一、博約、知性，陽明在任何先秦經典文句的解讀，都是從做本體工夫上講，也就是任何概念都拿來從做工夫的角度去解讀，至於知識的研究，他不以為是關鍵，這樣的解讀方法，可以是個人的特色，但就文本解讀而言，只能是個人的創造性誤讀了，因為就概念定義而言，是一是二都是要分開說的。然而就做工夫實踐的要求而言，陽明確實創造了新的工夫理論了。那就是他的「知行合一」的理論，任何時刻，就是做工夫一件事而已，講知識不如反求諸己而正念頭來得直接有效。

孟子的一段文字，陽明與朱熹有不同的解釋。孟子曰：「盡其心者，知其性也。知其性，則知天矣。存其心，養其性，所以事天也。殀壽不貳，修身以俟之，所以立命也。」（《孟子盡心篇上》）」對此，陽明解讀到：

「『盡心知性知天』是『生知安行』事，『存心養性事天』是『學知利行』事，『殀壽不貳，修身以俟』是『困知勉行』事。朱子錯訓『格物』，只為倒看了此意，以『盡心知性』為『物格知至』，要初學便去做『生知安行』事，如何做得！」愛問：「『盡心知性』何以為『生知安行』？」先生曰：「性是心之體，天是性之原，盡心即是盡性，惟天下至誠為能盡其性，知天

地之化育。『存心』者，心有未盡也。『知天』如『知州』、『知縣』之『知』，是自己分上事，己與天爲一。事天如子之事父，臣之事君，須是恭敬奉承，然後能無失，尚與天爲二。此便是聖賢之別。至於殀壽不貳其心，乃是教學者一心爲善，不可以窮通殀壽之故，便把爲善的心變動了，只去修身以俟命，見得窮通殀壽有個命在，我亦不必以此動心。『事天』雖與天爲二，已自見得個天在面前；『俟命』便是未曾見面，在此等候相似，此便是初學立心之始，有個困勉的意在。今卻倒做了，所以使學者無下手處。」

朱熹講盡心知性是知的工夫，由於知了性且知了天，故而方能盡心，而存心養性則是行的工夫，以此配合他的《大學》文本解讀的「先知後行」之說，朱熹此解，也是把孟子用《大學》意旨牽強地解讀了，朱熹之說不論。就陽明言，陽明提出一套創造性的說法，把孟子之說《論語》的「生知、學知、困知」合併理解，「盡心、存心、修身」三句，變成「生知、學知、困知」三事。首先，就盡心言，盡心、知性、知天，三詞皆是工夫論，皆是本體工夫，且是同義詞。是主體本心已經盡了心，知了性，知了天，與天爲一了。所以是「生知者」之事。陽明把知性知天之知，當成主導主宰之本體工夫，且巧解知州、知縣之知，即是主導主宰之意，故知性知天也是主導主宰之意。這是工夫已達聖境者之純一不二之本體工夫。至於「存心養性事天」者，主體尚在努力之中，故而是「學知」的境界。「修身以立命」者，則尚有所困勉，故而是「困知」的境界。這樣的解讀，很有深意，但也未必就需如此解讀，當作陽明個人的創作即可。

陽明又就《大學》「格致誠正」一段將之解讀成同一個本體工夫的不同角度描寫而已，其言：

愛曰：「昨聞先生之教，亦影影見得功夫須是如此。今聞此說，益無可疑。愛昨曉思，『格物』的『物』字，即是『事』字，皆從心上說。」先生曰：「然。身之主宰便是心，心之所發便是意，意之本體便是知，意之所在便是物。如意在於事親，即

事親便是一物。意在於事君，即事君便是一物。意在於仁民、愛物，即仁民、愛物便是一物。意在於視、聽、言、動，即視、聽、言、動便是一物。所以某說無心外之理，無心外之物。中庸言『不誠無物』，大學『明明德』之功，只是個『誠意』；『誠意』之功，只是個『格物』。」

陽明只管本體工夫一路，也就是本心提起、良知提起、意志堅定一事，因此解格物亦是此解，格物也是盡心的本體工夫，心即理，心理為一，心意知物為一，因此解物為事，物即是事，心所在之意為物，意即物，物即事，是乃心之事，心意知物為一，便是心在做工夫提起良知的狀態。說無心外之理之物，就是指一切事業行為，不論如何做，都是在本心良知提起下才有的作為，無此本心良知之提起，就無天理的實現與事業的完成。因此，一切工夫都是本體工夫，是明明德、是誠意，也是格物。以上是陽明的詮釋模型。筆者以為，明明德與誠意確實是本體工夫，格物也是本體工夫無誤，格物依《大學》是研究事務，研究事務之知的目的是為了明明德於天下，是本體工夫中的一個格致的專案，但重點在知識，陽明改其意旨為重點在意志貫徹，所以陽明又創造性地建構了「身之主宰便是心，心之所發便是意，意之本體便是知，意之所在便是物」。格物就是貫徹良知意志於所處之事物了，此說正是孟子所講的仁義內在的本體工夫思路，意旨一切的道德行動都是發自於內心主體的行動。

三、本心發動與名物度數

格物是正心念，那麼名物度數的事物之理還要不要追究呢？參見：

【67】問：「名物度數亦須先講求否？」先生曰：「人只要成就自家心體，則用在其中。如養得心體，果有『未發之中』，自然有『發而中節之和』，自然無施不可。苟無是心，雖預先講得世上許多名物度數，與己原不相干，只是裝綴，臨時自行不去。亦

不是將名物度數全然不理，只要『知所先後則近道』。」又曰：
「人要隨才成就。才是其所能爲，如夔之樂，稷之種，是他資性
合下便如此；成就之者，亦只是要他心體純乎天理，其運用處皆
從天理上發來，然後謂之才。到得純乎天理處，亦能『不器』，
使夔、稷易藝而爲，當亦能之。」又曰：「如『素富貴行乎富
貴，素患難行乎患難』，皆是『不器』。此惟養得心體正者能
之。」（《門人陸澄錄》）

依《大學》，格物致知是要講求做事業的名物度數的種種知識與
道理，然而陽明卻改格物爲正念頭、去其不正的貫徹意志的意思，陽
明認爲，心意不正，則再多的知識也無落實之時，所以重點在存養心
體，亦即良知提起，先把未發之中的本體養好，則做任何事情都是發
而中節了。這是陽明的先後本末之強調，陽明急的事情不是知識的事
情，而是意志的貫徹與否，至於所做之事，個人發揮本來會的專長
就好了，不需要去追求更多的知識，就如舜的諸位大臣，各有專長，
盡心就是聖賢，純乎天理就是聖賢，至於他人的專長，一旦自己純乎
天理，自然也能勝任了，成爲素富貴素患難的不器之者，亦即是全才
之人。陽明此說，是爲了批評同時代的官員，盡求知識，只爲掌握更
多權柄地位官銜，而不是戮力治國愛民，所以知識愈多，道德意志愈
下滑，這是〈拔本塞源論〉中之所說。就像煉金務求分兩，而不務純
色者。顯然，解讀《大學》格致誠正，陽明都從貫徹道德意志上說，
把研究事務知識道理的工夫，放在第二位了。此說同於佛家第一義之
說，只在做工夫狀態下才是第一義，強調學佛在做工夫，不可停留於
講知識。此旨當然正確，但是講究知識也是基本必須的工夫，《大
學》講治國平天下，名物度數是要講究的，講究清楚了，然後誠意正
心地去做，誠意正心當然是貫徹道德意志的進路，陽明所要者在此，
何須一味改變知識研究的格致之說爲誠正之旨呢？只能說他是爲對付
官員的弊端而矯枉過正地做了創造性的文本詮釋了。

四、格物不要流於口耳

陽明改格物之說爲正念頭而不是研究知識，就是爲了要求實踐，不要流於嘴上說說而已，參見：

【84】先生曰：「今爲吾所謂『格物』之學者，尚多流於口耳，況爲口耳之學者，能反於此乎！天理、人欲，其精微必時時用力省察克治，方日漸有見。如今一說話之間，雖只講天理，不知心中倏忽之間，已有多少私欲；蓋有竊發而不知者，雖用力察之，尚不易見，況徒口講而可得盡知乎！今只管講天理來頓放著不循，講人欲來頓放著不去，豈『格物』、『致知』之學！後世之學，其極至只做得個『義襲而取』的工夫。」（《門人陸澄錄》）

陽明將格物解成去除惡念，強調就是要在心上實做克去的工夫，當下去做，不要只是口頭上說話而已，口頭上說知識，念頭上存惡念，行動上還爲惡，這樣講知識有何用？只是「義襲而取」，偷得一些道德仁義掛在嘴上顯耀而已。陽明此說還是在批評研究學問之路，該知道的都已經知道了，只是沒去做，那麼再多的知識也是無用，無助於社會國家天下百姓人民，口頭講天理的知識，腦中閃著人欲的念頭，講天理而不去做，有人欲而不去除，所以格物宜解爲正念頭、除惡念，而不是解爲求知識，但，這是陽明自己的創見，有助於端正人心，然而對於文本解讀而言，並不準確。

五、心外無物，念即是事

把格物講成正念頭，則物便成了事，而且是心念中之事，是心中對事物之念，這就成了念頭上做工夫的心法了，參見：

【83】「心外無物。如吾心發一念孝親，即孝親便是物。」（《門人陸澄錄》）

陽明把格物之物當作處事之事，心意所在皆是一事，一切事都是

心中之事，孝親忠君等等皆是心中之事，故曰心外無物，就是無有心外之事物，就是主體心要做的所有事情都是心在主導的，心不動用就不可能有事情可以做得好，因此處理此心之去人欲存天理就是盡心窮理了，就是一切事情都處理好了。

六、格物是正其不正以歸於正

格物之格不是研究事務之理而是端正心念之善，參見：

【85】問格物。先生曰：「格者，正也，正其不正以歸於正也。」（《門人陸澄錄》）

在陽明，格物不是去面對事物以研究知識，而是面對事情的時候去處理自己的心態之正不正的問題，是處理意志純粹化的問題，是本體工夫的貫徹道德意志，把面對事物的不正之念去除，即是去人欲存天理。

七、格物無分動靜

格物變成正念頭之事，則有事無事時自己的念頭都要正，這樣，就無分於動靜了，參見：

【87】問：「『格物』於動處用功否？」先生曰：「『格物』無間動、靜，靜亦物也。孟子謂『必有事焉』，是動、靜皆有事。」（《門人陸澄錄》）

學生問格物是在動處用功嗎？其實像這一類的問題，都是概念約定的問題而已，並不是什麼重要的哲學根本問題，一是看格物概念要怎麼約定，二是看動靜概念要怎麼約定，尤其是動靜，根本都是隨時可以改變定義的，所以這是一個很不重要的問題、假問題。在陽明，格物的定義是正物，而物是事，所以格物是正事，正於念頭，所以是正其處事之念頭，故「必有事焉」，也就是在處事之際要格物，即是要有正念，如此，必是時時刻刻的、無分動靜的，《中庸》說未發涵

養，靜的時候也是要正念頭的，這個念頭上的工夫，不可間斷，故無間動靜，動靜都是人在活著的時刻，所以是動靜皆有事。

八、格致即是誠意正心

格物是正念頭，那麼就跟誠意正心一個意思了，陽明自己解說到：

【88】「工夫難處，全在『格物』、『致知』上。此即『誠意』之事。意既誠，大段心亦自正，身亦自修。但『正心』、『修身』工夫亦各有用力處，修身是已發邊，『正心』是未發邊。心正則中，身修則和。」（《門人陸澄錄》）

這段文字是陽明在做創造性的發揮了，針對格物、致知、誠意、正心、修身五個概念作意旨的兼併，以及與《中庸》未發已發的比附，也發揮得很好，但若依照他對朱熹的各種概念解析的評價，例如戒懼慎獨是未發已發，知行是要先知後行等等區分的批評來看的話，陽明此時也是做了正心是未發、修身是已發的解析區分了。陽明說，工夫之難在於格物致知，是的，關鍵就是正念頭，立志，去惡向善，就是貫徹意志去實行的意思，故而是真本事、真工夫的所在，但在《大學》文本中，要治國平天下，先要格物致知，然後誠意正心，這樣才能修齊治平。所以格致是知的工夫，誠正才是行的工夫。而修齊治平則是一一的節次行程。所以誠意正心才是意志貫徹的立志工夫，陽明解格物致知講成了誠意之事，所以他自己說格致是誠意之事，一旦意誠，也就心正了，因為意誠即是主體性的價值自覺，都已經純粹主體意志了，心自然正了，這指的是種種心情情緒的狀態處於端正中正的境界中。接著就要討論正心和修身的關係了，於是說正心是未發，是平常時，修身就是已發，是有事時。心正是中，身修是和。這樣說也很好，也就是說，不要固定什麼未發已發、或動或靜、或知或行的概念意思時，就可以有任何的思路發揮，而有協助理解的、有價值的命題可以被詮釋而提出，朱熹就這樣做的，問題是朱熹說什麼陽

明都要批評，以堅持未發已發是一、知行是一、心理是一的命題立場，結果，現在陽明自己也做了心正是未發、身修是已發的二分，這當然也是可說的，所以，善慧解別人的命題意旨，不要僵固化地去曲解他人的說法，這樣才是好的哲學討論。

九、格物致知只是一個明明德

不論格物之解為何？自格致至平天下都是一貫的，這樣就是明明德之意了，參見：

【89】「自『格物』、『致知』至『平天下』，只是一個『明明德』，雖『親民』亦『明德』事也。『明德』是此心之德，即是仁。仁者以天地萬物為一體，使有一物失所，便是吾仁有未盡處。」（《門人陸澄錄》）

《大學》文本講，大學之道，在明明德、親民、止於至善，然後又講，欲明明德於天下，在格致誠正修齊治平，因此陽明說，自格致至平天下，只是明明德，此說正確。明德是仁，仁者與天地萬物為一體，萬物一體是其價值立場，因此必須為天下人服務，因此必格致誠正直至修齊治平，不到平天下，便是仁德之心有不盡處，所以不能有一物失所，但就此目標而言，則士君子便都必須鞠躬盡瘁死而後已了，因為即便是聖人，也都是望道而未之見。

十、必須格物以致其知

把格物解成正念，就等於是致良知了，良知是本體，格物便是提起此一本體了，參見：

【118】惟幹問：「知如何是心之本體？」先生曰：「知是理之靈處；就其主宰處說，便謂之心，就其稟賦處說，便謂之性。孩提之童，無不知愛其親，無不知敬其兄，只是這個靈能不為私欲遮隔，充拓得盡，便完完是他本體，便與天地合德。自聖人以

下，不能無蔽，故須『格物』以致其知。」（《門人薛侃錄》）

講本體，可以從價值意識上講，從存有論上講，從工夫論上講三路。價值上講，當是至善。至於存在上講，就落在天道天理人性之中，天命之性就是人的本體，就陽明言，則在於良知，是以良知爲代表來說這個人性本體的，良知是人心主體的主宰，自天道本體下貫於人，這樣先把存有論的概念定義講清楚後，就能講好工夫論了。從工夫論講就是從如何操作來講，知是心之本體，但它會被遮蔽，去此遮蔽就是致此良知，而格物就是格去此遮蔽的工夫，所以恢復心之本體就要格物，格物就能致其知。這是因爲，《大學》書中之致知，在陽明變成致良知，良知是性善本體之在人心處者，是人心的主宰，所以說知爲心之本體，這個本體會被私欲遮蔽，故而格物之功便是恢復這個本體，本體是至善，平時是無善無惡的狀態，格物是工夫，是致良知的工夫，一旦有善有惡意之動之時，就由格物之工夫以去其不善，所以「四句教」中說「爲善去惡是格物」。

十一、格物是誠意工夫

本來《大學》講正心、誠意、致知、格物，意旨皆可各不相同，一旦陽明以格物爲正念頭，就等於把誠意的意思給用掉了，於是格物就是誠意了，參見：

【119】守衡問：「大學工夫只是誠意，誠意工夫只是格物、修、齊、治、平；只誠意盡矣，又有正心之功，有所忿懥好樂則不得其正，何也？」先生曰：「此要自思得之，知此則知『未發之中』矣。」守衡再三請。曰：「爲學工夫有淺深，初時若不著實用意去好善、惡惡，如何能爲善、去惡！這著實用意便是誠意。然不知心之本體原無一物，一向著意去好善、惡惡，便又多了這分意思，便不是廓然大公。書所謂『無有作好、作惡』，方是本體。所以說『有所忿懥、好樂，則不得其正』。正心只是誠意工夫。裡面體當自家心體，常要鑑空衡平，這便是『未發之

中』。」（《門人薛侃錄》）

　　這一條是《大學》文本本身的問題，《大學》於修身在正其心者，言：「所謂修身在正其心者：身有所忿懥[7]，則不得其正。有所恐懼，則不得其正。有所好樂，則不得其正。有所憂患，則不得其正。心不在焉，視而不見，聽而不聞，食而不知其味。此謂修身在正其心。」依朱熹所解之《大學》，格致是知的工夫，誠正是行的工夫，此行，落實在修齊治平中的心意誠篤上，意旨明晰。陽明刻意將格物致知之致知的工夫解為意志純粹化的工夫，此說便與誠意重迭，於是說格致正誠意之落實處，於是一切本體工夫於誠意處已經講完。學生便問又為何還要言於正心？陽明一時語塞，要學生自己體會，學生不允，硬要老師說，陽明本以心體說心，四句教中還以無善無惡說心體，所以要學生自己體會「未發之中」之意。其實，講「未發之中」可有兩路，一為講性體，自是純善無惡、至善而已，一為講心的情緒未發之狀態，此路可以講無善無惡，所以後來被迫回答時就說，「心之本體原無一物」，這只能是講心的未有情緒時的狀態，可以說「無善無惡」，又說「一向著意去好善、惡惡，便又多了這分意思，便不是廓然大公。」所以《大學》要講「正心」，這樣一來，《大學》只需「正心」一個概念就講完了，何必誠意、致知、格物呢？所以陽明必須費力去說心上做不得工夫，要做工夫就在意上去誠，而誠意之功就是格物致知在做的，這樣說法，不是疊床架屋而又是何事呢？最後說「正心只是誠意工夫」，那麼，「格致也是誠意工夫」，說來說去不斷重複而已了。「裡面體當自家心體，常要鑒空衡平，這便是『未發之中』。」說要去讓心體平正，便是未發之中，守住未發之中，就是一切本體工夫的模式，這樣又與陽明解讀的誠意、致良知、格除物欲都是同樣的意思了。顧東橋批評他疊床架屋，筆者同意。

　　那麼陽明可不可以這樣講解格致誠正呢？只要陽明不依《大學》文本做詮釋，而是自己創造一套新的工夫論，那麼就是完全可以，問題是他是就著《大學》文本而說的，這就有了《大學》原意為何的解

讀問題了，原意必須澄清，創造可以學習並理解，但是不要把創造當作文本解讀就好。

十二、以誠意去格物致知

陽明格物新解，必然與誠意意旨重疊，質疑此者多人，又見：

【129】蔡希淵問：「文公大學新本，先『格致』而後『誠意』工夫，似與首章次第相合；若如先生從舊本之說，即『誠意』反在『格致』之前，於此尚未釋然。」先生曰：「大學工夫即是『明明德』。『明明德』只是個『誠意』。『誠意』的工夫只是『格物』、『致知』。若以『誠意』為主，去用『格物』、『致知』的工夫，即工夫始有下落，即為善、去惡無非是『誠意』的事。如新本先去窮格事物之理，即茫茫蕩蕩，都無著落處，須用添個『敬』字，方才牽扯得向身心上來。然終是沒根源；若須用添個『敬』字，緣何孔門倒將一個最緊要的字落了，直待千餘年後要人來補出？正謂以『誠意』為主，即不須添『敬』字。所以提出個『誠意』來說，正是學問的大頭腦處。於此不察，真所謂『毫釐之差，千里之繆』。大抵中庸工夫只是『誠身』，『誠身』之極便是『至誠』；大學工夫只是『誠意』，『誠意』之極便是『至善』。工夫總是一般。今說這裡補個『敬』字，那裡補個『誠』字，未免畫蛇添足。」（《門人薛侃錄》）

陽明把格物致知講成本體工夫，講成《大學》原意中的誠意正心工夫，於是一旦要解釋誠意的時候，就只能把誠意和格物致知連起來講，講成一回事了。從方法論角度說，講工夫，就儒家言，用什麼概念都可以，只要本體論上是掌握至善的價值，工夫論上講去人欲存天理即是。若就文本詮釋，則孟子有孟子的語句，《中庸》、《大學》、《易傳》各有其自身常用的語句，必須依據其文義脈絡分開解讀，朱熹解《大學》，欲明明德於天下，先格物致知，再誠意正心。談本體工夫，格致誠正皆是，皆是明明德本體工夫的項目，格致以知

為主，誠正面對處事之心念。若脫離《大學》解讀，朱熹最常講「主敬」的工夫，「主敬」就是「誠意」，就是陽明最常講的誠意格物之工夫，敬就是純粹化主體意志，敬就是本體工夫的操作形式，講主一、收斂、涵養等皆是就操作形式說，就是意志純粹之功，就是敬字在工夫論上的意思。朱熹並沒有把《大學》詮釋和講本體工夫混在一起，《大學》詮釋依文本意旨，講《大學》，格致是知的部分，誠正是行的部分。先知後行，就其行言，其知必至行之完成而後完成，即完成於修齊治平，這本是《大學》本末終始之次第，從來沒有遺卻行的工夫，更沒有缺乏道德意志之貫徹。朱熹格致誠正之格致已預設了欲明明德於天下的本體工夫，即立志了，敬是持守住，敬與誠就是同義，朱熹講敬就是要講誠。

　　陽明講《大學》，死守他自己解讀的《大學》，又創造新說，既以致良知為根本本體工夫，又以格物為根本本體工夫，又以誠意為根本本體工夫，格物即是誠意之功，誠意必以格物致知為落實處，這都是在講貫徹道德意志，是硬把格物致知拉上這個層面上來解讀的。當朱熹解格物為知的工夫時，陽明就批評說未有意之誠，非根本工夫，所以需要另說個敬來持守。其實朱熹只是依《大學》文本講時，分知與行，以格致為知，以誠正為行，行是意志貫徹於修齊治平之事業上之行。若不依《大學》文本而講本體工夫時，則必強調敬，不是在說格致之知的工夫不足，又需要持敬的本體工夫來補足，格致的知的工夫沒有不足，因為誠正的行的工夫和格致的知的工夫是一套的工夫。陽明自己略去《大學》強調的知的工夫的部分，一切都是道德意志純粹化的本體工夫，正心誠意是如此，致知改成致良知也是如此，格物解為正念頭還是如此，明明德、止於至善皆是如此，陽明可謂掌握了操則存、擴而充之、求放心、明明德、止於至善、盡心等等貫徹道德意志、去人欲存天理的本體工夫之宗旨，只講純粹化主體意志，就認為講知識的進路缺此一義，這就是陽明自己刻意割裂文本意旨，實則這是《大學》的文本意旨，因為要治國平天下，所以需此客觀知識之研議之說，陽明亦不廢此意，只是說當本心純粹時，自然會去求知，

此亦不假，但刻意廢去格物致知的知的解釋，就未免過於任意了。

十三、格致才能達至本體

陽明格物說，就是純粹意志的本體工夫本身了，參見：

【222】黃以方問，「先生格致之說，隨時格物以致其知，則知是一節之知，非全體之知也，何以到得『溥博如天，淵泉如淵』地位？」先生曰：「人心是天、淵。心之本體無所不該，原是一個天，只為私欲障礙，則天之本體失了；心之理無窮盡，原是一個淵，只為私欲窒塞，則淵之本體失了。如今念念致良知，將此障礙窒塞一齊去盡，則本體已復，便是天、淵了。」乃指天以示之曰：「比如面前見天，是昭昭之天，四外見天，也只是昭昭之天。只為許多房子牆壁遮蔽，便不見天之全體，若撤去房子牆壁，總是一個天矣。不可道眼前天是昭昭之天，外面又不是昭昭之天也。於此便見一節之知即全體之知，全體之知即一節之知，總是一個本體。」（《門人黃直錄》）

陽明說格物要人當下一節之事之正念頭上去格去知，學生以為如此則此知非全體之知，無法到達「溥博如天，淵泉如淵」的地位，學生此問，仍是把《大學》致知格物解為知識探求之旨。依陽明，格物致知都是講心上做工夫，且都是本體工夫，都是彰顯良知，都是直探本源，都是直指至善本體的道德意志貫徹之學，要貫徹道德意志，就是無論何事，只管此心純是天理，而這格致的本體就是天理天道，所以格致就能到達「溥博如天，淵泉如淵」的境界，此時此心即天理，沒有隔閡。陽明解格物致知之知是知天理，只是知是知非，不是知名物度數，所以一刻正念頭，反身而誠，天地萬物皆備於我。陽明此說，正是本體工夫。但要治國平天下，依然需要事事物物之理之知，即便是陽明，也是學問鼎盛而能治理地方打擊盜匪的，只是事情辦成，更賴價值意識的貞定，但無需否定《大學》原意在格致之說上是指知識之工夫。

十四、格物是有根學問

純粹意志是有根，尋求外在知識是無根，這是陽明自己的特殊解讀，參見：

【239】先生曰：「吾教人『致良知』，在『格物』上用功，卻是有根本的學問；日長進一日，愈久愈覺精明。世儒教人事事物物上去尋討，卻是無根本的學問；方其壯時，雖暫能外面修飾，不見有過，老則精神衰邁，終須放倒；譬如無根之樹，移栽水邊，雖暫時鮮好，終久要憔悴。」（《門人黃直錄》）

陽明解讀《大學》的致知，成為致良知，就是把性善本體之本心擴充而去，具體做法就著落在格物，關鍵在正念頭，而不是求知識。陽明以有根本的學問說之，就是有了主體的意志的貫徹工夫，也就是真正做了本體工夫。然而，以求知之義解格物，並非不做本體工夫，格物致知是欲明明德於天下的起手式，格物致知必至治國平天下為止，方是完成，中間需經誠意正心的再次強化道德意志之功，則其豈是無根的學問。陽明說世儒教人去事事物物上尋討，是無根之學，這是割裂格致誠正修齊治平之本末終始的解讀方式，是把格物致知和誠意正心分開割裂地去看的結果，格物致知是知，誠意正心是行，格致誠正是連貫的，知行是合一的，所以不必是陽明的理解，陽明之說是錯解了，矯枉過正，值得同情的理解，但不必是唯一正解。

十五、工夫論進路的格致誠正解讀

格物意同誠意，於是格致誠正就須全盤重新解讀了，參見：

【317】先生曰：「先儒解『格物』為『格天下之物』，天下之物如何格得？且謂一草一木亦皆有理，今如何去格？縱格得草木來，如何反來誠得自家意？我解『格』作『正』字義，『物』作『事』字義。《大學》之所謂『身』，即耳、目、口、鼻、四肢是也。欲修身便要目非禮勿視，耳非禮勿聽，口非禮勿

言，四肢非禮勿動。要修這個身，身上如何用得工夫？心者身之主宰，目雖視而所以視者心也，耳雖聽而所以聽者心也，口與四肢雖言、動而所以言、動者心也，故欲修身在於體當自家心體，常令廓然大公，無有些子不正處。主宰一正，則發竅於目，自無非禮之視；發竅於耳，自無非禮之聽；發竅於口與四肢，自無非禮之言、動；此便是修身在正其心。然至善者，心之本體也，心之本體那有不善？如今要正心，本體上何處用得功？必就心之發動處才可著力也。心之發動不能無不善，故須就此處著力，便是在誠意。如一念發在好善上，便實實落落去好善，一念發在惡惡上，便實實落落去惡惡，意之所發，既無不誠，則其本體如何有不正的？故欲正其心在誠意。工夫到誠意，始有著落處。然誠意之本，又在於致知也。所謂「人雖不知而己所獨知者」，此正是吾心良知處。然知得善，卻不依這個良知便做去，知得不善，卻不依這個良知便不去做，則這個良知便遮蔽了，是不能致知也。吾心良知既不得擴充到底，則善雖知好，不能著實好了，惡雖知惡，不能著實惡了，如何得意誠？故致知者，意誠之本也。然亦不是懸空的致知，致知在實事上格。如意在於爲善，便就這件事上去爲，意在於去惡，便就這件事上去不爲；去惡固是格不正以歸於正，爲善則不善正了，亦是格不正以歸於正也。如此，則吾心良知無私欲蔽了，得以致其極，而意之所發，好善、去惡，無有不誠矣。誠意工夫實下手處在格物也。若如此格物，人人便做得；人皆可以爲堯、舜，正在此也。」（《門人黃以方錄》）

《大學》講「格致誠正」，陽明將四者合在一起解讀，陽明解格物是正物，物即事，故而是正事，端正自己做事的念頭，以此爲入手，一路重新創作《大學》格致誠正的意思。陽明解《大學》，《大學》講修身，修身則就耳目口鼻之動修之，其動之主在心，因此要做「正心」工夫。接下來，就進入「正心、誠意、致知、格物」的解讀，陽明的思路是，正心、誠意、致知、格物，四事是一事，正心往誠意處做，誠意在致知中落，致知向格物處行，一個依據一個。

首先，「然至善者，心之本體也，心之本體那有不善？」這是把談正在活動的主宰心，當作「未發之中」的「性體」在談了，性無不善，所以「如今要正心，本體上何處用得功？必就心之發動處才可著力也」。此說頗為強詞，刻意為了把正心說在誠意上，把誠意說在致知上，把致知說在格物上，而作的特殊解讀，《大學》講的正心、誠意，可以對比於《中庸》已發之後的心意狀態，並不是在說性體，至於性體，肯定是至善，陽明於「四句教」中說「無善無惡心之體」，此處又說「心體是至善」，顯見四句教之首句用詞不當，「無善無惡心之體」，不是說的未發之中，而是說的心之未發之情，是講狀態，而非講本性，在說未有情緒好惡時的狀態，此時說無善無惡方得合理。而此處將心說為至善心體，是講得本性了，本性不談工夫，談工夫就心的狀態談，就情的發動後談，故就意上說誠，至於其意之誠，需有主宰，此一主宰可以就是心體之本性，其落實於良知上，良知即性善本體，所以欲誠其意，返歸心體之至善即可，結果陽明把這件事情分為兩個動作，即先以良知知善知惡知之，再以主體心為善去惡落實之，即使其意誠之。結果，誠意之功竟在格物，至於心體則無法作用，而良知僅管致知。結果，誠意與格物同義，而心體由良知知之，大學的正心竟無法自正，良知亦只知不行，只負責知的工夫，而將行的工夫交由格物去做，陽明的特殊解釋，只是為了收格物為誠意正心之旨意，故而大費周章，卻造成扭曲，實在不是什麼好辦法。

十六、亭前格竹子公案

陽明有名的「格竹子公案」，實在是一次錯誤的實驗，是對朱熹格物說的重大誤解，莫怪一路不喜此說。參見：

【318】先生曰：「眾人只說『格物』要依晦翁，何曾把他的說去用！我著實曾用來。初年與錢友同論作聖賢，要格天下之物，如今安得這等大的力量；因指亭前竹子令去格看。錢子早夜去窮格竹子的道理，竭其心思至於三日，便致勞神成疾。當初說他這

是精力不足，某因自去窮格，早夜不得其理，到七日，亦以勞思致疾，遂相與歎聖賢是做不得的，無他大力量去格物了。及在夷中三年，頗見得此意思，乃知天下之物本無可格者；其格物之功，只在身心上做；決然以聖人為人人可到，便自有擔當了。這裡意思，卻要說與諸公知道。」（《門人黃以方錄》）

格物在朱熹，是面對事物研究其理，此種研究，要眼到手到口到心到，下田插秧、上山砍柴、河上架橋、廳裡議政，是實地去做的研究，就像今人在實驗室做實驗一般的求知之工夫，豈是陽明靜坐竹前之法，此正陽明自己不得其法，卻而詆毀之。陽明後來知道格物只在心上格，此是以之為貫徹道德意志之事，貫徹意志，方有德行，自然是心上工夫了，心地上貞定價值意識，就是純粹化主體意志，去人欲存天理，陽明遂放棄研究事務的格物解讀，而改為貫徹意志正念頭的格物解讀，實際上，他自己的研究知識的方法也會是和朱熹和大家相同的，都是面對事物去做研究。

十七、格物是童子即可做得工夫

《大學》言於格物致知，是指大人之學，要治國平天下了，但是，陽明以格物為正念頭，那就是童子亦得為之矣，參見：

【319】門人有言邵端峰論童子不能格物，只教以灑掃、應對之說。先生曰：「灑掃、應對就是一件物。童子良知只到此，便教去灑掃、應對，就是致他這一點良知了。又如童子知畏先生長者，此亦是他良知處，故雖嬉戲中見了先生長者，便去作揖恭敬，是他能格物以致敬師長之良知了。童子自有童子的格物致知。」又曰：「我這裡言格物，自童子以至聖人，皆是此等工夫：但聖人格物，便更熟得些子，不消費力。如此格物，雖賣柴人亦是做得，雖公卿大夫以至天子，皆是如此做。」（《門人黃以方錄》）

格物是研究事務的道理，接著就要治國平天下，所以是至少十五

歲以後的大人之事，至於兒童，尚不及於《大學》之學，故而不能格物。然在陽明，格物是正念頭，是本體工夫，則童子亦可為之，只就灑掃應對上便是，童子見長輩自知恭敬，就是做了本體工夫。其實，《大學》是講大人之學，十五、六近二十歲的青年人的學習，目標在治國平天下，因此《大學》講致知是要知曉知識以便做事時要用到的。邵端峰之論，小孩是掃地先，還談不上讀書，長大了才讀書，這是教育次第，此說無誤。至於王陽明之論，小孩子掃地是人格教育，長大了治國平天下還是人格教育，工夫就在隨分限所及之處，此說也無誤。但是，成人要學習的治國平天下的知識是無窮的，任一領域都是無窮，兵部、工部、刑部、禮部，都有複雜的知識要學，這是大人才學得了的，童子確實不成，因此邵端峰論童子不能格物，此處之格物就是研究大人知識之學，然陽明已改格物之說，以為是正念頭，所以說童子自有童子的格物致知，大人小孩都是有的，聖賢只是更加純熟。

當然，要辯論的話，自有天分高的天才者，童年時期就能知曉治國道理，但這畢竟不是常道，童年灑掃應對以為人格教育，亦可以有基礎知識教育，至於治國平天下的教育，一是要講道理，二是要操作，兒童是不可能操作的，因為不可能把家國天下的責任重擔交給兒童，因此教以人格教育，備以基礎知識即可。一旦年紀漸長，那就是修身齊家治國平天下的角色扮演以及職責承擔的大人之學的時候了。

十八、小結

格物是正念頭，致知是致良知於事事物物，於是念頭就是事，正念頭也就是正心，於是《大學》原來的正心工夫便無可作為了，推到意誠上，而格物即是意誠，意誠即是格物，兩家又是一家，這就是陽明《大學》詮釋導致的糾纏，若是脫離《大學》詮釋，單就格物說正念頭之旨則是無妨的，筆者尊重陽明的創造，但是對於《大學》文本意旨，筆者仍是接受朱熹之解。

註釋：

7 忿懥，音至，憤怒。

第六章 心學進路的工夫心法——止於至善

　　大學之道，在明明德，在親民，在止於至善，至善之說，與孟子性善論一致，又爲實踐哲學進路的陽明心學之工夫極則，修道求學則必仁極仁、義極義不可，此善惡之間又是儒佛兩家的幾微之地，不可不辯。四句教及四無說即是辯之於此，是以「止於至善」乃陽明心學工夫心法要目之第四目。

一、止於至善是立主體價值而非求客觀知識

　　對於朱熹講的「事事物物皆有定理」，陽明指爲「義外」說，這是把朱熹談研究客觀事務知識的概念，當成講做工夫的概念而予以批評了，但是，就至善而言，作爲心之本體，則是鑿鑿確然，言之無誤的。參見：

　　【2】愛問：「『知止而後有定』，朱子以爲『事事物物皆有定理』，似與先生之說相戾。」先生曰：「於事事物物上求至善，卻是義外也。至善是心之本體，只是明明德到至精至一處便是。然亦未嘗離卻事物，本注所謂『盡夫天理之極，而無一毫人欲之私』者得之。」（《門人徐愛錄》）

　　徐愛問止於至善的工夫，以朱熹之說與陽明不同，關鍵是止於至善是求於事物？還是就在心內？關於這個問題，朱熹講的「事事物物皆有定理」，指的是聞見之知和德性之知，先搞清楚，然後誠意正心地去做，這便是朱熹依據《大學》講「先知後行」的解讀，在先知的部分，事事物物皆有定理。就物而言，有聞見之知之理，有處理此物之事之德性之知之理。就事而言，有聞見之事理，有德性之事理。這就是朱熹要講的事事物物皆有定理，講究好了定理，便可誠意正心地

去做了。至於陽明，所想的是做工夫的問題，專注於主體意志，若是主於定理講究，則是「於事事物物上求至善，卻是義外也」。陽明此說，當然是對朱熹的誤解，或是刻意曲解，說的「義外」，正是孟子把告子講倫理德目的「仁內義外」說之為「義外」一般，這裡，其實孟子自己就已經是強說的意旨了。講倫理德目的原理，決定於外在對象與本人的關係，因而有忠孝之不同。講做工夫，不論針對何人，都要由內而發，陽明講「至善是心之本體，只是明明德到至精至一處便是」。這便是在說做工夫，「到至精至一處」就是做工夫，講做工夫是對的，講倫理德目、講事物的道理也是對的，此處沒有衝突，這是筆者要予以申明的。陽明說要回到心內，但仍然說「然亦未嘗離卻事物」，當然是的，就是在事情上做工夫，只是工夫是在主體心上作用的，主體面對事物，「盡夫天理之極，而無一毫人欲之私者得之」。

　　這一條，是朱王之辨的課題，陽明講做工夫主於心，完全正確。但批評朱熹講的事物之理是求於心外，這就是不必要的批評了。做工夫的關鍵是在立志於心，而且意志堅定之後具體的事物之理當然會去講究，這是相輔相成的，朱熹所說預設前者，強調後者，陽明所說強調前者，亦不廢後者，何須定要批評朱熹之說為義外呢？

二、追求至善的動力在內而不在外

　　追求至善是追求事理之至善，還是只用心於自我的內心之善呢？這件事情在陽明弟子之間產生了疑問，便與老師展開討論，而陽明始終還是只要強調主體自覺地做工夫之事而已，參見：

　　【3】愛問：「至善只求諸心，恐於天下事理有不能盡。」先生曰：「心即理也。天下又有心外之事，心外之理乎？」（《門人徐愛錄》）

　　對於前節的問答，徐愛尚不甚理解陽明的意思，只求諸心又如何盡得事理？其實，陽明說的只求諸心，是價值意識的貞定，道德意志的堅定，至於事理，仍然是要外求，所以陽明批評朱熹之說是求理於

外，這樣講是不對的，因為陽明要求事物之理時，一樣是要往外求的，只是貫徹意志這件事是求之於心內而已。所以陽明的回答說：「心即理也。天下又有心外之事，心外之理乎？」、「心即理」有三種意思，它文涉及，此處不展開。先看後兩句話，意思是一切事情都是人在做的事情，都是人心去指導主宰而有的事業，沒有人心意志就沒有事業，沒有人心的堅持，道德原理就無法落實，因此本心就是天理的貞定主體。顯見陽明說的一直都是做工夫的問題，並且關鍵就是在意志堅定這一件事情上。所以第一句的「心即理」是要求以主體至善之良知之心去處理天下事務，要天下事務變得合理如理，就必須自己積極主動地去作為，這就是說要由己心以使萬事合理，然而徐愛仍不理解，憂心知識細節的掌握問題。又問：

> 愛曰：「如事父之孝，事君之忠，交友之信，治民之仁，其間有許多理在，恐亦不可不察。」先生歎曰：「此說之蔽久矣，豈一語所能悟；今姑就所問者言之。且如事父不成去父上求個孝的理，事君不成去君上求個忠的理，交友、治民不成去友上、民上求個信與仁的理，都只在此心。心即理也，此心無私欲之蔽，即是天理，不須外面添一分。以此純乎天理之心，發之事父便是孝，發之事君便是忠，發之交友、治民便是信與仁。只在此心去人欲、存天理上用功便是。」

徐愛問的事父事君交友治民諸事，必須有許多知識道理在，必須要追究的，所以還是擔心，只管好意志力就能做好事情嗎？其實，孝親，忠君，交友，都沒有什麼真正的知識的問題，但是治民就不同了，政務繁多，諸事不易，沒有好好格物致知研究事事物物的知識道理是不行的，所以徐愛的問題沒問好，若說是治軍治賦治匪治農治工諸事，那肯定是要知識的細節了，而且不學是不會的，不是光意志堅定就可以的，若是這樣問，陽明就不會還是那樣答了。陽明的回答，事君事父交友治民諸事，就是去做，而不是去求知識、求道理，其實該怎麼做自己都清楚，關鍵就是「心即理」，就是「此心無私欲之蔽」，此心一純，發之君父友民諸事之上，唯一要做的工夫，就是讓

自己的心思念慮意志能夠純粹化而已。所以，一直都是問題不同的問題，不是真有意見的對立的問題。關鍵就是，徐愛所問，陽明所答，文不對題。徐愛與陽明之差異，就跟陽明與朱熹之差異完全一樣，一個在講做事情的知識要講究，一個在講做事情的重點在純粹意志，兩者都對，問題只是陽明老是要刻意曲解講究做事的知識的一路，以為只管知識等於沒有做事。其實，管知識就是為了做事做正確，何來就是不做事之譏呢？求事理於外是求客觀知識，求事理於心內是做工夫的工夫論。問題不同，這是語意學的問題，哲學就是把觀念講清楚的學問。徐愛又問：

愛曰：「聞先生如此說，愛已覺有省悟處。但舊說纏於胸中，尚有未脫然者。如事父一事，其間溫凊定省之類，有許多節目，不知亦須講求否？」先生曰：「如何不講求？只是有個頭腦，只是就此心去人欲、存天理上講求。就如講求冬溫，也只是要盡此心之孝，恐怕有一毫人欲間雜；講求夏凊，也只是要盡此心之孝，恐怕有一毫人欲間雜，只是講求得此心。此心若無人欲，純是天理，是個誠於孝親的心，冬時自然思量父母的寒，便自要去求個溫的道理，夏時自然思量父母的熱，便自要去求個凊的道理，這都是那誠孝的心發出來的條件。卻是須有這誠孝的心，然後有這條件發出來；譬之樹木，這誠孝的心便是根，許多條件便是枝葉，須先有根，然後有枝葉，不是先尋了枝葉，然後去種根。禮記言：『孝子之有深愛者，必有和氣。有和氣者，必有愉色。有愉色者，必有婉容。』須是有個深愛做根，便自然如此。」

徐愛已經明白了陽明的說法，做事的要點在純粹化主體意志，但徐愛還是要問，那麼具體知識要不要管呢？就陽明言，陽明當然不會不管具體知識就去亂操作，陽明只是關心做事情的時候是否盡心盡力，就是要有頭腦，有頭腦就是價值意識要明確，要以正確的價值以為意志純粹的主導，一旦此心純粹，那時主體不論是孝親忠君交友治民，他都會去瞭解具體做法，孝親自然知道要冬溫夏凊。關鍵是這個意志的純粹才是一切的根本，它就是樹木的根，要有這個根，才能長

出枝葉來，光有知識，就像光有樹葉，它是不會倒長出根來的，無根的枝葉是活不了的，這樣的知識也就無用了。

陽明認為願意孝順自然知道冬溫夏清，這裡是可以這樣說的，畢竟這個知識是簡單的。但是，願意治國治民，就能治理好國家、照顧好百姓嗎？當然不是。所以朱熹關心把知識和道理研究清楚，陽明卻關心要有真正的誠意來做這件事情，這就要去人欲存天理，無論如何，這兩件事情都是關鍵必要的，不必硬說哪一種更重要，因為每一個都是絕對不能或缺的，所以陽明的堅持無誤，但是對知識的追求，做片面化的解讀，以為它就是忽略了堅定意志，這絕對是無謂的批評，錯誤的理解。

三、至善並非在學問思辨以及事物上求

至善之追求，是及於家國天下的，最終就是天下太平的境界的，就是天下事物都完善完美了才是至善的，然而，陽明與其弟子在辯論的，還是從個人做工夫的路線上怎麼能得到至善去討論這個問題，參見：

【4】鄭朝朔問：「至善亦須有從事物上求者。」先生曰：「至善只是此心純乎天理之極便是。更於事物上怎生求？且試說幾件看。」朝朔曰：「且如事親，如何而為溫清之節，如何而為奉養之宜，須求個是當，方是至善；所以有學問思辨之功。」先生曰：「若只是溫清之節，奉養之宜，可一日二日講之而盡，用得甚學問思辨！惟於溫清時，也只要此心純乎天理之極，奉養時也只要此心純乎天理之極，此則非有學問思辨之功，將不免於毫釐千里之繆；所以雖在聖人，猶加『精一』之訓。若只是那些儀節求得是當，便謂至善，即如今扮戲子扮得許多溫清奉養的儀節是當，亦可謂之至善矣。」愛於是日又有省。

學生的問題是，至善的境界，從個人社會到國家，有哪些事情要做？以及要做到什麼程度才算是達到了至善的標準？但王陽明講的至

善，就是自己內心的純粹化以完全符合於天理的狀態，所以只求諸己心，而非求諸事物的知識。陽明讓學生舉例，學生說溫清之節、奉養之宜，需求個適當，所以要有學問思辨的知識研究。陽明說，事父母之溫清奉養，只是自己發心去做，此心純乎天理而已，沒有那麼多的知識學問要求的。此說當然，但是治國平天下就不是這樣了。就此而言，陽明是講主體於至善時的狀態，就是此心純粹一事而已，至於落實至善的具體知識和做法，可以一兩日講得盡，若是做致良知的工夫，更是一秒鐘就提起，更不費時了。所以，陽明講的是自己如何做工夫以達到至善狀態的問題，學生問的是至善的境界有何客觀標準的問題？要天下大治，一定是社會建設、交通管理、農業生產、醫療衛生等等各種事物都處理得當，這些無一不需要專業知識的。徐愛與陽明之間，問的與答的不同，這就是中國哲學的討論時常發生的事情，所問之事被否定，只因為所答之事與所問之事並不相同。要避免這種現象，就需要哲學基本問題的問題意識之明晰，於文本解讀時，方可不為所惑。掌握陽明所言之問題總是在做工夫達境界一路，因此強調於自心之內，則陽明與程朱談理學之路就毋須有對立衝突。

四、知止是知至善在吾心

陽明不斷強調至善就在吾心之內，這正是工夫論思維，參見：

【86】問：「『知止』者，知至善只在吾心，元不在外也，而後志定。」曰：「然。」（《門人陸澄錄》）

《大學》講「止於至善」之後就講「知止」，又講「知止而後有定」，顯然這個「知止」當然是針對「至善」之理之「知止」，講「知止」就不是只是知道而已，而是既知道又做到，做到就是在心裡落實了，作為一生的終極目標、人生的終極理想，永遠奉行此路，這也就是立志了，所以陽明說在吾心，不在外，志定。這就是提起本心的工夫。

五、明明德須及親民

關聯於《大學》三綱領時，就要討論「明明德」與「親民」兩個概念了，參見：

> 【90】「只說『明明德』而不說『親民』，便似老、佛。」
> （《門人陸澄錄》）

解讀《大學》文本時，則《大學》就是明德、親民、止於至善，不知何人解讀《大學》時主張只要明明德而不要親民，若無人如此解讀，卻要說這樣的話，這也是刻意辯論，無甚意義。至於「便似老佛」，這就是陽明以為的儒道佛的不同之處，就是道佛只重修心而不重治國平天下的事功。三教辯證此處不深入。

六、知止是恢復至善之性

知止之工要如何做呢？參見：

> 【91】「至善者，性也；性元無一毫之惡，故曰至善。止之，是
> 復其本然而已。」（《門人陸澄錄》）

《大學》講的「止於至善」，最終是以平天下為目標的，這當然是需要做工夫修養才能達到的，而且不是自己一個人的事業，這是天下人的事業，大家都這麼做到了才能平天下。至於陽明的討論，全然是放在個人的道德修養上說，陽明說「至善者性也」，性就是人性，這便是孟子性善論的立場，說「性元無一毫之惡，故曰至善。」此說，在張載「天地之性、氣質之性」的說法中已有擴充，性是純善，但人有氣稟，有個性、有習性，這也是性，也就是「生之謂性」之所指。因此，分為天地之性與氣質之性可也，氣質之性為礙時就要變化氣質，復其天地之性，人就為聖賢君子了。所以陽明說「止之，是復其本然而已」。「止於至善」是做工夫達至至善的境界，至於至善的境界，就《大學》言，該是治國平天下的結果，當然，他是從個人格致誠正而修其治平以達到的。依陽明，就是從致良知工夫做起的。本

文，是陽明既講本體又講工夫的句子。

七、至善是吾心所止之地

陽明說了很多關於追求此心至善的做工夫觀點，這次換學生來發揮了，參見：

【92】問：「知至善即吾性，吾性具吾心，吾心乃至善所止之地，則不為向時之紛然外求而志定矣；定則不擾擾而靜；靜而不妄動則安；安則一心一意只在此處，千思萬想，務求必得此至善，是能慮而得矣。如此說是否？」先生曰：「大略亦是。」（《門人陸澄錄》）

學生整套的說法都是不錯的，其實也都是陽明的意思而已，陽明簡單回應之曰「大略亦是」，多半是陸澄光說不練，所以話儘管說得好，陽明就是看不到真正的決心。因此在哲學的討論上，指點工夫的話語和工夫論的話語是不同的，陸澄的工夫理論完全正確，但做工夫大略不行，所以被如此回應。

八、兼愛與仁者與天地萬物為一體之不同何在？

程伊川曾經討論過儒家的仁愛與墨家的兼愛不同，陽明也表示了意見，參見：

【93】問：「程子云：『仁者以天地萬物為一體。』何墨氏兼愛，反不得謂之仁？」先生曰：「此亦甚難言，須是諸君自體認出來始得。仁是造化生生不息之理，雖彌漫周遍，無處不是，然其流行發生，亦只有個漸，所以生生不息。如冬至一陽生，必自一陽生而後漸漸至於六陽；若無一陽之生，豈有六陽？陰亦然。惟其漸，所以便有個發端處；惟其有個發端處，所以生；惟其生，所以不息。譬之木，其始抽芽，便是木之生意發端處；抽芽然後發幹，發幹然後生枝生葉，然後是生生不息。若無芽，何

以有幹有枝葉？能抽芽，必是下面有個根在；有根方生，無根便死。無根何從抽芽？父子、兄弟之愛，便是人心生意發端處，如木之抽芽；自此而仁民，而愛物，便是發幹生枝生葉。墨氏兼愛無差等，將自家父子、兄弟與途人一般看，便自沒了發端處；不抽芽便知得他無根，便不是生生不息，安得謂之仁！孝、弟為仁之本，卻是仁理從裡面發生出來。」（《門人陸澄錄》）

墨家講兼愛，孟子反對，但要找理由。理由是「愛有等差」，儒家主張親親仁民愛物，這是由親及人及物的過程，一個人不能孝親，而求兼愛天下，是不可能做得好的，因為無根，根就是人性之本。在家孝順父母友愛兄弟尊敬長輩，這樣的人出了社會才會仁民愛物，這是說一個君子人格的養成過程。但就墨家而言，墨家主張兼愛，這是因為，他們要面對的是社會問題，是社會治安的問題，是國際和平的問題，因此直接主張兼愛就是對治盜匪兵燹的問題，只要人人能兼愛，便無偷盜搶奪攻伐戰爭的事情了，此說無誤。只是，墨學單純而粗糙，不似儒學整體包羅。墨家光講理想，沒有討論個人修養工夫的事情，人如何兼愛呢？墨家就是光說個口號而已，所以一對比於儒家從性善論說，從擴而充之說，從親親而仁民而愛物說，確實才是理論完整。陽明更說，不過就是做到此心純粹天理渾然。然而，陽明總說與天地萬物為一體，這與兼愛的結果是一樣的，意旨完全相同。只能說，墨家講理論光有理想而沒有人性論的根基，這在儒家就由孟子說明白了，因此就有了明確的工夫論，有如何入手，也有做工夫的節次。陽明從根芽幹枝葉說，也是講節次，說得完整，最終一體之仁與兼愛之說其實無別。至於墨家天道論強調賞善罰惡，這便由董仲舒理論繼承下來的，儒家講天道是善，這是《孟子》、《中庸》、《易傳》的明白立場，當天有意志性時，則好善惡不義，也是合理。總之，儒墨之間沒有根本的對立，儘量融合為宜。

九、理氣論進路的性善論

關於人性之善的理論，張載之後，有程頤、有朱熹都不斷探究，都是堅守儒家孟子立場，但必須涉及氣稟問題，所以宋儒的發揮是更加細節地深入的，陽明不能無見，更不能反對。參見：

【150】來書云：「有引程子『人生而靜以上不容說，才說性便已不是性』。何故不容說？何故不是性？」晦庵答云：「不容說者，未有性之可言；不是性者，已不能無氣質之雜矣。」二先生之言皆未能曉，每看書至此，輒爲一惑，請問。（以上周道通問，以下陽明回答。）「生之謂性」。生字即是氣字，猶言「氣即是性」也。氣即是性，「人生而靜以上不容說」，才說「氣即是性」，即已落在一邊，不是性之本原矣。孟子性善，是從本原上說。然性善之端，須在氣上始見得，若無氣亦無可見矣。惻隱、羞惡、辭讓、是非即是氣。程子謂：「論性不論氣，不備；論氣不論性，不明。」亦是爲學者各認一邊，只得如此說。若見得自性明白時，氣即是性，性即是氣，原無性、氣之可分也。（《答周道通書》）

講工夫，盡心、致良知一語已透，講人性，既要顧及天命之謂性，也要說明氣稟一邊。因此張載的「天地之性、氣質之性」之說甚佳。程頤說的「人生而靜以上」，是說的人出生長大成人有了氣稟以及氣質之後，要說的就不只是天理賦命的性善之性了，朱熹就是這樣解讀的，因此宋儒論性及於氣稟，論性論氣之說，都是說得人性，更精確來說，從存在角度說，人是理氣的結構，從人性角度說，人性有天命之性或謂天地之性，即是天理一邊，人性又有氣稟之性或謂氣質之性，即是陰陽五行之氣一邊，周敦頤所說「五性感動而善惡分，人得其秀而最靈」，都是要兩邊說好此理以及此氣的。張載言「心統性情」，朱熹承之，此情，便是陽明此處說的「惻隱、羞惡、辭讓、是非即是氣」，這其實是情，也就是心的發用狀態，此一狀態，會受到氣質之性的影響，但根源在天地之性，陽明說，要在氣上始得發端，

這就是人之情的狀態了，所以，陽明也必須接受理氣論，一旦論及存在，論及人性，就需說到氣。陽明的思路主要在講工夫論，因此盡是心學。但要回答這些問題時，便不能不接受理氣論、天地之性、氣質之性之說，論及工夫，則是「善反之，天地之性存焉」，便是「復其本然至善之心體」。

陽明最後講：「若見得自性明白時，氣即是性，性即是氣，原無性、氣之可分也。」這又是工夫論的命題模式了。自己自性明白提起，變化氣質，沒有氣稟之私，所有的情的狀態，都在惻隱羞惡辭讓是非之中，所以可說性氣不分了。

十、本體只是至善謂之惡者非根本惡

善惡問題是人性論的核心，宋儒的討論深入此地，陽明則為之詮解，以與己說不背。參見：

【228】問：「先生嘗謂善、惡只是一物。善、惡兩端，如冰、炭相反，如何謂只一物？」先生曰：「至善者，心之本體。本體上才過當些子，便是惡了；不是有一個善，卻又有一個惡來相對也。故善、惡只是一物。」直因聞先生之說，則知程子所謂「善固性也，惡亦不可不謂之性」。又曰：「善、惡皆天理。謂之惡者，本非惡，但於本性上過與不及之間耳。」其說皆無可疑。（《門人黃直錄》）

陽明主「善惡只是一物」，學生質疑。「善惡只是一物」是陽明在說工夫論的話語，就一事之間而言，必可分善分惡，但就做工夫的念頭而言，因為都是來自同一個心體，故不論念善念惡，主體都是同一個，故說為一物。陽明格物即是正是非，即是說得事，而非物。一事之中，念頭則是善惡兩端，復其心之本體，便只是善念，本體過當，便是惡念，這是主體的狀態，都在一念之中，一事之中，故謂之善惡只是一物，只是針對同一件事情的主體自己的不同狀態在說的。此處說惡本非惡，這就是儒家性善說的理論結果，惡只是發而不中

節，若中節，便是善，因爲本體是善，因爲本性是善，所以惡者並非根本惡，不是性中有惡，是行爲惡，是性情之發有過當不中節之氣稟之偏而已，即是「於本性上過與不及之間耳」，因此人人得「善反之，天地之性存焉」。這也正是儒家說的「人人可爲堯舜」之理論根據。陽明總講工夫論，但也需要理氣論，此說則必接續張載、程頤、朱熹之說。張載之語，「心統性情」，「天地之性、氣質之性」。程頤說人性論，以「理氣論」說之，所以有「心性情」之說。以上皆是朱熹之所繼承又彙整者。

十一、心無惡時如何做工夫？

善念在心，究竟需不需要時時念念在此，這是做工夫的方法問題，參見：

【237】黃勉叔問：「心無惡念時，此心空空蕩蕩的，不知亦須存個善念否？」先生曰：「既去惡念，便是善念，便復心之本體矣；譬如日光被雲來遮蔽，雲去光已復矣。若惡念既去，又要存個善念，即是日光之中添燃一燈。」（《門人黃直錄》）

學生問心無惡念時還要存個善念嗎？陽明說本體是善，因此若己心已無惡念，便是只剩善念了，毋須再存個善念。但現實是，心中無惡誠固其然，若是沒有提起良知，善念發揚，則此時就是懶散而已，這也是氣稟之偏的狀態，陽明個人是時時提起善念的狀態，此心純粹只是天理，時時去人欲存天理，惡念既無，便是去人欲了，心中天理便存。因此，有理想的人都是忙於種種應爲之事，一般人則不然，雖無善念，亦未必積極行善。所以陽明別處講念頭工夫，任何時刻，念頭上都要清明在躬，這就已經做了爲善的工夫了。

十二、四句教與四無教

善惡問題，搭配《大學》格致誠正，而有了四句教旨，在四句教

的基礎上，還有四無教旨，這成了陽明哲學理論的精彩高峰，但確實轉進在文本詮釋、工夫次第、本體工夫、境界工夫等多種不同理論類型上的命題，需要善爲疏解。參見：

【315】丁亥年九月，先生起復征思田，將命行時，德洪與汝中論學。汝中舉先生教言曰：「無善無惡是心之體，有善有惡是意之動，知善知惡是良知，爲善去惡是格物。」德洪曰：「此意如何？」汝中曰：「此恐未是究竟話頭；若說心體是無善、無惡，意亦是無善、無惡的意，知亦是無善、無惡的知，物亦是無善、無惡的物矣。若說意有善、惡，畢竟心體還有善、惡在。」德洪曰：「心體是『天命之性』，原是無善、無惡的；但人有習心，意念上見有善惡在，格、致、誠、正、修，此正是復那性體功夫，若原無善惡，功夫亦不消說矣。」是夕侍坐天泉橋，各舉請正。先生曰：「我今將行，正要你們來講破此意。二君之見，正好相資爲用，不可各執一邊。我這裡接人，原有此二種。利根之人，直從本原上悟入，人心本體原是明瑩無滯的，原是個未發之中；利根之人一悟本體即是功夫，人己內外一齊俱透了。其次不免有習心在，本體受蔽，故且教在意念上實落爲善、去惡，功夫熟後，渣滓去得盡時，本體亦明盡了。汝中之見，是我這裡接利根人的；德洪之見，是我這裡爲其次立法的。二君相取爲用，則中人上下皆可引入於道；若各執一邊，眼前便有失人，便於道體各有未盡。」既而曰：「已後與朋友講學，切不可失了我的宗旨。無善，無惡是心之體，有善、有惡是意之動，知善、知惡的是良知，爲善、去惡是格物。只依我這話頭隨人指點，自沒病痛，此原是徹上徹下功夫。利根之人，世亦難遇，本體功夫一悟盡透，此顏子、明道所不敢承當，豈可輕易望人。人有習心，不教他在良知上實用爲善、去惡功夫，只去懸空想個本體，一切事爲俱不著實，不過養成一個虛寂；此個病痛不是小小，不可不早說破。」是日德洪、汝中俱有省。（《門人黃省曾錄》）

王陽明的四句教：「無善無惡是心之體，有善有惡是意之動，知

善知惡是良知，為善去惡是格物。」將《大學》正心、誠意、致知、格物的工夫次第，硬生生分為了「心、意、知、物」的四個主體心之存有範疇。依《大學》，格物致知誠意正心都是心的工夫，格物致知是求知，誠意正心是貫徹價值意識、道德意志，先知後行，目的在治國平天下。王陽明因為看到當時官員中人多不能知行合一，故而將求知的格物致知改變意旨，成為革除物欲，致良知於事事物物，其意大體等同於誠意正心。又獨發玄想，建立了心意知物四個範疇，並建構了四句教說法，此說，直述了人在貫徹意志當下的心念結構以及作用。其中格物致知意旨經陽明改變，依其創建，理解其意，亦屬合理，唯「無善無惡心之體」一句，甚為有待商榷。關鍵是講本體，儒家就是至善，就像莊子是逍遙，老子是無為，佛教是般若智、菩提心，講般若智時，可以說無善無惡，講儒家的仁義禮知，就不能是無善無惡，而只能是善，否則《孟子》言善、《中庸》言誠、《易傳》言善、《大學》言止於至善，豈非白說了。

那麼，王陽明所說的「無善無惡心之體」應該如何理解呢？那就是心的狀態，在未有情緒發動之時，既不思善也不思惡，也就是只是未有意念前的清靜狀態。至於「未發之中」的性體，必須說為善。四句教講的是主體心面對道德是非情境時的作用，它有四個架構，心意知物，其實都是心，首先，無善無惡心之體，講心的未發狀態，而不是未發之中，未發之中是性體，就是至善的。未發狀態則只是未有情緒波動之時，講無有善惡諸念之時，所以這個心之體的體字下得不好，下得太過，就說無善無惡心未發就好，其實不要講心更好，講情就可以了，但陽明是要藉《大學》正心、誠意、致知、格物講「心意知物」的四個心的狀態，因此首句便限制在講心了，其實是講喜怒哀樂之情的未發之時。

「有善有惡意之動」很好瞭解，就是人們一般碰到事情的時候最初的心理狀態，既有善念也有惡念。陽明要講道德意志的貞定的工夫論，依據他的良知說而建立，因此把《大學》的致知改成致良知，就是第三句，「知善知惡是良知」，表示性善本體的道德本心發動了，

意念初發時有善有惡，但良知發動時就知善知惡，知善知惡就是良知的功能，良知一定知善知惡，這是陽明的定義，但也符合孟子的性善說，孟子已說良知良能我固有之，既固有之，當能發動，知善知惡，其實就是本能地有惻隱、羞惡、辭讓、是非之心，心意一旦活動，本心良知也一定同時作用，就是知善知惡，於是做工夫的時節就到了，在行爲發動的決斷時刻，就是「爲善去惡是格物」。

這四組命題，涉及的事件，就是當下的一個情境，當下的一個心思念慮的作用決斷，最多是在「爲善去惡」的做工夫時節會有一些天人交戰的時刻，做工夫就是去人欲存天理，也就是格物的工夫了，格物就是去其不正以歸於正。陽明「四句教」意旨如上，但陽明弟子中又起爭端，王龍溪依據「無善無惡心之體」一句，主張心已無善無惡，則此時心意知物都需是無善無惡了，所以要改四句教爲四無教。筆者以爲，此說不必要刻意強調，王龍溪是把「無善無惡」當成做工夫已達至最高境界的時候來說了，講境界，「七十而從心所欲不踰矩」，亦可無善惡諸念，只心一任自運，但這是講境界，如同慧能之偈文。一旦講工夫，則無論如何必須有善惡決斷以及意志貞定的時節，故而必有「有善有惡」之意以及「爲善去惡」之事。錢德洪的回應，就是第一句說得不好，要補正，但這是陽明首犯的錯誤，錢言：「心體是『天命之性』，原是無善、無惡的。」這話說得不好，但後文即是正確的，如言：「但人有習心，意念上見有善惡在，格、致、誠、正、修，此正是復那性體功夫，若原無善惡，功夫亦不消說矣。」無論儒家如何講性善本體，也沒有能取消人會爲惡的現實，理論上予以說明時，就是氣稟的偏差，過度而不中節，陽明已說，非根本惡，而是行爲惡。錢德洪說，因爲有習心，習心只能是人的後天養成，依儒家，不是先天的惡，錢德洪此說，符合儒家理論立場。總之，四句教之首句不能視爲本體，只能視爲狀態，若視爲境界，則心意知物都一齊奔至無善無惡之境，因此王龍溪之說也對，只是不必否定四句教，最後陽明自己欽定，四句教才是他的宗旨，而非四無教，這是爲教化所有根器的人而立的宗旨。之後陽明說人之資質有利根、

有其次的資質之別，無善無惡是利根人，本體工夫俱透，但四句教還是根本宗旨，任何人都有效，這些說法，筆者都完全同意。

十三、小結

儒家的本體必是至善，代之以仁以誠都是可以的，大學之道之止於至善，就是追求天下太平，這是儒者永恆的職志，本節談陽明對於止於至善的討論，角度都是自己如何做本體工夫，都把政治哲學當成個人修養了，這也沒有不對，儒者修齊治平，就是政治哲學與個人修養成為一件事情，但是討論止於至善，可以更多地討論治理天下的原則，而陽明就都是在個人如何端正心念、純化意志、做本體工夫上展開重點論述。這就是他工夫論進路的儒學特色。本文兼及人性善惡的討論，陽明在本體是至善上沒有申論，對於人之為惡的存有論結構問題沒有申論，基本上就是依著張載程朱的意旨來講，但也都是在做工夫問題上著力。

第七章　心學進路的工夫心法──聖人之道

　　要做天下第一等人，這是年輕時候的王陽明心中所想所志之事，但一般人就是想想而已，王陽明卻是身體力行奉獻一生地從事於此，百死千難中體會至深，反觀孔孟聖人之心，體貼一如己心，於是有關於聖人之述說甚多。其中，「成色分兩說」便是出於聖人之道的討論，該文亦是陽明文選精華篇章之一。因此，論於聖人之道乃列為陽明心學工夫心法要目之第五目。

一、聖人是隨感而應

　　學生問，聖人幾乎都能自己創造觀念與制度，這些是聖人事先都能設想好的嗎？參見：

　　【21】問：「聖人應變不窮，莫亦是預先講求否？」先生曰：「如何講求得許多？聖人之心如明鏡，只是一個明，則隨感而應，無物不照。未有已往之形尚在，未照之形先具者。若後世所講，卻是如此，是以與聖人之學大背。周公制禮作樂以文天下，皆聖人所能為，堯、舜何不盡為之而待於周公？孔子刪述六經以詔萬世，亦聖人所能為，周公何不先為之而有待於孔子？是知聖人遇此時，方有此事。只怕鏡不明，不怕物來不能照。講求事變，亦是照時事，然學者卻須先有個明的工夫。學者惟患此心之未能明，不患事變之不能盡。」曰：「然則所謂『沖漠無朕，而萬象森然已具』者，其言何如？」曰：「是說本自好，只不善看，亦便有病痛。」（《門人陸澄錄》）

　　這一條討論聖人的能力狀態，學生關心的是一般的問題，聖人如此應變不窮，是否是預先講求了？亦即臨事時能應變得當，是否因為

事先做好了準備了？陽明回答說，並不是這樣的。聖人是碰到什麼事情，想清楚該怎麼做就做去了，都是當下清明的智慧而處理得當的，不是事先知道什麼。因此，堯、舜、周公、孔子，各有他們在自己的生活當下處境上的清明判斷，從而處置了，因而有了隨後行之長久的體制的創造，但是，每一個人也只能就著自己的時代所需而有適宜的創造，不能超越時代，否則亦是無用之創造。所以聖人就是處理時代事務到最好的人物，關鍵是心明，心一明白，就能盡事變，也就是把眼前的事情處理到最好，至於心明，就是價值意識的明確，而且自己能夠做到。一個人能不能做到即知即行，也正是聖人與一般人的根本差距。

學生又問「沖漠無朕」，是在問這句話似乎也是在說明聖人事前什麼都知道了？陽明回答，這並不是說事前什麼都明明白白擺在那裡讓你做正確的決斷，而是你自己能夠善會心、能用對心，則自然判斷得宜，事情準確，否則也會看錯的。至於萬物已具，是因為天下道理都是一樣，善用心推及之自能曉。

二、聖學無止境

聖人是把事情做到最好的人，聖人已達最高境界，那麼聖人就是已經完成了一切的事業事功嗎？參見：

【22】「義理無定在，無窮盡，吾與子言，不可以少有所得，而遂謂止此也。再言之十年，二十年，五十年，未有止也。」他日又曰：「聖如堯、舜，然堯、舜之上善無盡；惡如桀、紂，然桀、紂之下惡無盡。使桀、紂未死，惡寧止此乎？使善有盡時，文王何以『望道而未之見』？」（《門人陸澄錄》）

聖功是無止境的，理想境界是沒有封頂的，可以無限上升的，因為理想是無止境的，任何人都不可以停下來，因為時代在奮進，人物在迭變，所以要天天努力，才能維持住社會的美好，這是每天都要推行的任務，而且無有盡期。因此，聖人從不自以為是聖人，因為今天

又有今天的新任務，明天還會有明天的新任務。所以陽明說「義理無定在」、「無窮盡」，再來個十年、二十年，也還是有新的該做該說的事業。就如堯舜之善業，他們的善業也都還可以在上面再多加些，因此就算是在他們的有生之年，還是會覺得己的任務尚未完成，因為每天都會有今天該做的善事。所以文王說「望道而未之見」，就是說對於理想的社會國家天下的樣子我是有想法的，但是現在還看不到，就是覺得自己的努力還不夠，因此不覺得自己的事業已經可以放下了，而是還應該繼續投入付出。正是這個覺得事情還沒完成的無窮動力，才是聖人之所以為聖人的關鍵心法。

三、聖人大而化之非降而自卑

聖人虛己下人，賢人要求自高，是說聖人大能，卻待人民謙卑有禮，賢人尚在努力，所以要求自己要提高標準。這指的是聖人與賢人不同的做工夫模式，然而，陽明又有異解。參見：

【74】問：「先儒曰：『聖人之道，必降而自卑。賢人之言，則引而自高。』如何？」先生曰：「不然。如此卻乃偽也。聖人如天，無往而非天，三光之上，天也，九地之下亦天也，天何嘗有降而自卑！此所謂大而化之也。賢人如山嶽，守其高而已。然百仞者不能引而為千仞，千仞者不能引而為萬仞，是賢人未嘗引而自高也，引而自高則偽矣。」（《門人陸澄錄》）

索引先儒之言，甚為有理。陽明卻欲較高，給出不同的描述。原文之義，聖人平治天下，對於百姓眾人，態度上必是謙下的。至於賢人，他自有理想目標的追求，且取法乎上，故而自我標高。這樣解讀，原句意旨盡現。陽明之說，表面不同，其實疏解後亦無對立，斥前說有偽也，實則不當。陽明講聖人的境界如天，未嘗降而自卑。賢者力守其高，未嘗引而自高。實際上，陽明之說與前句之說可以合併而觀，且十分融合。聖人達到最高境界，促天下太平，大而化之，但聖人對待百姓，必是謙下有禮的，一是說自己的境界，一是說待人的

態度，沒有虛偽之處。就賢人言，對於自己的理想要講得高遠，但對於自己的境界，不會造假自高，引而自高當然是虛偽的，但是追求高遠則是必然的、必須的、本然的。

四、人人可為堯舜之成色分兩說

學生問，孟子講伯夷、柳下惠、伊尹、孔子都是聖人，但是各人能力不同，為什麼都能叫做聖人？陽明的回答，卻是提出了一個重要的理論，解決了孟子以來的儒家性善論問題所遺留的難題，孟子講人人可為堯舜，可是誰都知道無法人人可為堯舜，性善論從可能性上是可以說人人可為堯舜的，但現實上就不是如此，陽明在此處所提的「成色分兩」說，就真的使人人可為堯舜了。參見：

【99】希淵問：「聖人可學而至，然伯夷、伊尹於孔子才力終不同，其同謂之聖者安在？」先生曰：「聖人之所以為聖，只是其心純乎天理而無人欲之雜；猶精金之所以為精，但以其成色足而無銅鉛之雜也。人到純乎天理方是聖，金到足色方是精。然聖人之才力，亦有大小不同；猶金之分兩有輕重。堯、舜猶萬鎰，文王、孔子猶九千鎰，禹、湯、武王猶七八千鎰，伯夷、伊尹猶四五千鎰。才力不同，而純乎天理則同，皆可謂之聖人；猶分兩雖不同，而足色則同，皆可謂之精金。以五千鎰者而入於萬鎰之中，其足色同也；以夷、尹而側之堯、孔之間，其純乎天理同也。蓋所以為精金者，在足色，而不在分兩，所以為聖者，在純乎天理，而不在才力也。故雖凡人而肯為學，使此心純乎天理，則亦可為聖人；猶一兩之金比之萬鎰，分兩雖懸絕，而其到足色處，可以無愧。故曰『人皆可以為堯、舜』者以此。學者學聖人，不過是去人欲而存天理耳。猶煉金而求其足色，金之成色所爭不多，則鍛煉之工省而功易成，成色愈下，則鍛煉愈難。人之氣質清濁粹駁，有中人以上、中人以下，其於道，有生知安行，學知利行，其下者必須人一己百，人十己千，及其成功則一。後

世不知作聖之本是純乎天理，卻專去知識、才能上求聖人，以爲聖人無所不知，無所不能，我須是將聖人許多知識、才能逐一理會始得；故不務去天理上著工夫，徒弊精竭力，從冊子上鑽研、名物上考索、形跡上比擬；知識愈廣而人欲愈滋，才力愈多而天理愈蔽；正如見人有萬鎰精金，不務鍛煉成色，求無愧於彼之精純，而乃妄希分兩，務同彼之萬鎰，錫、鉛、銅、鐵雜然而投，分兩愈增而成色愈下，既其梢末，無復有金矣。」時日仁在傍，曰：「先生此喻足以破世儒支離之惑，大有功於後學。」先生又曰：「吾輩用功，只求日減，不求日增。減得一分人欲，便是復得一分天理，何等輕快脫灑，何等簡易！」（《門人薛侃錄》）

就聖學工夫而言，陽明重道德意志的強化而反對知識的追求，其實這兩個面向都是必要的，但就在道德意志之強化上，陽明講出了學習聖人就是學習他的道德意志而不是知識學問的說法，這個說法便轉出了「成色分兩」說。就是說，聖人之所以爲聖人，重點在此心之純，而不是能力大小。陽明的「成色分兩」說，可以說是解決儒家人性論與工夫論、境界論理論內部問題的一劑良方。儒家性善論旨，從孟子，到張載、程朱，到陽明心學，終於圓滿全備。孟子說「人人可爲堯舜」，但是如何可能？這個可能性問題的解決，就是在陽明「成色分兩」之說中才終於完全可能了。首先，良知良能固有，至於人之爲惡，爲何會發生？孟子只是斥責爲人之自暴自棄，卻無法從形上學、存有論的高度予以解說其發生原因，但是這個解說是必要的，佛學中的業力因果說、一心開二門說，都是在面對解決這個問題，否則光說性善，惡從何來？若知有惡，則善又何來？成聖又如何可能？果然，在儒學的發展中，張載「天地之性、氣質之性」說，程朱的「理氣論」說，爲生命存在的身體精神主體建立了形而上的架構，就是理氣共構的人性存有論，天理是其良知固有的一邊，氣稟是其生命存在的一邊，耳目口鼻的生理之需是必然，但不是本惡，惡是行爲之惡，過度是惡，「發而中節」就符合天理了，「變化氣質」，「善反之天地之性存焉」。宋儒「理氣論」在「人人可爲堯舜」上打開了理論可

能性的空間，人人皆有可能為善，但要說人人可為堯舜，畢竟人不能信，關鍵在才力、天分、能力人各不同，這是鐵錚錚的事實，人性中有為善的可能，人也不一定能為善，更何況成聖成堯舜？此時，陽明「成色分兩」說就疏通了這個問題。陽明的做法是，改變成聖的定義，以金子只論成色而不論分兩來比喻之，如此，人人皆可接受了，匹夫匹婦，亦有性善良知，只要肯著實用功，在自己的才力等級上，處事無一毫人欲之夾雜，這便是成聖，服堯之服、言堯之言，即是堯舜，所以聖人有斤兩之別，如堯舜禹湯文武周公孔子伊尹等等，斤兩各自不同，但純聖則一，聖以純而言之，則人人可為堯舜。此說，顧及現實，又顧及理想，現實是，人才不同，大者小者不同，現實能力之別是天生的，那就生知安行、學知力行、困知勉行就好。理想是，人人可為，在自己能力的基礎上，「去人欲存天理」，「無一毫人欲之私」者就是聖人。

陽明此說，就是要對治儒生官員一味求知以求官之病，官員求知而不務行，這就是知而不行，陽明以為，要即知即行，聖人之所以為聖，關鍵在純粹意志即知即行，不在知識能力的大小上，學聖人是要學習聖人的純粹天理的行動力，而不是他的治國平天下的能力。所以，有該做的事情不去做，只想著更多的知識、更大的權力、更高的官位，這樣就像是金子不務冶煉，只增加重量，結果重量愈重，成色就愈小，等於人品就更低下了。人之所以為君子聖賢，就是臨事時的心念志向，純天理無人欲，這就是聖賢君子，官員不愛民，一心求高位，這就不是聖賢君子了。因此，做工夫只在日減，減人欲，人欲減，便天理增，自然到聖賢地位，不論才能大小高下，只求對社會國家有用就好。

依據陽明此說，確實人人可為堯舜。對於人之必可為善的理論建構，在孟子性善論和程朱理氣論已經給予理論上可能性的保證了，但尚且不能保證人人可為堯舜，現在，改變聖人的定義，就能保證了。可為堯舜的意思是，像堯舜一樣一心純粹天理，無一毫人欲之私地為社會作為，學堯舜之行，內心純粹無雜，這就是符合了成色的問題，

也就是聖賢了，此說解決了孟子性善論中人皆可爲堯舜的最終成立問題，是眞正對儒學大有貢獻的理論。

最後只求日減的工夫，與老子所說日損意旨全同，儒老之分可以解消。

五、學聖人之學而不必替聖人爭分兩

在成色分兩說中，陽明粗略地將聖人分了不同的斤兩，學生因此不安，想討論一下，參見：

【107】德章曰：「聞先生以精金喻聖，以分兩喻聖人之分量，以鍛煉喻學者之工夫，最爲深切；惟謂堯、舜爲萬鎰，孔子爲九千鎰，疑未安。」先生曰：「此又是軀殼上起念，故替聖人爭分兩；若不從軀殼上起念，即堯、舜萬鎰不爲多，孔子九千鎰不爲少，堯、舜萬鎰，只是孔子的；孔子九千鎰，只是堯、舜的，原無彼我。所以謂之聖，只論『精一』，不論多寡，只要此心純乎天理處同，便同謂之聖，若是力量氣魄，如何盡同得？後儒只在分兩上較量，所以流入功利；若除去了比較分兩的心，各人盡著自己力量精神，只在此心純天理上用功，即人人自有，個個圓成，便能大以成大，小以成小，不假外慕，無不具足；此便是實實落落明善誠身的事。後儒不明聖學，不知就自己心地良知良能上體認擴充，卻去求知其所不知，求能其所不能，一味只是希高慕大，不知自己是桀、紂心地，動輒要做堯、舜事業，如何做得！終年碌碌，至於老死，竟不知成就了個什麼，可哀也已！」

（《門人薛侃錄》）

學生對於老師講聖人斤兩之別，有所未安，請問於師，尤其是對於講孔子九千兩之言論。其實，學者愛比高下，各界皆然。這都是不必要的，就是自己尚有好勝之心的結果，因爲不論斤兩大小，純度是一樣的，就沒有聖與不聖之別了，大以成大，小以成小，人人是聖矣，其中能力高下，根本不礙爲聖，又何必分個大小多寡呢？這不是

自己好勝是什麼呢？客觀地說，能力強的人，此心一純，爲社會做的貢獻最巨大，而能力低下的人，一樣會對社會有貢獻，只是貢獻小，但還是有積極的意義在，陽明此處，所論主要在能力強的人上，也就是這些官員讀書人，究竟是要爲民服務，還是要爭高官厚祿？所讀之書、所知之事，究竟是要愈積愈多以求私利，還是知道了就去做，爲民服務，盡心盡力？所以，不論斤兩，只論純度，不在能力大小，只在是否盡力，此心一純，就是天理，就是君子聖賢。不論貢獻大小，只論有無貢獻，這就沒有了好勝心，好勝心就是己私，這就沒有了己私了。所以也不必替聖人爭斤兩，諸聖皆聖，同所敬仰，即便是凡夫，只要他單純善念服務人群，一樣敬重於他，沒有高下勝負之念。

當然，理論上斤兩大小之別，可以追問，這就是氣稟的結果，此處，只能接受命運，百姓與官員之間，已有能力大小之別，官員彼此之間更有能力大小之異，這是指社會世俗的知識能力，至於道德實踐能力，甚至依據朱熹的理論，道德實踐能力本身也有難易之別，這是氣稟限制的結果，但所限制的只是難易，而非有無，能力必然是有的，就是性善良知天理賦命的天命之性，只是人不只有天性之命，人還有陰陽五行的身體氣稟，它承載了天命之性，對天命之性有呈現難易的影響。所以，依據儒家所關心的問題，能力的大小之別，有屬於世俗事務的能力和道德實踐的能力兩種，這兩種，都受到氣稟的決定，大小不一，世俗能力無關乎聖賢，聖賢只關乎道德實踐能力，道德實踐只關乎此心純粹只是天理，可能性的本質人皆有之，此即「良知良能我固有之」說之所指，其氣稟所導致的難易之別，只要肯用力去做工夫即可泯消差距，因此最終的關鍵在做工夫，理論上人人可爲堯舜、可爲聖賢皆是論說完備了。

至於是否能去人欲存天理做好工夫？這就是陽明心學眞正所重之處，他的方法就是要求立志，要人做到一心只在天理上，而無一毫人欲之私的夾雜。

最後，「堯、舜爲萬鎰，孔子爲九千鎰」一說，陽明沒有正面回答。筆者以爲，關鍵就是聖王有統治權，恩澤直接及於萬民。聖人畢

竟不如天子權力之大，故而遞減一千鎰。

六、聖人難以被著述模仿

　　聖人都是因時治事因地制宜的，都是創造性地解決眼前問題的，後人依據聖人的事蹟文字來學習，要學的是他們的精神態度價值觀，而不是過去的舊做法了，於是就有後世之人，把住文字，喪失精神，於是學生和陽明展開了討論，參見：

　　【20】問：「後世著述之多，恐亦有亂正學。」先生曰：「人
　　心天理渾然，聖賢筆之書，如寫真傳神，不過示人以形狀大略，
　　使之因此而討求其真耳；其精神意氣，言笑動止，固有所不能傳
　　也。後世著述，是又將聖人所畫摹仿謄寫，而妄自分析加增以逞
　　其技，其失真愈遠矣。」（《門人陸澄錄》）

　　學生問，後人談聖功的著作，雖多，卻未必中理，因此是否反亂正學？這個問題涉及到，何謂聖學？如何得之？陽明回答，所謂聖學，肯定是聖人實踐以臻聖境，而後的真切言說。陽明說，聖賢將自己的天理渾然筆之於書，不過是寫真傳神，只能說出自己的大概樣子，讓學者藉此自求其真，至於聖人的實際，是無法只在言語上就能呈顯的，必是身體力行的切身而已。那麼，後人學聖學，該如何學呢？當然是老實實踐，依據聖人言語所說，切實踐履，而不是繼續發為文字，將聖人所說再做模仿，這只是妄自分析，自逞技巧而已，結果愈加失真了。陽明之意，心法是第一，紙上學問是其次。切實實踐是第一，概念分析是歧出。陽明此說，又有批評朱熹理氣論的意味在了，朱熹談心統性情，談理氣不離不雜，這在陽明，就是妄自分析加增以逞其技，失真愈遠。實際上陽明關心做工夫的聖賢事業，但是客觀的知識世界以及抽象的理論世界，一樣是聖賢可以用心的地方，陽明可以不聽音樂、不寫詩詞、不搞邏輯分析概念解析，但不表示這些就不能是人類社會合理存在的事物，也不能說這些就是無關乎聖學的事物，至少朱熹理氣論、心性情說等，正是聖學理論抽象上升之後的

產物，朱熹並非不做工夫、不談工夫理論，朱熹的工夫論、存有論等理論也是爲了做工夫、學聖賢去下的注解，就像亞里斯多德在研究物理學之後還研究後物理學而爲形上學的意思，如果有人光研究概念，而不做工夫，那麼可以批評他不學聖賢，但他的理論，對就是對，也是無從批評的。也就是說，被陽明說爲「摹仿謄寫，而妄自分析加增」的朱熹理論，可以討論這些理論是否成立，而不必要說這些理論建構都是無謂的徒勞。

七、學習聖人氣象只在自身

做工夫就是本體工夫，從本體論的價值意識上純粹化主體意志地做，做工夫要達到境界，也可以以境界工夫的方式去做，就是此心純然而已，直達聖境，因此學生提問，是否「識認得聖人氣象」是做工夫的下手處？參見：

【146】來書云：「凡學者才曉得做工夫，便要識認得聖人氣象。蓋認得聖人氣象，把做准的，乃就實地做工夫去，才不會差，才是作聖工夫。未知是否？

先認聖人氣象，昔人嘗有是言矣，然亦欠有頭腦。聖人氣象自是聖人的，我從何處識認？若不就自己良知上眞切體認，如以無星之稱而權輕重，未開之鏡而照妍媸，眞所謂以小人之腹，而度君子之心矣。聖人氣象何由認得？自己良知原與聖人一般，若體認得自己良知明白，即聖人氣象不在聖人而在我矣。」程子嘗云：「觀著堯學他行事，無他許多聰明睿智，安能如彼之動容周旋中禮？」又云：「心通於道，然後能辨是非。」今且說通於道在何處？聰明睿智從何處出來？（《答周道通書》）

學生問，要做工夫，要認得聖人氣象，然後實地去做，是否？陽明的回答，識聖人氣象的出路，卻還在看自己的內心而已。此說，可以疏解。學生講的聖人氣象，就是聖人行誼，當然也是聖人心法，服堯之服，言堯之言，這不也是學聖人氣象嗎？所以陽明是不能反對此

說的，但他更下注解，指出關鍵，關鍵在於自己的良知，因爲觀聖人氣象以後就是自己要去做，做的時候就憑自己的良知，沒有提起良知，聖人的行爲也看不明白，若尚有小人之心，甚至以之度君子之腹，就太卑下了。所以學做聖人，就是自己做，自己良知與聖人全同，這就是孟子所說的聖人知我心與之同然，所以觀聖人氣象，即是提起自我的良知，方能知曉。因此就是引了程頤的話，要有聖人的聰明睿智，要自己心通於道。

陽明之注解，並不能說是否定了學生的觀聖人氣象之說，只是落實了眞正觀聖人氣象的做法，永遠是自己提起良知。所以陽明說的是如何做工夫，學生說的是做人的方向，無有衝突。方向就是聖人之所作所爲行止進退，知道了這些事情，然後在自己的內心提起良知，眞正做工夫，這樣瞭解聖人氣象才有了去處。

八、循著這天理則便是道

聖人必有功業，但是評價人之聖否卻不是從功業評價而已，參見：

【223】先生曰：「聖賢非無功業氣節；但其循著這天理則便是道，不可以事功氣節名矣。」（《門人黃直錄》）

這一條講對聖賢的評價重點。聖人必有功業氣節，但是功業氣節的關鍵在循天理，一以己心循於天理之行便是，聖人與否，並不以結果論英雄，循天理之行爲只以己心，他人之心並不可恃，因爲並不是爲了做給別人看的，因此也不必管別人的評價，事功不論高下，氣節不可明示，一個人有無氣節，以及眞有氣節者的做法爲何，這不是有固定現象上的標準的，都在己心的度量中，否則就是刻意標榜，好慕虛榮，甚至會流於特立獨行、標新立異。再者，人若無心，徒以表面事功彰顯氣節，此必爲假，因此，論於聖人，務必此心循天理一事而已。

九、聖人之志與道

孔子言：「發憤忘食，樂以忘憂。」陽明討論之，參見：

【224】「『發憤忘食』是聖人之志如此，眞無有已時。『樂以忘憂』是聖人之道如此，眞無有戚時。恐不必云得不得也。」（《門人黃直錄》）

孔子言：「發憤忘食，樂以忘憂，不知老之將至云爾。」陽明解之，從聖人境界發揮，聖人志於學習服務，此其志，故無有停止的時候，故而發憤忘食。聖人心境舒適坦然，故而此處說是聖人之道，即是說其境界，因樂以忘憂，故無有哀戚之時。對比於時人之無志，自哀自憐，聖人則是有志有境界，故無哀憐自傷之時，而只有樂以忘憂之境。並且，不論事功與氣節，故不必云得不得，有志有道而已矣。

十、聖人無所不知之意

世人多論於聖人是無所不知、無所不能，然究何意？果全知全能乎？陽明論之，參見：

【227】「聖人無所不知，只是知個天理；無所不能，只是能個天理。聖人本體明白，故事事知個天理所在，便去盡個天理；不是本體明後，卻於天下事物都便知得，便做得來也。天下事物，如名物度數、草木鳥獸之類，不勝其煩，聖人須是本體明瞭，亦何緣能盡知得。但不必知的，聖人自不消求知，其所當知的，聖人自能問人；如『子入太廟，每事問』之類。先儒謂『雖知亦問，敬謹之至』；此說不可通。聖人於禮樂名物，不必盡知，然他知得一個天理，便自有許多節文度數出來，不知能問，亦即是天理節文所在。」（《門人黃直錄》）

聖人平治天下，自是大能大力之人，幾乎無所不知。這是一般人的理解。陽明卻強調，聖人之所以爲聖人，之所以無所不知，只是在知能個天理上，天理上是非對錯，聖人無所不知，就是利人利己而

已，絕不損人利己，至於事務之艱難，屬於價值衡量的，自有厚薄輕重之分辨，亦即尚須辨析。屬於具體知識的，自會積極求知，不求亦不得知，不涉及眼前事物的知識，有些事也不需要知道，故而亦非全知。良知良能無所不知之者，只是價值意識上的是非對錯，聖人也絕對不會犯錯，具體知識有所不知者，則便問人研考即可，一旦價值清明，自己的行為也已中規中矩，涉及具體儀軌，不知便問，問候即知。陽明此說，稍有遷就於聖人亦有所不知的立場，至於無所不知者，只是針對良知之知是知非之事。

對於子入太廟之解，朱熹在《四書章句集注》上引前人言而謂之敬謹之至，即是以尊敬的態度讓執事者發揮，不是真不知，而是遵守禮儀，接受規範，由執事指揮調度安排處置，此說合理。陽明確認為，聖人亦可有所不知，因不知而問。兩說都是實際上可能的，理論立場上一樣是對的。

十一、聖人之學一誠而已

朱熹版本的大學誠意章，講誠意即如好好色、惡惡臭，陽明發揮之，講一誠，即入聖境，參見：

【229】先生嘗謂：「人但得好善如好好色，惡惡如惡惡臭，便是聖人。」直初時聞之，覺甚易，後體驗得來，此個功夫著實是難。如一念雖知好善、惡惡，然不知不覺，又夾雜去了。才有夾雜，便不是好善如好好色、惡惡如惡惡臭的心。善能實實的好，是無念不善矣；惡能實實的惡，是無念及惡矣。如何不是聖人？故聖人之學，只是一誠而已。（《門人黃直錄》）

大學講誠意，以好好色、惡惡臭說之，陽明引之以為此即聖人之心。學生發揮之，謂聖人之學只是一誠，誠即單純的善念持續不間斷，以良知知善知非，絕不夾雜，無念不善，無念及惡。以此用功，必達聖境。聖人之境界，其實也就是這樣上去的。

十二、聖人亦修道

陽明把中庸首章文句與聖賢境界做比配，講出聖人與賢人的差異，參見：

【230】問「修道說」言「率性之謂道」屬聖人分上事，「修道之謂教」屬賢人分上事。先生曰：「眾人亦率性也，但率性在聖人分上較多，故『率性之謂道』屬聖人事；聖人亦修道也，但修道在賢人分上多，故『修道之謂教』屬賢人事。」又曰：「《中庸》一書，大抵皆是說修道的事；故後面凡說君子，說顏淵，說子路，皆是能修道的；說小人，說賢知、愚不肖，說庶民，皆是不能修道的；其他言舜、文、周公、仲尼至誠至聖之類，則又聖人之自能修道者也。」（《門人黃直錄》）

中庸首章「天命之謂性，率性之謂道，修道之謂教」，天賦命善性於人。率此性而為便是從於天道。若有不明，研修教化，做工夫以修此道。學生提出解讀心得，以為率性屬聖人，修道屬賢人，陽明基本上順著這個講法而再發揮之。首先，既然天命之性已然賦命於人，所以，率此性之能是眾人亦皆能有的，非獨聖人而已。但可以有兩種境界，第一，聖人性之，天性上即已自能行道，無須多修，只率從良知本性即是入道。第二，至於賢人君子，需做工夫以修此道，此即顏淵、子路之修道之人。率性是直下本體，修道是勉而行之。聖人是率性，賢人是修道，聖人自顯天命而已，賢人力求上達天道，尚須教化之以力修此道。

十三、聖人之施教也不躐等

聖人希望人人都成為聖人，但在教育上，孔子曾說：「中人以下，不可以語上。」學生質疑，陽明為之解釋，重點只是不要躐等，不是不去教導他，參見：

【251】問：「『中人以下，不可以語上』，愚的人與之語上尚

且不進，況不與之語可乎？」先生曰：「不是聖人終不與語，聖人的心憂不得人人都做聖人；只是人的資質不同，施教不可躐等，中人以下的人，便與他說性、說命，他也不省得，也須慢慢琢磨他起來。」（《門人黃省曾錄》）

這一條討論如何教育資質一般的平庸之人。儒家主張人人可為聖人，《論語》中卻說「中人以下，不可以語上」。學生問，語上尚不能明瞭，況不語之可乎？陽明回答，並不是終不與之語，而是待時而教，觀機逗教，既然語上不明，就換個方式，中人以下也必須是要教育的，只是應該循序漸進，不用一開始就講高大尚的話，聖人當然是希望人人都可以成聖的，但需要慢慢琢磨。此處可以討論的問題是，人人可為堯舜，因此只能說是為堯舜之為，而所謂之為，亦非才量上相等之行為，而是如陽明成色分兩說上講的，只為自己力所能及之事者即是，必使此心無一毫人欲而全是天理者即可，一旦至於此心一純於天理者，就是聖賢，於是人人可為堯舜，因為人人都有良知，故而堯舜人人可為。

就孔子之言而言，是不可教者也不必多教，教些他能做到能理解的事情就好，按部就班帶領即可，給他重責大任，他也承擔不了。這是務實的做法，談的不是人性論、工夫論的問題，而是領導教育的方法的問題。陽明的解讀也是從教育的務實性角度說的。若是談人性論，對於中人以下者所教的，其實與中人以上者所教的都是一樣的東西。而所謂中人上下只是就社會世俗能力高下而言，非就道德實踐可能性而言。就道德實踐能力而言，孔子雖謂上智下愚不移，程頤卻謂猶有可移之理，亦即是人人可為的，此說為是。是的，難易固有別，可能性卻永遠存在，只在為或不為而已。

說就其可能之為而為，並不是說不需要要求他去成長，而是指對他要求的當下的這個任務的標準，依其可能即可，不必要事事都跟聖人同一標準，這是不可能的。但人還是要努力成長，盡可能達到自己資質能夠搆得上的最高標準，日日成長上去。

十四、聖人不免於為人所譏謗

孔子被人譏謗，明明是聖人，為何還有人會來譏謗？這是一個重要的問題，君子以為的聖人，正好是小人以為的小人。參見陽明的討論：

【255】問：「叔孫武叔毀仲尼，大聖人如何猶不免於譏謗？」
先生曰：「譏謗自外來的，雖聖人如何免得？人只貴於自修，若自己實實落落是個聖賢，縱然人都毀他，也說他不著；卻若浮雲揜日，如何損得日的光明。若自己是個象恭色莊、不堅不介的，縱然沒一個人說他，他的惡慝終須一日發露。所以孟子說：『有求全之毀，有不虞之譽。』毀譽在外的，安能避得，只要自修何如爾。」（《門人黃省曾錄》）

學生問為何聖人猶不免於遭人譏謗？這一點正是所有學做聖學的人都必須要認識到的，不是學做聖人就是到處受人景仰的。陽明回答說，譏謗自外來，無法免除。為何？聖人不是平治天下，人人愛戴嗎？此固其然。然平治天下便是天下過去不平治，過去之所以不平治必是有小人惡人之所為之，聖人既已平治天下，小人惡人自要譏謗，就算聖人尚未平治天下，然在聖人一步步成長的過程中，自有小人惡人要來阻攔以至於要譏謗他的，此時學聖人之學者應知，譏謗是自外來的，這是別人的事情，聖人的志業不在止謗，因此也無須理會，因為也無損於自己朝向的聖人之路，若自己不是真的聖人的踐履，內心尚有虛偽，則終有發露的一天，則先為眾人笑而已。但只要自己是真實學入聖境，則任何他人的譏謗也都無法阻止他的前進，因而終究都是無效的，學聖學之人自會完成他的使命，而成就為聖人境界。

人被譏謗時絕對難忍，這就是像佛教在講的忍辱行，明明是自己被譏謗，卻要當成是別人的妄行，而不去回應，這就是動心忍性的工夫了。

十五、聖學真血脈

陽明討論了孔子和顏回的血脈繼承關係，參見：

【259】先生曰：「孔子無不知而作；顏子有不善未嘗不知；此是聖學真血脈路。」（《門人黃省曾錄》）

這一條講孔子和顏回的聖人境界圖像，講孔子是「無不知而作」，則所作皆知，知其為是而為之矣，亦即知即行矣。講顏回是「有不善未嘗不知」，此亦良知之發用，不善而知其為不善，則止善為是，去惡向善，此即格物之功。說聖學血脈在此，是因為此即致知格物之學。無不知而作者，致良知於事事物物，所作皆是合於良知，致知之學。有不善未嘗不知者，去其不正以歸於正，去惡向善，格除物欲，格物之學。陽明以自己的格物致知的解讀詮釋了孔子和顏回的聖人境界。

十六、聖人的聰明睿知

聖人當然是睿智的，但這個睿智還有特定的內涵，陽明說之，參見：

【283】先生曰：「『惟天下之聖，為能聰明睿知』，舊看何等玄妙，今看來原是人人自有的。耳原是聰，目原是明，心思原是睿知，聖人只是一能之爾，能處正是良知。眾人不能，只是個不致知。何等明白簡易！」。（《門人黃省曾錄》）

陽明把《中庸》講聖人的句子從工夫論的角度發揮，耳聰目明，心官則思，其實，人人都能聰明睿智，但是《中庸》講的聰明，不是耳聰目明，而是心思聰明，亦即睿智，陽明則發覺，聖人之所以為聖人的聰明睿智，就在良知提起，此心純善，則辨物理事，發而中節，厚薄輕重，毫髮不失。所以說聖人只有一處能之，此處即良知。《中庸》原文，指出聖人之高明廣大，陽明之詮解，指出聖人之人人可能。陽明是工夫論進路說之，《中庸》是境界論的言說。

十七、聖人之知如青天之日

聖人與愚人之別爲何？陽明討論到：

【289】「聖人之知，如青天之日，賢人如浮雲天日，愚人如陰
霾天日，雖有昏明不同，其能辨黑白則一。雖昏黑夜裡，亦影影
見得黑白，就是日之餘光未盡處。困學功夫，亦只從這點明處精
察去耳。」（《門人黃省曾錄》）

這一段文字是講人人皆有良知，聖人賢人愚人皆同，人人都有一
點靈明，差別只在是否被遮蔽而已，但是就算被遮蔽，它還是存在，
並且還是作用，再怎麼困而學之，也不過就是發揮這一點與聖人賢人
皆同的良知靈明而已，只要發揮，就能成功。

十八、聖人亦做困知勉行工夫

聖人是生而知之的人，那麼，聖人還需要學習嗎？陽明討論之：

【291】問：「聖人生知、安行是自然的，如何有甚功夫？」先
生曰：「知、行二字，即是功夫，但有淺深難易之殊耳。良知原
是精精明明的。如欲孝親，生知、安行的只是依此良知實落盡孝
而已，學知、利行者只是時時省覺，務要依此良知盡孝而已；
至於困知、勉行者，蔽錮已深，雖要依此良知去孝，又爲私欲所
阻，是以不能，必須加人一己百、人十己千之功，方能依此良知
以盡其孝。聖人雖是生知、安行，然其心不敢自是，肯做困知、
勉行的功夫。困知、勉行的卻要思量做生知、安行的事，怎生成
得？（《門人黃省曾錄》）

這一條談聖人需不需要做工夫的問題，學生對於聖人既然是生知
安行者，則聖人何須做工夫？又或者，聖人的工夫又有何難？此說，
把境界和工夫混在一起說了，筆者之見，從工夫論說，人人都需要做
工夫，不可自恃。聖人是做工夫已達境界者，不做工夫，聖人也成不
了聖人，只是成爲聖人之後，他的工夫就是保持那個境界，但是仍然

必須十分努力。陽明之見，聖人固生知，凡人也是生知，只是聖人安行，凡人不安於行。生知者，知是知非，凡人固亦生知，但是知而不盡，知而又疑，故需學知利行，使既知之而又利之。而氣質雜惡者，學而難知，不知其利，尚且疑之，故而難行，故必困知勉行方可。至於聖人，既已生知，又安行之，重點在行之，此行，即是同於困知勉行者之行，只是心理安行，就行動而言，艱難是一樣的。

十九、蘇秦張儀亦是聖人之資

　　人性是善的這是人人同具的，但是聰明睿智就人各不同了。少數具有幾乎與聖人同等聰明睿智的人，本可成聖，卻入歧途，這就是蘇秦、張儀之人，關鍵是對於人性的洞察力，蘇張與聖人等，參見：

> 【306】先生曰：「蘇秦、張儀之智，也是聖人之資。後世事業文章，許多豪傑名家，只是學得儀、秦故智。儀、秦學術善揣摸人情，無一些不中人肯綮，故其說不能窮。儀、秦亦是窺見得良知妙用處，但用之於不善爾。」（《門人黃省曾錄》）

　　這一條評價蘇秦、張儀的資質問題，主張他們也是可以成為聖人的。陽明心中的聖人就是儒家的聖人，那就是堯舜禹湯文武周公伊尹孔子等人，這些人物之中，除了孔子，都是掌握國家權柄的人，因為聖人要平治天下，給天下人幸福的生活，所以必須是君王大臣為主。同時，帝王的功業要有英雄豪傑的支撐，而英雄豪傑要做具體的事物，一個人的一生，在一個特定的時代，在個人特定的能力類型，都是一定的特殊的角色，陽明以張儀、蘇秦為具聖人之資之說，指其智慧過人，人情事變精察入微，但陽明又說這就是窺見良知的妙用，只用於不善，因此是用處不同，但智慧相同。筆者以為，此說有些過頭了。良知知善知惡、為善去惡，是價值貞定的主宰，陽明此說，把良知也用在精察事變的能力上了，當然，良知發用時，輕重厚薄都在計慮之內，但知善知惡也為善去惡，蘇張之用，則是知利知害卻只計利害，說有聖人之資，窺見良知妙用，但用之於不善之說，實在牽強。

不過，論聖王事業，必是千種萬事，需要無數英雄豪傑，因為要對治天下億萬生靈，因此種種特殊長才的豪傑英雄都一起參與其中，聰明才智不消說，操作手段難繩墨，都是世間理想與欲望的激烈碰撞，聖人不能單憑己力便能止息，時代演變不能說沒有規律定數，就在演變歷程中，英雄豪傑各擅勝場，做出事功，能所不同，聖王事業便不是一個單純的型態，不是一個單獨的聖人能夠完成的。所以，蘇張的英雄豪傑的能力，於平治天下有效用，這是無疑的，但要說成也是聖人之資就是多說了。陽明把所有的知識能力都說成歸屬良知，在功能上擴大了良知成為人心一切活動的主宰，但就良知為善去惡的主力知能，反而混淆了。然而，陽明說良知，不只包羅精察萬事，甚至擁有生天生地之能，只能說陽明用辭過為寬鬆，幾乎就是佛教的如來藏、阿賴耶了，既是價值的主宰，又是宇宙創生的始源。既知善知惡，又分辨利害。至於個人工夫境界的評價貞定，則英雄豪傑人人是聖人之資，只最終關鍵是否為善去惡一念提起而已。這樣的定位，於問題澄清似無甚大用。

談歷史哲學，依規律演變而不論善惡。談個人得失，依利他利己而決定高下。談人性本質，依善惡氣稟而根本是善。談道德修養，依知善知惡而為善去惡。陽明之言，難定其依於何說。只能說是高舉良知大能，而點評得過頭了。

二十、小結

陽明說聖人，從工夫論說，掌握成聖心法，就是致良知一路純粹到底，從境界論說，打平了堯舜禹湯與平民百姓的距離，這就是成色分兩說的提出，此說極有功於儒學，使得孟子修養論講的不可自暴自棄、人人可為堯舜，與孔子的君子小人之辨，都獲得更為強大的理論依據，自使讀其書者，又有自尊心的人，人人皆需提起良知，無有藉口。

本節之討論，搜集了陽明討論到聖人概念的多數文本，而其觀念

之內涵，其實與致良知說、知行合一說、格物說皆是一致的。

第八章　心學進路的工夫心法──心即理說

　　陽明倡「心即理」，程朱講「性即理」，實有關聯交涉之空間在，後人以爲必損其一，形成哲學史上的一大辯論。實際上「心即理」說就是說工夫境界的話頭，其義有三：一、人性論與本體論上本心即理，二、工夫論上要求心要如理，三、境界論上此心達到完全如理的境界。「性即理」說就是說人性論、本體論的價值意識的話頭，就是陽明心即理的第一義。陽明以朱熹「外理於心」，唱「心即理」，後人不免於「心即理」和「性即理」說中大做對立文章。這些說法筆者都不同意，本節會重點釐清。無論如何，「心即理」仍是陽明心學核心命題，亦爲陽明心學工夫心法的要目，編爲第六目。

一、工夫論進路的心外無理

　　從做工夫的角度，天下事都是主體之心在作爲的，陽明卻更直接地講出了心外無理無事之說，參見：

　　【32】「虛靈不昧，衆理具而萬事出。心外無理，心外無事。」（《門人陸澄錄》）

　　這一條討論心概念與理概念的功能，但此說非論於宇宙發生論，非論於經驗現象，乃就主體工夫實踐而說，所以實際上是一條工夫論的命題。「虛靈不昧，衆理具而萬事出」，是說心之本體以良知說之，具靈明知覺之能，一切事物由其作爲主宰，若非心之自覺，則義理無由呈顯，若非心之動能，則事功無由做出，一切事情都是心之主宰做出來的，所以說「心外無理，心外無事」。所以陽明說的是道德事功的實踐與實現，不應解讀爲本體宇宙論，也不是抽象思辨的存有論，不是心理合一的存有論，說的只是工夫論旨，心不提起，仁義禮

知之理無由呈顯，平治天下之事功無由做出。所以此說是工夫論，指心必須處於即理的狀態，則萬事成。

二、對朱熹談心與理關係的意見——心即性、性即理

陽明對朱熹講到心與理概念的講法有批評的意見，參見：

【33】或問：「晦庵先生曰：『人之所以爲學者，心與理而已。』此語如何？」曰：「心即性，性即理，下一『與』字，恐未免爲二。此在學者善觀之。」（《門人陸澄錄》）

朱熹講「人之所以爲學者，心與理而已」。學生問陽明對這個觀點的看法。筆者以爲，朱熹是在談做工夫時候的重點問題，就是把心和理這兩個東西看管好，做工夫的心與講道理的理。朱熹說的是學者爲學之時，就是心在爲學，而所學即此理，此說，平實無誤。可以說朱熹此處只是點出，尚未深論而已，但是陽明指其「爲二」，就是陽明認爲必須是心性是一、心理是一，陽明這樣說其實是問題意識的錯置了。陽明講心即性、性即理，這裡陽明談的是工夫論的具體作用情狀，就是更強調做工夫時就要使心在理、如理，而此理即性，即人之良知良能之性善本性，此旨，就是「性即理」的人性論、本體論或存有論意旨，性的價值意識即是天理之賦命，故而性即理，存有上相依，價值上全同。所以陽明強調「即」，心即性、性即理，故而指出朱熹以與字關聯兩詞的說法卻使其「爲二」了，「爲二」就是工夫未能盡心盡性。陽明從工夫實踐上批評朱熹的說法，也是好辯，完全沒有必要，倒是從存有論上講「性即理」，與朱熹意見全同，也就是說，工夫境界上要講「心即理」，但是談概念關係的存有論問題時就要主張「性即理」了，因此哲學理論的差異，常常不是意見的對立，而是問題的不同，以致意見不同，但沒有對立。

三、惡人之心失其本體

「心即理」義有三層，本體、工夫、境界。本體是善，要做工夫，而達境界。則此心即理，無不善者。學生不理解，以日常生活中有人爲惡之事詢之，陽明的回答極簡，需要疏理。參見：

【34】或曰：「人皆有是心，心即理，何以有爲善，有爲不善？」先生曰：「惡人之心，失其本體。」（《門人陸澄錄》）

「心即理」即是人心即是天理，則人心必是善的，那麼又何以爲不善呢？學生提出此問。其實這是誤以「心即理」是說人心皆是純善無惡的狀態，非是也。「心即理」是工夫論命題，要求心要如理。是存有論命題，指出本心即是天理。是境界論命題，描寫達到聖境時，此心純是天理。所以說心即理不是指現狀上任何人心皆是時時存天理的。人心的情狀萬千，不做工夫，心便爲惡，惡人是爲惡之人，但不是人性上的根本惡。只是心的狀態，捨則亡，放失本心了，自暴自棄了，便入爲惡之途。所以陽明說惡人之心失其本體。雖失，本體仍在，操則存。說失，是說未能提起。

四、小結

講存有論，心即理等於性即理，因爲說性就是人心之性，心統性情。然而，哲學史上卻是以心即理標誌陽明，以性即理標誌朱熹，且以爲對立。這都是無謂的爭執。至於陽明講心即理，更多是在工夫論與境界論上說的。以心即理爲心法，就是境界工夫進路的心法，一心持守於天理上，用志不分，即入聖境。

第九章　心學進路的工夫心法
——天理人欲說

　　朱熹講去人欲存天理，陽明也講去人欲存天理，大本大節中不能有別，此處相同，處處相同，以為有所不同，都是無謂的小問題，就像陽明後學之間的彼此不同，都是不明大節下的無謂爭端，儒學就是一種工夫，不論依據何種文本，不論是收斂工夫還是發散工夫，意旨都是一樣的。天理人欲說也是陽明心學工夫心法要目之一，編為第七目。

一、為學工夫在於做到天理純全

　　做工夫就是革除自己的弊端，弊端就在人欲上，去除人欲，回復純粹天理，任何工夫理論的命題都等同此意。參見：

　　【39】一日論為學工夫。先生曰：「教人為學，不可執一偏。初學時心猿意馬，拴縛不定，其所思慮，多是『人欲』一邊，故且教之靜坐息思慮。久之，俟其心意稍定，只懸空靜守，如槁木死灰，亦無用，須教他省察克治。省察克治之功則無時而可閒，如去盜賊，須有個掃除廓清之意。無事時將好色好貨好名等私，逐一追究搜尋出來，定要拔去病根，永不復起，方始為快；常如貓之捕鼠，一眼看著，一耳聽著，才有一念萌動，即與克去，斬釘截鐵，不可姑容，與他方便，不可窩藏，不可放他出路，方是真實用功，方能掃除廓清。到得無私可克，自有端拱時在。雖曰『何思何慮』，非初學時事。初學必須思，省察克治即是思誠，只思一個天理，到得天理純全，便是『何思何慮』矣。」（《門

人陸澄錄》）

這一條專講做工夫，儒家的工夫就是做君子爲社會服務的個人修養工夫，陽明講的爲學，就是學做人，而且重點都是在於修心。陽明講不可執一偏，指的是靜坐與動察，動靜不可一偏。初學者靜坐也是需要的，是因爲他「人欲」躁動得多，故而需要靜坐息慮。此處，儒家和道佛的靜坐就有了根本的不同，道佛的靜坐本身有身體能力開發的功能，而儒家則是心理修養工夫的輔助部分而已。陽明說儒者不能光是空心靜坐，還要起身做事，這時候的工夫變成動時省察。此一省察克制便無時或停了。有事情做的時候要對治自己的動機心念，沒事情做的時候也要對付自己的心思念慮，如此，則無事時對付心念的工夫變得更爲根本，等於是在內心世界就把價值意識搞定了，這就是立志，如果平時就已經不會有私心私欲，則臨事時就更能察識警覺而不爲惡，這就是「天理純全」，陽明要追求到這個境界，這樣的省察克制的工夫，就只能說是立志了。陽明於別處也說過，就是必有事焉，在事情上省察克制，否則空鍋煮飯。則此二說即有表面上的不同了。解消之道在於，沒有無念之時，一旦有意之所在於物於事的時節，就要省察克制，不論是在做事情還是沒有做事情的時候，只要意念一動，涉及待人處事的意念一動，就是做工夫的時節。所以，與靜坐工夫相比。沒特別做事情的時候有兩種工夫，一爲靜坐，一爲省察。有正式事情做的時候，自然不可能靜坐，但就必須要做省察克制的工夫。這其中的關鍵還是省察克制，要做到讓自己無時無刻不是在「天理」純全的狀態，這樣就幾乎入聖位了。

二、不做克己工夫天理終不自見

對於《大學》「知至而後意誠」之說，學生解爲要先盡全求知，然後實踐才能得力，就陽明而言，做眼下的事情、做知道的事情、做會做的事情，不需要等待盡全之知，因此展開了討論。參見：

【65】問：「知至然後可以言誠意，今天理、人欲知之未盡，如

何用得克己工夫？」先生曰：「人若真實切己用功不已，則於此心天理之精微，日見一日，私欲之細微，亦日見一日；若不用克己工夫，終日只是說話而已，天理終不自見，私欲亦終不自見；如人走路一般，走得一段方認得一段，走到歧路處，有疑便問，問了又走，方漸能到得欲到之處。今人於已知之天理不肯存，已知之人欲不肯去，且只管愁不能盡知，只管閒講，何益之有？且待克得自己無私可克，方愁不能盡知，亦未遲在。」（《門人陸澄錄》）

這是一條關於知行先後問題的討論，大學言「知至而後意誠」，所以尚未見及天理的時候，如何去做克己的工夫呢？陽明說，要見天理，就是要去做工夫，天理不是知識的對象，而是做工夫實踐的事務，是主體的能力，而不是外在的知識，所以要在自家身心裡面著實用功去呈現它，做得愈多，天理愈明，指得是愈能知道事情的是非對錯，如孔子的四十而不惑，就是一直做工夫，一直決斷，到了四十以後就不再疑惑了，不會再有得失心了，一定是以道德價值為自己的主導的。所以，學生問的問題就不存在了，關鍵是，人生在世，及長之後，所知道的天理事項，已經多如牛毛，若想要知道古今所有治國平天下的知識，則是以有涯隨無涯，是不可能的，結果就一直以這個不可能完成的任務目標來延宕對已知之天理的實踐，這就是懈怠懶政，為自己的不做工夫找藉口。人知道多少就先做多少，一生的時間一直努力，能到什麼境界就看天分。完全不做，光是要吸收知識以博取功名權勢，這就違道而行了。

陽明之說有理，但這並不等於不需要正確的知識，這裡說得是正確的實踐態度，是道德實踐之志，不是具體事務之知，具體做事情的知識還是要先知而後行的，這裡概念釐清，就沒有問題。

至於朱熹講的《大學》文本詮釋的先知後行之知，就是具體知識之知，這自然是要先知後行的。此處陽明竟講了一套「先行後知」的理論。但這也不矛盾。從南京到北京要先知道往南走還是往北走，這就是「先知後行」。至於一路上什麼情況，這確實是要走過了才知

道，這是「先行後知」，這樣，兩說都對。《大學》強調的是，做事情的知識，不是事情做完以後的經驗，所以陽明也無須以此否定「先知後行」說。先實踐存天理的工夫，確實是陽明的強調，就是對不做工夫的人的要求，完全正理。人的一生，日日增長，不做服務社會道德實踐的事業，則是馬齒徒長，要服務社會，就要自己去實踐，一方面學習客觀知識技能，一方面做任何事情力求盡心，隨著能解決的問題愈來愈多而有能力的成長，這一部分是不需要等待的，要等待的是眼前具體要做的事情的具體知識，這是一定要弄明白後才去做的。

最後，到無私可克，這等於是陽明死前說此心光明的一刻，也等於是孔子說的七十不踰矩的歲月，這談何容易，所以要去做工夫為要，不可等待耽擱。

總之，任何事情都要先搞清楚了以後才去做，尤其是治國平天下的大事。只是官場上一堆會讀書有知識的官員卻懶政，不作為，不為民，所以陽明要求他們先把該做能做的做掉，不要以「知至而後意誠」來做不實踐的藉口。至於是「先知後行」還是「先行後知」？這兩種理論都是成立的。

三、學而時習之就是要去人欲存天理

《論語》講的學而時習之，先儒解為效先覺之所為，陽明以之為外之，以為不過是去人欲存天理之事，筆者以為，此一批評是不必要的。參見：

【111】子仁問：「『學而時習之，不亦說乎！』先儒以學為效先覺之所為，如何？」先生曰：「學是學去人欲、存天理。從事於去人欲、存天理，則自正諸先覺，考諸古訓，自下許多問辨思索、存省克治工夫，然不過欲去此心之人欲，存吾心之天理耳。若曰『效先覺之所為』，則只說得學中一件事，亦似專求諸外了。『時習』者，『坐如屍』，非專習坐也，坐時習此心也；『立如齋』，非專習立也，立時習此心也。『說』是理義之說，

我心之說；人心本自說理義，如目本說色，耳本說聲，惟爲人欲所蔽所累，始有不說；今人欲日去，則理義日洽浹，安得不說。」（《門人薛侃錄》）

這一條解讀《論語》「學而時習之」一句，從《論語》的性格來看，孔子是教學生治國的各種知識與做人的道理的，而陽明的解讀則是主要放在道德意志的強化以落實爲人處世的道理而已，陽明把「學而時習之」解釋爲就是「去人欲存天理」，就是念頭上做工夫一事，期間固然也有問辨思索、省察克制，但歸根結柢還是去欲存理。問辨思索，就是客觀知識的追求，省察克制，則是道德意志純化的工夫，等同於去欲存理，去人欲存天理只是把省察克制的內涵講出來，省察出人欲就要克制住它而回復天理。也就是有學的一面更有做的一面，陽明自亦是知道此學的一面的，只是說不能只重這一面，否則就是專求諸外，陽明要求還要有求諸內的一面，就是要習此心，要去人欲存天理。陽明此說，只要不廢知識工夫，則都是對的可接受的。最後談喜悅，主其必是理義之悅，心之悅，此說無誤。

然而，先儒所說「學爲效先覺之所爲」，陽明以爲「則只說得學中一件事，亦似專求諸外了」。這樣的批評都是不必要的。先覺者，難道只是知而不行之徒？對任何理論，知其所言即是，若必欲批評否定之，陽明之言也會被批評爲只重意志貫徹，不重知識講究，這當然也是不對的。

四、小結

天理與人欲一對觀念，可以從存有論說，可以就工夫論說。存有論說，孟子性善論、張載天地氣質之性、心統性情之說、朱熹理氣論都可以講得好，陽明少談之。就工夫論說，就是去人欲存天理一說，朱熹說得多，陽明亦說得多，意旨全同。今人學習，切莫再起無謂爭端。

第十章　心學進路的工夫心法
——人心道心說

並「天理人欲」說又有「人心道心」說，意旨相同，亦爲《中庸》文本解讀之旨，陽明亦多次論及，編爲陽明心學工夫心法之第八目。論概念，人心道心是二，做工夫，人心道心合一。人心，人在私欲的狀態，道心，人在道心的狀態。道心，天道天理的本身，也是說得人在道心的狀態。

一、未雜於人謂之道心

道心人心都是一己之心的不同狀態，要持守好，時時在道心狀態，參見：

【10】愛問：「『道心』常爲一身之主，而『人心』每聽命；以先生精一之訓推之，此語似有弊。」先生曰：「然。心一也，未雜於人謂之『道心』，雜以人僞謂之『人心』，『人心』之得其正者即『道心』，『道心』之失其正者即『人心』，初非有二心也。程子謂『人心即人欲，道心即天理』。語若分析，而意實得之。今曰道心爲主，而人心聽命，是二心也。『天理』、『人欲』不並立，安有『天理』爲主，『人欲』又從而聽命者！」（《徐愛引言》）

這一條談陽明對「道心、人心」概念的使用宗旨。不論是學生的問題，還是陽明的回答，這一條，只是語意的問題，看問題是在問什麼，概念的意涵就能界定明確。究竟在使用心概念、道心概念、人心概念時，是在講主宰之心的存有論結構？還是講此心的狀態是善是

惡？分析清楚就沒有問題了。徐愛之原說，人在日常生活時，提起道心，其實就是提起孟子之本心、陽明之良知，則此時耳目口鼻感官知覺之人心，就聽命於此，如此則是人心聽命於道心，此說無誤。但陽明另處講精一之論，亦即沒有這種二分的心，所以又與上說有所出入了。其實，陽明說心一也，是說人心主宰，就是一個主體心，能做到主體心之清淨不雜人欲，就是主宰心在道心的狀態，若是雜於人偽，便是受到欲望牽染的狀態，主體心永遠只是一個，但心的狀態則會有道心、人心兩種，就是要去雜歸淨於道心狀態而已，如此，則陽明之說，與徐愛前說何異？其實是一樣的。

至於程子之說「人心即人欲，道心即天理」，也可以有一致的解讀，人心即人在人欲的狀態，道心即人在天理的狀態，其實意思都是一樣的。至於陽明講的若以道心為主，而使人心聽命，這麼說則是二心之說，此說，是就工夫狀態說，是說此人此時工夫沒做好，做好了，就是一於道心，沒做好時，道心被人心遮掩了。人在做工夫時，在良知發用時，是心即理的狀態，若人是理在心外，則是此人尚未做工夫，然若一旦提起，他就又是理在心內了，他的心中此時只有天理，沒有人欲，所以是一心，是道心。若是此人處於既有天理又有人欲的狀態，還要人欲聽命於天理，則此時是人在二心的狀態，就是沒有做好工夫的時候。

陽明說天理人欲不並立，但在一般人的身上，時時都是並立的，唯有做工夫在聖境者才是心中只有天理，或是正人君子在臨事時提起良知，而於當時心中只有天理。實際上講，各種說法都是可以的，意思都是要做「去人欲、存天理」的工夫，陽明論學不在概念意旨上追究，只談做不做工夫，否則道心人心問題就是存有論問題的討論了，陽明只關心工夫論進路的意旨闡釋，甚至是境界論的，所以，未達境界之前的說法都不認同，因此就不贊成「道心為主、人心聽命」之說了。其實，凡人就是處在這種狀態之中，在此處開始做工夫，進進退退，故而「道心為主、人心聽命」之說是符合實情的，陽明要求此心無一毫人欲之私，故而以為此說工夫未臻究竟，故以「二之」批評。

要把這些概念往工夫境界上講，就是必須合一的。陽明此說也是對的，只是任何人都還是要從「道心為主，人心聽命」處下手，至於最終完成時，則確實是陽明所說的，只有道心，沒有人心的狀態了。講做工夫達境界，只能一於道心，這就是陽明的重點。即便如此，概念上有人心、道心兩概念，這是不必要否定的。

二、如何求道？

求道的方法為何？陽明做了深入的討論，參見：

【66】問：「道一而已，古人論道，往往不同，求之亦有要乎？」先生曰：「道無方體，不可執著；卻拘滯於文義上求道，遠矣。如今人只說天，其實何嘗見天！謂日、月、風、雷即天，不可；謂人、物、草、木不是天，亦不可。道即是天。若識得時，何莫而非道。人但各以其一隅之見，認定以為道止如此，所以不同。若解向裡尋求，見得自己心體，即無時無處不是此道，亙古亙今，無終無始，更有甚同異。心即道，道即天，知心則知道、知天。」又曰：「諸君要實見此道，須從自己心上體認，不假外求，始得。」（《門人陸澄錄》）

學生提問，道就是道，但古人論道有多種說法，如何檢擇？重點是求道的方法為何？陽明討論任何問題，任何概念，都是從怎麼做工夫、怎麼操作的進路去說，而不是從概念的意旨去說它，也就是不從存有論說。就道而言，只從如何學道、行道、為道上說。道在老子處，是現象世界變化規律的總原理，存有論的最高範疇，老子之後，各家同此用法。道在莊子，是宇宙論的存在始源，與氣同層，之後中國哲學史各哲學系統同此用法。道在本體論上，是價值意識的載體，則儒道佛之道的價值命題各不相同。陽明說「道無方體」，就看你從哪個問題上討論，若是就做工夫的操作方式上談，則沒有固定型態，毋意、毋必、毋固、毋我，唯視情境如何，有時要謙虛，有時要剛強，有時要仁慈，有時要幽默，有時要堅忍，有時要放鬆，確實無方

體。陽明說於文義上求者，遠矣，這是批評對道概念做下定義的存有論討論的說法，其實這個批評也是不必要的，問題不同，沒有交集，求文義並不是不做工夫，而是理性上的討論，也是有價值的。陽明說道即天，就是說天道，道自然是天道，要識道，就是提起良知肆應世事，處置一切事物的發動起點俱存於此心，發現自家心體就好，前提是性善論，故而心體必然知是非、別利害而能正確處置，這就是天，天道，天理，人性的一致之處。因而論道就從自己心體上體認，不假外求。

　　陽明就是在講工夫論，關鍵在立志，講天，就講天的價值意識，講道，就是講這個價值意識，講價值意識，不是只要講，而是要去做，就是要在自心之主體上體認之、實踐之，則此心即道即天矣。所以陽明談天談道，不是在宇宙論上談、存有論上談，而是在如何做工夫上談，而且只要發自內心，就能呈現此道。

三、率性之謂道便是道心

　　陽明也從《中庸》文本解釋道心，參見：

【250】問道心、人心。先生曰：「『率性之謂道』便是道心；但著些人的意思在，便是人心。道心本是無聲無臭，故曰『微』；依著人心行去，便有許多不安穩處，故曰『危』。」（《門人黃省曾錄》）

　　學生問道心、人心的概念意旨，這是來自《尚書‧虞書‧大禹謨》的概念：「人心惟危，道心惟微，惟精惟一，允執厥中。」《中庸》講「天命之謂性，率性之謂道，修道之謂教。」陽明解「率性之謂道」就是道心，依天命之性率性而為，天命之性就是道心，便是人在道心狀態，若有了私欲，就是有了人的私心，則是人心。說道心，它是本體，未發之中，伺機而動，平常隱微，人心一動，道心為主，也有可能道心不能提起，只是人心做主，就是欲望做主，人生就走入歧途，就危矣。人人本來就有道心，執著人欲後便成人心，善反之道

心存焉。陽明解讀文句雖然思路跳躍，但意旨是準確的。

四、小結

　　陽明講概念，喜從操作上說，可以說就是知識往工夫上講，甚至是工夫往境界上講，這是他的言語模式的特殊之處。道心人心之別，只是人心的不同狀態，道心是本體，人心是狀態，使此狀態合於本體，就是人心與道心合一了。

第十一章　心學進路的工夫心法——主一說

程朱講敬存，講涵養需用敬，而敬即以主一為其工夫，敬即本體工夫的操作型定義，主一即敬之操作型定義，此義，陽明用之亦然，不多不少正是朱熹之用法。列為陽明工夫心法要目之第九目。

一、居敬是主一，窮理是盡性

「涵養需用敬，進學在致知。」這是程頤的名句，一是心理意志工夫，一是讀書求知工夫。追求知識與貫徹意志都是為了社會服務的修齊治平事業的，在陽明解讀上，窮理也成了貫徹意志之學，亦即主敬之說了。本文討論主一，就是要強調，一切本體工夫就是貫徹意志之學，而敬就是貫徹意志，貫徹就是主一，這是通朱熹與陽明都是一致的，朱熹講主敬工夫講得多，這是繼承自程頤的用敬之說，一樣是陽明講主一時的意旨，陽明與朱熹之間是不能刻意別異的。至於陽明把窮理搭上了貫徹意志的解讀，這是他的特殊用法了。參見：

【117】梁日孚問：「居敬、窮理是兩事，先生以為一事，何如？」

先生曰：「天地間只有此一事，安有兩事！若論萬殊，禮儀三百，威儀三千，又何止兩！公且道居敬是如何？窮理是如何？」

曰：「居敬是存養工夫，窮理是窮事物之理。」

曰：「存養個甚？」

曰：「是存養此心之天理。」

曰：「如此，亦只是窮理矣。」曰：「且道如何窮事物之理？」

（這一段還是陽明的話）

曰：「如事親便要窮孝之理，事君便要窮忠之理。」

曰：「忠與孝之理在君、親身上，在自己心上？若在自己心上，亦只是窮此心之理矣。且道如何是敬？」

曰：「只是主一。」

曰：「如何是主一？」

曰：「如讀書便一心在讀書上，接事便一心在接事上。」

曰：「如此則飲酒便一心在飲酒上，好色便一心在好色上，卻是逐物，成甚居敬功夫！」

日孚請問。

曰：「一者，天理。主一是一心在天理上。若只知主一，不知一即是理，有事時便是逐物，無事時便是著空。惟其有事無事，一心皆在天理上用功，所以居敬亦即是窮理；就窮理專一處說，便謂之居敬，就居敬精密處說，便謂之窮理，卻不是居敬了別有個心窮理，窮理時別有個心居敬；名雖不同，功夫只是一事。就如易言『敬以直內，義以方外。』敬即是無事時義，義即是有事時敬，兩句合說一件。如孔子言『修己以敬』，即不須言義；孟子言『集義』，即不須言敬。會得時，橫說豎說，工夫總是一般；若泥文逐句，不識本領，即支離決裂，工夫都無下落。

問：「窮理何以即是盡性？」

曰：「心之體性也，性即理也。窮仁之理真要仁極仁，窮義之理真要義極義，仁、義只是吾性，故窮理即是盡性。如孟子說充其惻隱之心至仁不可勝用，這便是窮理工夫。」

日孚曰：「先儒謂一草一木亦皆有理，不可不察，如何？」

先生曰：「夫我則不暇。公且先去理會自己性情，須能盡人之性，然後能盡物之性。」日孚悚然有悟。（《門人薛侃錄》）

此處談居敬，談居敬和窮理的關係，談居敬的主一意旨，談窮理的盡性意旨，於是居敬與窮理的意思都一樣了，都是本體工夫，提起良知，純粹化主體意志，強化道德意識。學生以為居敬、窮理是兩件事，這是因為，學生把居敬當作是心地工夫，把窮理當作是格物致

知的知識研習的工夫，也就是「居敬是存養工夫，窮理是窮事物之理。」然而，陽明卻把居敬、窮理當作一件事。就陽明而言，主敬是專一，主敬涵著意誠，主敬即專注於道義，故而即是窮理，陽明的窮理是實踐此理，先儒把窮理當作是聞見之知與德性之知的窮究其理，但王陽明是當成去做那個天理價值的德目來解釋，因此是把窮理當作本體工夫論來講，那麼這就等於是居敬之旨了，而非先儒格物致知的意思，可以說這是陽明將知識往工夫上講了。陽明說「天地間只有此一事」，是說人生就是道德踐履一件事，此事既是居敬也是窮理，居敬是主一，窮理是實踐此理。至於具體的事情，那就千千萬萬無以計數。

學生講居敬是存養，是存養此心之天理，而這就是窮理，窮理是去做那件事情，而不是去研究那個知識道理而已。至於去做那件事情，就是把內心對那件事情的道理予以呈現實踐落實，也就是「窮此心之理」，這也正是心學工夫的焦點，主體意志的純粹化貫徹而去。而這也正是敬的意思，主一的意思，所以筆者說敬就是本體工夫的操作型定義，亦即本體工夫如何操作？那就是主體意志的純粹化，也就是主一，只有一個價值意識而無其他。且此主一不是只是專一，而是一定要專一在天理上，「惟其有事無事，一心皆在天理上用功，所以居敬亦即是窮理」。「名雖不同，功夫只是一事。」陽明此說，就像是格物致知與誠意正心的解讀一樣，誠正像是居敬，格致像是窮理，本來窮理是窮究事物之理，但陽明的窮理卻是實踐道德天理，本來格物致知是研究事務知識，陽明格致是格除物欲致良知，因此格致等於誠正，窮理等於居敬，全部都是本體工夫的觀念解讀。

就敬而言，敬就是誠敬，有誠在其中，敬就是敬義並立，有義在其中，不是單純的形式上的主一而已，「會得時，橫說豎說，工夫總是一般」。不論哪一個概念，都是儒家的本體工夫，不要曲解他說就好。「居敬」就形式上說，「窮理」就價值上說，「盡性」就主體上說。學生問：「窮理何以即是盡性？」陽明答：「心之體性也，性即理也。」陽明此說，被迫進入存有論思路，這就是朱熹講的「心統性

情」，窮理是窮此心之理，此心之理即是天理，不曰「心即理」乎？心以人身主體說，統性情，性是心之理，故又曰「性即理」，陽明談存有論時亦必說「性即理」，何以朱熹言於「性即理」就是錯的？何以牟宗三先生可以說朱熹的「性即理」是只存有不活動？人性即天理，性中只有仁義禮智，窮理就是盡性中仁義禮知之理，也就是本體工夫的意旨了。

如此一來，研究事務的道理知識的意味又不見了，學生又問，「一草一木亦皆有理，不可不察。」這就是朱熹的路子，朱熹此路，確實是研究客觀知識，客觀知識豈可不研究？欲治國平天下，必須研究，這就是《大學》原意的格物致知解，但是，陽明關心的是是否立志、是否實踐，所以說「夫我則不暇」。因為就一個成年人而言，就一位官員而言，本身知道該做的事情已經很多很多且尚未做好，所以，應該即刻去做才是，而一般人卻都是為了私利私欲便忘卻公益，因此陽明要求「公且先去理會自己性情」，把是非對錯搞清楚，心中沒有一絲人欲，「須能盡人之性，然後能盡物之性」。才能把公家的事情做好，而不是放著不做卻去搞知識。實際上，這一段討論都是誤解。《大學》講格致誠正修齊治平本意都是對的，格致誠正先知後行是做事的原則，修齊治平是個人成長的歷程。在格物致知的時候，就是事事物物的道理去搞清楚。陽明則把這個說法理解成另一種情況，人不做事，光搞知識，則是知而不行了，故應即知即行、知行合一，此說當然正確，但不等於把事事物物的道理搞清楚的先知後行之說是錯的。

二、主一是專主一個天理

主一就是敬，敬與主一是同義詞，也都是本體工夫的操作型定義，所以不會只是主一卻缺乏價值意識的守住，參見：

【15】陸澄問：「主一之功，如讀書則一心在讀書上，接客則一心在接客上，可以為主一乎？」先生曰：「好色則一心在好色

上，好貨則一心在好貨上，可以爲主一乎？是所謂逐物，非主一也。主一是專主一個天理。」（《門人陸澄錄》）

學生問「主一」的工夫怎麼做？是否做於何事就主於此事？例如讀書、接客，學生之說無誤，讀書一心讀書，此一心，既是專一，也是默認價值意識。但是，王陽明的回答卻看似否定其說，實際上是強人所難，刻意曲解，說主於所爲之事則是「逐物」而非「主一」，重點強調是要主於道義，而不是某件事情，而是事情的價值意識必須貞定，否則，方向一錯，卻仍主一，便是爲惡矣。實際上學生提的用功讀書、接待賓客兩件事，都是價值上已經貞定了的事情，反而陽明講的好色、好貨才是價值上有問題的事情，所以陽明強調「主一」不能只是形式，還要看內涵的。若只重形式，便成逐物。筆者以爲，學生以讀書接客來說，本就是符合天理的事情，陽明之所以批評其說，應該跟說話者本身的素養有關係，陸澄只是嘴上說說，沒有實踐，所以陽明要訓誡他一番。故而深入主一必須是主於天理上。就主一而言，主一是「敬」的操作型定義，執事要敬，敬就是主一，專一，收斂，涵養，察視，靜存等等，「主一」就是純粹化主體意志於單一價值信念上，這就是敬。陽明所強調的，是要主在天理上，「主一是專主一個天理」。其實，古人言敬，本就是主在天理上的，敬只是強調專一，專一就是不雜私欲，陸澄提了一個本來沒有問題的說法，陽明因爲恐怕有人光說不練，所以要深入之以主於天理。

第十二章　心學進路的工夫指點

　　陽明心學，以工夫論爲理論焦點，表現在《大學》文本詮釋上，如其致良知、知行合一、格物致知說中，但陽明作爲工夫論大家，在其傳習錄中，尚有太多關於工夫操作的意見，筆者爲盡現全貌，特別整理出「工夫指點」、「工夫問答」、「教學機鋒」三節文字以爲討論，討論以疏解方式進行。「工夫指點」是陽明直接言說的心學修養觀，告誡學子許多實作中的細節。「工夫問答」是正面回答學生弟子的問題，言詞鋒利。「教學機鋒」也是問答，或是談話之際的直接教育，但言詞更爲驚心動魄，常使學生天旋地轉。陽明才高過人，理論透徹，實踐到位，在教學現場上亦是直指人心，弟子每有疑問，常是一針見血，直透病灶，卻多忠言逆耳。閱讀陽明教誨弟子的問答之說，常使人自覺汗顏慚愧。

　　以下所選，是將前述心學工夫落實於己身病痛上的實際療程，與「工夫問答」、「教學機鋒」，同是陽明《傳習錄》最驚心動魄的急診室加護病房醫療現場實錄。本節「心學進路的工夫指點」重點在幾句話說出了一番大道理，有點像智慧語錄的格式，但不是配合《大學》文本詮釋的理論而形成的一整套的系統，而是在具體生活細節上實際操作的方法，所面對的情境多元，要處理的觀點精微，每一句話都有獨立的深度與內涵，值得將它們一一展現。本文之作，以文本疏解的方式進行，深入陽明用辭的意旨，予以說明，並適做理論意旨的對比討論。

一、因病而藥的方法

　　針對煩亂，陽明言：

【17】「日間工夫覺紛擾，則靜坐；覺懶看書，則且看書；是亦因病而藥。」

本文談兩種工夫，一是靜坐，一是讀書。首先談靜坐，工夫覺紛擾就是處事之際心不定、散亂，收心的方法可以是靜坐，就是放下事務，澄心靜坐。儒家的靜坐和道佛的不同，道佛是有身體進路的修煉工夫的，道佛靜坐產生身體效果，儒家靜坐只做修心工夫。其次談讀書，懶得看書就看書，這怎麼操作？看書和讀書不同，看書可以看不同的書，看簡單的書，讀書就是要明道理，要深研精讀。精讀的書讀累了，就看些簡單的書，一樣在進步，不浪費時間。陽明之意當不是對於看不下去的書還要硬看繼續看，就是換一批書看就好了，時間不要浪費掉。

二、謙下得益

針對驕傲之病，陽明言：

【18】「處朋友，務相下則得益，相上則損。」

老子講柔弱謙下，是就領導者在體制中對所有人要柔弱謙下而說的，陽明講對朋友謙下，指的是日常生活中的個人修養，謙下，則可以得到朋友的智慧，若是高傲的話，激得別人不滿，自己也陷入狂妄的心境中，若起爭執，雙方都是粗暴的言語了，大家都有損品德。

三、存養省察的本體工夫是一樣的

關於存養與省察，陽明言：

【36】「省察是有事時存養，存養是無事時省察。」

《中庸》講喜怒哀樂之已發未發，程頤講未發涵養、已發察識，朱熹也繼承此說，這都是儒學史上的名句。王陽明也接著發揮了一下，省察是當下有臨在情境，也就是已發時；存養是平日正常作為，也就是未發時，但存養與省察時的價值意識是一樣的，所以純粹化主

體意志時的價值意識都是同一個，因此陽明可以把話雙面地說，省察就是存養，只是有事無事、已發未發的情境之分別而已，因此說「省察是有事時存養，存養是無事時省察」。

四、本體工夫的定與動靜

針對本體的動靜問題，陽明言：

【41】「定者，心之本體，天理也。動靜，所遇之時也。」

這一段文字講本體工夫的操作理論，涉及動靜的定義。人在做工夫的時候，心要定在一個價值意識上，這個價值意識就是心之本體，也是天道本體，就是天理，仁義禮知。價值意識是不得變得，至於行動時的做法，則自有調節，輕重厚薄動靜皆依時而爲之，這就是所遇之時。所以這句話中講了定與動靜之變的兩個議題，本體工夫的操作模式中，首先主體要意志堅定地住於此一本體天理，要純粹化主體的意志，這就要有主體性的價值自覺，識字做主宰地決定提起，然後發爲行動於具體事功，處處應變無方，時時不拘動靜。

五、工夫以收斂為主

針對收斂發散的問題，陽明言：

【54】「精神、道德、言動，大率收斂爲主，發散是不得已；天地人物皆然。」

做工夫講究「存天理，去人欲」，時時刻刻管住就是收斂，行動時擴而充之謂之發散，平時爲人處事要收斂，有公是公非時要承擔，承擔時就是要收斂，若是到了不得已必須要發散時，就是一股浩然正氣，意興風發，正是非，定天下。雖然有重大行動時要發散，但一般而言，任何時刻，都要收斂。例行之事要收斂，就是未發涵養。臨變之事要收斂，就是已發察識。意興風發時要收斂，就是致良知。掌握權柄時要收斂，就是格物致知。可以說這個收斂就是去人欲以及致良

知的工夫意旨了，是從操作形式上說的本體工夫。

不過，既然是形式上的說法，說是收斂還是說是發散這是不需要絕對化的，就像未發已發、有事無事、或動或靜的話語一樣，作為研究者，不需要去決定化它們的理論意旨，看脈絡的使用意義，當下理解就好，因為他們都是抽象功能的概念，意思都可以隨時轉變的。我們要正式談陽明的工夫論，就重視知行合一、致良知、格物致知、立志這幾條就好，不要去絕對化收斂工夫的理論意義，否則即如存養、省察概念一樣，可以完全被顛倒過來使用，而陽明就是最常這樣轉化概念的人，一個本體工夫的意旨掌握清楚之後，概念的使用就非常自由靈活了。

六、做工夫中和為道

針對喜怒哀樂未發之致中和，陽明言：

【58】「喜、怒、哀、樂本體自是中和的；才自家著些意思，便過不及，便是私。」

本節講做工夫的心法，從價值上講做工夫，就是守住價值，從操作方式上講做工夫，就是無過無不及，什麼事情會過與不及呢？就是情緒，所以講喜怒哀樂本體自是中和的，這指的是符合道德意識下應有的心情，發而中節，那個情緒只是針對那個事情本身，而不是一種虛偽的表演，表演的話就會有所過度，若是於喜怒哀樂的某一個情緒稍微過頭了，就不是中和了，必然是它背後的欲望強烈過頭，就是自私的狀態了。喜怒哀樂是情，朱熹講心統性情，繼承孟子的性善論，工夫論上心以性正情，則主體所發之情就是善的，結果就是喜怒哀樂發自性善，發自本體，個人對情緒的調節也就是中節的，這就是依據本體，結果它們的情態自然就是中和的。發自良知自有喜怒哀樂，但也有發自欲望的喜怒哀樂，自家著意就是發自欲望了，一著意就是刻意而為的，此時就會或過或不及，惡就是過或不及的結果，過度為惡，不及為惡，過而損人為惡，陰而傷人為惡。為了場合的需求，認

為必須表現出喜怒哀樂的樣子，這就是著意。發自內心真實的感情，不是為了做給別人看的，這就是依據本體，情態必是中和。因此對於正人君子聖賢人格者而言，應該是大多時刻都處於心情穩定平淡恬適的狀態，這就是從操作形式上講的工夫指點。

七、情緒表現的工夫指點

對於孔子的「子於是日哭，則不歌。」，陽明言：

【59】問哭則不歌。先生曰：「聖人心體自然如此。」

《論語》：「子於是日哭，則不歌。」這句話顯現了孔子的情緒表達模式，孔子的情感是真實的，因此自有分節。雖然悲傷，不會過度，但悲傷亦有一定的時段持續著，不會忽而轉變心情。否則，場合改變，哭後即歌，則此哭必不真了，這個情感就很虛偽了。所以陽明說：「聖人心體自然如此。」就是對於做了本體工夫之後的儒者的情緒狀態的說明，情緒都是真的，不會隨意改變而表演情緒，哭是如此，喜怒哀樂也都是如此，所以才是發而中節。

八、克除己病要做到一毫不存地廓清

針對克己工夫，陽明言：

【60】「克己須要掃除廓清，一毫不存，方是；有一毫在，則眾惡相引而來。」

陽明說做工夫要克除己私之病，而且只要是毛病，就要克除了，直至一私不存，完全廓清，否則，一個小毛病又要引來一堆大毛病了。這其實也就說明了，人們的大毛病、小毛病眾多，不易一時全掃除，不過，沒有特殊情境，一般人是不會大為惡的，而只是平常一些小毛病在犯錯，那麼，做工夫就是先挑小毛病，不要讓它放縱出去，則大毛病自然被收攝住，壓著露不出來，雖然念頭還有，但就逐漸淡去了，只要不被小惡引動出來。既然小惡會引出大惡，所以，平日就

要自己努力做工夫，努力工作就可以無小惡，大惡也就沒有機會跑出來了，所以說「努力工作治百病」。為了把事情做好，不被私欲控制，自己就會把所有的小毛病都一時克除，因此，人要熱愛做事，才能有機會將毛病克除得一毫不存。

九、多疑問方是用功

陽明要求學生要時時提問，以資反思，其言：

【64】先生曰：「諸公近見時少疑問，何也？人不用功，莫不自以為已知，為學只循而行之是矣。殊不知私欲日生，如地上塵，一日不掃便又有一層。著實用功，便見道無終窮，愈探愈深，必使精白無一毫不澈方可。」

作王陽明的學生，要向老師提問，不問問題也不行。為什麼要問問題呢？就是要自我反思，克除當下的妄念。所以，問王陽明問題，其實就是問自己問題，自己對於自己的人生當下，認真想，該做什麼？該怎麼做？有疑問了，去問老師，提問的問題就是自己目前的人生態度的問題，自己是怎麼想、怎麼做的，要向老師提問。陽明常說的厚薄輕重的分判，就是要拿捏好做事情時背後的真正動機，此處就是自己的天理人欲分判的必爭之地，這是要時常追究的。為什麼一定要逼問自己呢？陽明說，大家平時做事都是循例而行，自以為知，其實不夠用心，結果私欲萌生，此時能自我反思行為處事的隱微動機，找出私欲以克除，這就是學力深入、境界增長的辦法。個人能力境界不同，考慮深淺不同，若有私意介入，就有考慮疑慮，這時就可以提問了。此時師生之間就可以做倫理情境的分析判斷，考慮愈精微，個人學力愈深入，愈能見出此道是無窮的。陽明說的「必使精白無一毫不澈方可」，這豈不正像是朱熹講的「事物之表裡精粗無不到」？禪宗的弟子，在自己開悟了以後，自己都能決斷，就不必再問了。「迷時師度，悟時自度。」禪宗開悟是什麼呢？般若智的不起分別心。但是菩提心的發用時要如何做？這還是要用心的。小疑小悟，大疑大

悟。儒家的開悟是什麼？依陽明，就是提起良知。良知眞的主導發用，則處事自然「精白無一毫不澈」。

十、做工夫要有內在的動力

陽明看到井水，有所反思，而言：

【68】「與其爲數頃無源之塘水，不若爲數尺有源之井水，生意不窮。」時先生在塘邊坐，傍有井，故以之喻學雲。

這一條講良知本體就是自己做工夫時的無窮的動力。一個池塘，水永遠就那麼多，如果不是有來源、有去處，久了自然乾涸掉。一口井，必是有地下水的持續注入，而地下水就是高山雪水的持續流入，或旁邊大河大湖的水進入地下而流入，則井旁的人家就永遠世世代代有乾淨的水喝了，這樣的井水自然比塘水有用得多了，雖然眼前池塘大、水井小，但是水井不絕，而塘水無源。此旨，談的就是做工夫的動力，動力就在良知自覺。陽明此說，就是朱熹千古名詩的解釋：「半畝方塘一鑑開，天光雲影共徘徊，問渠哪得清如許，爲有源頭活水來。」理論上的意義就是，做工夫不是一時興起，看到什麼好事就稍微做一點，而是始終有志向，任何時刻只做好事，時時刻刻做著好事，純粹、自覺、自立、自力、自律。也是孟子講的「盈科而後進」之意。有源之井水，與有源之山水、田水意思都是一樣的，重點在有源，從做工夫的角度，此源，就在良知提起，立志了、自覺了，動力就源源不絕了。

十一、在念頭上做工夫

對於念頭，陽明言：

【71】「善念發而知之，而充之，惡念發而知之，而遏之。知與充與遏者，志也，天聰明也。聖人只有此，學者當存此。」

王陽明指點做工夫的根本原理，就是立志，就是在心念上就把工

夫給做好了，就是在一念之間，充善念、遏惡念。至於何者善、何者惡呢？則是訴諸良知，良知知善知惡，只要誠懇篤實不自欺就不會不知道善惡。知之是良知知之，充之遏之是自己的志向，志向的意志是靠自己後天的努力，「知善知惡是良知」是自己的先天本能，「為善去惡是格物」是自己的後天工夫。學者存此就是管住自己的念頭，守住自己的價值觀，這就是靠自己做工夫了。聖人也就是這樣做的，所以學聖人的人就要學這樣的方法去做，就是在念頭上就做完了工夫了。

十二、當下存心專注就是工夫

針對當下之心應如何處置，陽明言：

【79】「只存得此心常見在，便是學。過去未來事，思之何益？徒放心耳。」

這一條講做工夫只管眼前事的道理。陽明講做工夫的方法，學生跟他學心法，怎麼做工夫？陽明講做工夫就是現在當下在做的事情上頭去做工夫的，時時存得此良知之心，去欲存理，就是在學，在做工夫。面對所有此刻所處置的事情，以良知當之，就是在做中學，即是搞定眼前事為主。許多人眼下有該做的事情不去做，只在過去未來的事情上計慮得失，考慮利害，就不去承擔，不去做事，這就沒有在學了。真正的學人，對過去已定和未來未定之事，都不必費心，認真用心於眼前，君子無有後悔事，也不慕高騖遠。就是現下之時，現在就是永恆，現在決定過去現在未來，現在放失浪費了，過去的沒用了，未來的來不了。這就是活在當下的工夫定力。

十三、言語有序是工夫

對於平時講話，陽明言：

【80】「言語無序，亦足以見心之不存。」

這一條講在語言上如何做工夫。做工夫要存心，心時時刻刻定在道德價值意識上，以此爲做事的標準，則言語處事都得當。若是存心不足，多欲好利，患得患失，天人交戰，語言就飄忽。心定了言語就定了，不論繁寡，必有條理，不會內在矛盾。所以，言語是心的樞機，不可無序，言語一旦無序，定是本心走失了。而有工夫的人，時刻言語也都是穩定妥當的。

十四、爲學需要頭腦

針對爲學的目標，陽明言：

【102】先生謂學者曰：「爲學須得個頭腦，工夫方有著落；縱未能無間，如舟之有舵，一提便醒。不然，雖從事於學，只做個『義襲而取』，只是行不著，習不察，非大本、達道也。」又曰：「見得時，橫說豎說皆是；若於此處通，彼處不通，只是未見得。」

這一條講爲學的領頭宗旨，也就是爲學的頭腦，講做工夫要注意大頭腦，這個話也是朱熹常講的，其實就是立志的意旨了。人的頭腦是人的主宰，頭腦就是指揮中心，所以，談做工夫的時候以頭腦比喻之，這就是在說要有明確的價值定見，就是你最重要該做的事情，掌握價值方向，就是做事情得個頭腦。依據王陽明，爲學工夫講究的只是目的、目標、方向，而後集中意志、定力，去實踐，這就是志向的問題，士君子永遠知道自己的目的，所以說要得個頭腦，這樣做工夫就不是問題了，因爲一直有明確的方向指引著，就算稍微走失，自己都能覺察。如果人生在世，沒有理想目標，那就是一生隨著欲望俗事奔流，終無所成。就算做些還可以的事情，也是義襲而取，就是表面上做著符合道義的事情，內心並不眞切爲義，其實是爲利，藉義行謀取名聲的利益，既是爲利，難免違背良知了。所以頭腦就是永遠持守服務的人生觀，仁德之心，看什麼事情都知道自己的方向，不爲所動，不然，就是還沒掌握好。

十五、多悔是病

針對生活在悔悟狀態的人，陽明言：

【106】侃多悔。先生曰：「悔悟是去病之藥；然以改之為貴，若留滯於中，則又因藥發病。」

這一條講一種心理的疾病，就是利用後悔但不真正改過的心理疾病。人都說，有過則改之，這樣就很好。但是，改之之前是先承認過錯，承認過錯時就是在悔悟之時。所以，有過而認錯悔過，是改過中所必須的。但是，學生多悔，這卻也是毛病，也就是說，把力氣放在承認錯誤上，卻不見改過，雖然沒有否認過失，但事情也沒有進展。陽明說到，要能悔悟才能去病，但重點是去改過，去做對的事情，而不是停留在悔悟的心境中，這樣又是有毛病了。其實，悔就悔，然後改過即正。但若此人一向多悔，這就也是逃避了。悔是自己內在羞惡之心的發露，不是外在行為表演給別人看的。羞惡發露，就要立即改過，然後投入工作，繼續奉獻。悔後要積極，若消極，根本沒悔，只是懊惱失敗。悔悟有時是做錯事情被人家知道了，自己不得不表示悔悟，但沒有立志要改過，只是活在喪氣中，表面是悔悟，其實是病態。一個人做錯事而沒有辯解，不等於悔悟了，但一個悔悟者，必定沒有辯解。不管人家知不知道自己的過錯，只要自己悔悟了，當下改正，然後就去做對的事情，一刻不停，這就是不留滯於胸中。

十六、工夫是無中生有的

要培養樹木的成長，要重視刪除繁枝，以此講述對人才的培養，陽明言：

【115】「種樹者必培其根；種德者必養其心。欲樹之長，必於始生時刪其繁枝；欲德之盛，必於始學時去夫外好。如外好詩文，則精神日漸漏泄在詩文上去；凡百外好皆然。」又曰：「我此論學，是無中生有的工夫。諸公須要信得及只是立志。學者一

念爲善之志，如樹之種，但勿助勿忘，只管培植將去，自然日夜滋長，生氣日完，枝葉日茂。樹初生時，便抽繁枝，亦須刊落，然後根幹能大；初學時亦然，故立志貴專一。」

這一條講修養德性應如何栽培苗壯。陽明以種樹比喻種德。要種樹，就要去除繁枝，這樣主幹才會長高。種德，就是培養品德，爲社會服務，陽明說：「欲德之盛，必於始學時去夫外好。」其實，去外好是自然發生的，不影響專業就好，專業強的人，當一門深入之後，其他事情就會放下，不重要，不喜好了。所有的休閒娛樂都是，一個人愈來愈在專業上深入，休閒娛樂的事情就會愈少，專業上自己就是絕頂高手，理性與感性的需求都在這裡滿足了。如果還把休閒娛樂當作重要優位的事情，就是專業上不夠深入的表現。不是說人完全不要外好，而是外好永遠是次位的，專業才是核心。一個人種德就是立志，而且是立志讓你自己變成什麼樣的人，而這個方向是立足於服務與學習的。

王陽明又說他的論學是「無中生有的工夫」，無中生有就是創造，不是依賴別的資源，只是自家的意志貫徹下去做出的事業，勿忘勿助而已。其實學者的事業也是無中生有，自己本來不會的，研究後創造的。學者講經典也是無中生有，寫論文也是無中生有，創造理論都是無中生有，既然是無中生有的，沒有本錢的，所以儘量公開吧！

十七、涵養與識見的工夫之別

針對涵養與識見工夫的效益之不同，陽明言：

【116】因論先生之門，某人在涵養上用功，某人在識見上用功。先生曰：「專涵養者，日見其不足；專識見者，日見其有餘。日不足者，日有餘矣；日有餘者，日不足矣。」

這一條講涵養重於識見，其實也就是在說行比知重要。對王陽明而言，涵養與省察是一件事，但涵養與識見就是兩套路數了。涵養與省察都是本體工夫，但王陽明認爲識見就不屬於本體工夫了。那麼涵

養與識見這兩種工夫作用下去之後，效果是定然有別的。因爲陽明強調本體工夫，所以是動機爲先，念頭上守住良知，不論平時涵養，還是臨事省察，都是立志一事。但識見就不同了，只管聞見之事，與自我的意志純化無關。做工夫的問題是以涵養爲主還是識見爲主，若是涵養爲主，向內用功，知道自己的不足，就會去求知，於是愈加增益，內外俱美。若以識見爲主，向外求索，愈求愈多，愈以爲自己都是對的，就失去了內心工夫，驕傲淩人，不懂得謙下。不足者自補之，有餘者自損之，有餘者就傲慢，境界就下滑了。當然，涵養與識見兩者都要平衡，但應以涵養爲重，涵養是主宰，因爲涵養省察都是處理價值意識的本體工夫。王陽明此說就是知行合一說的翻版，務涵養才能知行合一，光識見就會是知而不行。當然，這是王陽明對《大學》格物致知說的詮釋與理解，把格物致知說成涵養省察工夫，而不是識見工夫，以此批評專識見者，也就是批評把格物致知解讀爲研究知識的詮釋立場者，這自然是指的朱熹之說了。

十八、觀照他人之心是工夫

對於別人的心念，能否察知，陽明言：

【208】先生曰：「這些子看得透徹，隨他千言萬語，是非誠僞，到前便明，合得的便是，合不得的便非，如佛家說『心印』相似，眞是個試金石，指南針。」

這一條講如何瞭解人心。做工夫就要事情看得明白，然後朝著正確的道路做去，而事情要明白的核心就是別人的心思要能看得明白。王陽明說他最近事情看得透徹，因此自己看人心最明，無論他人如何心思，怎麼說話，是否眞誠，只要一見面一談話，就知是非，就像佛教的「心印」。陽明是如何瞭解了別人的心思善惡呢？關鍵就是他自己一心誠懇，對他人無欲無求，不會預立私意，於是是非標準清清楚楚，這樣就能聽明白別人講話的眞心爲何了。所以關鍵還是自己良知提起，念頭正，自己心靜，則能看透人心。

十九、良心是訣竅

良心是人性的訣竅,陽明言:

【209】先生曰:「人若知這良心訣竅,隨他多少邪思枉念,這裡一覺,都自消融;真個是靈丹一粒,點鐵成金。」

這一條講做工夫的關鍵訣竅。做工夫就是調理念頭,但調理念頭要先自覺,人如何自覺呢?如何對自己清清楚楚呢?就靠這個良知之心,把它提起,不自欺,誠篤,就自明瞭。關鍵是一般人平常都在欲念上打轉,邪思枉念一到,就犯糊塗。人若有立志,學陽明心學,就是要銷去惡念,時刻正念。就像陽明的學生,要去使用他的理論,就知道良知是靈丹。雖然現代人趕著聽陽明心學的課,但這還不算是學陽明心學,等下課後碰到的第一件事情,就管管自己的念頭,這樣才是學了陽明心學,現在只是知識上的聽課而已,要去看到自己的邪思枉念,去糾正它,才是在做工夫,才是學到了陽明心學。

二十、愛指責別人就是傲病

針對朋友相處時的毛病,陽明言:

【214】先生曰:「大凡朋友須箴規指摘處少,誘掖獎勸意多,方是。」後又戒九川云:「與朋友論學,須委曲謙下,寬以居之。」

這一條講做工夫要先謙下待人。做工夫要去私欲去毛病,人多好勝,常輕易責人,更顯自傲,這就是毛病。陽明因而告誡弟子,少給人家指責,多給人家鼓勵,就在自己的謙下之中,你的仁德之心就提起了,因為關心別人的心發為行動了。

二十一、病中要快活

針對生病時的工夫,陽明言:

【215】九川臥病虔州。先生云：「病物亦難格，覺得如何？」

對曰：「功夫甚難。」先生曰：「常快活便是功夫。」

　　這一條講生病時如何做工夫？做工夫就是修心，修心是不分自己處於什麼狀態什麼階段都要修的。學生生病了，老師問他，這時有沒有正好做工夫呢？「病物亦難格」，就是說在生病的時候是否也做著格物的工夫？生病為何要做格物的工夫呢？病時身體不適，心志就變弱，平時的情緒毛病容易發出，各種心病變本加厲，所以此時格物正是用功好時節。所以王陽明就問學生病時工夫做得如何？學生說工夫難做。學生算是說了實話，因為病中意志不強了。顯然學生沒有誤解老師的意思，老師並不是在說治病的事情，而是說得自己的聖學工夫的事情。老師就教他，在病中，身體不舒服，心裡本來是苦的，但仍然能夠繼續做聖學工夫，心裡就快活了，雖然身體病痛，但心是樂的，所以說「常快活是工夫」。

二十二、生知安行與學知利行

　　針對聖人的生而知之，陽明言：

【221】先生曰：「聖人亦是『學知』，眾人亦是『生知』。」

問曰：「何如？」曰：「這良知人人皆有，聖人只是保全無些障蔽，兢兢業業，亹亹（音委）翼翼[8]，自然不息，便也是學，只是生的分數多，所以謂之『生知、安行』；眾人自孩提之童，莫不完具此知，只是障蔽多，然本髓之知自難泯息，雖問學克治，也只憑他，只是學的分數多，所以謂之『學知、利行』。」

　　這一條講聖人雖是「生知安行」但也是「學知利行」。《論語》裡面講到「生而知之」，「學而知之」，「知而不學」，三個等級，一般以聖人為「生而知之」者，眾人是「學而知之」者。王陽明卻說聖人也是學知，眾人也是生知。這又是再下一層的深意了。聖人認真投入服務社會時就是學知，眾人發揮他本來的良知去學去做時就是生知。王陽明說，良知人人都有，聖人只是沒有遮蔽它，至於兢兢業業

地去實事實做時，這種持續不間斷的努力，當然就是在學習，所以說也是學知，只是追求理想的意志醇厚，所以天生的比例重些，故謂之「生知，安行」，既是天生的本能發揮而已，所以都能安住於行。至於眾人，也是良知本具的，只是障礙多些，要克制障礙，豈不也是依賴天生的良知，所以說也是生知，只是他靠自己力學的比例多些，力學之後，就知道謹守良知的價值，這才是人生最有利的生活方式，所以謂之「學知，利行」。做工夫要能得意忘言，概念只是聖人藉以表意的工具，不要執著概念。王陽明能夠深入意旨，透視概念，不為概念所限，才更能彰顯意旨，做好工夫。

二十三、不可動氣責人

對於責罵別人的毛病，陽明言：

【245】一友常易動氣責人，先生警之曰：「學須反己；若徒責人，只見得人不是，不見自己非；若能反己，方見自己有許多未盡處，奚暇責人？舜能化得象的傲，其機括只是不見象的不是。若舜只要正他的奸惡，就見得象的不是矣；象是傲人，必不肯相下，如同感化得他？」是友感悔。曰：「你今後只不要去論人之是非，凡當責辯人時，就把做一件大己私，克去方可。」

這一條講如何克服動氣責人的毛病？做工夫要克除自己的毛病，喜歡責罵別人就是一種毛病。有學生平常看到別人犯錯就容易動氣責備他人，王陽明就告誡他，對於是非對錯的問題，道德情操的問題，人要做的，就是反思自己，而不是老是去看別人的不是。別人的錯誤中也有對的，就算是犯錯了，朋友責善時一定要在私下場合，並且口氣要和緩，若非如此，只是顯得自己好勝凌人，同時激成仇人，也無有勸效。感化別人要靠慈心與技巧，治理國家懲治罪犯則要靠法治。動氣責人就是平日朋友責善的事情，不是庶民犯法要動用法律的事情。別人有過錯要責善，但自己也未必無犯錯之時，若是多多用心於自己的過失，多做自我反省之事，則是自己日益進步之事，也是聖學

的工夫。若是時常指責別人，老是在說別人的壞處，就是自己有毛病了。王陽明講到對於舜化弟象的道理，就是沒當他是爲惡之徒，若舜對之時時斥責，則即刻無效，對方會更加頑劣。這番話，讓這位學生有所反悔。陽明再度告知具體做法，就是平常沒事講話時，一定要去講誰誰誰的是非，這就是私欲客氣，若能反觀自己，管好自己做該做的事情，這樣心志就收斂了。所以不要責人，一旦有了責人之心，就當作是自己的大毛病犯了，必須立刻去除，就這樣以病爲藥，自做工夫，就是做工夫的方法。最後強調，陽明這裡講的是朋友相處，見出自己的修養，這裡不是講面對盜匪、懲治罪犯、管理部屬的情境，在這些情境中就不是這麼做了。

二十四、不可鄙薄朋友

對於輕視友人的毛病，陽明言：

【246】先生曰：「凡朋友問難，縱有淺近粗疏，或露才揚己，皆是病發。當因其病而藥之可也，不可便懷鄙薄之心，非君子與人爲善之心矣。」

這一條講如何幫助朋友成長？自己的毛病要去除之，那麼，碰到朋友有德性上的缺失時該怎麼處理呢？譬如朋友指責自己，但他們的說法淺近粗疏，或顯示才能，驕傲揚己，根本是朋友自己有毛病，那這時該如何？王陽明認爲，要求自己要嚴厲，但是規勸別人要客氣。好好說道理給他聽，不要因此就輕視鄙棄朋友，做人要待人寬厚，與人爲善，給他改過的機會，這是君子的格局，人不是時刻要比人強，而是時刻要助人成長，這才是做人的道理。別人意見淺薄，恃才傲人，確實是毛病。但是不要輕視共學之友人，而是要與人爲善，要有博愛之胸懷，要鼓勵眾人一起向上。

二十五、靜坐工夫

對於靜坐的意義，陽明言：

【256】劉君亮要在山中靜坐。先生曰：「汝若以厭外物之心去求之靜，是反養成一個驕惰之氣了；汝若不厭外物，復於靜處涵養，卻好。」

這一條講儒家如何做靜坐工夫。學生要在山中靜坐，實際上，靜坐在佛家是日日修行的工夫，是身體進路的工夫，是會有感官知覺的實際效驗的。但是，靜坐在儒家就只能是輔助工夫，而且還是心理進路的工夫，目標不在身體的效驗上，而只是藉由靜坐讓心靜下來，好好思考良知本體。陽明說刻意厭外求靜，只是懶惰，意思就是儒家是要做事業的，只重身體靜坐就不對了。但儒家也是可以靜坐的，求靜只是為了靜心，靜心是為了正念頭，念頭正了就去做事。所以陽明說，若求靜是厭外，不喜做事，這就不對了，這樣是以為世道顛頇，不屑參與，這就是驕。生退墮之心，自己欲退處之，則是惰。人要努力做事，一刻不懈怠，需要的時候於安靜處靜坐，調心調念則即是好的。所以，對儒家來說，靜坐只是靜靜地坐著，想想為人處世的道理，不是諸事放下，萬緣靜息，打坐入定，這是佛家工夫，不是儒家本色，儒者不可輕忽世事而退處靜坐。

二十六、化解訴訟

人多有訴訟之行為，甚至發生於父子之間，陽明就碰到這種事情，但他卻處理得極好，參見：

【294】鄉人有父子訟獄請訴於先生，侍者欲阻之，先生聽之，言不終辭，其父子相抱慟哭而去。柴鳴治入問曰：「先生何言，致伊感悔之速？」先生曰：「我言舜是世間大不孝的子，瞽瞍是世間大慈的父。」鳴治愕然請問。先生曰：「舜常自以為大不孝，所以能孝；瞽瞍常自以為大慈，所以不能慈。瞽瞍只記得舜

是我提孩長的，今何不曾豫悅我，不知自心已爲後妻所移了，尚謂自家能慈，所以愈不能慈；舜只思父提孩我時如何愛我，今日不愛，只是我不能盡孝，日思所以不能盡孝處，所以愈能孝。及至瞽瞍底豫時，又不過復得此心原慈的本體。所以後世稱舜是個古今大孝的子，瞽瞍亦做成個慈父。」

這一條講如何化解父子之訴訟。父子相訟，這是何等不合儒家孝道的事件，但是世間世事就是如此，古今皆然，陽明帳下就發生這樣的事情，父子相訟，求陽明裁斷。陽明幾句話就讓他們父子相擁痛哭離去，也就是感動了一對父子。陽明的方法是，激發起他們父子相愛的心，用親情的方法感化他們，提起父慈子孝的良知，終於感化雙方。感化別人不在指責，反而在自責。自己覺得自己好，就不會善待人；覺得自己不夠好，就會對別人加倍地好，一切衝突就都化解了。陽明以舜化解其父瞽瞍的辦法告誡之，舜覺得自己孝順做得不夠，所以努力盡孝，瞽瞍覺得自己慈愛子女做得太夠了，所以就怨懟兒子不夠孝順。所以舜能孝而瞽瞍不能慈。陽明以此說讓一對父子看到自己的傲慢與不足，只要自知反思，就能回其父慈子孝之情。

二十七、不急於正人奸惡

孟子最重講述舜的人品事蹟，陽明也多爲之詮解，對於舜與其弟象的衝突之化解，陽明解說道：

【296】先生曰：「『烝烝乂，不格奸』，本注說象已進進於義，不至大爲奸惡。舜征庸後，象猶日以殺舜爲事，何大奸惡如之！舜只是自進於義，以義薰烝，不去正他奸惡。凡文過掩慝，此是惡人常態；若要指摘他是非，反去激他惡性。舜初時致得象要殺己，亦是要象好的心太急，此就是舜之過處。經過來，乃知功夫只在自己，不去責人，所以致得『克諧』；此是舜動心忍性、增益不能處。古人言語，俱是自家經歷過來，所以說得親切，遺之後世，曲當人情；若非自家經過，如何得他許多苦心

處。」

這一條講頑劣的親人該如何教育化導。陽明在教育上很有一番操作的智慧，面對頑劣的家人時，該如何處置？他的意見就是，先正己，然後對家人要有無限的寬容，以激發起家人的良知為唯一做法。對於有良知的人，當然善待家人，但家人頑劣，甚至傷害到自己，基於親情，有良知者絕對不會報復家人，但應該如何化解呢？陽明以舜化得象的故事說之。舜被徵召任用後，象還是要爭他的東西，甚至要加害於他，而舜最終卻還能夠用他的孝心，使全家和睦安定，父子兄弟關係淳厚，使象不至於再為惡暴戾，這就是因為舜始終是採取以義薰蒸的方法，而不是去責備象的奸惡。

陽明依據「《書》不云乎：『克諧以孝，烝烝乂，不格奸』，『瞽瞍亦允若』。」對於頑劣之家人，你去責備他，只會使他更加頑劣，所以要自己動心忍性，目的在愛護他，讓他自覺，因為良知本具，這工夫十分艱難，所以後人解讀時，不得深意，若非自己經歷，難以掌握。陽明實際上同孟子一樣，舜之於他們，都是千古之人，是以自家的體證，體貼舜的做法，是理解了而做的詮釋。這是中國哲學的實踐哲學的理論特質，哲學家作者撰文談古時做的都是自己有實證經驗後的文本解讀。

二十八、善與人同

謙虛是不易的，其中有一點是善與人同的態度，能做到此，就能謙下，陽明言：

【303】先生嘆曰：「世間知學的人，只有這些病痛打不破，就不是善與人同。」崇一曰：「這病痛只是個好高不能忘己爾。」

這一條講知學者的工夫要做到「善與人同」。人都有毛病要克服，讀書人也有毛病要克服，最容易犯的大毛病就是，驕傲而不能善與人同。所以，王陽明感嘆，那許多書讀得好的人，卻工夫沒做好，常常知識豐富，卻見不得人好，不欲見到別人為善，不能善與人同，

讓別人也有實踐上的成就，這個毛病關鍵就是驕傲，所以書讀得好，只是知識上曉得了，卻並未在內心裡去下工夫，沒有培養出成全他人為善的胸襟。成全別人的為善是工夫，捨不得與人為善便是傲慢。學生就補充到，就是驕傲的毛病使然。

二十九、必為聖人之心需是痛下於心

關於立志做聖人的工夫，陽明言：

【331】先生曰：「諸公在此，務要立個必為聖人之心，時時刻刻須是一棒一條痕，一摑一掌血，方能聽吾說話，句句得力。若茫茫蕩蕩度日，譬如一塊死肉，打也不知得痛癢，恐終不濟事，回家只尋得舊時伎倆而已，豈不惜哉？」

這一條講做工夫就要先立志為聖人。陽明講學，要求弟子務必要立個為聖人之心，其具體做法就是任何時刻在動心忍性之中，在為公忘私之中，在犧牲小我完成大我中，去人欲時需是有傷痛，有感性上的堅忍，這樣的生活才是在求為聖人之心的路上。若不如此奮發淬礪，就是浪費人生，只是用一些老辦法混日子，就只是一塊死肉。

三十、化除驕傲

驕傲的毛病要如何化除？陽明時常談到這個話題，因為身邊的學生都是科舉的高手，所以要時常提醒，陽明言：

【339】先生曰：「人生大病只是一傲字。為子而傲必不孝，為臣而傲必不忠，為父而傲必不慈，為友而傲必不信。故象與丹朱俱不肖，亦只一傲字，便結果了此生。諸君常要體此人心本是天然之理，精精明明，無纖介染著，只是一無我而已；胸中切不可有，有即傲也。古先聖人許多好處，也只是無我而已，無我自能謙。謙者眾善之基，傲者眾惡之魁。」

這一條講驕傲之病如何化除。陽明說，人的毛病，特別是聰明之

人的毛病，就是驕傲。人一驕傲，爲臣爲子爲父爲友的角色都做不好了。以朋友言，朋友之間沒有上下隸屬關係，有事就是共議的結果，所以重信。一旦傲人，鄙視朋友，將不守信了。臣對其君、子對其父、父對其子的做法皆然。堯之子丹朱，舜之弟象，都是傲病。結果一生無成就。所以陽明要學生學習無我，就是無私我，無私利，與老子無爲義同，與《阿含經》無我不同，後者是自我意識中的一切都不執著。老子與儒家的無我都是無私心私意，若只想著自己的好，就會忘了去化人、去助人，所以有知識的人必定要去除驕傲，而做到無我。

三十一、小結

什麼是本體？只要是價值的問題，答案都是它，它就是本體。只要是工夫的問題，答案也都是它，工夫就是要追求它的。陽明掌握工夫理論的操作關鍵，就是時時刻刻心心念念都在於本體價值觀上，這個關鍵把握到，任何做工夫的問題都可以迎刃而解，就如孟子所說的操則存、捨則亡一般，都是自己一個意志純粹化做到了就好。

註釋：

8 1.形容勤勉不倦。2.形容向前推移、行進。

第十三章　心學進路的工夫問答

在《大學》文本詮釋上，如其致良知、知行合一、格物致知說中，但陽明作爲工夫論大家，在其《傳習錄》中，尚有太多關於工夫操作的意見，筆者爲盡現全貌，特別整理出「工夫指點」、「工夫問答」、「教學機鋒」三節文字以爲討論，討論以疏解方式進行。「工夫指點」是陽明直接言說的心學修養觀，告誡學子許多實作中的細節。「工夫問答」是正面回答學生弟子的問題，言詞鋒利。「教學機鋒」也是問答，或是談話之際的直接教育，但言詞更爲驚心動魄，常使學生天旋地轉。陽明才高過人，理論透徹，實踐到位，在教學現場上亦是直指人心，弟子每有疑問，常是一針見血，直透病灶，卻多忠言逆耳。閱讀陽明教誨弟子的問答之說，常使人自覺汗顏慚愧。以下所選「工夫問答」，是將前述心學工夫落實於己身病痛上的實際療程，與「工夫指點」、「教學機鋒」，同是陽明《傳習錄》最驚心動魄的急診室加護病房的醫護療程。

本文寫作方式以文本疏解爲主，是筆者對陽明心學工夫問答的直接理解與詮釋。文本都是選自《傳習錄》。

一、立志工夫怎麼做？

做工夫首重立志，陽明言：

【16】問立志。先生曰：「只念念要存天理，即是立志。能不忘乎此，久則自然心中凝聚，猶道家所謂『結聖胎』也。此天理之念常存，馴至於美大聖神，亦只從此一念存養擴充去耳。」（《門人陸澄錄》）

這一條談如何立志，陽明講就是存天理。存天理是心存天理，天

理是天道對萬物的化生與厚生，聖人存此天理，就在服務社會中落實。立志就是立這個志，立志就得要提升自己，追求理想，做一個對社會有用的人，對自己、家人、鄰里、社團、單位、國家、天下有用。一旦心存天理，想到自己該做的事情就去做，意志就堅定了。此處講猶道家結聖胎之說，這是陽明的比附，概念的借用而已，良知心中凝聚，不等於氣聚丹田，不能練出道家陽神，出體而遊。陽明學過道佛仙釋，總把道佛術語拿來儒家使用，頗易產生誤解。

二、如何處理靜時尚好、遇事時不同的問題

人要做事，不要徒求靜養，學生說靜時尚好，遇事變亂了，陽明言：

【23】問：「靜時亦覺意思好，才遇事便不同，如何？」先生曰：「是徒知靜養，而不用克己工夫也。如此，臨事便要傾倒。人須在事上磨，方立得住，方能靜亦定，動亦定。」（《門人陸澄錄》）

這一條談做工夫在動靜之間的不同做法的問題。學生問平時心中安定，沒有邪念，但有事時就有善惡諸念，這要如何改進呢？陽明回答，沒事時也要涵養，不是靜時就沒事，其實沒有靜時，任何時刻都要存養，存養良知，否則靜時亦易流於放逸邪辟，一旦要承擔責任，就沒了方向宗旨了。所以靜時也得用功，用克己工夫。之所以學生遇事便不同，就是因為他在靜時根本沒有存養，靜時盡做沒有意義的事情。所以，平時就要多做事，任何時刻，事上磨練，小事認真做，好事願意做。任何時刻都立得住。那麼平時也氣象森然，有事時也氣象森然，遇見大事，堅守良知，這樣一個人的氣象就出現了。

三、如何瞭解上達工夫？

學生問上達工夫該怎麼做？陽明言：

【24】問上達工夫。先生曰：「後儒教人，才涉精微，便謂上達未當學，且說下學；是分下學、上達爲二也。夫目可得見，耳可得聞，口可得言，心可得思者，皆下學也；目不可得見，耳不可得聞，口不可得言，心不可得思者，上達也。如木之栽培灌溉，是下學也；至於日夜之所息，條達暢茂，乃是上達；人安能預其力哉！故凡可用功、可告語者皆下學，上達只在下學裡。凡聖人所說，雖極精微，俱是下學。學者只從下學裡用功，自然上達去，不必別尋個上達的工夫。」（《門人陸澄錄》）

陽明首先批評後儒分下學、上達爲二，這是不對的，陽明認爲做工夫就是下學一事而已。其實依照陽明所說的後儒意旨，幾乎也就是他自己的意思，一切都是下學，下學自然上達，別無上達工夫。陽明只是把方法與目標一以貫之，而取消下學、上達的概念之分。實際上，上達概念並非不可講，孔子「七十而從心所欲不踰矩」就是上達，上達指工夫所達之境界，則工夫自然就在下學裡了。下學強調入手，上達強調目標，兩者皆可強調。工夫在下學，目標在上達。下學就是平常該做的事，以及臨時發生的該做的事，也就是眼前的一切事情都要認眞去做，這就是下學。陽明講可見可聞可言可思者皆下學，就是指可做之事。講不可見聞言思者是上達，就是結果，就是境界，所以栽培灌溉是下學，條達暢茂是上達，下學是工夫，上達是境界。境界不可預期必至，工夫可以著實用力，上達之境界只在下學之工夫裡，並非上達境界的概念不可講，只是工夫就在下學處而已。因此不必別去尋求上達工夫。

四、未發之中工夫如何做？

《中庸》講喜怒哀樂之未發，學生問這是什麼狀態？可否是做工夫時？參見：

【28】問：「寧靜存心時，可爲『未發之中』否？」先生曰：「今人存心，只定得氣。當其寧靜時，亦只是氣寧靜，不可以爲

『未發之中』。」曰：「未便是中，莫亦是求中功夫？」曰：「只要去人欲、存天理，方是功夫。靜時念念去人欲、存天理，動時念念去人欲、存天理，不管寧靜不寧靜。若靠那寧靜，不惟漸有喜靜厭動之弊，中間許多病痛，只是潛伏在，終不能絕去。遇事依舊滋長。以循理爲主，何嘗不寧靜：以寧靜爲主，未必能循理。」（《門人陸澄錄》）

這一條講怎麼做「未發工夫」？學生問，寧靜存心時是否爲「未發之中」？未發之中是源自《中庸》的概念，本來是指「喜怒哀樂之未發謂之中」，是未發的狀態謂之中，後來宋儒指出「未發之中」的概念，指爲性體，意涵深入本體論觀念。而陽明心學是工夫論進路，一切都以如何操作詮解之。就「未發之中」而言，依陽明的思路，所指即是持守良知，也就是要提起正念於做工夫的狀態才可以說是「未發之中」，「未發之中」依程頤之說即是性善本體，做工夫就是提起這個本體以爲意志的純化，依陽明就是提起良知做工夫。因此，陽明認爲學生的靜心，還是平時沒事、沒有善惡諸念的普通狀態而已，所以只是氣上的寧靜，尚非做了工夫的「未發之中」，陽明再解釋何爲工夫？就是時刻念頭上存著「去人欲，存天理」的念頭，然後去做，也就是要做對的事情，利人利己之事，不可以做損人利己滿足私欲的事情，不管自己正在做什麼，是有事還是平時無事，如果不是在心上用功，而是只要求自己心靜，這就會導致逃避責任，不肯承擔，喜靜厭動，這樣不但對社會無用，而且自己個性中過去許多毛病還是存在，例如懶惰、見不得人好、好議論別人是非等等，一旦事情來了，這些毛病就會跑出來。所以，要作一個儒者，就要時時做工夫，大小事情都首先存有良知利他之心，自然毛病一來就察覺，當下就克服，這就是時時去人欲、存天理，這就是以循理爲主。天理永恆，不變不動，持守即是。人時時在動容周旋，天理即在人心，無一時停息。人就是要做事，依理而行，是唯一方法。不是要刻意去求靜，求靜只是氣靜，不是理靜。以循理爲主，心自不亂而靜。以寧靜爲主，只是不動，未必合於天理。

五、如何能讓知識長進？

學生問知識不長進該如何？參見：

【30】問：「知識不長進，如何？」先生曰：「爲學須有本原，須從本原上用力，漸漸盈科而進。仙家說嬰兒，亦善譬。嬰兒在母腹時，只是純氣，有何知識；出胎後，方始能啼，既而後能笑，又既而後能認識其父母兄弟，又既而後能立、能行、能持、能負，卒乃天下之事無不可能；皆是精氣日足，則筋力日強，聰明日開，不是出胎日便講求推尋得來。故須有個本原。聖人道『位天地、育萬物』也只從『喜怒哀樂未發之中』上養來。後儒不明格物之說，見聖人無不知、無不能，便欲於初下手時講求得盡，豈有此理！」又曰，「立志用功如種樹然，方其根芽，猶未有幹，及其有幹，尚未有枝，枝而後葉，葉而後花實。初種根時，只管栽培灌漑，勿作枝想，勿作葉想，勿作花想，勿作實想——懸想何益？但不忘栽培之功，怕沒有枝葉花實！」（《門人陸澄錄》）

這一條討論知識增長的問題，首先，就儒家而言，何謂知識長進？答案就是服務社會的知識能力的長進，但人們爲何要服務社會呢？因爲這是人們的理想，背後是對人生意義的瞭解。既然要成長知識，那首先就必須要立志，立志了才能成爲對社會有用的知識份子，立志才會想做事，一個人若不想爲社會服務，他就不會想要長進，要長進，就要去講、去寫、去做，才能成爲一個對社會有用的人。爲學日益，必然增加，但不在心上用功，不在事上磨練，不在日用之間管束收斂意志，則無用。

陽明的回答，知識長進就要在本源上用力，盈科而進。講仙家善譬，是說仙家講培養自己的元神陽神，練養精神，就像養嬰兒一樣，一步一步成長出來的，不是一蹴而就的，而是不忘栽培而已。此處涉及格物致知之辨，陽明認爲後儒見聖人無不知無不曉，便想從知識上求索，使事物之表裡精粗無不到，這就是說得朱熹的方法。而陽明認

為的方法，就是立志，在眼前的事情上去人欲存天理，就日日長進了，並不需要預想結果。此處，還是有語意上的誤解。朱熹依《大學》講知識的求知，知後誠意正心，當下好好做事，老實做事，進而修齊治平，所謂的格物致知窮理，就是針對治國平天下要做的事情去求知。《大學》是大人之學，不是童蒙之學，治國平天下是要有具體事務之知的，因此表裡精粗要講究。陽明想的是一個人能夠承擔社會責任的能力的養成，就是自己立志用功，該求知時自然會去求知，而不是志不立卻一味求知。陽明這是對朱熹的誤解，當然時人確有此病，但卻不是朱熹的理論有這樣的主張。

六、看書要在心體上用功

學生問，看書不瞭解時怎麼辦？參見：

【31】問：「看書不能明，如何？」先生曰：「此只是在文義上穿求，故不明。如此，又不如爲舊時學問。他到看得多，解得去。只是他爲學雖極解得明曉，亦終身無得；須於心體上用功。凡明不得、行不去，須反在自心上體當，即可通。蓋四書、五經不過說這心體，這心體即所謂道，心體明即是道明，更無二。此是爲學頭腦處。」（《門人陸澄錄》）

這一條談看書如何能夠明白的問題。對王陽明而言，讀書就是爲做事，爲做聖人之事，所以讀書是要瞭解道理，然後立志爲社會服務的事業。一般人讀書，只求知識，沒有想要去服務社會國家，沒有想要去思考古人經典裡面的價值觀念，所以只是讀書求文義，所以沒有掌握到價值觀念，這樣不如不必讀新的經典，唯讀過去讀過的，至少知識上還可以增進累積。只是這樣的讀書還是不對，因爲他沒有把書上的道理應用在自己的生命中，所以終身無得。若是看書，看看而已，知識性的學問亦要有經驗才領會得，德性上的智慧更要實踐中才體悟得。讀書要深入義理，入心才是實踐，所以陽明說書上讀到的東西，如果不明白，就是不明白怎麼做，就是行不去，因此要反思自己

有沒有做到？該如何做？如何改進自己做事情的態度？凡事反思動機即是，凡書上所言，每句話詢問為什麼。這樣書本上的道理就能瞭解了。由此可見，陽明讀書，都是在讀價值觀念、人生的意義、生命的目的這些觀念。所以說四書五經就是說心體，心體就是性善的本能，就是天理，就是道，道是天地運行的意義，也就成為人生追求的目的，因此心體即是道體，心理上明白了書上的道理，知道了自己該怎麼運用它，就是道明了。說這是為學頭腦處，就是在說讀書的目的，也是在說書上的道理就是要為社會服務的。

七、工夫就在人情事變裡

陸象山講要在人情事變上做工夫，學生問這樣對不對？

【37】澄嘗問象山在人情事變上做工夫之說。先生曰：「除了人情事變，則無事矣。喜、怒、哀、樂，非人情乎？自視、聽、言、動以至富貴、貧賤、患難、死生，皆事變也。事變亦只在人情裡，其要只在『致中和』，『致中和』只在『謹獨』。」（《門人陸澄錄》）

這一條談人情事變的工夫該怎麼做的問題。陽明儒學以工夫論為主，所以完全肯定此說。人情事變就是要尋思怎麼待人、怎麼做事。事變中關鍵是人情，人情中關鍵是是非，是非中關鍵是良知要提起，眼前事當下事，日常生活小節處，時間的分配，言語的出入，情緒的控管，自身的處境，都是良知去主導的。此處使用《中庸》的「致中和」，就是喜怒哀樂的情緒控管好，待人處事的厚薄輕重考慮好，發而皆中節，關鍵就是自己的心態要持守住，所以要謹獨。讀書的目的就是去做事，做事就是做工夫，就是在待人處事上用良知守住。陽明之學盡在此處。

八、兒病危時正是做工夫之時

做工夫就是在人生任何處境中都要保持有價值目標的生活態度，這一條，講子女病危時，也是做工夫的時節，怎麼做呢？

【44】澄在鴻臚寺倉居，忽家信至，言兒病危，澄心甚憂悶，不能堪。先生曰：「此時正宜用功，若此時放過，閒時講學何用？人正要在此等時磨煉。父之愛子，自是至情，然天理亦自有個中和處，過即是私意。人於此處多認做天理當憂，則一向憂苦，不知已是『有所憂患不得其正』。大抵七情所感，多只是過，少不及者。才過，便非心之本體，必須調停適中始得。就如父母之喪，人子豈不欲一哭便死，方快於心；然卻曰『毀不滅性』，非聖人強制之也，天理本體自有分限，不可過也。人但要識得心體，自然增減分毫不得。」（《門人陸澄錄》）

這一條談做工夫的特殊時節。學生接獲家書，自己的兒子病危，十分憂慮，不堪忍受。王陽明告誡他，人情激變處，正是做工夫的時候，意思是說，碰到個人的私事，不論任何劇變的降臨，都要把情緒調理好，還要同時處理好眼前公家的事情，這就是工夫。這時候放逸了，平常的讀書就是沒有得力了。父母子女的親情，就是人間的摯愛，一旦碰到父母子女病危，甚至死亡，就是人生的大痛，痛是必然，當痛即痛，但有所謂過痛，就是《大學》講的「有所憂患不得其正」，人們的任何情緒都要觀察好、控管好，因為此時正是用功時。因此，不論如何傷痛，「毀不滅性」，就是不能痛到傷身，這也是天理的分限，不可過度了。為什麼要持守住而不過度呢？因為要留待有用的身體，為社會所用。如果一任傷痛，忘卻己身，則是忘卻了還有其他的家人，也忘卻了天下人，這樣就有過失了，這就是儒者的精神，愛父母子女，愛所有的家人，愛天下人。人們時常因為傷痛的事情，就丟掉了價值觀，胡亂行事，看到這一條，真要好好警惕，傷痛仍不是心亂的理由。

九、立志就是長善念

學生問立志要如何立？就是要爲善去惡嗎？

【53】唐詡問：「立志是常存個善念，要爲善去惡否？」曰：
「善念存時，即是天理。此念即善，更思何善？此念非惡，更去
何惡？此念如樹之根芽，立志者，長立此善念而已。『從心所欲
不踰矩』只是志到熟處。」（《門人陸澄錄》）

這個問題的意思是，一旦立志，就要去找自己的惡去去除，找自
己的善去執行，是這樣嗎？陽明的回答當然是肯定的，但他的說法的
重點則是在操作方法上告知要領。眞的立志了，就只有善念了，沒有
惡念，因此只要眼前的一念去擴充，面對眼前事情好好去做，就不需
要額外去爲善去惡了，刻意自責或刻意求善行都是不必要的，反而是
做作。人心的狀態，在沒有立志時，都是有善有惡的，惡就是貪欲過
度，甚至損人。陽明的法子就是立志，只要去想該做的善事就好了。
一棵樹要長大，就是一直長了，沒有要停下來的意思，只是隨著環境
向陽向光的方向生長而已，根扎實了，就一路長大。人一旦立志，就
是去做工夫、去做事、去成長，不必管自己的程度，不必管外在的形
象，不必管別人的觀感，否則就要去刻意爲善去惡了。刻意的就都是
做給人家看的，不是自己實踐的事情。

十、道無精粗依人善觀

這一條談道之精粗如何講求。

【63】問道之精粗。先生曰：「道無精粗，人之所見有精粗；
如這一間房，人初進來，只見一個大規模如此，處久，便柱壁之
類，一一看得明白，再久，如柱上有些文藻，細細都看出來，然
只是一間房。」（《門人陸澄錄》）

學生問道之精粗怎麼查察，也就是在問求道者應如何把道做到精
細而不粗糙？道是天道，人守天道就是做天道在做的事情，天道要人

正德利用厚生，人之求道，就是把人事的這一部分做好。天道生生不息，人道就是一個單純的善念，天道無精粗，但是人道功力有精粗，如何能夠在人道這裡做到精細而不粗糙？就是要多做事，看人看事才能看得透。什麼場合、怎麼說話，自己可以一看就明白，如此處置就能得當。把身邊的事情多想幾遍，孔子說的「默而識之」，這就是練武功，人的功力需練得愈精愈好，精粗之別就像是辦活動時的規劃，考慮的表裡精粗，陽明以進屋做比喻，初時就是一間屋子，待久細查就知道屋裡的一切形象狀貌，辦活動做事情亦然，就是要有心，要用心，事情的細節顧好，《菜根譚》說：「要縝密不要瑣屑。」縝密就是真正用心，瑣屑就只是在小事情上表演。結論，道就是道，沒有精粗，只是人的功力有淺深之別而已。

十一、心要做主不要離位

這一條談心逐物時如何做工夫。

【70】問：「心要逐物，如何則可？」先生曰：「人君端拱清穆，六卿分職，天下乃治；心統五官，亦要如此。今眼要視時，心便逐在色上，耳要聽時，心便逐在聲上；如人君要選官時，便自去坐在吏部，要調軍時，便自去坐在兵部，如此，豈惟失卻君體，六卿亦皆不得其職。」（《門人陸澄錄》）

學生問，心逐物時該如何？所謂心逐物，就是隨著感官欲望關注享樂之事。陽明以比喻來回答，國君指揮六卿，就是心指揮五官，心莫要隨五官欲望而逐流，就像人君修養自己，拔擢清官，然後讓他們做事，自己不必干預。而君子修養自己，只管價值意識，是非對錯，不隨五官欲望去走，就是不逐物，逐物就是感官欲望隨外界牽引而去了。此處的比喻，需要疏解一下。孔子說，子帥以正，孰敢不正。君令正，然後百官自去做事情了，依照國家的政策方針照顧百姓去了。但是心與五官的關係呢？心處理價值方向，做事時也是依五官的外用而做事的，但所做之事是心在指揮的，心的指揮就是人生的方向，服

務社會的事情，不是自己滿足私欲的事情，這是心的功能。逐物是五官不隨心的價值指令，自求感官欲望而去了。結果是心也隨著去了，所以心要隨時做工夫，時時提起，不使逐物。

十二、 閑思雜慮一概去除

這一條談閑思雜慮是私欲嗎？也要像對待好色好利好名一樣地去除嗎？

【72】澄曰：「好色、好利、好名等心，固是私欲，如閑思雜慮，如何亦謂之私欲？」先生曰：「畢竟從好色、好利、好名等根上起，自尋其根便見。如汝心中決知是無有做劫盜的思慮，何也？以汝元無是心也。汝若於貨、色、名、利等心，一切皆如不做劫盜之心一般，都消滅了，光光只是心之本體，看有甚閑思慮？此便是寂然不動，便是『未發之中』，便是廓然大公；自然感而遂通，自然發而中節，自然物來順應。」（《門人陸澄錄》）

學生問私欲是指什麼？學生明白好色好利好名確實是私欲，但是閑思雜慮，不過就是不精神，如何可以謂之私欲呢？顯然，王陽明教育學生，就是要求不可以有閑思雜慮的。爲什麼？因爲王陽明的心學工夫是時時刻刻提起良知的，良知放逸，就會有閑思雜慮，而其根源，就是從貨色名利之心中跑出來的，因此平常胡思亂想也不行。平常就是一個正念頭，就只想著學習與服務的事情了，這些事情忙不完了，根本沒有時間閑思慮。一個人不忙了，沒正事幹了，就要閑思雜慮了，盡想些八卦之事，想些欲望逸樂之事。這就是工夫走掉了。陽明心學，就是提起良知時時刻刻，因此沒有心思走作的時候，既不走作，何來閑思雜慮？既守在良知上，就是感而遂通、發而中節，任何事情都有定主了。因此做了心學工夫的人，學生問的閑思雜慮根本不會發生，因爲根本沒有時間。

十三、持志如心痛

這一條問持志如心痛的工夫該怎麼做。

【95】侃問：「持志如心痛，一心在痛上，安有工夫說閒話，他管閒事！」先生曰：「初學工夫如此用亦好；但要使知『出入無時，莫知其鄉』。心之神明原是如此，工夫方有著落；若只死死守著，恐於工夫上又發病。」（《門人薛侃錄》）

學生掌握提起良知、一心持守的工夫，認為持志如心痛，既是心痛，何有閒工夫做閒事？因此只要把握持志，一切工夫都到位了。陽明肯定此說，但又上提一層。一心是對的，但也不是固執一心，而是讓它自由出入，因為就是在應變中呈顯此心。死守著就不輕鬆了，反而受病受累，只要把心態護好，隨事應對而發就好。「死死守著」的意思是念念持志，導致過度矜持，甚至色厲內荏，這就又是發病了。例如容易指責別人，容易顯露驕矜，喜歡刻意為善。持志就是念頭提起就去做事，一旦走做隨時覺察，而不是時時刻刻想著自己在持志，而是要時時刻刻去做良知上知道是對的事情。

十四、涵養之志須切實

這一條談專涵養而不務講求時會有什麼問題。

【96】侃問：「專涵養而不務講求，將認欲作理，則如之何？」先生曰：「人須是知學；講求亦只是涵養，不講求只是涵養之志不切。」曰：「何謂知學？」曰：「且道為何而學？學個甚？」曰：「嘗聞先生教，學是學存天理；心之本體即是天理，體認天理，只要自心地無私意。」曰：「如此則只須克去私意便是，又愁甚理欲不明？」曰：「正恐這些私意認不真。」曰：「總是志未切；志切，目視、耳聽皆在此，安有認不真的道理！是非之心，人皆有之，不假外求；講求亦只是體當自心所見，不成去心外別有個見？」（《門人薛侃錄》）

學生問「專涵養而不務講求」的毛病，是認欲作理，如何改進？學生爲什麼說是認欲作理呢？因爲他務涵養，所以不犯錯，但他專務涵養，不務講求，也就是他不奮進，他爲保名節而務涵養，但他沒有承擔之志，不肯費力辛勞服務社會主動承擔。專涵養是躲藏在收斂中不思奮進，其實就是沒有立志，立志就要無事涵養、有事省察，隨時準備好要做事，每天每時每刻都在做事，做事的時候心中不起波瀾，這樣可以謂之涵養，而不是不做事卻刻意去涵養，結果遇事退縮畏難，這樣就不是承擔天下的儒者本色了。所以說是認欲作理，讓那個懶惰畏難的私欲主宰了自己，還藉由務涵養以爲口實。

陽明的回答是眞正的涵養是涵養天理，要立志，講求也是講求立志，涵養也是涵養立志，所以陽明說要知學，知學就是講求，講求就是要求做事情時更加眞切落實，涵養之志切，就會把事情認眞做好，認眞做好事情時一定要講求，若是以爲不爲惡就是涵養，而不去精益求精，講求績效，就是懶惰了，等於涵養之志不切了。

學生又問何謂知學？陽明要學生自己點出爲學的宗旨？學生以陽明之所教來回答，就是存天理，無私欲。陽明就教之以如何「知學」之方。答案是克除私欲。每個人的良知必然是知道何爲善惡、何爲私欲的，因爲天理本具於人心，心之本體就是天理。學生擔心只靠自己的良知還是不能分辨是理是欲？陽明的回答還是立志，關鍵就是良知本具，只要自己不欺瞞自己，是非都是清楚的，自己願意克私欲，那就只剩良知發用了，豈能不分是理是欲。

人的良知必然是知道自己的私意之眞僞的，這就是性善論的理論效力，這就是高看每一個人，是非善惡不是不知，只是欲望習氣遮蔽而已，這就是沒有立志，所以陽明心學的特點就是要求時時提起良知，一旦眞立志了，時時都在良知狀態裡了。

十五、爲學不礙養親

這一條談爲養親而業舉是否正確。

【103】或問爲學以親故，不免業舉之累。先生曰：「以親之故而業舉爲累於學，則治田以養其親者，亦有累於學乎？先正云：『惟患奪志』，但恐爲學之志不眞切耳。」（《門人薛侃錄》）

學生問：爲了孝養雙親而必須求做官，但是這就妨礙了我的聖人之學了，但這也是沒辦法的事情。這個問題的意思是，陽明講學習就是學做聖人，但一般人爲了孝養雙親必須去做官以有俸祿，而做官可能就妨礙了聖學了。這個問題問得很不好，內心很矯柔造作，可以說是問了一個惡心的問題。所以，問問題要小心，你的話題、你的問題就是你的欲望。顯然學生欲望在做官，爲做官找理由，理由是爲了孝養雙親。一旦做官，就得保官位，又妨礙了聖學，等於是爲了孝養雙親就妨礙了聖學。

陽明的回答，聖人之學不關乎做什麼事業，只關乎立志，立志成長自己，爲社會服務。否則，人人都要孝養雙親，有人孝養雙親必須種田，那麼種田也妨礙了聖學嗎？所以說只是爲學之志不眞切而已。其實作爲王陽明的學生，不管你問什麼問題，老師都知道你在想什麼，你的心裡其實就只是想做官，卻拿孝順父母作爲想做官的藉口，故意合理化了求官的行爲，還要爲不能做聖功找藉口。王陽明也做官，他並沒有妨礙聖學，聖學在各行各業都可以做的，「成色分兩」說就是在講聖人人人可爲，農夫百工可爲聖人，爲官豈不可爲？爲官更需要爲聖人之學，豈能累了聖學？孔子講話都是爲了講給弟子如何做官聽的，聖學只是一個服務利他的志向，立志是自己立志，是要去做的，而做什麼事情都只有一個目的，沒有兩個目的，利他而行，就是聖學。角色不論，士農工商，都可以爲聖人之學。

十六、忙時仍要從容自在

這一條談忙的時候該如何做工夫。

【104】崇一問：「尋常意思多忙，有事固忙，無事亦忙，何也？」先生曰：「天地氣機，元無一息之停，然有個主宰，故不

先不後，不急不緩，雖千變萬化，而主宰常定，人得此而生。若主宰定時，與天運一般不息，雖酬酢萬變，常是從容自在，所謂『天君泰然，百體從令』。若無主宰，便只是這氣奔放，如何不忙！」（《門人薛侃錄》）

學生問，自己平時都很忙，有正事時候忙，沒有正事的時候也有很多雜事在忙，為什麼會有這麼多的雜事在忙呢？王陽明的回答，從天地之氣機上說，天地日夜都在運行，現象世界的一切變化都有天道在主宰著，包括人類生命、社會事務的發生與進行，所以人就是要學這個天道的永不止息的運行，無論環境如何，就是自然應對，從容自在。王陽明的意思就是，人一旦立志，就沒有無事時忙的時候，因為任何時刻都有正事在，不是服務就是學習。一般人無事時是什麼狀態呢？就是在沒有正事、大事、服務社會的事的時候，但為什麼忙呢？因為就在聚眾喧嘩、喝酒傷身、搜集玩好、打牌嬉戲，就是孔子說的「群居終日，言不及義，好行小慧」的時候，這些事也是會很忙的，但一點意義也沒有。人就是要做事的，有事做就是有服務學習的事情在做，立志的人，他的人生只能更忙，但忙得有主題，且應接不暇，即便不是正在服務，也是正在準備服務，或是安排服務的環境條件，因此不必說是無事之忙，依然是有事之忙，是有有意義的事情的忙。如果沒有立志，整天盡做瑣事，「便只是這氣奔放」，就是依照生命本能地活著，那麼耳目口鼻感官之欲望奔流，那也就很忙了。

十七、務實不務名

這一條談好名之病如何改正？

【105】先生曰：「為學大病在好名。」侃曰：「從前歲自謂此病已輕，比來精察，乃知全未。豈必務外為人，只聞譽而喜，聞毀而悶，即是此病發來。」曰：「最是。名與實對，務實之心重一分，則務名之心輕一分；全是務實之心，即全無務名之心；若務實之心如饑之求食，渴之求飲，安得更有工夫好名？」又曰：

「『疾沒世而名不稱』，稱字去聲讀，亦『聲聞過情，君子恥之』之意。實不稱名，生猶可補，沒則無及矣。『四十五十而無聞』，是不聞道，非無聲聞也。孔子云，『是聞也，非達也。』安肯以此望人。」（《門人薛侃錄》）

王陽明講知識份子的大病在於好名，學生說自己確實有此病，聞譽而喜，聞毀而悶，就是在乎名聲的情緒反應。王陽明告知，要務實，務實就不務名了，務名就是爲人之學，做給人家看的，務實就是爲己之學，自己做給自己的。一心務實做事，就不會虛僞表演，就不會在意他人的稱譽，只是認眞做事。王陽明又討論了《論語》中的相關文句，主張「四十、五十而無聞」，是無聞道，無聞道可以矣夫，而不是無名聲在外，只求名聲是「聲聞過於其情」，孔子要追求的是「達」，不是追求「聞」。筆者以爲，孔子確實求達不求聞，但「四十、五十而無聞」之聞，可以就是他人給予的名聲，而不必就是自己的聞道，因爲他人給予的名聲是基於自己的聞道求道行道而得到的，是行道之聲聞，故有聞。此聞是有求道之行之名聲，這樣解讀比較簡單，符合文氣，也不失宗旨。

關於好名，可以再深入談一些。好名就是好勝，好勝就是愛己甚於愛人，人心要大，大就能愛人，人心小了，就只愛自己，這時候就好名了。務實就是服務，就是心大。如果只想要出名，這不是務實，也不是達，這是無達之聞，四十五十要務實、要達，那就不務名、不好名，這才是實至名歸。務實會不會有名呢？會的，務實者必有實效，實效則是社會眾人共蒙其利，自然稱譽，且是實至名歸。

十八、心不可以動靜體用分

這一條問體用、動靜工夫該如何做。

【108】侃問：「先儒以心之靜爲體，心之動爲用，如何？」先生曰：「心不可以動、靜爲體、用。動、靜，時也。即體而言，用在體；即用而言，體在用，是謂體、用一源。若說靜可以見其

體，動可以見其用，卻不妨。」（《門人薛侃錄》）

學生問，先儒以心靜爲體，以心動爲用，這樣工夫怎麼做？就體用動靜之分而言，王陽明並不認同這樣的用法。一旦論及體用，就是價值意識的提起發用，而動靜，只是所遇之機。體是價值意識，用是實踐這個價值，這就是做工夫，做工夫講體用，即體即用，即用即體。用是用那個體的價值來主導，體是要發揮落實到那個用上的，所以陽明主「體用一源」，說靜見體動見用是可以的，但只是方便說法，不要硬分。至於動靜，只是環境的狀態，所以王陽明不討論動靜，做工夫時沒有動靜之分，只有平時、臨事時的區別，重點在體用，把體把握好，用就如理合體了，做工夫只講體用，不講動靜。

十九、不可貴目賤心

這一條談身體有疾時該如何做工夫。

【123】有一學者病目，戚戚甚憂。先生曰：「爾乃貴目賤心！」（《門人薛侃錄》）

學生有眼疾，一直煩惱，鬧得大家都知道了。王陽明指責他，「貴目賤心」，是說眼睛難道比心性重要嗎？煩惱個什麼呢？不是不可病目，當然要照顧好眼疾，而是不必要拿出來講，不必整天掛心這件事，憂心於此。人要憂慮的是心、是念頭，是立志的服務學習事業。身體的狀態知道就好，顧好就好，否則什麼事情都可以拿來煩人了。這位學生老在講這件事情，老師就知道他沒有用心在服務學習之事上了。

二十、立志就是無間斷

這一條談離群索居之人如何日用工夫。

【144】來書云：日用工夫只是「立志」，近來於先生誨言時時

體驗，愈益明白。然於朋友不能一時相離。若得朋友講習，則此志才精健闊大，才有生意；若三五日不得朋友相講，便覺微弱，遇事便會困，亦時會忘。乃今無朋友相講之日，還只靜坐，或看書，或遊衍經行，凡寓目、措身，悉取以培養此志，頗覺意思和適，然終不如朋友講聚，精神流動，生意更多也。離群索居之人，當更有何法以處之？（《答周道通書》）

學生問立志工夫？瞭解到自學不如與朋友共講學時的效果較大，精神好，想法多，因此問說如果只是一人獨居時，沒有朋友可以講學立志之時，該如何做工夫？王陽明的回答如下：

此段足驗道通日用工夫所得，工夫大略亦只是如此用，只要無間斷，到得純熟後，意思又自不同矣。大抵吾人為學，緊要大頭腦，只是「立志」。所謂「困、忘」之病，亦只是志欠真切。今好色之人，未嘗病於困忘，只是一真切耳。自家痛癢，自家須會知得，自家須會搔摩得；既自知得痛癢，自家須不能不搔摩得。佛家謂之「方便法門」，須是自家調停斟酌，他人總難與力，亦更無別法可設也。

王陽明首先肯定學生的工夫確實有用心做，要求就這樣持續下去就對了。至於朋友有無的問題，人真立志後，有無朋友都是一樣，需要朋友才能振發的人，還需要別人意氣相挺，這表示他自己立志尚不真切，工夫的根本是要靠自己，不是靠朋友。朋友講求也只是講，關鍵是自己要去做。關鍵永遠是自己的實踐，不是和別人的交流。

二十一、至誠無息便無寧靜時

這一條談下手工夫在何處的問題。

【151】來書云：下手工夫，覺此心無時寧靜，妄心固動也，照心亦動也；心既恒動（照心），則無刻暫停也。（陸原靜問）（《答陸原靜書》）

學生問平日下手工夫，發現自己任何時刻心都在動，妄心也動，

警覺的照心也動，一旦清醒時，無一刻不動。既然時時在動，這樣如何下手做工夫呢？

> 是有意於求寧靜，是以愈不寧靜耳。夫妄心則動也，照心非動也。恒照（照心）則恒動恒靜，天地之所以恒久而不已也。照心固照也，妄心亦照也。其爲物不貳，則其生物不息，有刻暫停，則息矣，非至誠無息之學矣。

陽明告誡學生，人心一動，有善有惡，有妄心有照心。「夫妄心則動也，照心非動也。」是說當妄心亂動時，照心它是既作用而不妄動的。照心是正心是本心，知善知惡之良知，永恆存在，不動，不亂動，不改變，同時也永恆發用，時時在動。所以做工夫的關鍵在提起照心就好了，讓它作主。至於妄心，也會被看管住。這就是「照心固照也，妄心亦照也」。天地之恒久就是如此，爲物不貳，持續不間斷，沒有一刻停息，否則就不是天地至誠無息之道了。所以，人的工夫要用在照心提起，不必要刻意求靜，刻意求靜，就是用力在關照妄念雜想。然而一個人提起良知，照心作用，人就時時刻刻忙碌在服務學習的事情上頭了，就算有妄心跑出來，也會被照心看管住，所以不必花時間去處理妄心求靜。其實，下手工夫還是立志，問再多問題也沒有用。歲月年長，人與人之間境界差距就拉大了。

二十二、良知作用永恆

這一條講良知有起處，這要如何理解？

【152】來書云：良知亦有起處，云云。（陸原靜問）（《答陸原靜書》）

學生提到「良知亦有起處」，對於這個說法，陽明深入回答：

> 此或聽之未審。良知者，心之本體，即前所謂恒照者也。心之本體，無起無不起。雖妄念之發，而良知未嘗不在，但人不知存，則有時而或放耳；雖昏塞之極，而良知未嘗不明，但人不知察，則有時而或蔽耳。雖有時而或放，其體實未嘗不在也，存之而已

耳；雖有時而或蔽，其體實未嘗不明也，察之而已耳。若謂良知亦有起處，則是有時而不在也，非其本體之謂矣。

良知是陽明最重要的概念，但是有多種角度以說之。講存在，則良知恆在，講工夫，還是要講良知提起。陽明現在講的是存在的問題，所以說，良知是本體，這個本體，是永恆存在的，且時刻作用的。就算妄念心起時，良知還是存在並知曉的，只是人們有沒有讓良知作爲主導而已，有時放失了，就是沒有使用它去作用，但它還是在的。所以陽明主張不能說良知有起處，這樣好像是說它有時存在有時不存在，作爲心之本體，它是永恆存在，這才是人必可成爲聖賢的保證。所以，就是用它主導自己的一切就對了。

良知就是心中的天理，理是靜的，不動。不動意思就是它的價值意識永恆不變，這是存有論形上學進路的講法。但即理之心是要動的，無時不動，只是你讓不讓它主導而已，這是工夫論的講法。氣稟之私也是在的，這是存有論進路地說，所以要用變化氣質的工夫，這是工夫論地講，此處陽明就說，實際上也就是時刻照管就好，不用刻意去除惡，你若不在爲惡的狀態，又如何除惡呢？所以只要心在就好。

二十三、精一之方即作聖之功

這一條談如何理解精一之論與作聖之功的關係。

【153】來書云：前日精一之論，即作聖之功否？

「精一」之「精」以理言，「精神」之「精」以氣言。理者，氣之條理；氣者，理之運用。無條理則不能運用；無運用則亦無以見其所謂條理者矣。精則精，精則明，精則一，精則神，精則誠；一則精，一則明，一則神，一則誠，原非有二事也。但後世儒者之說與養生之說各滯於一偏，是以不相爲用。前日「精一」之論，雖爲原靜愛養精神而發，然而作聖之功，實亦不外是矣。

（《答陸原靜書》）

學生問，先生談的精一之論就是聖學工夫否？陽明則藉精一、精神概念談理氣概念的使用，以及還原精一之方即是作聖之功的意旨。談精一，就理說，指其純粹至善者。談精神就氣說，指其存在狀態者。接下來此處所談的理氣關係實則都同於朱熹，說「理者，氣之條理；氣者，理之運用。無條理則不能運用；無運用則亦無以見其所謂條理者矣。」陽明是要強調理要在氣之用中見出。談「精」則精、則明、則一、則神、則誠者，是講把這個純粹至善的良知之理，提起運用，談「一」則精明神誠，意思一樣，「精一」就是指天理良知的純粹至善之精之一，精之一之就是提起良知去主導行為。所以陽明講的「精一」，跟提起良知天理發用就是一個意思。學生把「精一」和「精神」混淆了，「精一」不是只是愛養精神，而是打起精神以良知主導。本文是在做概念澄清，存有論哲學的進路，預設了朱熹的理氣論。「精一」談理，不是「精神」談氣，「精一」是本體工夫，不要講成練氣功就好了。所以談愛養精神可以，但愛養精神就是為了做聖之功，做聖之功就是生活整齊嚴肅，遇事主動承擔，努力做好它，這就是「精一」之旨。

二十四、理概念的本體與工夫

這一條談周子講主靜，程子講動靜之定，陽明講定為心體，則此諸說與理之動靜如何理解？

【156】來書云：周子曰「主靜」，程子曰「動亦定，靜亦定」，先生曰「定者心之本體」。是靜定也，決非不睹不聞、無思無為之謂，必常知常存，常主於理之謂也。夫常知常存，常主於理，明是動也，已發也，何以謂之靜？何以謂之本體？豈是靜定也，又有以貫乎心之動靜者邪？（《答陸原靜書》）

學生對於動靜本體等概念有所混淆，究竟主於理時是靜是動？究竟老師講的定是靜是動？陽明回答：

理無動者也。常知常存、常主於理，即不睹不聞、無思無為之謂

也。不睹不聞、無思無爲，非槁木死灰之謂也；睹聞思爲一於理，而未嘗有所睹聞思爲，即是動而未嘗動也。所謂「動亦定，靜亦定」，體用一原者也。

理是天理，仁義禮知，天道的價值意識是永恆不變的，這是本體論意旨。常知常存常主於理，不睹不聞無思無爲，這是講主體的工夫了。講本體，是靜，不動不變。講工夫，是動，動靜一原，體用無間。一旦講工夫，動亦定靜亦定。至於周子之靜，即是人心主於理，靜而不動，就是在講工夫。立人極就是去做一切該做的事情，使自己成聖賢。理就價值意識而言，不動。就做工夫而言，人心動，依理而動。所謂良知提起，是酬酢應變上的動，其價值貞定，亦永恆不動。

哲學討論，要分明問題，存有論形上學是一種問題，價值意識的本體論是一種問題，主體實踐的工夫論是一種問題，問題不同自然主張的觀點就不一樣了。若只死守一個理概念，又不區分是在問哪個問題，這樣永遠不會有正確清楚的答案。

二十五、在事功上清心寡欲才是作聖之功

這一條談清心寡欲是否爲作聖之功。

【161】來書云：養生以清心寡欲爲要。

學生談到「養生以清心寡欲爲要」，陽明則深入講解，指出清心寡欲正是作聖之功，但只講養生就流入私欲了。以下陽明的回答，屬於工夫理論的範疇了，正是陽明直接做工夫的精華要旨，關鍵就在直接提起以擴之，而不是尋找毛病以簡之，多做事，事上磨練就是工夫，若不做事，只求清心寡欲之養生，則是自私之弊端。陽明言：

夫清心寡欲，作聖之功畢矣。然欲寡則心自清，清心非捨棄人事而獨居求靜之謂也；蓋欲使此心純乎天理，而無一毫人欲之私耳。今欲爲此之功，而隨人欲生而克之，則病根常在，未免滅於東而生於西。若欲刊剝洗蕩於眾欲未萌之先，則又無所用其力，徒使此心之不清。且欲未萌而搜剔以求去之，是猶引犬上堂而逐

之也，愈不可矣。必欲此心純乎天理，而無一毫人欲之私，此作聖之功也。必欲此心純乎天理，而無一毫人欲之私，非防於未萌之先而克於方萌之際不能也。防於未萌之先而克於方萌之際，此正《中庸》「戒慎恐懼」、《大學》「致知格物」之功；捨此之外，無別功矣。夫謂滅於東而生於西，引犬上堂而逐之者，是自私自利，將迎意必之爲累，而非克治洗蕩之爲患也。今曰「養生以清心寡欲爲要」，只「養生」二字，便是自私自利、將迎意必之根。有此病根潛伏於中，宜其有滅於東而生於西、引犬上堂而逐之之患也。（《答陸原靜書》）

作聖之功，就在事上磨練，就在事功之中清心寡欲，做到清心寡欲，則作聖之功畢矣。就是使此心無一毫私欲遮蔽，就是防於未萌之先，而克於方萌之際，這就是《中庸》慎獨、誠意之旨，也是陽明解讀下的《大學》格物致知之旨。如若不然，隨人欲生，生後再去克制，則是忙不完的活。若是想在未發生之前就去去除它，則根本沒有入手之處，因爲它尚未出現。所以，首出者就是作聖，作聖就是慎獨格致之功，就在服務學習的事業中時刻提起良知勘照主宰。而不是另去作除欲養生清心寡欲的工夫。陽明直接說，這就是私欲跑出來了。陽明覺得此子只好省事，不好任事。養生是爲己之私的概念，養心才是陽明要說的。養生之清心寡欲是激蕩欲望然後去處置，陽明養心是自己有主，臨事而爲。因此陽明不贊成養生之說。養生就是只去人欲，沒有存天理，沒有找到理想，只想靜，這個欲望來了放一下，清心寡欲，其實各種欲望還是藏著，所以說滅於東生於西。做工夫的關鍵在於有主，戒懼格致才是有主。這個工夫都是用在做事情上頭的，一心想著天下事，在做事時未發涵養已發察識，而不是自己的養生之事，以自己的養生爲事，不論多麼地清心寡欲，這本身就是一個私欲，以天下人天下事的事功爲事，時刻正念頭，就是清心寡欲，就是作聖之功。

二十六、氣質能夠明得盡

這一條談人的氣質是否有可能把渣滓都化除掉。

【164】來書云：質美者明得盡，渣滓便渾化。如何謂明得盡？如何而能便渾化？（《答陸原靜書》）

學生問，對於本性善良的人，如何發揮善良的本性，讓缺點完全消除呢？陽明回答：

良知本來自明。氣質不美者，渣滓多，障蔽厚，不易開明；質美者，渣滓原少，無多障蔽，略加致知之功，此良知便自瑩徹，些少渣滓，如湯中浮雪，如何能作障蔽。此本不甚難曉，原靜所以致疑於此，想是因一「明」字不明白，亦是稍有欲速之心。向曾面論明善之義，明則誠矣，非若後儒所謂明善之淺也。

學生講質美者，這是關於氣質美惡的問題，這是理氣論的問題，必須預設朱熹的理論才講得清楚。簡言之，氣稟人各不同，但天地之性是相同的，也就是每個人所稟受的天理，也就是性善論中的善良的本性，亦即是良知，當是我固有之，且都是相同的也是完備的。只是，氣稟上就人各有別了，此處之差異便會造成良知易於呈現或不易於呈現的問題，然而，無論難易，因為有相同的天理，故而個人能夠加倍努力，就都能克服。陽明認為，學生的疑問，是因為看錯了「明」，以為明是知識上的「聞見之知」，於是有了欲速之心，想要立即「明得盡」。其實，良知發用，一念為善，就在事上磨練，這就是正確的工夫。一些原有的氣質上的缺點，一旦浮現，在良知知善知惡的能力下，當能立即發現，當下克去就是，這才是「明」的做工夫的方法。而不是在「聞見之知」上明得盡，這就是陽明回答的要點。陽明講非若後儒明善之淺者，就是說後儒只講知識上的擴充，這是不能真正端正德性的。不過，此處的後儒之說，也是陽明誤解程朱之意，《大學》講格物致知，之後要誠意正心，再去修齊治平，前面格物致知確實是要知道知識，德性之知與聞見之知都要曉得，曉得以後就去誠意正心，這不但沒有問題，而且是任何人的成長次第，陽明只

因那些官員知識份子，明明學問很好，卻沒有實踐，沒有爲民服務之心與行爲動作，以爲明得盡就是知識的學習，以爲格物致知就只是知識的學習，知了卻不去行，所以這樣批評。筆者以爲，這個批評也是無需的，可以批評時人，但這並不是程朱的理論有問題。

二十七、豪傑是氣質用事缺了良知純化之聖功

這一條談對古代賢者見道有偏時該如何評價的問題。

【165】來書云：聰明睿知果質乎？仁義禮智果性乎？喜怒哀樂果情乎？私欲客氣果一物乎？二物乎？古之英才，若子房、仲舒、叔度、孔明、文中、韓、范諸公，德業表著，皆良知中所發也，而不得謂之聞道者，果何在乎？苟曰此特生質之美耳，則生知、安行者，不愈於學知、困勉者乎？愚意竊云謂諸公見道偏則可，謂全無聞，則恐後儒崇尚記誦訓詁之過也。然乎否乎？（《答陸原靜書》）

對於歷史上成名的賢人，如張良、孔明、范仲淹等豪傑之士，陽明曾經評價過，說他們都尚未達致聖人的境界，未能真正聞道。學生就問基本人性的問題，他們已經本身都是氣質良好的人，應該比常人要更加成功的，對於他們的成就，應該多予肯定，最多見道有偏，不可說全無聞道，否則若是他們尚不可取，則凡人會更加效學到記誦訓詁之學去了。因爲他們都是不錯的，也都很努力，只尚未成聖，若不肯定他們，只能讓後人變成去學詞章訓詁了。其實，陽明重點不是在議論人，而是在強調若能提起良知，就可以人人成聖，而這些賢者之所以尚未臻聖境，就是還差了這一環。而良知是人人具有的，賢者更加當有，陽明回答：

性一而已。仁、義、禮、知，性之性也，聰、明、睿、知，性之質也，喜、怒、哀、樂，性之情也，私欲、客氣，性之蔽也。質有清濁，故情有過不及，而蔽有淺深也；私欲、客氣，一病兩痛，非二物也。

從人性論說，陽明講得更精細一些，但底色還是孟子的性善論。對於心性關係，陽明分性之性、性之質、性之情、性之蔽，朱熹講「心統性情」時，只分得性與情，這都無妨。依陽明之區分，則有天地之性、氣質之性、以及人的狀態之情之常與偏之分，這樣區分等於是結合了張載的「天地之性與氣質之性」以及「心統性情」兩說，再加上人的狀態之平常的和偏邪的兩種，這是很好的架構了。說到私欲客氣是性被遮蔽了，這是說的人的不好的狀態。總之，人性是善，仁義禮知，人又是氣稟的組成，有聰明睿知的高下之別，人的種種表現，有平常正常的情緒狀態，喜怒哀樂，也有特殊時期的善惡處置之別，但人表現得好壞如何，關鍵都是有沒有立志、提起良知的問題，人會受到私欲客氣的遮蔽，就是有沒有做工夫，有私欲，就顯現為客氣，客氣就是關注外物，隨物逐欲去了，所以客氣與私欲是一物。然而，工夫還是在己，因為性善，所以工夫必然可能。陽明講了性，又講了質，質是氣的一邊上事，每個人都有氣稟習氣個性命運的差異，甚至還有環境影響的問題，這就是來考驗君子、磨練君子、砥礪君子的。那麼，把人性這樣區分了之後，對於往昔諸賢，談起來就比較得心應手了，陽明說：

> 張、黃、諸葛及韓、范諸公，皆天質之美，自多暗合道妙，雖未可盡謂之知學，盡謂之聞道，然亦自其有學，違道不遠者也；使其聞學知道，即伊、傅、周、召矣。若文中子則又不可謂之不知學者，其書雖多出於其徒，亦多有未是處，然其大略則亦居然可見，但今相去遼遠，無有的然憑證，不可懸斷其所至矣。

陽明講歷史上一些成就功業的名人名士，主要指得張良、孔明、范仲淹這些受人歌頌的名士大臣，說他們都已經暗合妙道，違道不遠，那麼關鍵的差別是什麼呢？為何還稱不上聖人？不能算是盡謂之知學、盡謂之聞道呢？關鍵還是聞道未切。對陽明而言，數子的功業自是彪炳，但彰顯的特徵還是事業的有成，他們的知識技能太多，卻道德意志稍不純熟，必須再加上立德才可，所以，陽明更加稱讚伊尹、周公等人，因為他們還能治事，給百姓帶來社會建設的貢獻。陽

明又解說到：

> 夫良知即是道，良知之在人心，不但聖賢，雖常人亦無不如此。
> 若無有物欲牽蔽，但循著良知發用流行將去，即無不是道；但
> 在常人多為物欲牽蔽，不能循得良知。如數公者，天質既自清
> 明，自少物欲為之牽蔽，則其良知之發用流行處，自然是多，
> 自然違道不遠。學者學循此良知而已。謂之知學，只是知得專在
> 學循良知。數公雖未知專在良知上用功，而或氾濫於多歧，疑迷
> 於影響，是以或離或合而末純；若知得時，便是聖人矣。後儒嘗
> 以數子者，尚皆是氣質用事，末免於行不著，習不察：此亦未為
> 過論。但後儒之所謂著、察者，亦是狃於聞見之狹，蔽於沿習之
> 非，而依擬仿像於影響形跡之間，尚非聖門之所謂著、察者也。
> 則亦安得以己之昏昏，而求人之昭昭也乎？所謂生知、安行，
> 知、行二字，亦是就用功上說；若是知、行本體即是良知、良
> 能，雖在困勉之人，亦皆可謂之生知、安行矣。知、行二字更宜
> 精察。

對上述諸士的評價，陽明首先回到良知而說，良知人人都有，任
何人行事皆依據良知，即無不是道，普通人受到物欲牽絆，不能成就
自己，就是良知沒有做主宰。而前面數子都是氣稟良美者，自然多於
良知發用，違道不遠，唯一的不足，是未能專在良知上用功。他們都
是社會機巧機變處事的聰明用得過多，所以尚未能入得聖人之位。後
儒說他們是氣質用事，意思是說他們用他們天生的聰明才能技巧去做
事業，所以不著不察，陽明同意這樣的批評。但陽明也批評後儒所以
為的著察，實際上還是知識技能一面，也不是聖人之所以為聖人的一
面。後儒的評價不論，就陽明的立場而言，是要求這些賢人名士也要
成聖人的。古來聖王立功立德立言，聖人立德立言，賢者立功立言，
豪傑立功，王陽明追求立功立德立言，只能是以聖王為標準了。就王
陽明自己的一生而言，他確實是立功立德立言了，但他不是聖王，也
不可能是聖王，孔子也不是聖王，能作聖人就是知識份子可以追求的
最高標準了。但是事功是要建立的，這是所有儒者及孔子陽明的共同

標準，剿匪是事功，教育是事功，經典是事功，治國是事功，事功百種千樣，人都只能是某種樣貌的事功的賢者，又立德立言了，就成了聖人。數子未能登至聖人之位，陽明說是立德的心用得少了，他們是以立功的心為主。筆者以為，若非良知主導，所立之功亦不能稱為事功，數子皆是事功大立者，事功就是對社會國家歷史的推進，當是必須，事功的型態，決定於氣質，以良知主導，氣質發揮，成就事功，也就是數子的一生了。

陽明所論數子之不能盡得聞道，不能專以良知主導，歸根結柢，不是談資質的問題，只是談立志的問題，就是說諸子之立志還不夠真切，若立志真切，就能達到伊尹、周公的境界了。陽明此說，是對於所有的人的勉勵，只要立志真切，就能達至聖位。筆者以為，眾人才質不到數子的程度者，事功是無能企及的，能夠做個「成色分兩」說下的堯舜之徒已屬可貴。陽明如此評價數子，就是對一般人而言，強調不要只看到他們的事功智巧，就去盡學，還要專主在良知上，這樣，發揮氣稟才質，可以有更好的成就，雖未必事功上能及之，但也是成就了自己德性上的一生了。

筆者之意，就氣稟材質而言，數子已屬上乘，比之陽明，毫不遜色，實已難能可貴，陽明說其尚非聖賢，是以聖賢標準要求之，這是陽明自己訂的標準，就陽明比之諸子而稍有能過之者，則是專在良知的立言上，故陽明即同時立功立德立言了。其實，陽明與數子皆是英雄豪傑，而難能為聖王，至於是否聖賢，就看定義了。諸子都是為國為民的人，事功多者為豪傑，道德多者為聖賢，陽明兼具，所以自以為高人一等。筆者個人以為，他們都是中華民族的精靈，都是極有貢獻的大家，欣賞敬佩之餘，就不必再去比較其人之高下了，此舉實為多餘。

二十八、孔顏之樂

這一條問聖人的樂是何意？怎麼做工夫才能有樂？

【166】來書云：昔周茂叔每令伯淳尋仲尼、顏子樂處。敢問是樂也，與七情之樂同乎？否乎？若同，則常人之一遂所欲，皆能樂矣，何必聖賢？若別有眞樂，則聖賢之遇大憂、大怒、大驚、大懼之事，此樂亦在否乎？且君子之心常存戒懼，是蓋終身之憂也，惡得樂？（《答陸原靜書》）

這一條是陸原靜問的問題，周敦頤教程顥要尋孔顏之樂，這就是一般人的七情之樂嗎？若不是，那麼聖人遇到憂怒驚懼的時候，還有孔顏之樂嗎？而且，聖人有終身之憂，何來樂呢？陸原靜的問題都是字詞表面的自由聯想，從不在義理上入心深思，根本就是爲問問題而問問題，好像很會問，其實心已偏離，都不在實踐的脈絡上。所以陽明說他關鍵就是自己沒做工夫，所以問題一大堆，卻都是無謂的問題，王陽明回答：

澄（陸原靜，陸澄）平生多悶，未嘗見眞樂之趣，今切願尋之。樂是心之本體，雖不同於七情之樂，而亦不外於七情之樂；雖則聖賢別有眞樂，而亦常人之所同有，但常人有之而不自知，反自求許多憂苦，自加迷棄。雖在憂苦迷棄之中，而此樂又未嘗不存，但一念開明，反身而誠，則即此而在矣。每與原靜論，無非此意，而原靜尚有「何道可得」之問，是猶未免於騎驢覓驢之蔽也。

王陽明一開始就責備陸原靜，平生多悶，沒有切實尋找孔顏的價值觀，也就是沒有眞正在內心裡面去體會聖學的宗旨，沒有眞正要求自己去落實實踐，所以總有許多似是而非的問題。儒者有問題有困難就去處理，處理好了就樂了，聖人何以至於如此大驚大怪之境？只要從自己意志上去落實，這些問題都不存在了。老是在問問題，就是騎驢覓驢而已。爲什麼？樂概念是一回事，日常用法時，凡人乃感官外物之樂，聖學用法時，樂就是心之本體，與仁愛之心同樂。聖人就是在日用常行中守住仁德之心，良知發用，就算遇到辛苦艱難之事，守住良知，內心釋然，也就是樂了，聖人面對憂患，處理好，眞大樂。所以儒家聖人，樂亦是心之本體，至於說到憂患意識，這是關心的表

現，就是仁德之心，所以陸原靜講的終身之憂的憂患意識，「惡得樂？」是亂用概念，可見對於儒學毫無體會。良知是本體，聖人與凡人的感官知覺是相同的，發為情時，聖人之情端正，凡夫之情散亂，凡人之樂是欲望之樂，聖人之樂是處理世事、服務社會之樂，智仁勇之後就樂了，不為求私欲之樂。陸原靜提的都是沒有做工夫的問題，都是拿一些文本的樂與憂的文字來邏輯思辨一下的事情，陸原靜的問題，很像時下一些學術論文的假問題，看似繁瑣，沒有深得。老師早看出陸原靜昏昧不明的缺點，說他騎驢覓驢，就是說他自有良知本心都不發用，盡問問題。

二十九、聖人情順萬事而無情

這一條問聖人可以情順萬事而無情嗎？

【167】來書云：《大學》以「心有好樂、忿懥、憂患，恐懼」為「不得其正」，而程子亦謂「聖人情順萬事而無情」。所謂有者，《傳習錄》中以病瘧譬之，極精切矣；若程子之言，則是聖人之情不生於心而生於物也，何謂耶？且事感而情應，則是是非非可以就格；事或未感時，謂之有則未形也，謂之無則病根在有無之間，何以致吾知乎？學務無情，累雖輕，而出儒入佛矣，可乎？（《答陸原靜書》）

陸原靜拿程子的一句話要來批評一番，這跟他總是拿經典的一些話來對比提問的做法是一樣的，自己都沒有深入經典，也沒有體會原意，就是瞎想錯解。他的問題是說，《大學》〈正心章〉有談到人們的一些不正之情，這些定是病瘧，程子卻說聖人要「情順萬事而無情」，他認為程子之說有問題，無情就是入佛了，所以他以為找到了程子言論的大毛病，好好發揮了一番。其實，程子說無情，是無私欲之情，非無關心之情。就同於陽明所講的以良知主之，面對一切，沒有私欲之情。陸原靜想要批評程子，說儒家要「事感情應」，若無情就不感，不感何以格致？這些問題的前提都是對程子命題的誤解錯

解，王陽明正色告誡之：

> 聖人致知之功，至誠無息；其良知之體，皦如明鏡，略無纖翳，妍媸之來，隨物見形，而明鏡曾無留染：所謂「情順萬事而無情」也。「無所住而生其心」，佛氏曾有是言，未爲非也。明鏡之應物，妍者妍，媸者媸，一照而皆眞，即是生其心處，妍者妍，媸者媸，一過而不留，即是無所住處。病瘧之喻，既已見其精切，則此節所問可以釋然。病瘧之人，瘧雖未發，而病根自在，則亦安可以其瘧之未發而遂忘其服藥調理之功乎？若必待瘧發而後服藥調理，則既晚矣。致知之功，無間於有事、無事，而豈論於病之已發、未發邪？大抵原靜所疑，前後雖若不一，然皆起於自私自利、將迎意必之爲祟，此根一去，則前後所疑，自將冰消霧釋，有不待於問辨者矣。

王陽明首先說明程子的「情順萬事而無情」的意思。就是良知照物，良知明白一切，自己不受干擾，而且把眾人的善惡之行都處理好了，就是「情順萬事而無情」。陽明又說這就像是佛教《金剛經》裡面講的「無所住而生其心」，其實佛教的本體是般若與佛性，生心也只能是般若智與菩提心，不能是良知四端心，這是陽明過於大膽的比附，筆者必須注記一下。對於病瘧的問題，這是《大學》〈正心章〉提出的不得其正的種種情緒上的病瘧，陸原靜既然已經知道這些情緒是不對的，何必還拿程子的話來勘查一番呢？瞭解《大學》意旨之後就自己去實踐去革除這些病瘧就好了，這就是聖學之功，進入程子話語的討論就是好名好爭好辯，所以陽明嚴厲地指責他就是自私自利之心作祟，一些問題根本不必要提出來的。文中提到對於病瘧的對治，既然已經是病，就是已經存在的缺點害處，雖尚未爲惡，惡心已在，就要除去，豈能等到惡事做了才去除惡？良知一發用，任何時刻只有正念，還等什麼惡念之已發未發呢？陸原靜好像很會問問題，從實踐的角度，他根本沒有實踐，沒有用心，沒有體會。陽明要他自己去除病根，病根一除，就沒有這些問題了。

這一段問答文字出自《答陸原靜書》，文末還有一段討論。

答原靜書出，讀者皆喜澄善問，師善答，皆得聞所未聞。師曰：
「原靜所問只是知解上轉，不得已與之逐節分疏；若信得良知，
只在良知上用工，雖千經萬典無不啓合，異端曲學一勘盡破矣，
何必如此節節分解！佛家有『撲人逐塊[9]』之喻，見塊撲人，則
得人矣，見塊逐塊，於塊奚得哉？」在座諸友聞之，惕然皆有惺
悟。此學貴反求，非知解可入也。

　　文中說到，同學都喜歡陸原靜的善問，對此，筆者深不以爲然。
陸原靜絕非善問，並且是非常不善問，問道無理，無心，只是瞎找
碴。從陽明的回答中就已經看到王陽明的斥責話語了，怎麼還說是喜
澄善問呢？這段文字中王陽明也明白地說了，「原靜所問只是知解上
轉，不得已與之逐節分疏」。這就是聖學準確與否的問題，陸原靜就
是不知道自己要用功實踐，總是在書本的理論命題上找問題，就像撲
人逐塊之喻一樣，一味逐塊，塊終不息，若是撲人，事情就結束了。
陸原靜也是，老是講書本上的問題，這就是逐塊，從不在自己身上體
貼實踐，就是啥也不懂，亂問不停，就是不撲人，就是不去做還一直
問。同學終於明白，「此學貴反求，非知解可入也」。

三十、戒懼而非靜坐

　　這一條談儒家有靜坐工夫嗎？儒家如何靜坐？

　　【202】九川問：「近年因厭氾濫之學，每要靜坐，求屏息念
　　慮，非惟不能，愈覺擾擾，如何？」（《門人陳九川錄》）

　　學生想要以靜坐屏息念慮來排斥氾濫之學，卻無法屏息，甚至心
思更爲紛擾。問陽明，爲何氾濫呢？這就是因爲這個學生的道德事功
不能專注，心意氾濫，故而欲爲靜坐之舉。學生以爲靜坐便能屏息念
慮，做好儒家工夫，但是卻未能收效。其實，屏息念慮的工夫是佛家
禪定的工夫，佛家要六根止息，準備出離生死輪迴，成果位者，就能
做到。但這不是儒家的知識，也不是儒家做工夫的方向，儒家可以靜
坐，就是靜靜地坐著想著爲人處世的道理，所以不是要屏息念慮，而

是要主於理。至於學生爲何會愈覺紛擾呢？因爲沒有好的指導觀念，關鍵是事不定心就不定。陽明回答：

> 先生曰：「念如何可息？只是要正。」曰：「當自有無念時否？」先生曰：「實無無念時。」曰：「如此卻如何言靜？」曰：「靜未嘗不動，動未嘗不靜。戒謹恐懼即是念，何分動靜？」曰：「周子何以言『定之以中正仁義而主靜？』曰：「無欲故靜，是『靜亦定，動亦定』的定字，主其本體也。戒懼之念，是活潑潑地，此是天機不息處，所謂『維天之命，於穆不已』。一息便是死，非本體之念即是私念。」

陽明是儒者進路，處理念頭就是要正念頭，就是致良知，一切以良知致之。所以說只是要正。息念不是儒家的理論，儒家也沒有息念的要求，止妄念是一定有的。學生再追問有沒有無念之時，「無念」是《六祖壇經》的工夫要旨，但意思也是無妄念，主體保持惺惺自覺狀態，儒家也可以說無念，但一定是無妄念，絕非原始佛教講的「無想定」之類的意思。陽明回答，「實無無念時」。這就導致學生對另一個概念的提問：「如何言靜？」儒家的靜，依然是無妄想，天理不動的意思，是不從欲爲惡謂之靜，非清心寡欲不任事爲靜。所以陽明說「靜未嘗不動」，心是靜的，但是人是在做事情的，不偏邪，守正爲靜，又說「動未嘗不靜」就是在做事情的時候，沒有邪思妄念而得心靜。又說：「戒謹恐懼即是念，何分動靜？」這就是儒家工夫的意思，在事情作爲中守住本心良知，戒愼恐懼，行動是動的，心念是有主的，不會亂動，所以才說爲靜的，沒有什麼好分動靜的。人都是個大活人，一天都在動，守住天理而行，假說爲靜。學生又以周敦頤的話頭來詢問，周敦頤講「主靜」，又是何義？陽明答，周敦頤明講了「定之以中正仁義」，所以這個定，就是「主其本體」，是人的心定在天理上。周敦頤自己也講了「無欲故靜」，都是無思欲、守正念的意思，所以周敦頤之主靜是無欲故靜，已主於理。從《中庸》講戒愼恐懼中就知道，儒家講心定，正心，正念，這個正，都是依循天理，追求事功，有所作爲，所以人的狀態是活潑潑的，是不息的。陽明

說「一息便是死」，就是呼吸停止，念慮思維停止，這當然變成死人了，只要是活人，沒有止息之時。當然，道家佛家修煉修行，確實有氣息脈住之說，但這又不是儒家的知識了。

三十一、本體工夫沒有內外

這一條講靜坐用功後卻仍遇事就斷，這時如何處理？

【204】又問：「靜坐用功，頗覺此心收斂；遇事又斷了，旋起個念頭去事上省察；事過又尋舊功，還覺有內外，打不作一片。」（《門人陳九川錄》）

學生提問，靜坐用功時，心是收斂了，但做事時心又亂了，想著收回來，總是內外兩橛。也就是說，他靜坐時內功還行，處事時內功就不行了，內心被外事打亂，故內外為二。陽明回答：

先生曰：「此『格物』之說未透。心何嘗有內外？即如惟浚今在此講論，又豈有一心在內照管？這聽講說時專敬，即是那靜坐時心。功夫一貫，何須更起念頭？人須在事上磨練做功夫乃有益；若只好靜，遇事便亂，終無長進。那靜時功夫亦差似收斂，而實放溺也。」後在洪都，復與于中、國裳論內外之說，渠皆云物自有內外，但要內外並著功夫，不可有間耳，以質先生。曰：「功夫不離本體，本體原無內外；只為後來做功夫的分了內外，失其本體了。如今正要講明功夫不要有內外，乃是本體功夫。」是日俱有省。

陽明說這是因為學生自己格物未透，為什麼？因為陽明的格物就是革除物欲之心學，學生靜坐時此心收斂了，而做事時又不行了，心又走散了，這就是格物之功不切，做事的時候物欲出現，卻沒有革除物欲，故而心亂了。別的學生說他這是內外不一，這樣講也沒有錯，但陽明卻說本體無內外，工夫無內外。其實，心就是一個，時時作用，作用時沒有內外之分，沒有動靜之分，任何時刻的心都是自己的同一顆心，而且都要持守同一個本體，講論時就是靜坐時的心，此

時就是一心在講論，此一心即是良知之心。內的時候行，外的時候就行；靜的時候行，動的時候就行。所以是學生在靜時並不是真正收斂了，只是一味求靜，等於是不做事功，等於是放失了做事功的道德責任，只求靜處。儒家工夫，尤其是陽明所強調的聖人之事，就是在事上磨練，若不承擔責任，就不是儒者；若只好靜，表面上是收斂，其實是放溺，放溺於逃避責任。一句話，儒者好靜就是逃避事功責任，儒者就是要主動承擔的人。

　　一幫學生討論，主張物有內外，心無內外。王陽明回應，做工夫就是做本體工夫，就是以本體的價值意識作為主體的價值主宰，所以工夫不離本體，而本體無內外，是遍在的，所以工夫無內外，具是本體工夫，但有體用，用時隨機而遇，用時無方無圓唯變所適。工夫之無內外就是無動靜。一般中國哲學的理論研究在進行的時候，多喜以動靜內外一多有無體用等等來幫襯，這些概念都是附帶的，隨語意而改變的，沒有定準，要有問題意識的清楚，才有概念使用的精確，勿為所擾。

三十二、為學不離事務

　　這一條談簿書訟獄時如何做工夫。

　　【218】有一屬官，因久聽講先生之學，曰：「此學甚好，只是簿書訟獄繁難，不得為學。」先生聞之，曰：「我何嘗教爾離了簿書訟獄懸空去講學？爾既有官司之事，便從官司的事上為學，才是真格物。如問一詞訟，不可因其應對無狀，起個怒心；不可因他言語圓轉，生個喜心；不可惡其囑託，加意治之；不可因其請求，屈意從之；不可因自己事務煩冗，隨意苟且斷之；不可因旁人譖毀羅織，隨人意思處之；這許多意思皆私，只爾自知，須精細省察克治，惟恐此心有一毫偏倚，枉人是非，這便是格物致知。簿書訟獄之間，無非實學。若離了事物為學，卻是著空。」（《門人陳九川錄》）

學生說自己甚喜聖學，只是斷案公事繁忙，無暇學習。學生這樣問，也很自然，以爲自己太忙所以沒有時間學習儒家聖學。其實，陽明的學說，不過就是要去做工夫，但整個理論的背景，就是整套的儒學，就是把儒學提起來用，在用上強調學習儒學，所以盡是事功磨練的心法。學生只是聽理論，想把理論搞懂，因爲公事繁忙，沒有時間細細理解，遂以爲自己不得爲學，因爲諸事繁忙，無暇讀書聽課。王陽明指出，自己的學問就是實踐的哲學，事上實踐就是學，訟獄斷案時就已經是在做工夫了，就在事上落實致良知了，因此斷案訴訟一點都不會影響聖學，任何事功都是聖學彰顯的管道，就看你是什麼領域的事功而已。至於治獄斷訟，王陽明講了許多原則，重點都是大公無私正心誠意地斷案，只要做到，都是實學，也就是聖學了。若不是在事上做工夫，何來聖學呢？

三十三、良知使人光明

這一條談如何讓自己心下光明？

【238】問：「近來用功，亦頗覺妄念不生，但腔子裡爲黑窣窣的，不知如何打得光明？」（《門人黃直錄》）

學生自認有在做工夫，頗有妄念不生的意境，但卻仍覺得心地不甚光明，不知如何「打得光明」。「打得光明」是何意？就是心中充滿正念，凡事看得明白，亦做得明白正大。該怎麼做呢？其實良知固有，但習氣毛病欲望都是一大堆，那就從每天該做的事情上去處理自己的念頭，以良知爲主宰，心態對了，就是光明。王陽明回答：

先生曰：「初下手用功，如何腔子裡便得光明？譬如奔流濁水，才貯在缸裡，初然雖定，也只是昏濁的；須俟澄定既久，自然渣滓盡去，復得清來。汝只要在良知上用功；良知存久，黑窣窣自能光明矣。今便要責效，卻是助長，不成工夫。」

人未做事，什麼也不會。人就是要做事情的，而且是認認眞眞地做事，事情愈做愈多，愈知道該怎麼做事，這就是心下光明了。如果

沒有做事，怎麼看事明白呢？又怎麼心地光明呢？所以，人要成長，就是做每一件事情先想好自己的動機就好，是對的，就一路做去，碰到困難，也不退縮，也不走入邪途，還是一味正路到底，這樣就光明了。同時，不要故意去做讓自己有道德的事情，這就變成助長，表示自己有虛榮心。每天都有該做的事情，都好好去做，自然事情愈來愈多，能力愈來愈強，克己工夫愈來愈深，心地愈來愈光明。王陽明以濁水喻之，黑漆漆的，須待澄定，才見透明。沒做事情的人，世上諸事都看不清楚，多做事情，也把事情做好的人，洞察世變，一點都不會黑漆漆了。如果以為一開始提起正念不妄想就能把世間事看清楚，這豈是可能？只能是責效助長之病了。當然是要親身經歷一件一件事情的成長啊！

三十四、讀書不為科舉、科舉不廢讀書

這一條談科舉致仕會耽擱聖學嗎？

【241】問：「讀書所以調攝此心，不可缺的。但讀之之時，一種科目意思牽引而來，不知何以免此？」（《門人黃直錄》）

學生問，讀書要培養心志，為聖人之學，但是會容易想到考試中舉做官的事情，不知道如何能夠免於此舉？這個問題是非常無謂的問題，讀書學做聖人就是要為天下服務的，科舉做官就是為天下人服務的管道，本身沒有問題，只是任何事情都可以有私心介入，科舉做官亦是，士子看到權力財富就忘了服務天下，故而私心昌盛，然而，有此私心出現就克服就好了，堂堂正正做官，就算別的官員自私自利，正是自己用功之時，所以科舉不礙聖學，只有那些不解聖學何意者會有此一問，那些自私自利求官為私之徒會有此一問，王陽明回答：

先生曰：「只要良知真切，雖做舉業，不為心累，總有累，亦易覺克之而已。且如讀書時，良知知得強記之心不是，即克去之，有欲速之心不是，即克去之，有誇多鬥靡之心不是，即克去之；如此亦只是終日與聖賢印對，是個純乎天理之心。任他讀書，亦

只是調攝此心而已，何累之有？」

　　陽明的工夫心法，就是良知真切，時刻主導，科舉考試中舉做官，都是良知主導，任何時刻有私心作祟，自己良知警覺自去克除，這就是讀書的目的，聖學的做法。讀聖賢書，與自己的動機做印證，以自己的處事經驗勘驗文字義理，所以讀書就是調理自己的心性，書本上的道理就是服務的人生觀，那就去事上磨練，碰到威脅利誘之時，都以良知勘印，調攝己心。依陽明之意，從來沒有做科舉就會影響聖學的道理。事實上，就是學生只私意於求官逐利，又知聖學非己之志，自己糾正不了，故有此問。學生又問：

　　曰：「雖蒙開示，奈資質庸下，實難免累。竊聞窮通有命，上智之人，恐不屑此。不肖為聲利牽纏，甘心為此，徒自苦耳。欲屏棄之，又制於親，不能捨去，奈何？」

　　學生說自己資質不好，種種私欲拖累了自己。又說上智之人不屑科舉，但自己只是個不肖者，所以甘心為此，受聲利所糾纏，雖知不對，卻又因為有父母要奉養，難免為科舉之累，不能不舉業為官。學生這一段話，充滿了心機與狡辯。說自己資質不好的人，有是天資聰穎者之客謙之詞，有是裝作學問很大者的虛浮之詞，有是資質平庸者之老實之詞。學生這一段謙詞，是狡詐詭辯者的偷渡之詞。人的話題就是他的欲望，自責資質低下，卻必欲科舉，又牽扯為了孝親。若是現代人的偷渡之詞則是，不是不想學經典，但是需要去賺錢。其實賺錢不妨礙讀經典，賺錢時做事認真，童叟無欺，物美價廉，利人利己，就是落實聖賢的道理。古人科舉，做官，不只不妨礙聖學，根本就是承擔天下的道路，絕不是說上智之人不屑於此，不屑是不屑於為求做官而有忝而無恥之舉，至於不肖者之甘心，不是甘心於好好做官，而是甘心於爭名逐利之仕途，不能為國為民，不肖者之舉，當然是聖學要摒除的大病。而這些人又讀了聖賢書，知道不該如此，但又不捨名利，就拿奉養雙親當作做官求利的藉口，其實幾時好好孝養雙親了？像這樣的問題，永遠逃不了王陽明的法眼，斥責痛罵如下：

　　先生曰：「此事歸辭於親者多矣；其實只是無志。志立得時，

良知千事萬爲只是一事。讀書作文，安能累人，人自累於得失耳！」因嘆曰：「此學不明，不知此處耽擱了幾多英雄漢！」

做官受不了威脅利誘而爲己私之事，天下時常如此，但一個人爲何抵擋不了威脅利誘呢？都是立志不明的問題，但卻有許多人歸咎於是因爲要孝養父母親，所以不能丟了官職，因而爲官時，不能抵擋利誘威脅。陽明言，此事非關雙親，非關官職，只是良知不明，若在良知眞切下，只有服務的志向與事務，讀書作文科舉做官都不會違背心志。至於會拖累個人志向的，就是好名逐利的得失心而已。

三十五、思無邪

這一條談孔子講《詩經》。一句「思無邪」，如何概括聖賢所有道理？

【249】問：「『思無邪』一言，如何便蓋得三百篇之義？」（《門人黃省曾錄》）

《論語》：子曰：「《詩》三百，一言以蔽之。曰：思無邪。」學生問，這句話的道理何在？依孔子之意，詩敘情，情正而順，思不偏邪，就是讀《詩經》時該有的心態。陽明回答：

先生曰：「豈特三百篇？六經只此一言，便可該貫，以至窮古今天下聖賢的話，『思無邪』一言，也可該貫。此外更有何説？此是一了百當的功夫。」

無邪即正，正即仁德之心生生不已。不只《詩經》，六經也是這個道理，古來聖賢其他經典皆是爲此而教人，再沒有別的教人了，所以說是「一了百當」的工夫。思無邪就是心正，心正就是良知眞切，就是陽明的格物致知的工夫了。《詩經》抒發古人心境，但文辭柔美，沒有暴戾之氣，導情於理，所以謂之思無邪，既是思無邪，則學詩可以正心了，故而孔子又說：不學《詩》，無以言。因爲不學詩則言而偏邪、言而失禮了。

三十六、讀書要曉得

這一條談讀書要如何記得牢。

【252】一友問：「讀書不記得如何？」

先生曰：「只要曉得，如何要記得？要曉得已是落第二義了，只要明得自家本體。若徒要記得，便不曉得；若徒要曉得，便明不得自家的本體。」（《門人黃省曾錄》）

學生問讀書記不下重點文句來怎麼辦？依王陽明，讀書是要明白道理，然後去做，懂得了的事情，沒有什麼記不記的問題，肯定記得。一般人以為的讀書記得，就是把文句背下來，這是孩提時的讀書方法，因為還不成熟，不能解義，所以先背誦。到成長了，就要解義，就是曉得，曉得是懂得明白了道理，然後就去做它。所以陽明說，要曉得，但曉得還不夠，還要明白生命的終極價值，也就是宇宙人生的終極意義，那就是本體。本體就是人的良知，良知就是利他愛人的價值觀，儒家所有經典發揮的就是這個價值觀。不是要學生去背誦文章，也不只是讓學生知道意思，而是要去立志，把自己的良知真切地發揮出來，就是明自家本體。曉得是第二義，第一義是去做，就是明得自家本體。

三十七、良知臨事須知厚薄

這一條談做事情時要懂得分清先後次序，要懂得在不同的重點中做出正確抉擇。

【276】問：「大人與物同體，如何《大學》又說個厚薄？」先生曰：「惟是道理自有厚薄。比如身是一體，把手足捍頭目，豈是偏要薄手足，其道理合如此。禽獸與草木同是愛的，把草木去養禽獸，又忍得；人與禽獸同是愛的，宰禽獸以養親與供祭祀，燕賓客，心又忍得；至親與路人同是愛的，如簞食豆羹，得則生，不得則死，不能兩全，寧救至親，不救路人，心又忍得；

這是道理合該如此。及至吾身與至親，更不得分別彼此厚薄。蓋以仁民愛物皆從此出，此處可忍，更無所不忍矣。《大學》所謂厚薄，是良知上自然的條理，不可踰越，此便謂之義；順這個條理，便謂之禮；知此條理，便謂之智；終始是這個條理，便謂之信。」（《門人黃省曾錄》）

學生問「大人與物同體」下，又為何要談「厚薄」？所謂厚薄就是處理事情時所考慮的不同做法，若不能掌握厚薄，就會因為私心把不重要的拿來阻擋重要的價值，還假裝很有道德。談厚薄是陽明在談的，陽明治理盜匪時時時刻刻處於眾多做法的選擇中，哪一個道理才是最重要的？這就是要有厚薄的考慮，依據的就是良知。良知本體，原是不動的，一旦處事，就像喜怒哀樂要發而中節一般，必須在各種具體事務中依據種種價值意識的診斷而找出最恰當的處理原則，價值意識本身是沒有高下的，都是同一個價值意識的不同角度而已，仁義禮知相輔相成，智仁勇相輔相成，但是，事情與事物的本身卻是有大小的，大小需辯，也就是厚薄先後輕重緩急了。考慮之要，依然是以大攝小，否則，假一價值，否定其他價值，理由好找，私心難掩。陽明舉例很多，說明了眼前一些輕重厚薄的事情都不難分辨，但現實上就有太多的案例，在一般人之間是難以取捨的，這就是要這人做工夫的時節了。孟子講的「親親、仁民、愛物」，「愛有等差」之說，就是厚薄輕重的考慮。陽明總是解決孟子遺下的老問題，「親親」就是有厚薄，雖有厚薄，仍不失與萬物為一體，只是要知輕重厚薄。陽明舉例以手護頭，就是勢所必然，難不成讓頭被打到嗎？大難當頭時，百姓的安危、家人的利益、朋友的情誼、個人的好惡，都會同時發生造成衝突，這時候的抉擇就是厚薄，有些事是是非對錯的選擇，這就沒啥好藉口了，但有些事情都是對的，這就要厚薄的反思了，例如移孝作忠，又例如竊父而逃，這也就進入了情境倫理學的討論了。

三十八、樂是心之本體

這一條談如何操作「樂是心之本體」的工夫。

【292】問：「樂是心之本體，不知遇大故，於哀哭時，此樂還在否？」先生曰：「須是大哭一番了方樂，不哭便不樂矣；雖哭，此心安處即是樂也。本體未嘗有動。」（《門人黃省曾錄》）

陽明講「樂是心之本體」，學生問，若遇變故，心中哀戚，還有此樂嗎？大乘佛學講「常樂我淨」，自有其特殊講法，陽明講的樂是心之本體，其實在儒學體系中，也只有陽明會這樣定位，不是不可以，但要下定義下好，心安理得而謂之樂。而其價值本體永遠是儒家的仁義禮知。所以這個樂，只是說落實了仁義禮知的價值，心安而謂之樂。所以，當喜則喜，當哀則哀，心理平適，就是樂，不是欲望滿足之樂，而是本體工夫落實之樂。什麼是本體？是凡價值的問題的終極答案都是它，這就是本體，所以說到樂，也是本體工夫之樂，不會是欲望之樂。儒家的本體是什麼呢？就是仁義禮知的價值意識。

三十九、立命工夫

這一條談私意萌時如何做工夫。

【333】一友自嘆：「私意萌時，分明自心知得，只是不能使他即去。」先生曰：「你萌時，這一知處便是你的命根，當下即去消磨，便是立命工夫。」

學生問，私意萌時雖能知得，卻去不得，如何去呢？陽明意思，其實這個知得，就是在良知的作用下所知得的，良知就是知善知惡，所以自己永遠心明。陽明回答：就在萌時，就去去除就好了，每個人的妄念萌發都是太多太多了，但萌發之際也就知道了良心走做了，這就是做工夫時節，尚有何事？所以當下消磨掉，也就當下立命了。立命就是端正人生的道路，它都是一直在去人欲存天理的過程中而已。

四十、小結

　　陽明對弟子的提問，都能把握宗旨、準確應答，關鍵就是儒家工夫理論的實踐要旨，儒家的工夫論，是心理修養的本體工夫，本體工夫以意志純粹化爲操作方法，純粹化主體意志於本體價值上，價值意識是仁義禮知，主體的主宰是心，心即理，此理是天理，心之主宰者良知也，良知是心中知是知非的價值意識主宰，任何問題的解決、任何事情的處理、任何毛病的化解，都在心之主宰的良知之作用上，所以做工夫就是提起良知，提起良知就是仁義禮知的價值意識用事，掌握要旨，應變無窮。本文之疏解，亦是把握此旨，至於許多個人病痛之問，都在陽明慧解睿智下，洞若觀火，無可逃逸，指點要害，分辨立明。此外，尚有更爲激烈的教學機鋒，是因爲學生心中有所阻塞及私意，不能承認，於問答言談之際，被陽明戳破迷障，一掌一摑血，驚心動魄，更加深入個人心性深處底層的病痛，此另待他文爲之。

註釋：

9 《大般若經・法性品第六》：「天王當知：邪見外道為求解脫，但欲斷死不知斷生。若法不生即無有滅。譬如有人塊擲獅子，獅子逐人而塊自息。菩薩亦爾，但斷其生而死自滅。犬唯逐塊不知逐人，塊終不息。外道亦爾，不知斷生終不離死。」

第十四章　心學進路的教學機鋒

　　本節討論王陽明心學進路的教學機鋒，在與弟子講學問答的過程中，王陽明顯現了一代宗師必有的風範氣度與嚴厲氣勢，他的教學特別有風采，許多師弟子言詞交鋒之際，戳痛病灶，開顯智慧，提升境界，因此本書特別在工夫指點、工夫問答之外，再標出教學機鋒的主題，以更彰顯此一特徵。陽明智悟過人，龍場後弟子開始聚集，一生兵馬倥傯之際未嘗停止講學。講學不只建立學說，更見影響人心，其與弟子言語互動的教學紀錄顯現了對人性的透徹與對良知教的自信，這就是他的教學風格值得介紹的地方。有以陽明近禪，依其教學風格，亦確有近似之處，但仍只是風格近似，而非立場相同，關鍵仍在價值意識與世界觀的差異中，陽明是站在儒家價值意識及世界觀理念的基礎上對弟子進行教學引導，與禪師弟子言語互動便只是外在形式上的相近而已，但就是這樣的近似的風格即是極有特色的地方，本文討論時將予釐清。

　　教學機鋒的師弟子問答，多在智悟，老師要求的境界，學生尚未達到，老師不以知識告知之，而是直指學生修養的有違之處，如何切實改正之方，每句話都是驚心動魄，沒有粉飾，絕不委婉，學生多是在驚懼中受教，如此，陽明所想所指為何，就是本文疏解時要表達的主旨。

一、好名是大病

　　這一條是陽明在直接斥責學生的好名之病。陽明的教學機鋒的特點，就是問答言談之際，直接指出學生的過失，不留情面，痛加斥責。首先從弟子孟源的好名之病說起，參見：

【19】孟源有自是好名之病。先生屢責之。一日警責方已，一友自陳日來工夫請正。源從傍曰：「此方是尋著源舊時家當。」先生曰：「爾病又發！」源色變，議擬欲有所辨。先生曰：「爾病又發！」因喻之曰：「此是汝一生大病根！譬如方丈地內，種此一大樹，雨露之滋，土脈之力，只滋養得這個大根；四傍縱要種些嘉穀，上面被此樹葉遮覆，下面被此樹根盤結，如何生長得成？須用伐去此樹，纖根勿留，方可種植嘉種，任汝耕耘培壅，只是滋養得此根。」（《門人陸澄錄》）

對於學生修養上的缺點，王陽明是在過失發生時就直接點出，讓學生當下知道自己的狀態，這樣等於是直接斥責，會讓學生十分難堪，但做工夫就是這樣，不驚懼受辱，如何長進？孟源的好名之病師已知之，並予警告，無奈孟源病症不輕，當場發病，便受陽明一再斥責。故事是說，有別人在老師面前談他自己的修養毛病，老師尚未開口，孟源即強行出頭，指導他人，當場被陽明斥責爲「爾病又發」，孟源嚇著，欲辯解己意，此一欲辯之心又是好名之病，陽明二度斥責「爾病又發」。顯見孟源病症嚴重，陽明因而以好名之病已成大樹喻之，若不將此樹連根拔起，則任何其他的正見都還會被此病遮蔽，亦即行一善行未及成功，便又將被自己的驕傲之病把效果破壞了，驕傲一出，善行即失去意義了，好名即是驕傲，好爲人師指點他人即是好名，好名、驕傲之病是士人常有的病症之一，就是私心的顯現，不易除盡，並且會吞噬其他的優點，必須徹底消除，否則將一事無成。而陽明對弟子此病卻是見得十分清楚，並且不留情面，當場要求改正，這就是他的教學風格。

二、工夫不是說說光景效驗之事而已

陽明教學就是直搗病症，做法又見：

【97】先生問在坐之友：「此來工夫何似？」一友舉虛明意思。先生曰：「此是說光景。」一友敘今昔異同。先生曰：「此是說

效驗。」二友惘然請是。先生曰：「吾輩今日用功，只是要爲善之心眞切。此心眞切，見善即遷，有過即改，方是眞切工夫。如此，則人欲日消，天理日明。若只管求光景，說效驗，卻是助長外馳病痛，不是工夫。」（《門人薛侃錄》）

這一條是陽明對學生所言說的工夫進行點評。做工夫就是直接要求正心誠意格物致知，就是心上直接下工夫。陽明要弟子說說自己的工夫，這就是一個工夫檢證的時刻，從學生的回答，可以知道他的工夫程度，而老師的響應，就是印證其是否成功的檢證活動。結果，老師問學生們工夫做得怎麼樣？一個人說了體會到的虛明意思，陽明說這只是談可能的境界，一個人說了前後的差別，陽明說這只是說到效驗。老師對兩個人的回答都不滿意，因爲陽明要的回答就是立志堅定一個答案而已。而這兩個人都沒有說到自己的決心與意志上，因此陽明當下批評爲只是在說效驗及光景。陽明認爲做工夫之重點唯在此心之眞切上，而不是已經有了什麼成效或想要的境界是什麼的問題，說到這些地方時又是務於外了，又是私心出現了。什麼是心學？心學就是意志堅定、立志實踐之學，所以只管意志，這就是陽明教學機鋒的關鍵思維模式。

三、儒佛善惡之辨

這一條是陽明以佛教名相對學生做的工夫指點。陽明讀過佛書，喜用佛教名詞術語觀念，但畢竟與儒家基本價值立場有別，故而引發許多問題，陽明極力辨析之際，論旨稍有狼狽之相，亦必須有效疏解，始知其儒佛界線何在。以下一段就是如此。

【101】侃去花間草，因曰：「天地間何善難培，惡難去？」先生曰，「未培未去耳。」少間，曰：「此等看善惡，皆從軀殼起念，便會錯。」侃未達。曰：「天地生意，花草一般，何曾有善惡之分？子欲觀花，則以花爲善，以草爲惡；如欲用草時，復以草爲善矣。此等善惡，皆由汝心好惡所生，故知是錯。」（《門

人薛侃錄》）

學生問為何自己難以培善去惡？依陽明，這就是立志與否的問題，也就是是否真切做工夫的問題，所以說「未培未去耳」。但後文陽明說從軀殼起念等語，就進入到了儒佛混淆的語言中了，導致學生更加不解，陽明說天地生意沒有善惡，是個人自己私意起念而有善惡，全部決定於個人好惡而已。這一說法，把知善知惡的儒家道德主體之良知說表面遮蔽了，學生產生疑惑，問答便展開：

曰：「然則無善無惡乎？」

曰：「無善無惡者理之靜，有善有惡者氣之動。不動於氣，即無善無惡，是謂至善。」

陽明此說，與四句教有所雷同，但涉及儒佛義理交涉問題，儒家畢竟必須以至善為本體，佛教般若智意旨，可有無善無惡的表述，因此無善無惡可以作為佛教實相本體，一旦用到儒家，只能說為心境狀態的描述，關鍵的本體價值還是必須說為性善。此處講「無善無惡理之靜」，與朱熹所說「理原是不動的」意旨不同，朱熹說得是至善之理永遠不會變更，理就是抽象的原理存在，也無所謂動靜，就其價值意識而言，一貞永定，亦不可改，此理是天理，依《中庸》天命說及朱熹理氣論，都是人人本具，即是孟子所言之良知固有，根本立場都是性善論的。但是，陽明說的「無善無惡者理之靜」，則不然，講得是主體的狀態，本體仍是至善，但不動於氣時，即善惡不顯，即便有事，能不動於氣，不刻意為善為惡，保持心之在至善之理的持守狀態，所以可說為「無善無惡」，此時所說之理，是就主體心之即理而後的情狀所說的，這就不同於朱熹所言之理之不動義是就著理概念本身的存有論特質而說的的。可以說朱熹說得是理本身，陽明講的是用理的心主體。心即理而靜，反之，講「有善有惡氣之動」者，即是說在後天個人的意氣好惡中，此時之心受到情緒的波動，所以必須做工夫，使其不受軀殼啟動，不依外在干擾，即得靜存，依然不起善惡好惡之見，此時個人回復至天理自存良知本具無有作惡的至善意境。此處至善說的是人的狀態，但恰恰符合儒家的至善本體意旨。陽明必須

奉守此旨，否則儒佛難辨。果然，弟子不解，問難於他。提問到：

> 曰：「佛氏亦無善無惡，何以異？」曰：「佛氏著在無善無惡上，便一切都不管，不可以治天下。聖人無善無惡，只是『無有作好』、『無有作惡』，不動於氣；然『遵王之道』，會其有極，便自一循天理，便有個裁成輔相。」

弟子所問恰當，因為「無善無惡」向來是佛家語，旨在不起分別心的般若智發用。陽明自己使用了無善無惡之說，於是必須圈定在只是心境狀態的描述，不得為本體，無有作好作惡，不動於氣，就是說得心境狀態，更重要的是，一旦投入國家政治事務，就須依循儒家所言之至善天理，有裁成輔相的應有原則，目標就是治天下，這就是陽明認為佛家不及之處，故說其著在無善無惡上了，一切天下事都不管。

論於佛教哲學，般若智可以無善無惡表述之，故而無善無惡即是實相本體，落實於行動，亦可為工夫與境界的表述語。陽明不論佛教宇宙論，不理佛教成佛境界意涵，此處之批評，實不著邊際。又，前文說到花草，又引來學生的疑惑。其言：

> 曰：「草既非惡，即草不宜去矣。」曰：「如此卻是佛、老意見。草若有礙，何妨汝去？」曰：「如此又是作好、作惡。」曰：「不作好惡，非是全無好惡，卻是無知覺的人。謂之不作者，只是好惡一循於理，不去又著一分意思。如此，即是不曾好惡一般。」曰：「去草如何是一循於理，不著意思？」曰：「草有妨礙，理亦宜去，去之而已。偶未即去，亦不累心。若著了一分意思，即心體便有貽累，便有許多動氣處。」

本來沒有問題的事情，就是陽明愛用佛教語言形式惹來的一段糾纏，陽明講的「著一分意思」跟佛教講的分別心很像，但是佛教的不起分別心是實相本體，儒家的本體是至善，始終是有目的有價值要確認的，故而「非是全無好惡」、「草有妨礙，理亦宜去」，只是去之之時不要再度掛搭，故謂之「若著了一分意思，即心體便有貽累，便

有許多動氣處」。這跟老子說的「及其有事」也很像，就是掛搭了私意私欲進去了。陽明這樣的叮嚀，跟佛教的般若工夫非常相像，善用此智慧，又積極入世治國，確實有助於儒學實踐的深化。唯佛家還有菩提心，菩薩道行，只是操作的面向意旨有別，陽明儒學是世間法，佛教是出世間法，關切生死，預設輪迴。依菩薩道精神，同於建立事功，只是目標不只在世間而已。因此，陽明所說「佛氏著在無善無惡上，便一切都不管，不可以治天下」的話，應予疏理。佛家不直接落實在治天下的事務上行菩薩道，但管人心，安住生死輪迴，也是生命大事，只是都是個人的修養，但亦是關懷眾生的事功。

陽明自己引用佛家語，學生還是不解。糾纏於善惡與物的問題上。提問到：

> 曰：「然則善惡全不在物？」曰：「只在汝心，循理便是善，動氣便是惡。」曰：「畢竟物無善惡？」曰：「在心如此，在物亦然。世儒惟不知此，捨心逐物，將『格物』之學錯看了，終日馳求於外，只做得個『義襲而取』，終身行不著，習不察。」

陽明關注本體工夫的問題，關注直接做工夫的問題，也就是心下立志，可以說動機最重要。但是，心態對了，事情的善惡分辨還是要講究的，所以問說：「然則善惡全不在物？」陽明因為朱熹格物致知的理論，認為大家只注意外在的事情的好惡，沒有關心自己的動機的良善與否，所以等於沒有做到工夫，所以講「只在汝心，循理便是善，動氣便是惡」。但學生就是在意究竟有無事情本身的對錯問題，所以追問：「畢竟物無善惡？」陽明永遠關切動機，這是最核心，所以還是把格物的意思沒搞懂，沒有在自家心底下工夫，「終日持求於外」而已，學生素質平庸，總是關切善惡，因此繼續糾纏。又提問：

> 曰：「如好好色，如惡惡臭，則如何？」曰：「此正是一循於理，是天理合如此，本無私意作好作惡。」曰：「如好好色，如惡惡臭。安得非意？」曰：「卻是誠意，不是私意。誠意只是循天理。雖是循天理，亦著不得一分意。故有所忿懥、好樂，則不得其正；須是廓然大公，方是心之本體。知此即知『未發之

中』。」

　　陽明說善惡說諸事皆是一主於己心，學生總認為還是必須與外物有關，就提問說有好好色、惡惡臭的事情，這總是對外的吧？色臭本是生理直觀，但《大學》書中講「誠意」如「好好色、惡惡臭」是就社會人倫事務言，要依於仁，由內而外好惡一致，陽明亦是認為還是良知直觀即知，所以說是「一循於理」，只是天理固然已知，動機上還是不得純正，因此要好好色、惡惡臭，就是要去好惡，就是一循天理地去直接落實，不加私意，亦即純粹化主體的動機意志，就是好好做本體工夫就對了。陽明講的無私意，學生不解，追問：「安得非意？」陽明回答「好好色、惡惡臭」本來就是在講「誠意」的比喻，所以重點在「循天理」，說得還是動機純正的本體工夫，所以說「心之本體」、「未發之中」。說來說去，就是陽明一開始不要去說「無善無惡」的佛家語就沒事了，直接說至善，說不自私，說誠意，說依天理，學生豈能糾纏不解至此？儒家自是有是非對錯的，孟子的是非之心即是，守仁義，辨是非，追求事功，就是儒家本色。用詞牽扯佛教名相，才會惹出這許多無謂的問題來。結果，另一位學生又來問了。說到：

　　伯生曰：「先生云，『草有妨礙，理亦宜去。』緣何又是軀殼起念？」曰：「此須汝心自體當。汝要去草，是什麼心？周茂叔窗前草不除，是什麼心？」

　　學生的問題是把陽明兩段話截取湊合而問的，並非陽明的說法，這就又要回到第一段的問答中來談。陽明本來是說，一旦本心並未提起，所作所為只是依據私心好惡，故而是軀殼起念。若要追問社會事件的是非對錯，這當然是要講究的。然而就算講究了，處理事件時，還是自己的動機要純正，所以這裡說：「是什麼心？」無論如何，陽明就是不看是非對錯客觀知識這一面的。至於學生的提問，已經思路混亂了，因為陽明開始時說過草之善惡決定於你用不用它，後來又說要去除草，學生就亂了，所以提問，但問的也不知道是在問什麼，只是陽明總以致良知工夫回答就是了。

四、己私難克，如何處理耳目口鼻、視聽言動？

禪宗公案裡，達摩祖師與二祖慧可有一段問答，就是有名的「將心來，我為汝安」一段。此處，王陽明弟子提問，陽明的回答模式則是與達摩的做法一樣，就是直下操作，令學者自明。然後就是直指病痛，讓學生無所逃竄，沒有躲避的空間。參見：

【122】蕭惠問：「己私難克，奈何？」先生曰：「將汝己私來替汝克。」又曰：「人須有為己之心，方能克己；能克己，方能成己。」（《門人薛侃錄》）

學生問如何克服己私？陽明答：「將汝己私來替汝克。」這是仿禪宗公案的表述方式，關鍵在於能自覺，自己能找出自己的私心私念，看清楚了，承認了，就能克服。講「為己之心」，是「古之學者為己」之為己，是希望自己好，自己願意追求理想，就能克己成己，而這，還是主體性的價值自覺之本體工夫一路。學生的問題其實還是做不做的問題，關鍵不是知不知的問題，但蕭惠不解，繼續追問，為何自己不能克除己私？

蕭惠曰：「惠亦頗有為己之心，不知緣何不能克己？」先生曰：「且說汝有為己之心是如何？」惠良久曰：「惠亦一心要做好人，便自謂頗有為己之心。今思之，看來亦只是為得個軀殼的己，不曾為個真己。」先生曰：「真己何曾離著軀殼？恐汝連那軀殼的己也不曾為。且道汝所謂軀殼的己，豈不是耳、目、口、鼻、四肢？」

蕭惠之問，陽明要求好好循思一下他的為己是何意？蕭惠自己反思，確實沒有真正好好為己，為大做一個聖人的己，而是軀殼意欲的己，蕭惠這樣反思已經誠誠實實了。但陽明的回答又拉高調子，說真己也不離開軀殼，陽明以軀殼的己就是耳目口鼻，但踐行之即是，陽明此處已經提升意旨了，到了踐形的軀殼義，而不是感官欲望的軀殼了，踐形是做道德實踐，使用有用的身體做服務的事業。

惠曰：「正是為此；目便要色，耳便要聲，口便要味，四肢便要

逸樂，所以不能克。」

蕭惠沒有明白以軀殼的己做服務的事的意思，所以說自己的目耳口四肢都有欲望所以克制不了，如何做工夫呢？其實這只是語意問題，陽明以道德意志踐行實踐而運用軀殼，蕭惠以耳目口鼻之欲為己私之運用，正是自己不能克服私欲的地方，卻不明白陽明的方案就是：當下用心主導耳目口鼻。陽明回答：

先生曰：「美色令人目盲，美聲令人耳聾，美味令人口爽，馳騁田獵令人發狂，這都是害汝耳、目、口、鼻、四肢的，豈得是為汝耳、目、口、鼻、四肢！若為著耳、目、口、鼻、四肢時，便須思量耳如何聽，目如何視，口如何言，四肢如何動；必須非禮勿視、聽、言、動，方才成得個耳、目、口、鼻、四肢，這個才是為著耳、目、口、鼻、四肢。汝今終日向外馳求，為名、為利，這都是為著軀殼外面的物事。汝若為著耳、目、口、鼻、四肢，要非禮勿視、聽、言、動時，豈是汝之耳、目、口、鼻、四肢自能勿視、聽、言、動？須由汝心。這視、聽、言、動，皆是汝心；汝心之視，發竅於目，汝心之聽，發竅於耳，汝心之言，發竅於口，汝心之動，發竅於四肢；若無汝心，便無耳、目、口、鼻。所謂汝心，亦不專是那一團血肉；若是那一團血肉，如今已死的人，那一團血肉還在，緣何不能視、聽、言、動？

陽明說，運用耳目口鼻追逐感官欲望的滿足，正是傷害耳目口鼻的。此說已經改變了美色美聲美味的概念用法，此諸美者本來就是感官的追求，但陽明要人追求的用之以禮，也就是孟子的踐形之旨，身體感官是用來行仁義禮知的載體，不是來追求美色美聲美味的，所以要視聽言動一依於禮，這樣才是為了耳目口鼻的好，陽明這樣說，就純粹是以道德意志主宰感覺器官的使用了，是為了道德價值而不是為了生理感官，否則為名為利都是向外馳求，但欲向內，就要靠心，以心主導視聽言動耳目口鼻，所謂心，並不是感官能動的功能，而是價值意識了。但陽明這裡卻講到了生死，說死人就不能視聽言動了，這卻是把道德意識的心，也說成了使生命得以能有的根源了，這就不

免於主觀唯心論的說法了，筆者以爲，最後的這一段是無甚必要去說的，因爲談心的重點在於道德意識有無提起，而不是人能不能活著以及感覺活動。其實，人之有生命，是同時有身體以及思想的，生命要追求價值意義，所以運用身體感官去追求，但身體感官有它生存的生理需要，確實本不是惡，是過度了才是惡的，但人確實會過度運用感覺器官而爲惡，所以要以心主宰之。人若不追求價值意義，人也還是一個大活人，耳目口鼻一樣繼續運作，一樣追求感官需要，甚至過度追求，而求名逐利，只是，陽明以及一切的儒家都不認爲這是正確地使用耳目口鼻，所以他繼續說：

> 所謂汝心，卻是那能視、聽、言、動的，這個便是性，便是天理。有這個性，才能生這性之生理，便謂之仁。這性之生理發在目，便會視，發在耳，便會聽，發在口，便會言，發在四肢，便會動，都只是那天理發生。以其主宰一身，故謂之心。這心之本體，原只是個天理，原無非禮。這個便是汝之眞己，這個眞己是軀殼的主宰。若無眞己，便無軀殼；眞是有之即生，無之即死。汝若眞爲那個軀殼的己，必須用著這個眞己，便須常常保守著這個眞己的本體，戒愼不睹，恐懼不聞，惟恐虧損了他一些；才有一毫非禮萌動，便如刀割、如針刺，忍耐不過，必須去了刀、拔了針。這才是有爲己之心，力能克己。汝今正是認賊作子，緣何卻說有爲己之心不能克己？」

儒學之所以合理，在於給出追求道德價值的理由，此理即是天道天理，有天道才有人道，才有人類的生命，而天道直接是天理，是以仁義禮知的價值目的而有的天道化生萬物以及人類生命，所以人類的生命直接是實踐天道價值的操作主體，因此陽明才說天理賦命於人而有人之性，此性使此心能夠念慮思維視聽言動，此心即是人之主宰，此心有其之所以爲此心的本體，即是天理，天理賦命於性中，即是人之價值意識，仁義禮知，人能守此，方是守住眞己，人的生命就是爲了這個價值目的而有的，人的軀殼就是爲了踐形而生的，不是別的目的，若用作他途，背棄此天理，良知就會傷痛，如刀割針刺。可以說

陽明學說把本體工夫和宇宙發生，混在一起講了，把道德意志的發動和個人性命的生死，混在一起講了。這就是陽明心學的無限上升，不只是本體工夫論，而是本體宇宙論了。這也正是陽明心學有唯心論色彩的地方。

以這樣的方式來回答蕭惠的問題，其實還是理論建構的說服，理論是建構得十分高級了，但理性對感性的主導，依然是自覺做工夫與否的問題。這一部分其實也不是陽明理論建構得多麼高明就能解決的，還是蕭惠自己的事情，這也說明，人要成聖成仙成佛，都是自己的努力的結果，端看自己的世界觀價值選擇為何家何派，以及是否下定決心而為之。

五、好仙佛的蕭惠連犯四過

陽明少時學仙佛，但成一家之言後即不再言及仙佛，若有弟子執意詢問，陽明便是嚴屬斥責的態度，陽明當然有儒釋道的理論辯爭的意見，但是對於弟子的人格教學，如果好為仙釋，便是直接指責了。參見：

【124】蕭惠好仙、釋。先生警之曰：「吾亦自幼篤志二氏，自謂既有所得，謂儒者為不足學。其後居夷三載，見得聖人之學若是其簡易廣大，始自嘆悔，錯用了三十年氣力。大抵二氏之學，其妙與聖人只有毫釐之閒。汝今所學，乃其土苴，輒自信自好若此，真鴟鴞竊腐鼠耳！」惠請問二氏之妙。先生曰：「向汝說聖人之學簡易廣大，汝卻不問我悟的，只問我悔的！」惠慚謝，請問聖人之學。先生曰：「汝今只是了人事問；待汝辨個真要求為聖人的心，來與汝說。」惠再三請。先生曰：「已與汝一句道盡，汝尚自不會！」（《門人薛侃錄》）

陽明體認聖學易簡廣大，這是儒佛不同之處，亦即儒學就是以愛民成物之心致力於天下之事而無一毫私欲者，故為易簡廣大。弟子蕭惠好仙佛，陽明為說儒佛之辨，卻說蕭惠所好之道為二氏土苴，即指

養心神通之事者。又說仙佛之妙與聖人接近，陽明意指之仙佛之妙必是與儒家聖人事業的心法相關者，但世人多爲其養心神通能力所吸引，因此說眾人只知仙佛土苴。無奈蕭惠不悟，還要問仙佛之妙，遂被陽明責備，蕭惠慚愧，只好硬著頭皮再問儒家的聖人之學，此時陽明知道蕭惠只是爲保人情世故，給自己留個場面，做個好球給老師打而已，態度上十分不眞誠，因此再度責備他，要求他要眞正立志了再來問這個問題。其實蕭惠要是眞正立志了，則儒家聖學本就只是易簡廣大而已，直接努力就可以成功了，便也無須再問了，糟糕的是，蕭惠眞是駑鈍，他眞以爲老師是不想跟他講，以爲老師是責罵他不夠誠意，因此一心急切著要表示誠意，要求老師務必說與他知，陽明也就只好無奈地冷冷地說，早就跟你講完了你還是不懂。陽明「已與汝一句道盡」的是什麼呢？其實就是易簡廣大而已，就是直接去做而已，因爲儒學就是天道的本身了，就是一個良知說盡一切事。

本文中，陽明於儒釋之別又是自信過多，「大抵二氏之學，其妙與聖人只有毫釐之閑。汝今所學，乃其土苴」。就是這段話讓蕭惠不明究理，其實儒佛之別豈是毫釐，只是陽明已全爲儒者思維，佛道只是儒家正宗之一小偏之教而已，佛道那些修養心法皆能取爲儒家所用，故有此語。

六、要求自做工夫才能體會境界

陽明講做工夫，就是一定是自己要去做的，而不是什麼知識的問題，所以，陽明以指點來引導學習，代替以知識理論來回答問題。參見：

【125】劉觀時問：「『未發之中』是如何？」先生曰：「汝但戒慎不睹，恐懼不聞，養得此心純是天理，便自然見。」觀時請略示氣象。先生曰：「啞子吃苦瓜，與你說不得；你要知此苦，還須你自吃。」時曰仁在傍，曰：「如此才是眞知，即是行

矣。」一時在座諸友皆有省。（《門人薛侃錄》）

中庸的「未發之中」可以講成性體、本體，也可以講成只是喜怒哀樂未發時的狀態，就如陽明四句教講的「無善無惡心之體」，這時最好解讀爲只是身心的狀態，而不是心之本體。但是本文中陽明對於學生所問「未發之中」是如何的問題，陽明的處理是要學生「養得此心純是天理」，就能自己見到。也就是要自己去做，若是講哲學理論，可以談很多話的。學生不解，請老師說說做到時的樣子，陽明答爲啞子吃苦瓜，也就是自己去做到「戒愼不睹，恐懼不聞」，也就是別人不睹不聞時還是要自己戒愼恐懼，自我要求。徐愛說只有自我要求自己實踐才是眞知眞行，這就是陽明宗旨，不是知識的問題，而是行動的問題。知行合一之後，什麼道理都明白，不能實踐，講什麼理論提什麼問題都是無用的。

七、對生死問題的直接指點

蕭惠總是不悟，問完仙佛問生死。王陽明也總是以操作代替知識來處理學生的狀態，而不是回答問題。參見：

【126】蕭惠問死、生之道。先生曰：「知晝、夜即知死、生。」問晝、夜之道。曰：「知晝則知夜。」曰：「晝亦有所不知乎？」先生曰：「汝能知晝？懵懵而興，蠢蠢而食，行不著，習不察，終日昏昏，只是夢晝。惟『息有養，瞬有存』。此心惺惺明明，天理無一息間斷，才是能知晝。這便是天德，便是通乎晝、夜之道而知。更有什麼死、生！」（《門人薛侃錄》）

其實儒學是不談死後世界的，死後就是一個清名在人間，就是一個聖賢典範在世間，所有的探問的重點只在活著的生命的意義，在人生的追求，而不論死後的生命與生活，論於死後的知識者，只有道佛是如此的進路，因此儒學只管建立人間事功即是。陽明說知晝夜即知生死的意思，就是說這一天好好幹活，爲社會服務，這就是生命的意

義，不必問死後。蕭惠不悟，又問晝夜。陽明說白天工作、晚上睡覺，第二天養精蓄銳繼續工作就是知晝夜。蕭惠仍是不悟，以為晝有誰不知？陽明的回答都是在說人在一天之中要做有意義的事情，無一刻停息，時刻兢兢業業，這就是知晝，其實就是知天德，這就通晝夜，而不須論於死生。也就是說，儒家就是世間法，管此生此世的哲學，管人生的意義價值，管家國天下的事功，至於死後的世界儒家是不知道的，因此也就不必問了。問於死生也是白費。

就此而言，儒學與道佛確實不同，世界觀有別，道教有它在世界，佛教不只它在世界還有輪迴生命觀，故而論生論死，又論死而後生，蕭惠著迷於此，屢屢問之，也就屢屢錯誤了。

八、如何做工夫消除理障

學生有具體做工夫的問題，老師更是具體就如何操作直接指點，關鍵是以良知主導自己去做事，而不是一味想符合什麼社會世俗的價值。參見：

【206】庚辰往虔州再見先生，問：「近來功夫雖若稍知頭腦，然難尋個穩當快樂處。」先生曰：「爾卻去心上尋個天理，此正所謂理障。此間有個訣竅。」曰：「請問如何？」曰：「只是致知。」曰：「如何致？」曰：「爾那一點良知，是爾自家底準則。爾意念著處，他是便知是，非便知非，更瞞他一些不得。爾只不要欺他，實實落落依著他做去，善便存，惡便去，他這裡何等穩當快樂。此便是『格物』的真訣，『致知』的實功。若不靠著這些真機，如何去格物？我亦近年體貼出來如此分明，初猶疑只依他恐有不足，精細看，無些小欠闕。」（《門人陳九川錄》）

學生說工夫，說稍知頭腦，但尚不穩當。陽明做工夫指點，說關鍵在老是想個天理，老想要符合什麼天理，等於是想要獲得某種社會肯定似的，或是有些天道的印證似的，所以說有理障。理障之意是人

不處於直接做工夫的狀態，而是處在理性上追問如何符合於一個外在的事物上的狀態。所以陽明給他一個訣竅，就是致良知。良知是陽明最為自信的心性本體，它是活生生的人心主宰，良知一定知善知惡，不要自我欺瞞，對的去做，不對的不做，這就是格物，也是致知，格物是革除物欲，就是不對的事情不做，致知是致良知，就是對的就去做。陽明講的就是做工夫的方法，人性論的預設是良知固有，做工夫的方法就是自信得及，用此方法不會有任何不足，這就是陽明心學的訣竅。關鍵必須是念念在提起良知應對進退，無一刻稍停，則善惡必見，去惡向善格物致知矣。

九、人人胸中原是個聖人

　　針對學生缺點的狀態陽明是直接指出，針對學生優點的狀態也是直接指出，表示陽明觀人、識人、察人皆已是清清楚楚，教學之際，讓學生無從逃逸引竄，學生就是直接承認接受就好了。以下談胸中有聖人一段，即是關於看到學生優點的機鋒：

　　【207】在虔，與于中、謙之同侍。先生曰：「人胸中各有個聖人，只自信不及，都自埋倒了。」因顧于中曰：「爾胸中原是聖人。」于中起不敢當。先生曰：「此是爾自家有的，如何要推？」于中又曰：「不敢。」先生曰：「眾人皆有之，況在于中，卻何故謙起來？謙亦不得。」于中乃笑受。又論「良知在人，隨你如何不能泯滅，雖盜賊亦自知不當為盜，喚他作賊，他還忸怩。」于中曰：「只是物欲遮蔽；良心在內，自不會失，如雲自蔽日，日何嘗失了。」先生曰：「于中如此聰明，他人見不及此。」（《門人陳九川錄》）

　　孟子講性善論，講人人可為堯舜，所以陽明講人人胸中有個聖人，就是人人都可以自覺而承擔聖人事業，扮演聖人角色。于中是陽明肯定的好學生，所以說他胸中原是聖人，于中謙稱不敢當，作為學生，被老師稱讚時，謙虛是可以的，也是應該的，但是作為自己的

生命實況，就謙辭不得了，於是笑受。其實也不要笑，因爲事實上還不是聖人。陽明又說，盜賊也不願人家說他是盜賊，表示盜賊也有良知，所以任誰都不能泯滅自己的良知。于中於是多加一句，每個人的良知都不會消失，只是被欲望牽引而遮蔽了而已。這樣的表述都是很正確的。所以，差的只是工夫，因此一定要提起良知，也就是要做工夫，這就是陽明心學的要點。至於爲何人人胸中本是一個聖人？這就是性善論旨，需要朱熹的理氣論完整之，陽明之論重點不在此，重點在工夫論的發揮。

十、只是嘴上說對了也會被指責

學生表示了對老師教學觀點的看法，老師關切的卻是學生做到了多少，於是有了這一段機鋒：

【210】崇一曰：「先生『致知』之旨發盡精蘊，看來這裡再去不得。」先生曰：「何言之易也！再用功半年看如何，又用功一年看如何。功夫愈久，愈覺不同，此難口說。」（《門人陳九川錄》）

學生讚嘆老師的「致知」理論，認爲這已經是理論的最高境界，再沒有比這個更高的了。也就是說就工夫論而言，沒有更好的理論了，就用這個致知工夫就對了。學生這樣說對不對呢？就知識而言，這正是王陽明的立場。但就做工夫而言，學生只是嘴上說說，自己沒有下工夫，就算是最高境界，他自己也沒有達到，所以王陽明對學生這樣說話並不贊許，就說他是說得輕鬆，卻未下工夫，需是再下半年工夫再來體會這句話方可，一個人的學力，是隨自己的功力增長，愈下愈深，境界愈高。工夫理論的話不需多說，知道了就去做就好。學生的知識並非錯誤，陽明處理的是學生的工夫，沒做工夫，光說漂亮話，所以被責備。

十一、要求學生體驗致知工夫

對於所學，學生的表述說出了感受，老師在學生感受的基礎上，點評了他的實踐是否得力？這就是對學生學習境界的直接印證，參見：

【211】先生問九川：「於『致知』之說體驗如何？」九川曰：「自覺不同；往時操持常不得個恰好處，此乃是恰好處。」先生曰：「可知是體來與聽講不同。我初與講時，知爾只是忽易，未有滋味。只這個要妙再體到深處，日見不同，是無窮盡的。」又曰：「此『致知』二字，眞是個千古聖傳之秘，見到這裡，『百世以俟聖人而不惑』。」（《門人陳九川錄》）

老師問弟子對致知工夫的體認，弟子的回答非常之好。關鍵是，學生說：「往時操持常不得個恰好處，此乃是恰好處。」何意？致知是什麼？致良知於事事物物，自己針對自己的事情去對治人欲，致其天理良知。同時是在事功上權變處置，處理其輕重厚薄的種種考慮，盡力做去之後，總不能自覺圓滿，總還是有再進步的空間，所以此處學生的回答，在操持時，總不認為自己已經做到十全十美了，但恰恰就是這個不斷追求完美的心，正是此刻可以有的最佳狀態。事功當可再接再厲、再臻完美，儒者卻無一時刻得以自滿，這就是「不得恰好，正是恰好」，隨著每次的努力，隨著人生的事業奮進，人心就會成長。陽明聽得入心，高興，所以贊許他，這學生果然有去實踐體會，與初聽講時不同，而且這個工夫愈做，境界就愈高，但終究是無止境的，所以是千古聖傳之秘。

十二、斥責學生對老師拍馬屁

學生是不需要在老師面前誇獎老師的，在學生成為學生之後，就是老實學習就對了，若還在誇獎老師、評價老師，就是沒有在學習、沒有去實踐，也是對老師的不尊敬。誇獎是長輩對晚輩或是平輩之

間，對於長輩的言談舉止，表示理解認同敬重是可以的，表達肯定讚美誇獎，就有些身分上的不適宜了。參見：

【212】九川問曰：「伊川說到體用一原、顯微無間處，門人已說是泄天機；先生『致知』之說，莫亦泄天機太甚否？」先生曰：「聖人已指以示人，只爲後人擔匱，我發明耳，何故說泄？此是人人自有的，覺來甚不打緊一般，然與不用實功人說，亦甚輕忽，可惜彼此無益；無實用功而不得其要者，提撕之甚，沛然得力。」（《門人陳九川錄》）

學生在拍馬屁，說程伊川之說是洩漏天機，而老師王陽明致知之說更是洩漏天機太甚。伊川說的「體用一原、顯微無間」，體是價值意識，用是實踐此價值意識的事功，所以體用一原，一旦知道了就去做，做事時進入每一個細微的念頭，大方向不變，細節斟酌，顯微無間，沒有漏掉的細節，沒有完成不了的任務，所以顯微無間。至於說是洩漏天機，就是對本來存在的自明之理的讚嘆，對伊川讚嘆則可，他是古人了，至於對王陽明說：「莫亦泄天機太甚否？」就只是沒有意義的拍馬屁的話頭了。知道是真理就去做，而不是當面讚美，這就是話多了。所以王陽明是不高興的，才說，沒有天機，只是本來，天亦不遮掩，只是人自遮掩，它本來存在。王陽明只是指出來，所以說發明，最好說是發現，但也無妨，既是人人自有，說發明其實就是現代用語的發現之意，發現彰明。只要去做，必然效果宏大。

十三、克治念慮邪妄

陽明心學工夫就是在念頭上端正的工夫，而操作方式，就是去端正念頭，勇敢地端正，沒有他法，學生就是在念頭上會走做，因而提問，陽明直接指點，參見：

【216】九川問：「自省念慮，或涉邪妄，或預料理天下事，思到極處，井井有味，便纏繞難屏。覺得早則易，覺遲則難，用力克治，愈覺扞格，惟稍遷念他事，則隨兩忘。如此廓清，亦似無

害。」先生曰：「何須如此，只要在良知上著功夫。」九川曰：「正謂那一時不知。」先生曰：「我這裡自有功夫，何緣得他來；只爲爾功夫斷了，便蔽其知。既斷了，則繼續舊功便是，何必如此？」九川曰：「直是難鏖（音熬），雖知丟他不去。」先生曰：「須是勇；用功久，自有勇。故曰『是集義所生者。』勝得容易，便是大賢。」（《門人陳九川錄》）

學生的問題就是平日念慮上的問題，學生提問，平時思慮，有私意妄念在，去規劃公事，想到日後的宏大成效，又會興奮不止。這兩樣就是自己平日的毛病，平常犯了此病時，就轉換思慮到別的事情上去清一清頭腦，似亦無害，不知這樣做可否？老師的答覆就只是要求在良知上用功，學生卻一直糾纏，說自己就是會有不知時，說對付這種來來往往的妄念雜想十分艱難。陽明的回答永遠都是持續做致良知的工夫，勇敢地做致良知的工夫，就是不勇敢不持續才會被妄意、私欲給奪走了。所以是自己對治自己的心學工夫，沒有什麼外援旁人可以幫助的，只有靠自己的堅定的意志力而已。

十四、指導學生讀書融會的辦法

學生在學習上的疑問，老師都能看得清楚，指出眞正的問題所在，往往不是學生所以爲的那般，而是另有毛病在。參見：

【217】九川問：「此功夫卻於心上體驗明白，只解書不通。」先生曰：「只要解心。心明白，書自然融會。若心上不通，只要書上文義通，卻自生意見。」（《門人陳九川錄》）

學生認爲良知工夫在心上是能體驗到的，但是有些書本上的意旨卻尚不明白。陽明說，先印心，自己懂了以後才會懂一切的文字。懂，包括認同、相信，並且去做。如果沒有去做，只是文義明曉，其實不踏實，換個說法就又不通了。陽明此說，等於是說一切儒家的學問，都是自《孟子》說的四端心中自家流露的，關鍵就是動機持志，把此心與天理合一，然後在實踐上落實，則天理在人心由良知而發，

儒家意旨，都是如此，儒家都是把天下事當作是自己的事情，天下事是天道的範疇，人心也是天道的化現，所以瞭解天道的價值意識就在自己的良知之中，而良知活生生能動能主宰，能夠依循他就是君子聖賢，所以此處之解心就是獲得天道價值意識的關鍵要害，書上文義重點在此，不是許多偏雜的知識。若把做工夫的重心放在許多知識細節上，那麼意見再多，都無濟於事。當然陽明此說不等於否定了有用的客觀知識，但知識是否有用決定於價值意識，良知主導之下，自然能求知，所以就做工夫而言，關鍵還是良知的持守。

十五、指責學生舉止動作的毛病

一個人心學工夫不好，就會在他的行為舉止中看到，王陽明就指出學生在舉止動作上的毛病，說明為何會有這個毛病，究竟是心上工夫缺了什麼？參見：

【232】門人在座，有動止甚矜持者，先生曰：「人若矜持太過，終是有弊。」曰：「矜持太過，如何有弊？」曰：「人只有許多精神，若專在容貌上用功，則於中心照管不及者多矣。」有太直率者，先生曰：「如今講此學，卻外面全不檢束，又分心與事為二矣。」（《門人黃直錄》）

陽明對人的精神面貌與內心世界知之甚深，有太矜持者與太直率者，加上了一個「太」字，就說明了這個人不是真正的矜持與正直，而是掛搭了別的私心。太矜持者做什麼事情都怕自己做錯，這樣太愛惜自己，少了承擔，力氣都用在自己的容貌舉止上了，而不是做事情的本身。太直率者做什麼事情就覺得都是自己對，這便是好勝，講話不留情面，對自己的言行不檢點，只管自己講的盡是高大上的道德話術，說話的內容是對的，但說話的態度是錯的，所以又是分心事為二，就是這事是對的，但這心並不在這事上，而只是在表演這件事，心中只是一個粗魯的好勝之心。太直率是過，太矜持是不及，過與不及都不好。《菜根譚》說：「遇大事而矜持者，小事必縱馳；處明庭

而檢飭者，暗室必放逸。君子只是一個念頭持到底，自然臨小事如臨大敵，坐密室若坐通衢。」顯然對人性看得更透，發揮得更深。

十六、指導門人作文時該如何用心

　　心學是要為社會服務之學，只是服務之時強調念頭要端正。平常做事，要看是做什麼事？所做之事，要與服務社會直接相關，否則就是心意走做了，作文即是此事，不要為作文而作文，不要因作文而致心意走作了。參見：

　　【233】門人作文送友行，問先生曰：「作文字不免費思，作了後又一二日常記在懷。」曰：「文字思索亦無害；但作了常記在懷，則為文所累，心中有一物矣，此則未可也。」又作詩送人，先生看詩畢，謂曰：「凡作文字要隨我分限所及；若說得太過了，亦非修辭立誠矣。」（《門人黃直錄》）

　　學生寫文章為朋友送行，寫得投入，數日之間還縈繞在那篇文章中，甚至拿這件事情跟老師說，這個舉動其實有提醒老師幫他看看這篇文章的意思，顯然學生自認為文章寫得很好，所以不提起這個話題不行。老師直接就對學生這樣的舉動做了處理，故而不看文章，陽明指出寫文章用心思索是對的，但寫完後不斷掛記就不對了，這肯定有其他的私心欲念在作祟，其實就是勸他不要太用心在寫送行文章上，人真正要為社會做事，這才是君子儒者之道。陽明話沒說滿，學生沒有明白，學生過幾天又寫詩送人，還拿寫詩來問，還把自己的詩給老師看，看來這個人好以文字展現才華，王陽明就有斥責意了，說他文字盡是高抬自己，超過了自己的程度，只是一味展現意境，這樣就是說過頭了，心中沒有足夠的誠意。

　　王陽明的目的只在為天下人服務，一切的能力為此而為。喜寫文章賦詩詞的文人，目的在文章詩詞的本身，寫完不斷玩味掛心，不關心天下人。學生的平日行為，老師鷹眼警示。

十七、師弟子間如何展現寬宏氣象

　　一個人的氣象表現在日常生活的行為舉止中，最是清晰，學生在和老師相處的時候，學生的舉止動作，就是氣象的展現，老師的指點，就是對學生境界的檢證。一日師生閑坐，老師叫學生輕鬆些用扇，陽明是要輕鬆對待弟子，但從學生的反應中就顯出了學生個別意境的高下，老師則予以點評，引出《論語》一段的詮釋。參見：

　　【257】王汝中、省曾侍坐。先生握扇命曰：「你們用扇。」省曾起對曰：「不敢。」先生曰：「聖人之學不是這等捆縛苦楚的。不是裝做道學的模樣。」汝中曰：「觀仲尼與曾點言志一章略見。」先生曰：「然。以此章觀之，聖人何等寬洪，包含氣象。且為師者問志於群弟子，三子皆整頓以對，至於曾點，瓢瓢然不看那三子在眼，自去鼓起瑟來，何等狂態；及至言志，又不對師之問目，都是狂言。設在伊川，或斥罵起來了。聖人乃復稱許他，何等氣象。聖人教人，不是個束縛他通作一般，只如狂者便從狂處成就他，狷者便從狷處成就他，人之才氣如何同得。」

　　（《門人黃省曾錄》）

　　為了用扇與否，陽明講了一整段重要的話，其實就是在談個人的境界。陽明曾自述是狂者胸次[10]，一身承擔天下，世俗的議論與禮教是不放在心上的，因為為學的重點是在良知直接呈現以應世事，因此是否提起良知便是工夫的真正關鍵，有時候生活上的敬畏謹嚴倒不是他太在意的細節，當然，一旦弟子的行為放縱，而顯現驕心私欲時，陽明還是會立即斥責的。

　　一日，陽明與諸弟子坐談，或許是天氣炎熱，陽明要弟子們用扇，然而諸弟子皆不敢造次，陽明說，聖人氣象不是如此拘謹，弟子放鬆些可也。其實弟子的不敢，這就是矜持。老師請你用扇這麼小的事情，還要花時間讓老師聽到你說不敢，浪費老師的時間。又不是請你做老師的老師。此時，王龍溪在侍，知師心意，以曾點言志故事喻之，陽明許之，竟謂曾點亦是一狂態，但聖人許其狂，意謂陽明亦許

弟子之狂。其實，曾點是雲淡風輕，沒有好勝私欲之心，但也未必就有戮力篤行拯救天下之志，孔夫子心向此意境，故稱許之，但孔夫子之一生，可是與陽明更近似些，而非曾點型態，只其晚年回鄉教學，看盡天下事，心情已淡然許多了，故而較願貼近曾點之清淡心情，而不是以爲曾點有狂者胸次，這是陽明以己之心體貼曾點了，陽明中年即逝，一生都還在汲營天下事中，狂心不免，只是能守得良知致中和的定力而已，故而成爲儒者之典範，而爲一代之宗師，因此關心弟子是否眞正進取，而不是日常生活的謹畏敬凜而已，陽明說：「狂者便從狂處成就他，狷者便從狷處成就他，人之才氣如何同得。」其實，狂狷稍一不及，就是矜持、直率太過了，陽明只管向上一機，故隨處指點，重在向上提起，故有此一公案。

十八、要求學生要真正立志

陽明對弟子立志的要求是最爲嚴厲的，若弟子隨便說些立志的話，陽明是會嚴厲責備的，也就是會在教學時直接指出學生的缺點。參見：

【260】何廷仁、黃正之、李侯璧、汝中、德洪侍坐。先生顧而言曰：「汝輩學問不得長進，只是未立志。」侯璧起而對曰：「琪亦願立志。」先生曰：「難說不立，未是必爲聖人之志耳。」對曰：「願立必爲聖人之志。」先生曰：「你眞有聖人之志，良知上更無不盡：良知上留得些子別念掛帶，便非必爲聖人之志矣。」洪初聞時心若未服，聽說到不覺悚汗。（《門人黃省曾錄》）

提起良知就是立志，立志就是立爲聖人之志，爲聖人就是承擔天下事而無私欲，然而這可就是要堅苦卓絕大死一番才眞正承擔了的，陽明一生親證及此，因此這是眞實工夫的事業，不是嘴上說說而已，至於道理可是簡易直截沒有曲折艱困的地方。陽明以此告誡弟子，弟子侯璧，心思單純，似子路，開口即說願意承擔此志，陽明知其功力

未到，評爲尙非聖人之志，侯璧欲示其誠，再說願爲聖人之志，陽明應是早知此子之狀態，見出他還有許多私心私欲在糾纏，便直說出他的缺失，令侯璧直冒冷汗，也就是說在陽明門下之弟子，老實用功即可，不必逞嘴上之快，陽明智慧第一，弟子的心性修爲清清楚楚，稍有言過其實，陽明必不客氣地予以糾正。所以，陽明之門下，是在鍛煉君子人品的道場，而不只是讀書求知的學校。

十九、醫治心病的方子

陽明對自己所說的良知教的修養方法十分自信，不容他人議論，若有隨意批評者，必遭指責。參見：

【279】一友問：「欲於靜坐時，將好名、好色、好貨等根，逐一搜尋，掃除廓清，恐是剜肉做瘡否？」先生正色曰：「這是我醫人的方子，眞是去得人病根，更有大本事人，過了十數年，亦還用得著。你如不用，且放起，不要作壞我的方子！」是友愧謝。少間曰：「此量非你事，必吾門稍知意思者爲此說以誤汝。」在坐者皆悚然。（《門人黃省曾錄》）

有學人放言高論，說私心私欲是人常有之，不可能於靜坐之時一次掃光，若強說掃除一切私欲，恐將生機一齊灼喪了，即是「剜肉做瘡」。陽明聞之十分生氣，做工夫除了將私意私欲一起掃除之外還有什麼？因此予以指責。這就是陽明的工夫論宗旨，即便是聖人亦只是此一方式，因此絲毫不許弟子輕議，顯然陽明對說這話的學人十分不滿意，又發覺可能是自己的弟子跟他這麼提起的，因此一時之間陽明弟子亦被責罵了。

理論上討論，除去好名好色好貨之病會一併把人性之善也除去了嗎？學生這樣的問題，是把追求理想的動機和追求欲望的動力混在一起講了。凡人做事要有動力，動力就是欲望的追求，在追求欲望中也同時爲社會做了點貢獻，這是學生的想法，所以去掉聲色貨財之利，人的動力何來？沒有經過哲學思考的人就會這樣想事情。經過哲學思

考之後，建立了性善論，良知固有說之後，人的行爲動力是可以直接來自天理良知四端心的，這就是致良知的工夫，提起它直接爲善服務承擔，間接也就克制了私欲之病。所以陽明之學，全是孟子性善論往工夫論上的發揮，至於朱熹理氣論，則是孟子性善論往人性論上的發揮，都是理論上合理的發展。就陽明，提起良知，就會對於是欲望還是理想分辨得清清楚楚，此處不容虛僞夾帶，學生之問，就是夾帶地問的，故而令陽明憤怒。

二十、工夫不切時該怎麼辦

對於弟子不知要自己好好下工夫，而總是要求有一個完備無誤的方法時，陽明都是不再說學理，只要求他們必須自己做工夫，實踐了之後自己才能體會，參見：

【280】一友問功夫不切。先生曰：「學問功夫，我已曾一句道盡，如何今日轉說轉遠，都不著根！」對曰：「致良知蓋聞教矣，然亦須講明。」先生曰：「既知致良知，又何可講明？良知本是明白，實落用功便是；不肯用功，只在語言上轉說轉糊塗。」曰：「正求講明致之之功。」先生曰：「此亦須你自家求，我亦無別法可道。昔有禪師，人來問法，只把麈尾提起。一日，其徒將其麈尾藏過，試他如何設法。禪師尋麈尾不見，又只空手提起。我這個良知就是設法的麈尾，捨了這個，有何可提得？」少間，又一友請問功夫切要。先生旁顧曰：「我麈尾安在？」一時在坐者皆躍然。（《門人黃省曾錄》）

做工夫就是自己將道德意志提起以應對世間事，弟子討論做工夫不得力應如何救治？陽明認爲根本不是知識上如何確定價值與使用何種方法的問題，而是心志貫徹與否的問題，因爲道德良知人人心中本有，提起即是。但是弟子卻以爲自己要問的就是良知如何提起的操作細節的問題，我願意致良知，但我必須要知道該怎麼做，所以尚有求知的需要，因此自認爲自己問得有理，所以還是提出詢問。其實，

你自己該做的事情跟別人討論什麼呢？只有你自己知道，也只有你自己能做到，例如，用功讀書、孝順父母，這些該做的事，還需要研究理論、知識、方法、技術、手段、節奏、進度、形象嗎？不需要的。良知自己就是主宰，不是拿外面的東西來講良知，是良知幫你主宰外面的東西。所以陽明就講了禪師的故事，禪師回答般若的問題，般若不以言傳，因此禪師在被問問題的時候，就只提起塵尾，標記法非言傳，汝自體貼本心即知。塵尾就是比喻佛教的本心本性，塵尾也是比喻而已，沒有塵尾，舉起手指也是一樣，總之就是不說，說了就是不做。禪師不管是提起塵尾，還是提起手，都只是說明要提起本心本性實際下工夫而已，因此弟子的問題就是是否實際下工夫的問題，下了工夫之後自然會知曉其中的艱難之關鍵，而不需要再問更多的細節方法。在另一個場合中又有弟子問如何做工夫的問題，陽明即以禪師之喻說：「我塵尾安在？」王陽明手也懶得舉起，直接用說的，表示這不是言傳的，是你自己要去體認實踐的，我說了什麼都不是你的，你要自己明白。所以我自顧自地找尋我的塵尾，亦即是要弟子去找他自己的良知，自己予以提起，即是就去做就對了，弟子若不去實際做工夫，而是一味垂問，終是枉然。學生們這次終於參與到機鋒裡面了，他們懂了，高興雀躍，「一時在坐者皆躍然」。

二十一、滿街聖人的公案

陽明對弟子的心性修為清清楚楚，因此也有對機教學的風範，在日常交談的時候，常常會直接指點學生的毛病，讓學生當下面紅耳赤起來。參見：

【313】先生鍛煉人處，一言之下，感人最深。一日，王汝止出遊歸，先生問曰：「遊何見？」對曰：「見滿街人都是聖人。」先生曰：「你看滿街人是聖人，滿街人倒看你是聖人在。」又一日，董蘿石出遊而歸，見先生曰：「今日見一異事。」先生曰：「何異？」對曰：「見滿街人都是聖人。」先生曰：「此亦

常事耳，何足爲異？」蓋汝止圭角未融，蘿石恍見有悟，故問同答異，皆反其言而進之。洪與黃正之、張叔謙、汝中丙戌會試歸，爲先生道塗中講學，有信有不信。先生曰：「你們拏一個聖人去與人講學，人見聖人來，都怕走了，如何講得行！須做得個愚夫、愚婦，方可與人講學。」洪又言今日要見人品高下最易。先生曰：「何以見之？」對曰：「先生譬如泰山在前，有不知仰者，須是無目人。」先生曰：「泰山不如平地大，平地有何可見？」先生一言翦裁，剖破終年爲外好高之病，在座者莫不悚懼。（《門人黃省曾錄》）

聖人心胸廣闊，視民如傷，愛民如己，救難天下人，見天下人都有成爲聖人的可能性，即如佛見眾生皆是佛之義。陽明弟子便以「見滿街都是聖人」爲機峰，展開言談。王汝止傲氣過重，自以爲是聖人，以聖人之標準要求別人也得做聖人，故說「見滿街人都是聖人」。陽明諷刺他說，是你自以爲自己是聖人，才這樣說話的，其實滿街人都看你裝模作樣地扮個聖人，都在譏諷嘲笑你呢！老師的意思是，跟百姓生活在一起，身分上自己就是尋常百姓人家，這樣人家才會聽你的。你姿態過高，高高在上，人家當你講故事聽聽而已。但另一位同學董蘿石，質樸守分，態度謙下，尊重世人，其亦說「見滿街人都是聖人」，陽明知其心中確實誠篤如此，故而說這是平常之事，我輩儒者皆應有見及此，故而無須特異。陽明與弟子對答，無有定說，甚至反其言而言，關鍵就是陽明不是在做知識探究，理論辨析，而是在做心性治療，當下棒喝，直接處理弟子的內心狀態，不務究理者，眞不知其意旨爲何。

又一次，群弟子在外宣教，卻亦是自傲過人，把別人當作愚夫愚婦，自以爲是大人蒞臨教學。故而陽明指責他們自己太高傲，自以爲是聖人，故而人見之不喜，都無意與之學。一弟子不明此意，以爲陽明既是聖人，學生以陽明師說教人，人人皆應尊敬受教，否則人品不高，有眼無珠。陽明則以爲此弟子過傲，要求儒者必須自己先尊敬平民百姓，平民百姓才會尊敬你，儒者氣象是要謙虛下民的，不是高高

在上要人民崇拜的，這都是務外好高之病。

二十二、禪師機鋒的解讀

禪師與弟子的公案印證，關鍵就是答案不直接講出來，而是以種種隱喻點到為止，看學生能不能自己體會到，這種方式，陽明理解，也會運用到儒家工夫的操作上。參見：

【329】一友舉「佛家以手指顯出，問曰：『眾曾見否？』眾曰：『見之。』復以手指入袖，問曰：『眾還見否？』眾曰：『不見。』佛說還未見性。此義未明。」先生曰：「手指有見有不見，爾之見性常在。人之心神只在有睹有聞上馳騖，不在不睹不聞上著實用功。蓋不睹不聞是良知本體，戒慎恐懼是致良知的工夫。學者時時刻刻常睹其所不睹，常聞其所不聞，工夫方有個實落處；久久成熟後，則不須著力，不待防檢，而真性自不息，亦豈以在外者之聞見為累哉？」

學生以一段禪師公案問陽明。禪師公案千變萬柢就是在激發般若智，般若智就是不起分別心，般若智是佛家本體，修行印心只在顯化此本體，一切時間本體發用，一切事為之際就是般若智一事無念而已。所以當禪師顯出手指時，弟子宜說不見，不起分別心。手指收回去時，弟子宜說見之，就算沒有現象，本體還是在的。所以弟子之答，禪師都說不見性，見性就是見自家本性，都不關手指，禪師沒事不是在問手指見不見，只是在問自性見不見。機鋒只是引導思維，變化萬千，就是要直指本心，佛家是般若智，儒家是良知本體，所以陽明說，手指可以有見有不見，但是良知本體永遠存在也永遠作用，它作用時，一切事物都只是以它為主導，不是外在事物的現象主導，不受外在事物現象的干擾，永遠自主作用，就是永遠立志勤學服務利他善行一事而已。文中說的不睹不聞，就是價值意識，良知主宰，在不睹不聞之際就指揮了一切。此事不干外物，所以不睹不聞，但關本體，所以常做主宰。

二十三、狀元也要自我要求

陽明教學時，學生錯就指責，對就誇獎，直來直往，絕不隱晦，這就是陽明教學機鋒的驚心動魄之處，如不自信得及，往往被老師震撼得站不穩腳跟。以下這段是對某位學生的肯定，但卻對其他同學造成震撼。參見：

【342】鄒謙之嘗語德洪曰：「舒國裳曾持一張紙，請先生寫『拱把之桐梓』一章。先生懸筆爲書，到『至於身而不知所以養之者』，顧而笑曰：『國裳讀書，中過狀元來，豈誠不知身之所以當養，還須誦此以求警。』一時在侍諸友皆惕然。」

舒國裳請先生寫字給他警惕，內容就是孟子的一段文字：「孟子曰：拱把之桐梓，人苟欲生之，皆知所以養之者。至於身，而不知所以養之者，豈愛身不若桐梓哉？弗思甚也。」陽明寫完，心情愉快，自己這位優秀的弟子，都中過狀元了，還要這樣要求自己，道理豈不明白，還要時時警惕，當時，在場的其他同學都驚訝地警惕自己，爲什麼？狀元都這樣要求自己了，何況我們？陽明的誇獎，或是對這位求字的高弟，豈非更是對其他同學的提醒。

二十四、小結

以上藉由二十數則陽明教學現場的文字，展現陽明教學機鋒之風采，並無理論建構之新意，但有實踐體證的事蹟，值得討論，說明如上。王陽明一生治世教學，事功不忘讀書，讀書即刻實踐，體悟有得即教學，教學風格中顯見嚴峻精神，亦有似禪之處，其實，禪以明心見性體空證空爲方式與方向，禪儒方向不同，亦即價值意識不同，但方式是相同的，亦即皆是本體工夫的心理修養活動，奉守價值意識之後，就是持定不放一事而已，陽明的價值意識以良知概念定位，即是儒家的仁義禮知誠善諸價值，在做工夫時，只有價值意識以爲意志之主宰一事，再無其他有無能所一多內外之念，還在關心其他問題的，

就是沒有守住良知善念一事，就是沒有真為聖人之志，此與禪宗教學只問本心之形式全然相同。陽明有許多與弟子談修養的話語紀錄，弟子的缺點都是立志不足還發為念慮，要提問如何反回本心，陽明之回應皆是要求直接立起良知本心，因此語多嚴峻，其實就是弟子沒有真在心上下工夫立志的問題而已，因此陽明就是要求弟子直接在心上做工夫的做法而已，也就是要直接做工夫就沒有問題了。並且，陽明對於弟子們的私人毛病都看得清清楚楚，學生狀態一出，陽明都是一語中的，不留餘地，教學過程精彩，感動人心至深，值得介紹與討論。正見出陽明心學的活潑真實。

　　本節討論，也是筆者談中國哲學真理觀的檢證問題的討論材料，陽明對弟子教學機鋒的公案文字正是師父對弟子檢證的現場紀錄，說明陽明的回答，就是說明對弟子的檢證，也就是檢證理論的實踐現場。

註釋：

10 參見陽明言：「我在南都已前，尚有些子鄉愿的意思在；我今信得這良知真是真非，信手行去，更不著些覆藏；我今才做得個狂者的胸次，使天下之人都說我行不掩言也罷」。（《門人錢德洪錄》）

第十五章　心意相通的師弟問答
——答歐陽崇一

在陽明與弟子的問答往來之間，有被他責罵不已的如蕭惠，也有不得不婉轉啓迪的如陸原靜，但其中也有歐陽崇一，始終被陽明視爲善學的及門好弟子。歐陽崇一和王陽明的問答語錄，得見弟子幾已達到師說的境界，但就差那麼一點點，還有師父可以指點的小空間在，讀其師弟子的問答，才眞是善問善答，心意相通的師徒兩人。

一、良知非在見聞

這一條的問答，從第一義的高度，確認做工夫的根本關鍵就是立志，也就是說，王陽明談的是純粹意志的哲學，聖賢境界的哲學。

【168】崇一來書云：師云：「德性之良知，非由於聞見，若曰『多聞，擇其善者而從之，多見而識之』，則是專求之見聞之末，而已落在第二義。」（《答歐陽崇一書》）（以上歐陽崇一問）

德性之知與聞見之知的區分是張載所提的用詞，也是程頤、朱熹所繼承，陽明亦主此，歐陽崇一竟以此點評孔子所說之多聞多見，認爲這已落第二義，筆者以爲，這第一義、第二義的批評是無謂的，參見：

子曰：「蓋有不知而作之者，我無是也。多聞，擇其善者而從之，多見而識之，知之次也。」（《論語·述而》）

孔子強調做事情之前要先搞清楚事情該怎麼做，不能盲目瞎做，若已經決志做事，在大環境中，在體系體制中，自然要多看看人家做

的事情，然後把好的做法繼續做下去，多聽多看而瞭解事情的各個方面，這才是學習知識的次第原則。就孔子這樣的說法而言，一樣是強調要去做工夫實踐的。參見陽明的回答：

竊意良知雖不由見聞而有，然學者之知，未嘗不由見聞而發；滯於見聞固非，而見聞亦良知之用也；今曰「落在第二義」，恐爲專以見聞爲學者而言，若致其良知而求之見聞，似亦知、行合一之功矣。如何？（以上陽明回答）

王陽明認爲，致良知於見聞，亦是知行合一之義。陽明學說，專在本心，就是致良知，良知不由見聞而有，但良知既起，要去做事，必由見聞而發。若只是見聞當然是不對的，但良知發用必透過正確的見聞。孔子所言，已在啓動德性良知之後，在事爲之際，自然多聞多見而知其是非對錯，歐陽崇一以爲孔子所言已落第二義，這樣理解是不對的。又見陽明言：

良知不由見聞而有，而見聞莫非良知之用；故良知不滯於見聞，而亦不離於見聞。孔子云：「吾有知乎哉？無知也。[11]」良知之外，別無知矣。

陽明始終強調，眞正聖賢之所以掌握者，就是價值意識道德情懷，只要提起良知即可，重點都不在聞見。掌握價值，提起良知之後，自然有沛然莫之能禦的意志、動力，去做任何事情，包括學習，而且必要的知識都會學到最好，藉由正確的知識以實踐行動。引孔子所說之「無知也」，孔子是說跟鄙夫的討論，沒有預設任何自己的成見立場，只是跟他討論他的情況，就可以幫他解決問題。陽明認爲孔子的無知是別無他知，只有良知，良知就是對他人的關心，是一個關懷的態度加上聰明的頭腦，不是要去灌輸別人什麼知識道理，所以是無知，只是去開導對方而已，這就是良知的關懷之心。又說：

故「致良知」是學問大頭腦，是聖人教人第一義。今云專求之見聞之末，則是失卻頭腦，而已落在第二義矣。近時同志中，蓋已莫不知有「致良知」之說，然其功夫尚多鶻突者，正是欠此一問。

大頭腦也是朱熹常說的話，所以這種掌握價值的做工夫思路不是只有陽明心學一家，朱熹理學之說亦然重此，這就是儒學之所求，不會有任何儒學學者不懂此旨甚至反對的。陽明說把頭腦提起是聖學第一義，卻認為有人是只求知識卻不行動，關鍵是這些人內心中所看重的，是以利益之心，求聞見之知，忽略根本目的，因此失去了大頭腦，所以落在第二義。做任何事情都有根本目的，把握利他、服務、致良知，這才是第一義工夫。陽明認為自己的學生固知致良知，卻缺少了真正去做這個第一義，所以會困在聞見之知的學習中。又言：

> 大抵學問功夫只要主意頭腦是當，若主意頭腦專以「致良知」為事，則凡多聞、多見，莫非「致良知」之功。蓋日用之間，見聞酬酢，雖千頭萬緒，莫非良知之發用流行；除卻見聞酬酢，亦無良知可致矣，故只是一事。若曰致其良知而求之見聞，則語意之間未免為二。此與專求之見聞之末者雖稍不同，其為未得精一之旨，則一而已。

陽明強調為人處事首重目標，人生目標確定之後，多聞多見都不是問題，都是致良知之功，本身就是致良知的事業。內屬於致良知，而不是致良知之後去外求見聞。目的在服務社會，則必能有知行之智，該求則求。否則，先想著知見，服務的意志沒有建立，將來路就偏了。又針對孔子所說而言之：

> 「多聞，擇其善者而從之，多見而識之。」既云擇，又云識，其良知亦未嘗不行於其間；但其用意乃專在多聞多見上去擇、識，則已失卻頭腦矣。崇一於此等處見得當已分曉，今日之問，正為發明此學，於同志中極有益；但語意未瑩，則毫釐千里，亦不容不精察之也。

王陽明竟然批評起孔子了，真是大膽，這就是他自己患了智者過多之病，說此說固有良知之啟用，但已落入多聞多見而失去頭腦。陽明以為，孔子之言之專在擇之識之上用功，用意在聞見，這就是失去頭腦。頭腦就是提起良知，專以服務為事業，沒有私利目的的掛搭。陽明所言差矣。一個理論若固執於一，看任何他人文句都不順眼，就

是不在別人的語境中而做的挑剔式批評，說孔子此說已失去頭腦，真是言之太過了，根本錯誤。孔子不會有失去頭腦的話，朱熹也不會，只有陽明自己錯解而已。前已述及，孔子是說自己沒有未知而做的事，既要做事，肯定要做好做對，豈能無知而妄做。

二、依繫辭傳說良知何思何慮

這一條藉由《繫辭傳》的「何思何慮」談良知的發用，重點在動機確立，就不會胡亂思慮。崇一言：

【169】來書云：師云：《繫》言「何思何慮[12]」，是言所思所慮只是天理，更無別思別慮耳，非謂無思無慮也。心之本體即是天理，有何可思慮得！學者用功，雖千思萬慮，只是要復他本體，不是以私意去安排思索出來；若安排思索，便是自私用智矣。」（《答歐陽崇一書》）

崇一所說，已是中理，天理自在吾心，主體沒有虛妄思慮就是在天理的狀態，主體提起良知，不須思慮，不待私意安排，所做自已符合天理，故言何思何慮。崇一的解釋，只慮天理，不思他事，不以私意安排諸事，只要復我本體，一切本體發用。陽明自是首肯其說，就繼續自我發揮，言到：

學者之敝，大率非沉空守寂，則安排思索。德辛壬之歲著前一病，近又著後一病，但思索亦是良知發用，其與私意安排者何所取別？恐認賊作子，惑而不知也。「思曰睿，睿作聖。」、「心之官則思，思則得之。」思其可少乎？沉空守寂與安排思索，正是自私用智，其為喪失良知一也。良知是天理之昭明靈覺處，故良知即是天理，思是良知之發用。若是良知發用之思，則所思莫非天理矣。良知發用之思，自然明白簡易，良知亦自能知得。若是私意安排之思，自是紛紜勞擾，良知亦自會分別得。蓋思之是非邪正，良知無有不自知者。所以認賊作子，正為致知之學不明，不知在良知上體認之耳。

良知發用之後要思索，這跟私意安排如何分別？又，學者之病尚有沉空守寂，亦即不去作為，「沉空守寂與安排思索」，一個是懶得做，一個是投機地做，兩種都是私心用智。若是良知發用，定是以天理去抉擇取捨，自能分明辨析是非對錯，從而認真做事，把事情做好，王陽明不把認真做事時的厚薄輕重之考慮當作私意安排，認真考慮只是良知發用，自然知曉，沒有機心，只有誠誠懇懇。所以說，陽明永遠是在談動機，不是在談知識，一是一定要去做，一是一定是利他地做，至於做時所需的知識，陽明一點也不擔心，唯一擔心的，是只管學知識卻不利他而只利己，這就是私意發作，失了良知。

三、在境界工夫上說良知永不困憊

陽明意旨，一輩子為學就是提起良知服務社會一事而已，必須做到，沒有第二件事。如果還要勉強自己努力做人、做好人好事，這就不是真的良知發用了。勉強自己做好事，裡頭全是算計之心了，因為做好事是沒有目的的，此說，已是把工夫說到境界上了，崇一不明白，追問：

【170】來書又云：師云：「為學終身只是一事，不論有事無事，只是這一件。若說寧不了事，不可不加培養，卻是分為兩事也。」竊意覺精力衰弱，不足以終事者，良知也。寧不了事，且加休養，致知也。如何卻為兩件？若事變之來，有事勢不容不了，而精力雖衰，稍鼓舞亦能支持，則持志以帥氣可矣。然言動終無氣力，畢事則困憊已甚，不幾於暴其氣已乎？此其輕重緩急，良知固未嘗不知，然或迫於事勢，安能顧精力？或因於精力，安能顧事勢？如之何則可？（《答歐陽崇一書》）

陽明說努力培養，就是分做兩事，就是良知不夠真切。崇一問，精力衰弱，必須提起良知打起精神，如何為二事？又問，提起良知勉強應事，實不可免，卻常受困，如何而可？因為確實有時候真的被事情搞得完全喪失精力氣力了，事情都顧不上了，這時候該怎麼辦？學

生的問題就是，提起良知固然是知道的，但會有懈怠時，此時就是再提起就好了，爲何說這樣已經是離了良知了？更有甚者，有時候眞的是洩氣了，沒有精力服務社會去利他了，怎麼辦？陽明回答：

> 「寧不了事，不可不加培養」之意，且與初學如此說，亦不爲無益。但作兩事看了，便有病痛在。孟子言「必有事焉」，則君子之學終身只是「集義」一事。義者，宜也，心得其宜之謂義。能致良知則心得其宜矣，故「集義」亦只是致良知。君子之酬酢萬變，當行則行，當止則止，當生則生，當死則死，斟酌調停，無非是致其良知，以求自慊而已。

陽明之意其實就是講良知就是立志，一旦立志，只剩立得眞切不眞切而已，沒有第二件事了。陽明認爲，做人就是一件事，提起良知，終生服務社會。不是勉強做事，若是勉強做事，則事與良知分而爲二矣。對初學者，要求勉力而爲，這樣還可以說說。但是眞正的君子，永遠都是在做應該做的事情，既然該做，本身就已經樂意去做了。過程中，行止生死、斟酌調停，都是順著良知而動，沒有猶豫計算利害考慮在其間的，所以根本說不上培養，也就是沒有刻意激勵的事情，因爲已經立志妥當了，若還要做這些自勉激勵的動作，就是立志未眞切了，所以說還是與良知爲二事，所以筆者說陽明這是說工夫到境界上頭了，不是停留在培養激勵的初步工夫階段了。又深入言：

> 故「君子素其位而行」，「思不出其位」，凡謀其力之所不及，而強其知之所不能者，皆不得爲致良知；而凡「勞其筋骨，餓其體膚，空乏其身，行拂亂其所爲，動心忍性以增益其所不能」者，皆所以致其良知也。

眞正致良知之志切，則不論多麼艱難，都不能撼動他的意志，但也不做能力不足做之事，若需要勉強去做，這只是好勝，並非致良知。但致良知是不怕辛苦事的，遇到事情之艱難，就要在得空時努力學習，提升實力，然而此亦樂意爲之之事，不會痛苦，只是無畏辛苦。一旦碰到艱困，保持良知，樂意爲之，心裡也不會累。關鍵是知道自己在做對的事情，而不是勉強自己去做，所以不會有艱辛受困之

感。陽明引孟子動心忍性之說，詮釋得非常深刻有理。又言：

> 若云寧不了事，不可不加培養者，亦是先有功利之心，較計成敗
> 利鈍而愛憎取捨於其間，是以將了事自作一事，而培養又別作一
> 事，此便有是內、非外之意，便是自私用智，便是「義外」，便
> 有「不得於心勿求於氣」之病，便不是致良知以求自慊之功矣。
> 所云「鼓舞支持，畢事則困憊已甚」，又云「迫於事勢，困於精
> 力」，皆是把作兩事做了，所以有此。

陽明對崇一所提出的情況，做出定位，關鍵就是這些說法都是立
志不眞切而已。如果心裡想著事不能不辦，所以要勉強去辦，這就是
有了自私計較之心。便會幹完了就覺疲累，都是因爲事情與己心不是
一事。若是事情與己心是一件事，絕無疲憊心累之情，都是神采奕奕
的，不論多難多久，都能保持旺盛的戰鬥力，心中不會覺得疲累。所
有「困憊已甚」、「困於精力」都是不在良知提起利他服務的心態
中，若守在良知，都不會有這些心情的。又說：

> 凡學問之功，一則誠，二則爲，凡此皆是致良知之意，欠誠一眞
> 切之故。《大學》言：「誠其意者，如惡惡臭，如好好色，此之
> 謂自慊。」曾見有惡惡臭，好好色，而須鼓舞支持者乎？曾見畢
> 事則困憊已甚者乎？曾有迫於事勢，困於精力者乎？此可以知其
> 受病之所從來矣。

陽明對崇一所說疲憊勉強之說十分不滿，認爲這都是沒有眞正提
起良知才會有的心態。眞誠爲之，是不會疲憊的，此時坦惻眞誠，實
不容僞，只有直截順勢，沒有勉強委屈受累之事，任何受累疲憊的感
覺，都是來自於自私算計因而心理疲憊的。說到這裡，陽明的工夫論
簡直是無法做工夫了，一旦立志就要做到最高，這確實是不符合人性
的要求，這就是境界工夫。一做工夫就是要做到位，否則就是二之。

四、提起良知做到不逆不億

《論語》講的不逆詐、不億不信而常先覺，崇一以爲太難了，覺

得日常之間太容易自己背覺合詐了，其言：

【171】來書又有云：人情機詐百出，禦之以不疑，往往爲所欺，覺則自入於逆、億[13]。夫逆詐，即詐也，億不信，即非信也，爲人欺，又非覺也。不逆、不億而常先覺，其惟良知瑩徹乎。然而出入毫忽之間，背覺合詐者多矣。（《答歐陽崇一書》）

崇一反思自己做不到不逆、不億、先覺，反而甚至常常背覺合詐。陽明回答：

不逆、不億而先覺，此孔子因當時人專以逆詐、億不信爲心，而自陷於詐與不信，又有不逆、不億者，然不知致良知之功，而往往又爲人所欺詐，故有是言。非教人以是存心，而專欲先覺人之詐與不信也。以是存心，即是後世猜忌險薄者之事，而只此一念，已不可與入堯、舜之道矣。

陽明解釋孔子的意思，孔子當時之人，多有逆詐、猜臆之病，孔子教人是不要犯這種逆詐、臆不信的毛病，不是要培養能不逆詐、能不臆信的能力。若總是以此存心，則又是開啓猜忌險薄之念矣。做人不需要先用這些防備之機心，做人就是誠懇做事，自會心中雪亮，看別人的行爲就都晶瑩透明，騙不了你的。若總是要去覺知別人之是否欺詐虛僞，自己已經走偏失了。又言：

不逆、不臆而爲人所欺者，尚亦不失爲善，但不如能致其良知，而自然先覺者之尤爲賢耳。崇一謂「其惟良知瑩徹」者，蓋已得其旨矣。然亦穎悟所及，恐未實際也。

陽明提醒崇一，做爲「其惟良知瑩徹」者，必能先覺而不逆不億。如果自己雖不逆、臆卻仍爲人所欺者，其實是自己也未能先爲善者。最好就是眞做到了致良知，則能自然先覺，這才是眞賢。陽明認爲崇一之言已是，但尚未有實踐之實際，故而所體不深。爲什麼能致良知就能先覺呢？陽明發揮道：

蓋良知之在人心，亙萬古、塞宇宙而無不同；不慮而知，恒易以知險，不學而能，恒簡以知阻；「先天而天不違，天且不違，而

況於人乎？況於鬼神乎？」夫謂背覺合詐者，是雖不逆人而或未能無自欺也，雖不億人而或未能果自信也，是或常有先覺之心，而未能常自覺也。

陽明對提起良知的工夫，真正是說到了境界上了。對良知的功能，是完全無保留地發揮。陽明深談良知功能，說良知就是能夠知天知地知人先覺的。崇一所說之背覺合詐之境，就是自己尚有自欺、不自信、不常覺之弊端。自己工夫不深就會不老實，不老實就會猜測別人使詐，自己對提起良知信心不夠，沒有自信就會以為別人不相信自己，本來應該早有先見之明的，因為用功不深，所以不能知人於先，關鍵就是利他事功的道德意志不夠真切，也就是說用心夠深的話，知天知鬼都不在話下，何況是他人之心。又言：

常有求先覺之心，即已流於逆、億而足以自蔽其良知矣，此背覺合詐之所以未免也。

陽明再深談先覺意旨，先覺是以良知發用為基礎，不是光想要預測發人隱私的，一個人若是總想要預知未來，卻對自己對別人沒有道德意志的自知之明，結果便易流入自欺欺人之境。自己先求要先覺，此一存心，就開啟自己會背覺合詐之心。凡事要先求得一個萬無一失才去做，這就是算計之心，不是存心誠懇。君子做事，只是事情該做就老實去做，而不是鬥爭搶奪貪利，若是鬥爭搶奪貪利，那肯定要費心心機，多方徵詢，萬般安排，這樣自己就是私心太重了。又言：

君子學以為己，未嘗虞人之欺己也，恒不自欺其良知而已；未嘗虞人之不信己也，恒自信其良知而已；未嘗求先覺人之詐與不信也，恒務自覺其良知而已。

君子只是不自欺自己的良知，不會去考慮別人欺騙自己。自己自信自己的良知，不去考慮別人不相信自己。自己覺察自己的良知就好，不去察覺別人之詐與不信。這才是真正君子的作為。這就是立志利他服務的真儒。真儒難為啊！說到這裡，真正挖掘孔子說話的深意了。一心定在利他事功之上，靈明良知，都會知道。又言：

是故不欺則良知無所偽而誠，誠則明矣；自信則良知無所惑而

明，明則誠矣。明、誠相生，是故良知常覺、常照；常覺常照則如明鏡之懸，而物之來者自不能遁其妍媸矣。何者？不欺而誠，則無所容其欺，苟有欺焉而覺矣；自信而明，則無所容其不信，苟不信焉而覺矣。

自己不欺而自信，則良知既誠又明，長覺長照，物不能遁。有欺有不信者必自覺。陽明此說，針對的是他人的真誠與否，基礎在自己的真誠與否，不是教做真誠工夫，而是要求就在真誠的境界之中，若自己不夠真誠，這些效果都達不到。所以陽明不是在說只要良知誠懇就能明白一切知識，指的不是知識，知識還是要去研究而得，指的是是非對錯誠偽虛實。又言：

是謂易以知險，簡以知阻，子思所謂「至誠如神，可以前知」者也。然子思謂「如神」，謂「可以前知」，猶二而言之，是蓋推言思誠者之功效，是猶為不能先覺者說也，若就至誠而言，則至誠之妙用，即謂之「神」，不必言「如神」，至誠則「無知而無不知」，不必言「可以前知」矣。

陽明引《中庸》之言，並以為《中庸》為子思所做，故謂之子思之言。然而，陽明的智者過多之病又犯了，陽明常說二之，二之不對，但自己卻常常把別人的話給二之了。《中庸》言「至誠如神，可以前知」，陽明要挑語病，說這裡有「如神」和「前知」的毛病。至誠即神，即無知而無不知，不必言如神、言可以前知。這樣的說法是可以的，但這是更上一層到境界展現時才可以有的說法，說至誠可以前知、可以如神，這是對做至誠工夫的教導，一旦做到位了，就在即知即神的境界了。即謂之神即謂之知可也，卻不必說子思「二之」，人哪來那麼多的傲慢，敢說聖賢二之呢？這都是孟子好高之病的延續。

五、小結

陸原靜也是問了許多問題，又善於記錄，人們謂其善問，其實不

然，都是書本上沒有實戰經驗的書生議論，陽明已屢次責備，責其沒有真正的見地。若歐陽崇一，則是實踐到位，故而問題亦是精準，本身就是很好的智慧知見了。而王陽明的回答，可以說就是境界工夫的脈絡，直入聖境，良知發用，完全沒有任何知見遮蔽了。

註釋：

11 《論語・子罕》。

12 《易》曰：「憧憧往來，朋從爾思。」子曰：「天下何思何慮？天下同歸而殊途，一致而百慮。天下何思何慮？日往則月來，月往則日來，日月相推而明生焉。寒往則暑來，暑往則寒來，寒暑相推而歲成焉。」（《易經・繫辭傳下》）

13 子曰：「不逆詐，不億不信，抑亦先覺者，是賢乎！」孔子說：「不預先懷疑別人欺詐，不憑空億想別人不誠信，卻能先行察覺，這樣的人才是賢者啊！」（《論語・憲問篇》）

第十六章 捍衛朱熹學說正面挑戰陽明大學詮釋的師友辯難——答顧東橋書

　　陽明《傳習錄》中有《拔本塞源論》，其實就是〈答顧東橋書〉的一部分，此文歷來討論甚多，陳來教授就有專文，亦已置於本書第二講中，以〈王陽明面對的時代課題〉為文討論及矣。但其他部分，仍是有許多重要的辯論資料，本文之作，即針對這些文字做義理解析。

　　陽明名氣如日中天，各方論難亦隨之而來，其中有善學朱熹理論者，亦來問難，其中之翹楚，當為顧東橋。顧東橋對朱熹理學所知甚詳，所提問題也都切中要點，只是陽明之學乃《大學》新說，其心學進路的修養論《大學》解讀，確能自成一家之言，因此也能應對不亂。所問之中，包括對《大學》文本的解讀，對工夫次第和工夫入手的爭辯，對聞見之知和德性之知的安排處理，集中在王陽明格物致知、知行合一說的對談上。以下展開。

一、誠意之說雙方共通之點

　　【130】來書云：「近時學者務外遺內，博而寡要，故先生特倡「誠意」一義，針砭膏肓，誠大惠也！」（以上顧東橋來書，以下陽明回函）

　　吾子洞見時弊如此矣，亦將何以救之乎？然則鄙人之心，吾子固已一句道盡，復何言哉！復何言哉！若「誠意」之說，自是聖門教人用功第一義；但近世學者乃作第二義看，故稍與提掇緊要出來，非鄙人所能特倡也。（《答顧東橋書》）

對於《大學》的詮釋，朱熹即是依據文本，先格致再誠正，格致是知義，誠正是心學工夫。陽明詮釋《大學》，發揮之重點則是在於格物致知概念，至於誠意之說，朱王無異，此處，顧氏肯定陽明言於誠意之旨，筆者以為，這只是開頭說話的禮貌用語，實陽明言於誠意、言於格物、致知、言於正心，四義一義，上下同旨。顧氏說其為重於誠意，陽明亦認同，陽明自謂第一義，第一義者即直接實踐不再論理。此處雙方並未交火，先禮後兵而已。

二、顧氏批評陽明立說太高

【131】來書云：「但恐立說太高，用功太捷，後生師傳，影響謬誤，未免墜於佛氏明心、見性、定慧、頓悟之機，無怪聞者見疑。」（以上顧東橋來書，以下陽明回函）
區區格、致、誠、正之說，是就學者本心、日用事為間，體究踐履，實地用功，是多少次第、多少積累在，正與空虛頓悟之說相反。聞者本無求為聖人之志，又未嘗講究其詳，遂以見疑，亦無足怪。若吾子之高明，自當一語之下便了然矣；乃亦謂立說太高，用功太捷，何邪？（《答顧東橋書》）

顧氏對陽明說誠意固然認同，但又說其立說恐太高，難免墜於佛氏，此為一般學者易犯之過，因此必須先有朱熹格物致知之功，方能無惑，故質疑之。顧氏此說，實乃朱熹陣營對陽明學說最基本的批評意見。陽明之回應，強調所說立足於本心，在日用間為事，實地用功，學者一旦立志，皆是此路，顧氏不當有疑。就顧氏對陽明之批評而言，筆者以為，一套理論在學人學習上自我引發的錯謬，不能視為理論的缺點，否則沒有一套理論是可取的了，因為每一套理論在學者的學習上都會有學不好的現象，所以，可以不必如此批評。就陽明而言，強勢強調實踐的要旨，本為儒家之本務，立場不能稍退。惟《大學》文本意旨詮釋宜有本旨，不能有個人強勢立場，因此，問題不在實踐理論的本身，而在文本詮釋。而文本詮釋，一是學術實力，但也

是個人問題意識的角度。陽明當然有學術實力，但他看問題的角度，顯然與《大學》原旨不一，顧氏立足朱熹，回返《大學》，故將一辯再辯，沒完沒了。

三、顧氏強調工夫要有次第

【132】來書云：「所喻知、行並進，不宜分別前後，即中庸『尊德性而道問學』之功，交養互發，內外本末一以貫之之道。然工夫次第，不能無先後之差；如知食乃食，知湯乃飲，知衣乃服，知路乃行，未有不見是物，先有是事；此亦毫釐倏忽之間，非謂截然有等今日知之，而明日乃行也。」（以上顧東橋來書，以下陽明回函）

既云「交養互發，內外本末一以貫之」，則知行並進之說無復可疑矣。又云「工夫次第，不能不無先後之差」，無乃自相矛盾已乎？知食乃食等說，此尤明白易見；但吾子為近聞障蔽，自不察耳。夫人必有欲食之心，然後知食，欲食之心即是意，即是行之始矣；食味之美惡，必待入口而後知，豈有不待入口而已先知食味之美惡者邪？必有欲行之心，然後知路，欲行之心即是意、即是行之始矣；路岐之險夷，必待身親履歷而後知，豈有不待身親履歷而已先知路岐之險夷者邪？知湯乃飲，知衣乃服，以此例之，皆無可疑。若如吾子之喻，是乃所謂不見是物而先有是事者矣。吾子又謂：「此亦毫釐倏忽之間，非謂截然有等今日知之，而明日乃行也。」是亦察之尚有未精。然就如吾子之說，則知、行之為合一並進，亦自斷無可疑矣。（《答顧東橋書》）

顧東橋對陽明知行並進之說，表示認同，認為此中乃一以貫之者。但強調工夫應有次第。顧氏之次第，即《大學》之次第，《大學》「先知後行」之先，是因為有「欲明明德於天下」之志在，既然如此，肯定要有專業知識技能，否則何以知天下而平天下？因為這是面對現實經驗世界的事業，不只是自己的心態如何的問題，故有「先

知後行」之旨在。

陽明之答，首先說顧氏之說自相矛盾，火氣很大。以顧氏同意一以貫之，又主張先知後行，實乃矛盾。筆者不同意這句自相矛盾之說，關鍵就是，一以貫之是說此知此行都是為了同一個目標，可以說是每個人做事情時候的同一件事情之內，不能有一無二，必須全體完成，如尊德性道問學。至於次第，自宜有先後。

陽明立說，主知行合一並進，至於次第問題，甚至是主張「先行後知」。陽明講的次第，是立志為先，先去做了事情，才曉得事情的實況，這就變成「先行後知」之說了，並以此說反對「先知後行」之說，於是最後立場站於「知行並進」。

兩造的辯論，顧氏就是朱熹《大學》詮釋之意，主「先知後行」之次第，陽明關切的立志之說其實已經預設在《大學》文本本身裡面了，「大學之道在明明德……」、「古之欲明明德於天下，先治其國……」所以才有「物格而後知至，知至而後意誠，意誠而後心正……」。陽明「先行後知」之說，談的是具體經驗內涵的掌握，朱熹「先知後行」之說，談的是家國天下事業的操作知識，兩造之間，只要釐清語意，自無可辯，非要爭辯，變成雞生蛋、蛋生雞的問題了。最後陽明說「知行並進」，誠其言也。然而亦不因此就能否定朱熹「先知後行」之說。

四、顧東橋恐其專求本心

【133】來書云：「真知即所以為行，不行不足謂之知，此為學者吃緊立教，俾務躬行則可。若真謂行即是知，恐其專求本心，遂遺物理，必有暗而不達之處，抑豈聖門知行並進之成法哉？」
（以上顧東橋來書，以下陽明回函）
知之真切篤實處即是行，行之明覺精察處即是知，知行工夫本不可離；只為後世學者分作兩截用功，失卻知、行本體，故有合一並進之說，真知即所以為行，不行不足謂之知。即如來書所云

「知食乃食」等說，可見前已略言之矣。此雖吃緊救弊而發，然知、行之體本來如是，非以己意抑揚其間，姑爲是說，以苟一時之效者也。「專求本心，遂遺物理」，此蓋失其本心者也。夫物理不外於吾心，外吾心而求物理，無物理矣。遺物理而求吾心，吾心又何物邪？心之體，性也，性即理也。故有孝親之心，即有孝之理，無孝親之心，即無孝之理矣；有忠君之心，即有忠之理，無忠君之心，即無忠之理矣。理豈外於吾心邪？晦庵謂人之所以爲學者，心與理而已。心雖主乎一身，而實管乎天下之理；理雖散在萬事，而實不外乎一人之心。是其一分一合之間，而未免已啓學者心、理爲二之弊。此後世所以有「專求本心，遂遺物理」之患，正由不知心即理耳。夫外心以求物理，是以有暗而不達之處；此告子義外之說，孟子所以謂之不知義也。心一而已，以其全體惻怛而言謂之仁，以其得宜而言謂之義，以其條理而言謂之理；不可外心以求仁，不可外心以求義，獨可外心以求理乎？外心以求理，此知、行之所以二也。求理於吾心，此聖門知、行合一之教，吾子又何疑乎！（《答顧東橋書》）

顧氏之質疑「若真謂行即是知，恐其專求本心，遂遺物理」此說，都是割裂理論與實務的疑詞，一個人的理論與他的個人境界也是直接相關的，依陽明之人品格局，陽明之說，斷然無此弊端。陽明才高，本心提起，必是無惑知命之事。但以此說普遍流行之下，聽者未起本心，肯定意氣用事而至情識狂蕩之弊，陽明後學實有弊端於此者。可見顧氏預見於先矣。既然如此，救弊補偏即可，不必即是理論有謬。

陽明之回答，本「知行合一」之旨，講物理不外於吾心，不可外心以求理。

對顧氏之說而言，顧氏並未否定知行本是合一之旨，問題只在一「恐」字，「恐其專求本心」。此說意在恐其專求之於意氣，而非務求之於性理。所以，就一般人的學習而言，儒者提供的方法就要完備，也就是工夫論要切實。朱熹或顧東橋所講的「先知後行」，就是

對一個普通人的狀態而說的，他還不是聖賢，他要學習知識，並且力求實踐，所以有一個先後的次第之需，這就是《大學》所謂的「格物致知，誠意正心」以及「修齊治平」的次第。「格物致知」是知的工夫，是要學知識以及知道該怎麼做，「誠意正心」是行，是在做的時候要誠意正心，然後就是個人成長的次第項目「修身齊家治國平天下」。如果不是一步一步的提升自己的境界而來，恐怕容易意氣用事，自以為是。

陽明講的真知必有行，精行必有知，這是對的。但筆者要說，這是就一個人已經做到了而言的，是講得一個人在聖賢人格中的狀態，可以說是個境界論的命題。至於講「物理不外於吾心」，既是本體論的性善論意旨，如其所言之：「心之體，性也，性即理也。」陽明亦言「性即理」，後儒何必嚴分「心即理」與「性即理」為一王一朱之對立呢？又，朱熹之「心統性情」之說豈非亦是此旨？既「性即理」，故而心能體理，因此「物理不在心外」同時也是工夫論的意旨，指工夫由內而發，是為本體工夫，此旨即是所有儒家工夫論的共同格式。然而，陽明講「晦庵謂人之所以為學者，心與理而已」。「未免已啟學者心、理為二之弊。此後世所以有『專求本心，遂遺物理』之患，正由不知心即理耳。」朱熹這句話本身沒病，朱熹講「去人欲存天理」，陽明也講這話，就是為學在心、理兩處做工夫而已，陽明硬要說朱熹割裂心、理，其實並沒有，這是朱熹在談存有論的心概念與理概念是兩個概念而說的，這時心與理確實是兩個概念，讀了名家思想或西方哲學者，就不會混亂問題了。朱熹並沒有在工夫論上主張「外心以求物理」，而是在談概念定義與概念關係的問題，朱熹的工夫論，就是在「心統性情」的存有論結構下所說的「去人欲存天理」，而這也是陽明的命題。此外，就是對次第的強調，這也沒有什麼好做「知行先後」或是「知行合一」之爭的，語言使用能定義好，就不衝突了。

總之，顧東橋的「恐」，也說得不是法病，而是「恐」於人病，因此認為法宜顧及全面，當然這等於也是批評了法。至於陽明之批評

朱熹心理爲二之說，筆者必須明言，這全是理論的誤解。陽明只是一門深入本體工夫之意旨，講得全對，只是批評朱熹語言時有誤。至於顧氏之批評，只是看到凡人難以企及，因爲心力不足，不能如陽明之當下承擔，故而易犯錯誤因而說的。但是陽明的回應，卻是以朱熹之說有誤，筆者的立場是，朱熹是存有論、本體工夫、工夫次第諸種哲學問題都講，沒有混亂。

五、兩造對孟子盡心存心的辯論

【134】來書云：所釋《大學》古本，謂致其本體之知，此固孟子「盡心」之旨。朱子亦以虛靈知覺爲此心之量。然「盡心」由於「知性」，「致知」在於「格物」。（以上顧東橋來書，以下陽明回函）

「盡心」由於「知性」，「致知」在於「格物」，此語然矣；然而推本吾子之意，則其所以爲是語者，尚有未明也。

朱子以「盡心、知性、知天」爲「物格、知致」，以「存心、養性、事天」爲「誠意、正心、修身」，以「夭壽不貳、修身以俟」爲「知至、仁盡、聖人之事」。

若鄙人之見，則與朱子正相反矣。夫「盡心、知性、知天」者，生知、安行，聖人之事也；「存心、養性、事天」者，學知、利行，賢人之事也；「夭壽不貳、修身以俟」者，困知、勉行，學者之事也。豈可專以「盡心、知性」爲知，「存心、養性」爲行乎？吾子驟聞此言，必又以爲大駭矣。然其間實無可疑者，一爲吾子言之。夫心之體，性也；性之原，天也。能盡其心，是能盡其性矣。《中庸》云：「惟天下至誠爲能盡其性。」又云：「知天地之化育，質諸鬼神而無疑，知天也。」此惟聖人而後能然。故曰，此生知、安行，聖人之事也。存其心者，未能盡其心者也，故須加存之之功；必存之既久，不待於存，而自無不存，然後可以進而言盡。蓋「知天」之「知」，如「知州」、「知

縣」之「知」，「知州」則一州之事皆己事也，「知縣」則一縣之事皆己事也，是與天爲一者也。「事天」則如子之事父，臣之事君，猶與天爲二也。天之所以命於我者，心也，性也。吾但存之而不敢失，養之而不敢害，如「父母全而生之，子全而歸之」者也。故曰：此學知、利行，賢人之事也。至於「夭壽不貳」，則與存其心者又有間矣。存其心者雖未能盡其心，固已一心於爲善，時有不存，則存之而已；今使之「夭壽不貳」，是猶以夭壽貳其心者也，猶以夭壽貳其心，是其爲善之心猶未能一也，存之尚有所未可，而何盡之可云乎？今且使之不以夭壽貳其爲善之心，若曰死生夭壽皆有定命，吾但一心於爲善，修吾之身以俟天命而已，是其平日尚未知有天命也。「事天」雖與天爲二，然已眞知天命之所在，但惟恭敬奉承之而已耳；若俟之云者，則尚未能眞知天命之所在，猶有所俟者也，故曰「所以立命」。立者「創立」之「立」，如「立德」、「立言」、「立功」、「立名」之類，凡言立者，皆是昔未嘗有而今始建立之謂，孔子所謂「不知命無以爲君子」者也；故曰，此困知、勉行，學者之事也。

（案，以下說朱熹：）今以「盡心、知性、知天」爲「格物、致知」，使初學之士尚未能不貳其心者，而遽責之以聖人生知、安行之事，如捕風捉影，茫然莫知所措其心，幾何而不至於「率天下而路」也！今世致知、格物之弊，亦居然可見矣，吾子所謂「務外遺內，博而寡要」者，無乃亦是過歟？此學問最緊要處，於此而差，將無往而不差矣。此鄙人之所以冒天下之非笑，忘其身之陷於罪戮，呶呶其言，其不容已者也。（《答顧東橋書》）

顧東橋講朱熹的盡心由於知性之說，既要知性，便須是格物致知之功。這一說中，朱熹把《大學》八目的次第，置入孟子的盡心存心修身的一段文字中，自有比附之得失。孟子是預設了性善論，所以只要盡心，便能知性，便能知天，於是天道也是善的，這就是儒家本體論的建構了。朱熹講的是，人要做盡心的工夫，就要先知其性，於是

工夫從格物致知下手，意即先知。朱熹之說，自非孟子本意，是以《大學》先知後行比附孟子。陽明則是以《論語》生知、學知、困知的一段文字來解釋孟子文字，同樣也是比附，尤其是以知天為知州、知縣之說者，更是強說。朱熹是說若要去做盡心工夫應該先有格致的致知工夫，這是工夫次第的路數；陽明是說若已經做到了盡心的境界，必定已經知性知天了，這是聖人的境界，是境界論的進路。孟子之盡心知性知天之說者，是預設了性善論的本體論與心性天關係的存有論之下的本體工夫論。朱熹以之解格物致知，稍微說小了。陽明以其言聖人境界，又稍微說多了。這樣的不同類型的詮釋，自有發皇經典之功效，也有充實自己學說之實際。但一定要說誰對誰錯的話，筆者以為兩人都沒有說得很準確。

陽明最後以朱熹之說，變成讓初學者即求聖人之功，必是有過。筆者以為，不同經典文本之間的比附式詮釋是一回事，本來是比附大於詮釋，都是己說的發皇而已。依陽明，《論語》中的生知、學知、困知者，確有境界高下之分別，因此盡心便已是聖境，因其生知，這是陽明思路。若說能盡心是由於知性，故必先求知，這是朱熹思路。其實兩造都是在自己面對的問題意識下藉由《孟子》文本以張本己說。這一局，誰也沒有贏。

六、顧東橋反對陽明對朱熹即物窮理的批評以及陽明之朱子晚年定論

【135】來書云：聞語學者，乃謂「即物窮理」之說亦是玩物喪志，又取其「厭繁就約」、「涵養本原」數說標示學者，指為晚年定論，此亦恐非。（以上顧東橋來書，以下陽明回函）

朱子所謂格物云者，在即物而窮其理也。即物窮理是就事事物物上求其所謂定理者也，是以吾心而求理於事事物物之中，析心與理為二矣。夫求理於事事物物者，如求孝之理於其親之謂也；求孝之理於其親，則孝之理其果在於吾之心邪？抑果在於親

之身邪？假而果在於親之身，則親殁之後，吾心遂無孝之理歟？見孺子之入井，必有惻隱之理，是惻隱之理果在於孺子之身歟？抑在於吾心之良知歟？其或不可以從之於井歟？其或可以手而援之歟？是皆所謂理也。是果在於孺子之身歟？抑果出於吾心之良知歟？以是例之，萬事萬物之理莫不皆然，是可以知析心與理爲二之非矣。夫析心與理而爲二，此告子義外之說，孟子之所深辟也。「務外遺內，博而寡要」，吾子既已知之矣，是果何謂而然哉？謂之玩物喪志，尚猶以爲不可歟？若鄙人所謂「致知、格物」者，致吾心之良知於事事物物也。吾心之良知，即所謂「天理」也。致吾心良知之「天理」於事事物物，則事事物物皆得其理矣。致吾心之良知者，致知也。事事物物皆得其理者，格物也。是合心與理而爲一者也。合心與理而爲一，則凡區區前之所云，與朱子晚年之論，皆可以不言而喻矣。（《答顧東橋書》）

顧東橋反對陽明對朱熹言於「即物窮理」說之批評，也反對陽明爲朱熹提出的「晚年定論」之說。陽明的回答重點在即物窮理之說，關鍵就是以之爲析心與理爲二，陽明之說的背後就是本體工夫論的問題意識，但是朱熹講得是研究事務的道理，不是正在談心上做工夫的事。陽明以朱熹之說爲孟子批評告子義外說的模式，其實不然，孟子不是也有「講明」與「踐履」之說嗎？朱熹詮釋《大學》「格物」即是孟子說的「講明」一步，講明之際，心是心，理是理，事是事，物是物，豈能混同不分？陽明講理在心內，是講在做工夫中的狀態，預設了朱熹講的「心統性情」的本體存有論，也是講做工夫已達到境界的境界論問題，於是陽明的「格物」與「致良知」與「合心與理一」變成同一個意思，那就是把正在做本體工夫的主體狀態，以及做工夫已經達致聖人境界的聖境狀態，合在一起講的模式了。陽明以朱熹晚年也是講這個意思，其實被陽明引爲朱熹晚年的那些朱熹書信文字，更多談的是正在做工夫的主體狀態的意旨，倒是不多有已經達致聖境的境界論意旨。朱熹談存有論，心是心、性是性、理是理、氣是氣，朱熹反省自己的修養，在書信中自我批評，陽明由此中看到朱熹的本

體工夫模式，就引爲同道，這也是好事，顧東橋不必否定。

七、顧東橋強調要學問思辨而不能任情恣意

【136】來書云：「人之心體本無不明，而氣拘物蔽，鮮有不昏；非學、問、思、辨以明天下之理，則善、惡之機，眞、妄之辨，不能自覺；任情恣意，其害有不可勝言者矣。」（以上顧東橋來書，以下陽明回函）

此段大略似是而非，蓋承沿舊說之弊，不可以不辨也。夫問、思、辨、行皆所以爲學，未有學而不行者也。如言學孝，則必服勞奉養，躬行孝道，然後謂之學；豈徒懸空口耳講說，而遂可以謂之學孝乎？學射則必張弓挾矢，引滿中的；學書則必伸紙執筆，操觚染翰；盡天下之學，無有不行而可以言學者；則學之始固已即是行矣。篤者，敦實篤厚之意。已行矣，而敦篤其行，不息其功之謂爾。蓋學之不能以無疑，則有問。問即學也，即行也；又不能無疑，則有思，思即學也，即行也；又不能無疑，則有辨，辨即學也，即行也；辨既明矣，思既愼矣，問即審矣，學既能矣，又從而不息其功焉，斯之謂篤行。非謂學問思辨之後，而始措之於行也。是故以求能其事而言謂之學，以求解其惑而言謂之問，以求通其說而言謂之思，以求精其察而言謂之辨，以求履其實而言謂之行；蓋析其功而言則有五，合其事而言則一而已。此區區心、理合一之體，知、行並進之功，所以異於後世之說者，正在於是。

今吾子特舉學、問、思、辨以窮天下之理，而不及篤行，是專以學、問、思、辨爲知，而謂窮理爲無行也已；天下豈有不行而學者邪？豈有不行而遂可謂之窮理者邪？明道云：「只窮理便盡性至命。」故必仁極仁而後謂之能窮仁之理，義極義而後謂之能窮義之理。仁極仁，則盡仁之性矣，義極義則盡義之性矣。學至於窮理至矣，而尚未措之於行，天下寧有是邪？是故知不行之不可

以爲學，則知不行之不可以爲窮理矣，知不行之不可以爲窮理，則知「知、行」之合一並進，而不可以分爲兩節事矣。

夫萬事萬物之理，不外於吾心；而必曰窮天下之理，是殆以吾心之良知爲未足，而必外求於天下之廣，以禆補增益之，是猶析心與理而爲二也。夫學、問、思、辨、篤行之功，雖其困勉至於人一己百，而擴充之極，至於盡性、知天，亦不過致吾心之良知而已；良知之外，豈復有加於毫末乎？今必曰窮天下之理，而不知反求諸其心，則凡所謂善、惡之機，眞、妄之辨者，捨吾心之良知，亦將何所致其體察乎？吾子所謂氣拘物蔽者，拘此蔽此而已。今欲去此之蔽，不知致力於此，而欲以外求，是猶目之不明者，不務服藥調理以治其目，而徒悵悵然求明於其外；明豈可以自外而得哉？任情恣意之害，亦以不能精察天理於此心之良知而已。此誠毫釐千里之謬者，不容於不辨，吾子毋謂其論之太刻也（你不要罵我要求得太嚴了）。（《答顧東橋書》）

顧東橋引《中庸》言於「博學、審問、愼思、明辨、篤行」，以爲必先知後行，否則易流於「任情恣意」。依《中庸》，不論是此「博審愼明篤」五說，還是「尊德性道問學」之說，都是知行並重之旨。顧東橋藉《中庸》強調要先做好知的工夫，否則情識之弊難逃，這是工夫次第的問題意識的說法。王陽明強調必有行的落實，否則只是空談，所有的學問思辨都本身就是行，因此仍是知行合一的本旨，其實是說眞正在做工夫時的狀態語。至於朱熹言於《大學》知先後行者，談的是次第，次第之說，朱王皆認同。只是大家想要強調的次第有所不同，這就是顧東橋和王陽明的辯論之所以難分難捨之緣由，一個強調講明爲先，一個強調實踐爲眞，其實，所強調者都是對的，且強調了一邊，並不等於忽視了另一邊，但兩造都刻意指出對方定是刻意忽視了另一邊，這樣的辯論，兩造都不完整。

至於陽明說顧氏及朱熹之說於「窮天下之理」者，是「外心以求理」，而不知吾心之已足。此說不對。「吾心已足」之說可以，因爲這說的就是性善論的意旨，《中庸》「天命之謂性」說，《論語》

「天生德於予」之說，《孟子》良知良能之說，說的都是這個價值意識的性體吾心已足。但是，「窮天下之理於事事物物」之朱熹論點，並不是在講本體工夫論的純守意志之事，而就是談孟子講的「講明」一事，也是《中庸》在講的博學、審問、慎思、明辨等事，要談的既有德性之知，也有聞見之知，但重點就是知的一邊，自然要求要知天下之理，難不成自然科學的知識也用體察內心的方法嗎？除非，預設了道佛的禪定神通，但這絕非儒家之路，否則孔子在好學什麼？在教學什麼？都是知識，當然是事關治國平天下以及個人修養的知識。當然，做本體工夫一定是反求諸己以使心與理一，但這就是誠意正心之事，至於家國天下，就是在誠意正心的狀態下，藉由早先格物致知而得來的物理、化學、軍事、科技、農業、經濟、體制等等的知識而去落實實踐的。

　　總之，刻意講知或講行都是對的，但刻意以對方之說是忽略了行或忽略了知則是不對的，當然，這是就理論說，至於現實實際的學人狀態，必是各種可能的缺點都有的。雙方的擔憂都是存在的、現實的、有理的。只不過，批判時人即可，批判哲理就不對了。

八、顧東橋批評陽明戒人即物窮理

　　【137】來書云：「教人以致知、明德，而戒其即物窮理，誠使昏暗之士，深居端坐，不聞教告，遂能至於知致而德明乎？縱令靜而有覺，稍悟本性，則亦定慧無用之見；果能知古今，達事變，而致用於天下國家之實否乎？其曰：『知者意之體，物者意之用，格物如格君心之非之格。』語雖超悟，獨得不踵陳見，抑恐於道未相吻合？」（以上顧東橋來書，以下陽明回函）

　　區區論致知格物，正所以窮理，未嘗戒人窮理，使之深居端坐而一無所事也。若謂即物窮理，如前所云務外而遺內者，則有所不可耳。昏閭之士，果能隨事隨物精察此心之天理，以致其本然之良知，則雖愚必明，雖柔必強，大本立而達道行，九經之屬[14]，

可一以貫之而無遺矣；尚何患其無致用之實乎？彼頑空虛靜之徒，正惟不能隨事隨物精察此心之天理，以致其本然之良知，而遺棄倫理、寂滅虛無以為常，是以要之不可以治家國天下。孰謂聖人窮理盡性之學，而亦有是弊哉！心者，身之主也；而心之虛靈明覺，即所謂本然之良知也。其虛靈明覺之良知應感而動者，謂之意。有知而後有意，無知則無意矣。知非意之體乎？意之所用，必有其物，物即事也。如意用於事親，即事親為一物，意用於治民，即治民為一物，意用於讀書，即讀書為一物，意用於聽訟，即聽訟為一物。凡意之所用，無有無物者。有是意即有是物，無是意即無是物矣。物非意之用乎？（格物、誠意、致知，次序調換了。）

「格」字之義，有以「至」字訓者，如「格於文祖」，「有苗來格」，是以「至」訓者也。然「格於文祖」，必純孝誠敬，幽明之間無一不得其理，而後謂之「格」；有苗之頑，實以文德誕敷而後格，則亦兼有「正」字之義在其間，未可專以「至」字盡之也。如「格其非心」，「大臣格君心之非」之類，是則一皆「正其不正以歸於正」之義，而不可以「至」字為訓矣。

且大學「格物」之訓，又安知其不以「正」字為訓，而必以「至」字為義乎？如以「至」字為義者，必曰「窮至事物之理」，而後其說始通。是其用功之要，全在一「窮」字，用力之地，全在一「理」字也。若上去一窮，下去一理字，而直曰「致知在至物」，其可通乎？夫「窮理盡性」，聖人之成訓，見於繫辭者也。苟「格物」之說而果即「窮理」之義，則聖人何不直曰「致知在窮理」，而必為此轉折不完之語，以啟後世之弊邪？蓋《大學》「格物」之說，自與繫辭「窮理」大旨雖同，而微有分辨。「窮理」者，兼格、致、誠、正而為功也。故言「窮理」，則格、致、誠、正之功皆在其中，言「格物」，則必兼舉致知、誠意、正心，而後其功始備而密。（也未必）今偏舉「格物」而遂謂之「窮理」，此所以專以「窮理」屬「知」，而謂「格物」

未常有「行」，非惟不得「格物」之旨，並「窮理」之義而失之矣。此後世之學所以析知、行爲先後兩截，日以支離決裂，而聖學益以殘晦者，其端實始於此。吾子蓋亦未免承沿積習見，則以爲「於道未相吻合」，不爲過矣。（《答顧東橋書》）

顧東橋說陽明戒人「即物窮理」，如此必只深居端坐，陷定慧無用之見，並對陽明言於心意知物的概念以爲不合經旨。顧氏之說，實爲針對陽明批評朱熹「窮理於事事物物之中」之說爲「求理於心外」之說而言的，既不許窮理，自然是陷入禪門恍惚定慧之中而無用於治國平天下之事業矣。

陽明申說其從未反對窮理，其格物致知正是窮理，不會陷於深居端坐一無所事之中，反而是朱熹之即物窮理之說才有務外遺內之失。接著陽明展開他自己所界定的心意知物之概念定義，並一再強調格物之格宜爲「正」義非爲「至」義之辨，否則，格致僅屬知之一邊，知行必遭割裂。

陽明之回應，首先關切的是一切的行動之所以失眞的關鍵在道德意志的失落，所以要致良知、格物欲，如此方可有眞知眞行。至於顧東橋以及朱熹以及《大學》文本所謂之治國平天下需要有眞實的知識的意思，陽明已經將它收攝於道德意志之下必會落實的部分。陽明以此討論道德行爲，亦爲正理，但是陽明強調道德意志的純粹化這一部分的宗旨，在顧氏、朱熹以及《大學》的本意中，一已落實於「古之欲明明德於天下」一句者，二又將落實於「格物致知」之後的「誠意正心」之中，所以有關道德意志必須提起之宗旨，在《大學》原說中以及朱熹詮釋中並未滑失，滑失者，時人之弊而已。針對時人弊端，陽明展開大規模的《大學》文本重解之業，遂有致良知以及格除物欲之解以重說格致工夫，目的都在對治知而不行之弊。故而必以「格物」之「格」爲「正物之非」而不必是「至物之理」之義。

論於陽明的實踐哲學工夫論旨，實爲入理。而《大學》本義以及朱熹、顧氏之說，亦爲正理。兩造之所以激烈爭辯，都是對於時弊的痛心，而又不敢直指當道，結果轉向古書文義去吵架，可以說自己人

吵架沒有危險，結果就愈吵愈不可開交了。陽明藉《大學》講出一套道德修養論，但是必欲批評朱熹意旨為割裂知行，這是理論上陽明有過在先。陽明可以推薦格物致知之格物欲正人心致良知之旨，而建議其說稍有別於至物窮理之路，意在強調意志的純粹化，而認同朱熹對誠意正心的解讀，接受先知後行以及先行後知皆為正確知見，因為根本上都是知行並重。朱熹之路以對治無知之弊，這是《大學》本意，陽明之路以對治知而不行之弊，這是時人之弊，明代科舉官場之現象，因為世人讀古書而科舉做官卻知而不行，故而陽明要重說《大學》。然而，明代之此一現象，豈是《大學》作者奮思於千年之前可以想見的光景，當時不過是仲尼之徒的義理發揮，循循善誘，苦口婆心，先知後行，先研究，再誠正，然後落實於修齊治平一一事業之中，這一套簡單明瞭的學說，宜為所有資質的人成長的次第。陽明痛心明代官員，讀《四書》參科考，中舉之後，敗壞官箴，不及民生，盡是知而不行之徒。遂把矛頭指向朱熹知行之說，其實是《大學》本意本末終始先知後行之說，陽明則是一改再改，準備給讀書人全部洗腦，惟世間早有《大學》，朱熹四書之功使士子依之中舉，《大學》格致誠正之義簡潔明白，稍有程度的讀書人都瞭解其義，因此陽明之說不能不受到各方質疑，顧東橋即是其中力陳直言者。如果大家都不藉由《大學》詮釋而討論各自的道德工夫的意見，筆者以為，就不會有這些衝突了。只是大家都要掉書袋，顯學問，逞道德，遂在《大學》格致之說中爭執不已。爭執之時，都是刻意以為對方之說忽略了某一重要的關鍵環節，其實，就理論言，雙方都把該說的說完了，弊端早已補充修整而無弊，仍要進行攻擊者，就是落於現實實踐之時的可能性缺點，但是，這是想像性與假設性的批評，若進入現實實際的個人操作，可能的缺點定然還不止此。試觀古今中外所有宗教政治教育的學說，哪一套不是在實踐的過程中被真實的人性給摧殘扭曲，但又哪一套不是理論完備言之有理。歸根結柢都不是法病，而是人病。但所有的理論都不是解決所有問題的理論，而是解決創作之時所面對的問題而已。至於人類的問題，那太多了，而且一直發展，不會有停

止的一天，除非人類滅絕。

於是，面對新問題的哲學家，可以藉由舊學說的新詮釋而解決新問題，問題就是陽明是這樣做了，本身是很好的事情。但他一定要誤解朱熹、批評朱熹，這就不得不有人與之一辯了。朱熹的窮理說是《大學》先知後行工夫次第的意旨，陽明以本體工夫講格物欲致良知之說而批評之。朱熹的理氣說是陽明亦已預設的存有論形上學問題的觀點，陽明卻以窮理於事事物物是理在心外之錯誤工夫之說批評之，這就是筆者替朱熹與陽明一辯的立場。

九、顧東橋批評陽明把致知說成了誠意因而遺卻了格物之功

【138】來書云：謂致知之功，將如何爲溫清、如何爲奉養即是「誠意」，非別有所謂「格物」，此亦恐非。（以上顧東橋來書，以下陽明回函）

此乃吾子自以己意揣度鄙見而爲是說，非鄙人之所以告吾子者矣。若果如吾子之言，寧復有可通乎！蓋鄙人之見，則謂意欲溫清、意欲奉養者，所謂「意」也，而未可謂之「誠意」，必實行其溫清奉養之意，務求自慊而無自欺，然後謂之「誠意」。知如何而爲溫清之節、知如何而爲奉養之宜者，所謂「知」也，而未可謂之「致知」；必致其知如何爲溫清之節者之知，而實以之溫清，致其知如何爲奉養之宜者之知，而實以之奉養，然後謂之「致知」。溫清之事、奉養之事，所謂「物」也，而未可謂之「格物」：必其於溫清之事也，一如其良知之所知當如何爲溫清之節者而爲之，無一毫之不盡；於奉養之事也，一如其良知之所知當如何爲奉養之宜者而爲之，無一毫之不盡，然後謂之「格物」。溫清之物格，然後知溫清之良知始致；奉養之物格，然後知奉養之良知始致。故曰「物格而後知至」。致其知溫清之良知，而後溫清之意始誠；致其知奉養之良知，而後奉養之意始

誠。故曰「知至而後意誠」。此區區「誠意、致知、格物」之說蓋如此：吾子更熟思之，將亦無可疑者矣。（《答顧東橋書》）

顧東橋批評陽明把致知說成致良知，於是即是誠意之旨，於是遺失格物之功。陽明答以依顧氏之說，所有言於格物致知舊旨者，皆僅是知，而未有行。必實在地誠篤地去實踐其旨，才是正心誠意致知格物之旨，否則沒有任何行動的落實，所有的理論都是落空的。

兩造的辯難永遠是同樣的模式。顧氏批評陽明缺乏正確的認識即是冥行恍惚，陽明批評顧氏缺乏真正的實踐即是虛知恍見。實則兩方都沒有這樣一種的理論缺失，歸根結柢只是兩造意識到的道德實踐工夫的根本問題重點不一樣而已。一為原本《大學》所面對的問題，朱熹為知識份子整理讀書腳本而做了詮釋，重點在為學次第，先知後行，預設了就是要明明德於天下的意志，以及治國平天下的事功。顧東橋瞭解其意旨，而發現陽明總是錯解朱熹，故而批評辯難，說其把知見之功內收於誠意之中，單提誠意又落失了知見。陽明則是鑒於官場時人未能拯救天下黎民百姓，只是一味做官享福，官官相護而不能修齊治平，種種不堪現象，對於從小立志做天下第一等人的王陽明，遂展開改寫《大學》意旨的詮釋的作業，強調道德意志的提起，而不再是主客觀知識的學習，這一部分的知識之功可以被包含在道德意志裡，一旦提起，之後必可落實。從理論言，兩套理論都是對的。從辯論言，都是假定對方之說會有現實實踐上的弊端。從詮釋言又藉由《大學》文義做爭辯，這樣的辯論不會有結果，兩造不會停止，只有後人看清楚問題所在之後，為之解消。

十、顧東橋強調世間大事必須討論是非

【139】來書云：道之大端易於明白，所謂「良知，良能」愚夫愚婦可與及者。至於節目時變之詳，毫釐千里之謬，必待學而後知。今語孝於溫凊定省，孰不知之；至於舜之不告而娶，武之不葬而興師，養志、養口，小杖、大杖，割股、廬墓等事，處常、

處變，過與不及之間，必須討論是非，以爲制事之本，然後心體無蔽，臨事無失。（以上顧東橋來書，以下陽明回函）

道之大端易於明白，此語誠然。顧後之學者忽其易於明白者而弗由，而求其難於明白者以爲學，此其所以「道在邇而求諸遠，事在易而求諸難」也。孟子云：「夫道若大路然，豈難知哉？人病不由耳。」良知、良能，愚夫、愚婦與聖人同；但惟聖人能致其良知，而愚夫、愚婦不能致，此聖、愚之所由分也。節目時變，聖人夫豈不知，但不專以此爲學；而其所謂學者，正惟致其良知，以精察此心之天理，而與後世之學不同耳。吾子未暇良知之致，而汲汲焉顧是之憂，此正求其難於明白者以爲學之弊也。夫良知之於節目時變，猶規矩、尺度之於方圓、長短也：節目時變之不可預定，猶方圓、長短之不可勝窮也。故規矩誠立，則不可欺以方圓，而天下之方圓不可勝用矣；尺度誠陳，則不可欺以長短，而天下之長短不可勝用矣；良知誠致，則不可欺以節目時變，而天下之節目時變不可勝應矣。毫釐千里之謬，不於吾心良知一念之微而察之，亦將何所用其學乎！是不以規矩而欲定天下之方圓，不以尺度而欲盡天下之長短，吾見其乖張謬戾，日勞而無成也已。吾子謂：「語孝於溫清定省，孰不知之。」然而能致其知者鮮矣。若謂粗知溫清定省之儀節，而遂謂之能致其知，則凡知君之當仁者，皆可謂之能致其仁之知，知臣之當忠者，皆可謂之能致其忠之知，則天下孰非致知者邪？以是而言，可以知致知之必在於行，而不行之不可以爲致知也，明矣。知、行合一之體，不益較然矣乎？夫舜之不告而娶，豈舜之前已有不告而娶者爲之準則，故舜得以考之何典，問諸何人，而爲此邪？抑亦求諸其心一念之良知，權輕重之宜，不得已而爲此邪？武之不葬而興師，豈武之前已有不葬而興師者爲之準則，故武得以考之何典，問諸何人，而爲此邪？抑亦求諸其心一念之良知，權輕重之宜，不得已而爲此邪？使舜之心而非誠於爲無後，武之心而非誠於爲救民，則其不告而娶與不葬而興師，乃不孝、不忠之大者。而後

之人不務致其良知，以精察義理於此心感應酬酢之間，顧欲懸空討論此等變常之事，執之以爲制事之本，以求臨事之無失，其亦遠矣。其餘數端，皆可類推，則古人致知之學，從可知矣。（《答顧東橋書》）

顧東橋強調先知後行的意思之重點是在許多難以一時明白的事情的道理，必須詳究，而不是一般人的是非對錯之事。王陽明卻恰恰要強調的就是一般人的是非對錯之事，關鍵就是沒有去做而不是並不知道，所以要致良知於事事物物，而不是窮理於事事物物，後者正落知而不行之弊。陽明的關切與批評有理，但是，《大學》要談的是治國平天下的事業，其中恰恰有許多專業知識以及深刻道理需要學者研究考索下大工夫之後才能準確其知的，講的就是一旦碰到事情的時候，或對這些事情有所疑惑的時候，所以強調要知。而王陽明還是強調沒有立志，所知不能行，知亦無用矣。陽明關心的是所有的人，任何時刻，就是把已經知道的簡單的道理去實踐落實就對了。顧氏以及朱熹強調的是，所有的人，任何時刻，在成長的過程中，在爲社會國家服務的事業中，千萬不可無知而行，必先下苦功研究道理，瞭解知識，而後再去作爲。陽明認爲，普通人眼前事都不能即知即行，你讓他去研究那些大道理有何用處？問題是，《大學》所說，朱熹、顧東橋所說者，並非是普通人，不是匹夫匹婦，而是治國平天下的大人，豈有不是大學問家而能成辦大事業者，不都是有知識有學問之後，正心誠意去做，才成就家國天下的大業嗎？其說中正平理，沒有弊端。也是好事發生了，這一套學問竟然可以讓世人讀熟了之後，參加考試做官而享榮華富貴，這是發生在元明清的中國歷史時代，而不是春秋戰國時代，也不是朱熹的南宋時期，明代知識份子學了這套理論學說以後，可以參加科舉考試，但是大家做官之後卻不去做事了，所以陽明要改正先知後行的意旨，強調先行後知、知行合一之旨。陽明爲改時弊所持之立場是正確的，但是改變了《大學》的解釋就麻煩大了。陽明強調立志，要去做到你知道的道理，而不是憑空去學知識，這是針對官員知而不行的弊端而說的。朱熹強調知行次第，已經預設了就是

要行，只是在行的次第中先格物致知之知，後誠正修齊治平之行。

十一、顧東橋引用古書中言於求知之文以與陽明辯駁

【140】來書云：謂《大學》「格物」之說，專求本心，猶可牽合；至於六經、四書所載「多聞多見」、「前言往行」、「好古敏求」、「博學審問」、「溫故知新」、「博學詳說」，「好問好察」，是皆明白求於事爲之際，資於論說之間者，用功節目固不容蓁矣。（以上顧東橋來書，以下陽明回函）

「格物」之義，前已詳悉，「牽合」之疑，想已不俟復解矣。至於「多聞多見」，乃孔子因數張之務外好高，徒欲以多聞多見爲學，而不能求諸其心，以闕疑殆，此其言行所以不免於尤悔。而所謂見聞者，適以資其務外好高而已，蓋所以救子張多聞多見之病，而非以是教之爲學也。夫子嘗曰：「蓋有不知而作之者，我無是也。」是猶孟子「是非之心，人皆有之」之義也。此言正所以明德性之良知非由於聞見耳。若曰「多聞擇其善者而從之，多見而識之」，則是專求諸見聞之末，而已落在第二義矣，故曰「知之次也」。夫以見聞之知爲次，則所謂知之上者，果安所指乎？是可以窺聖門致知用力之地矣。夫子謂子貢曰：「賜也，汝以予爲多學而識之者歟？非也，予一以貫之。」使誠在於「多學而識」，則夫子胡乃謬爲是說，以欺子貢者邪？「一以貫之」，非致其良知而何？《易》曰：「君子多識前言往行，以畜其德。」夫以畜其德爲心，則凡多識前言往行者，孰非畜德之事；此正知、行合一之功矣。「好古敏求」者，好古人之學而敏求此心之理耳。心即理也。學者，學此心也；求者，求此心也。孟子云：「學問之道無他，求其放心而已矣。」非若後世廣記博誦古人之言詞，以爲好古，而汲汲然惟以求功名利達之具於外者也。「博學、審問」，前言已盡。「溫故、知新」，朱子亦以「溫故」屬之「尊德性」矣；德性豈可以外求哉？惟夫「知新」

必由於「溫故」，而「溫故」乃所以「知新」，則亦可以驗知、行之非兩節矣。「博學而詳說之」者，「將以反說約也」。若無「反約」之云，則「博學、詳說」者，果何事邪？舜之「好問好察」，惟以用中而致其精一於道心耳。道心者，良知之謂也。君子之學，何嘗離去事爲而廢論說；但其從事於事爲、論說者，要皆知、行合一之功，正所以致其本心之良知，而非若世之徒事口耳談說以爲知者（人病就是人病，不要上綱爲法病），分知、行爲兩事，而果有節目先後之可言也。（《答顧東橋書》）

顧東橋認可求本心之旨，但是強調古人所說的要去學習知識的文字亦所在多矣，言之鑿鑿，顯見《大學》格物宗旨明白正理。陽明則正面交鋒，把所有孔子、孟子相關談知識學習的言語都以強調提起本心的進路來詮解，表面涉及知識的話語也不在知識進路上詮釋。以爲強調知識就會割裂知行分爲兩事。其中孔子對子貢講一以貫之之說，正爲陽明資糧。實際上孔子正是最好學、最博文者，孔子當然更是一以貫之，這就是德性之知和聞見之知的兩相夾輔。講做事，意志貫徹於當下，運用一切已知者所學者。講做事，目標明見於遠方，盡力搜索訊息，先弄清楚知識。

實際上，古人言語，從未主張知行分裂爲兩事，從來都是既知又行，孔子之好學、之好古，從來都是求知以爲實行。《大學》講的是次第，不是只知不行，《大學》作於孔子之後，豈會誤解其旨，偏向求知而不重行，朱熹之解讀《大學》亦不會有誤。孔子教學生恢復周禮，以禮義治國，當然有許多知識環節在，孔子即教之，目的都在治國平天下。理論的建構都不偏知偏行。陽明不必刻意強調意志貫徹爲唯一根本，因爲儒者就是要治國平天下的，意志都是有的，只是陽明所關切的時弊在於知而不行，那就糾正這點就好了，而不是去改變《大學》文義。陽明早年學兵法而能治軍打仗，亦是知識工夫了得，然其打仗用兵的目的在拯救百姓之本心意志，則是其自做工夫的根本，也是他之所以成爲聖賢的關鍵，此亦正確。然其必欲辯駁一套沒有問題的理論，定要將時人之人病，說是先儒所言之弊端，此方爲引

起世儒爭議之緣由。若能肯定先儒之說，復加以己意，先吸收舊說優點，再指出時人弊端，而對治時人之病，也就不會有這許多爭執了。

十二、顧東橋以古今事變、禮樂、名物等事必須有以學之方可以與陽明辯

【141】來書云：楊、墨之爲仁義，鄉願之辭忠信，堯、舜、子之之禪讓，湯、武、楚項之放伐，周公、莽、操之攝輔，謾無印正，又焉適從？且於古今事變、禮樂、名物，未嘗考識，使國家欲興明堂，建辟雍[15]，制曆律，草封禪，又將何所致其用乎？故《論語》曰「生而知之」者，義理耳。若夫禮樂、名物、古今事變，亦必待學而後有以驗其行事之實。此則可謂定論矣。（以上顧東橋來書，以下陽明回函）

所喻楊、墨、鄉願、堯、舜、子之、湯、武、楚項、周公、莽、操之辨，與前舜、武之論，大略可以類推。古今事變之疑，前於良知之說，已有規矩尺度之喻，當亦無俟多贅矣。至於明堂、辟雍諸事，似尚未容於無言者；然其說甚長，姑就吾子之言而取正焉，則吾子之惑將亦可少釋矣。

夫明堂、辟雍之制，始見於呂氏之「月令」，漢儒之訓疏，六經、四書之中，未嘗詳及也。豈呂氏、漢儒之知，乃賢於三代之賢聖乎？齊宣之時，明堂尚有未毀，則幽、厲之世，周之明堂皆無恙也。堯、舜茅茨土階，明堂之制未必備，而不害其爲治；幽、厲之明堂，固猶文、武、成、康之舊，而無救於其亂，何邪？豈能「以不忍人之心，而行不忍人之政」，則雖茅茨土階，固亦明堂也；以幽、厲之心，而行幽、厲之政，則雖明堂，亦暴政所自出之地邪？武帝肇講於漢，而武后盛作於唐，其治亂何如邪？

天子之學曰辟雍，諸侯之學曰泮宮，皆象地形而爲之名耳。然三代之學，其要皆所以明人倫，非以辟不辟、泮不泮爲重輕也。孔

子云：「人而不仁，如禮何！人而不仁，如樂何！」制禮作樂，必具中和之德，聲爲律而身爲度者，然後可以語此。若夫器數之末，樂工之事，祝史之守。故曾子曰：「君子所貴乎道者三，籩豆之事，則有司存也。[16]」

堯「命羲和，欽若昊天[17]，曆象日月星辰，」其重在於「敬授人時」也。舜「在璿璣玉衡」，其重在於「以齊七政」也。是皆汲汲然以仁民之心而行其養民之政，治曆明時之本，固在於此也。羲和歷數之學，皋、契未必能之也，禹、稷未必能之也，堯、舜之知而不遍物，雖堯、舜亦未必能之也；然至於今循羲和之法而世修之，雖曲知小慧之人、星術淺陋之士，亦能推步占候而無所忒。則是後世曲知小慧之人，反賢於禹、稷、堯、舜者邪？

「封禪[18]」之說，尤爲不經，是乃後世佞人諛士所以求媚於其上，倡爲誇侈，以蕩君心而靡國費；蓋欺天罔人無恥之大者，君子之所不道，司馬相如之所以見譏於天下後世也[19]。吾子乃以是爲儒者所宜學，殆亦未之思邪？

夫聖人之所以爲聖者，以其生而知之也；而釋《論語》者曰：「『生而知之』者，義理耳。若夫禮樂、名物、古今事變，亦必待學而後有以驗其行事之實。」夫禮樂、名物之類，果有關於作聖之功也，而聖人亦必待學而後能知焉，則是聖人亦不可以謂之「生知」矣。謂聖人爲「生知」者，專指義理而言，而不以禮樂、名物之類，則是禮樂、名物之類無關於作聖之功矣。聖人之所以謂之「生知」者，專指義理而不以禮樂、名物之類。則是「學而知之」者，亦惟當學知此義理而已。「困而知之」者，亦惟當困知此義理而已。今學者之學聖人，於聖人之所能知者，未能「學而知之」，而顧汲汲焉求知聖人之所不能知者以爲學，無乃失其所以希聖之方歟？凡此皆就吾子之所惑者而稍爲之分釋，未及乎拔本塞源之論也。（《答顧東橋書》）

顧東橋以作爲政府官員登上政治舞臺對於國家禮制必須有眞實的學問才能處理事務，以此申明知識學習的重要。

王陽明則便以這些禮制的眞正精神仍在愛民的仁德之心，並非制度本身，且遠古聖王，制度未備，宮殿簡陋，並不妨礙太平盛世之治的到來，所以關鍵還在致良知。至於聖人，所生知者惟義理而非禮樂，禮樂亦必待學而能。

　　論於聖人生知於義理，禮樂名物度數非關聖人之功，此說可以批評。論於生知，依孟子之見，豈只聖人不待學而能，天下人人皆不待學而能，因其爲良知固有者。至於爲善，則必待學。至於禮樂，聖人亦必學之而後成聖人。孔子豈不正是勤學禮樂名物度數而爲至聖先師者，且聖人固然是人人應有的志向，但人能不同，依成色分兩說，故皆不礙，惟關鍵在分兩大小對社會貢獻的大小仍是有別，義理不待學，擴而充之即是，然此正是陽明要強調的重心，理當如此，然而力辯禮樂名物度數的知識，非關聖學之功，毋乃強調義理太過乎？

　　顧東橋來書，宗旨都是朱熹對大學詮釋的角度，這也是因爲陽明論知行，方法都是以朱熹爲批評的對象，朱熹之言中正，陽明所要批評的，都是時人之弊，以爲知而不行之過就在《大學》文本詮釋之中，於是陽明發揮他以立志爲先，以實行爲主的本體工夫論詮釋進路，重解格物致知之說，並且對於朱熹理氣論以及窮理說以及格致補傳的多方理論，嚴厲地攻擊。顧東橋熟悉朱熹學，來書反駁，陽明針對來書，一一駁回，兩造間口氣都不好，都要直指對方偏失於一。筆者以爲，陽明講的知行合一之說，立志爲先之說，行而後知之說，都是有道理的好思想，完全贊同亦讚美讚嘆。但是陽明批評朱熹對《大學》的詮釋以及朱熹本身理氣論和工夫次第論的說法卻是完全不對，完全曲解問題與主張。顧東橋爲朱熹做反駁，然不能屈服陽明，關鍵在於沒有敲醒陽明問題意識的腦袋，陽明一直在他自己的問題中發揮創作，甚至連《論語》、《孟子》、《大學》、《中庸》、《易傳》的許多語句都用上了踐履於先的詮釋進路，陽明一往直前沒有回頭過，顧東橋一味守住舊說沒有被說服。

十三、小結

　　本文之作，努力於澄清問題，釐清觀念，對於兩造對問題要點的強調，只要不牽扯《大學》文本詮釋，兩造的理論都是正確且必須的。至於《大學》文本詮釋意旨，筆者以爲朱熹的詮釋就是本意，陽明是創造性誤解，於哲學創作上有貢獻，於文本意旨上溢言過多。

　　顧東橋對陽明的質疑是對方遺漏了知的工夫，陽明的回答，知都預設在道德意志的貫徹之下了，反而是顧氏之說遺漏了行。兩造都認爲對方遺漏了知行的一部分。其實兩造都沒有遺漏，只是強調了一方。重點是因爲藉由《大學》文本詮釋，《大學》之說，朱熹爲正。先知後行，也知行合一，因爲是要治國平天下。陽明的辯駁，治國平天下要有眞正的道德意識，要先立志正念頭，於是兩人之間展開古書文義的爭議，顧氏引有知識的文本，陽明解之以意志爲先。間有針對孟子盡心知性知天之說，預設性善論的本體論，筆者以爲，朱熹解小了，陽明解大了。至於理在心外之說，完全是陽明的誤解，朱熹爲存有論、工夫次第論，陽明爲本體工夫論。總之，不依大學詮釋，強調知與強調行都是對的，否定對方遺漏了一面都是不對的。依《大學》詮釋，朱熹爲正，陽明過溢。

註釋：

14 《中庸》二十章：修身也，尊賢也，親親也，敬大臣也，體群臣也，子庶民也，來百工也，柔遠人也，懷諸侯也。

15 辟雍就是學宮，西周時的圓形建築物，四面環水爲雍。貴族子弟都在辟雍學習禮儀、音樂、舞蹈、騎馬等。

16 君子所貴乎道者三：動容貌，斯遠暴慢矣；正顏色，斯近信矣；出辭氣，斯遠鄙倍矣。籩豆之事，則有司存。《論語‧泰伯》。

17 密切注意天象日月。

18 祭祀天地。

19 指其上書漢武帝封禪之事。

第十七章　高手過招的師友問答——答羅整庵少宰書

除顧東橋外，尚有羅整庵[20]的問難亦是針鋒相對，唯後者的話頭內斂，像綿裡針，笑臉過招。兩人的意氣相交，沒有火氣，卻更多的是客觀的思辨，陽明招架之餘，也是感動於對方的問學真誠。藉由羅整庵不帶批判色彩的客觀思辨，亦更能見出陽明心學宗旨的核心要點。羅整庵即是羅欽順，著有《困知記》，為明代有名的理學家，嘗言：「程子言性即理也。象山言心即理也。至當歸一，精義無二，此是則彼非，彼是則此非，安可不明辨之？」這就造成「性即理」和「心即理」勢必對立，其實完全沒有必要，筆者會予以澄清。關鍵就是「心即理」有三義，而「性即理」則是其中一義。

一、陽明論講學的要點

陽明收到羅整庵的書信，因行旅匆匆，不便回函，稍有得空，便趕緊回覆。首先，談講學的真正重點，就是在實踐。參見：

【172】某頓首啟：昨承教及《大學》，發舟匆匆，未能奉答。曉來江行稍暇，復取手教而讀之。恐至贛後人事復紛遝，先具其略以請。（《答羅整庵少宰書》）

來教云：「見道固難，而體道尤難。道誠未易明，而學誠不可不講，恐未可安於所見而遂以為極則也。」

幸甚幸甚！何以得聞斯言乎！其敢自以為極則而安之乎？正思就天下之有道以講明之耳。而數年以來，聞其說而非笑之者有矣，詆訾之者有矣，置之不足較量辨議之者有矣，其肯遂以教我乎？其肯遂以教我，而反復曉諭，惻然惟恐不及救正之乎？然則天下

之愛我者，固莫有如執事之心深且至矣，感激當何如哉！夫「德之不修，學之不講」，孔子以爲憂。而世之學者稍能傳習訓詁，即皆自以爲知學，不復有所謂講學之求，可悲矣！夫道必體而後見，非已見道而後加體道之功也，道必學而後明，非外講學而復有所謂明道之事也。然世之講學者有二，有講之以身心者，有講之以口耳者。講之以口耳，揣摸測度，求之影響者也；講之以身心，行著習察，實有諸己者也。知此，則知孔門之學矣。（《答羅整庵少宰書》）

本文開頭，羅整庵口氣平和，講說見道、體道難，建議不要對自己所認定的觀念太過執著。

王陽明也客謙一下，說自己不敢自以爲所說就是絕對眞理，只是想要把道講明，結果數年來被許多人嘲笑，甚至謾罵，只有羅整庵您願意來信討論給我教誨，您的眞心，感動萬分。孔子擔心「德之不修，學之不講」，那麼世人的情況呢？讀書稍能訓詁考辨，就以爲是講學了，便不再深入。也就是說，不去實踐，不論是體道學道，都是要在身心上去實踐，而不是嘴巴上講講而已。實際落實實踐在自家身心上，眞正養成聖人所說的品格，這樣才是眞正的孔門之學。

陽明這樣的回答，是說自己的志向，要面對的時代課題，以及做學問就是要去實踐的道理，這些說法不會有誤，這些也不是羅整庵要跟他討論的課題，關鍵問題是對《大學》文本的解讀，而不是工夫理論的哲學論辯。

二、對朱熹大學改本的意見

《大學》有古本，有朱熹改本，朱熹改本是在《大學》古本的基礎上，明確分章爲經一章、傳十章，將三綱領、八條目分列其上，將古本《大學》中的文本，依適合的主題列於十傳之後，其中設格物致知章，並外加自撰之補注一文，暢說即物窮理之旨。陽明關切格物致知的新解，所以反對朱熹的補注，也反對朱熹的新版。

【173】來教謂某「《大學》古本之復，以人之爲學但當求之於內，而程、朱『格物』之說不免求之於外，遂去朱子之分章，而削其所補之傳」。（以上羅念庵，以下王陽明。）

非敢然也。學豈有內外乎？《大學》古本乃孔門相傳舊本耳。朱子疑其有所脫誤而改正補緝之，在某則謂其本無脫誤，悉從其舊而已矣。失在於過信孔子則有之，非故去朱子之分章而削其傳也。夫學貴得之心，求之於心而非也，雖其言之出於孔子，不敢以爲是也，而況其未及孔子者乎？求之於心而是也，雖其言之出於庸常，不敢以爲非也，而況其出於孔子者乎？且舊本之傳數千載矣，今讀其文詞，既明白而可通，論其工夫，又易簡而可入；亦何所按據而斷其此段之必在於彼，彼段之必在於此，與此之如何而缺，彼之如何而補？而遂改正補緝之，無乃重於背朱而輕於叛孔已乎？（《答羅整庵少宰書》）

本文中羅整庵指出王陽明以內外之分，取消朱熹的分章補傳，而欲回復古本大學。關鍵就是王陽明自己有一套求之於內外的說法。王陽明回答，朱熹以爲有脫誤故而改定並且補充，他並不以爲然，他認爲古本大學讀起來沒有問題，都可以理解，也十分合理。讀書以己心體貼之，甚至可以評斷孔子所說之是非，更何況體貼之後，孔子所言完全可解，何必如朱熹這般將大學文字移來移去，又自己撰文補充。我反對朱熹的辦法，而如果有人因此而責備我的話，那麼他等於是：「重於背朱而輕於叛孔」。

陽明此說，沒說到重點。關鍵在對於羅整庵的內外之分之說沒有回應，而是說了朱熹怎麼可能比孔子偉大，竟然改動孔子的話，或是孔門曾子的話。陽明這是進行了訴諸權威的辯論了。朱熹改本，本就不依訓詁考據而言，而是哲學理論的議定，古書竹簡，本易脫落錯簡，但這也不是根本問題，朱熹追求大學內部的一致性，因此爲之分章，以《大學》解《大學》，藉由首章三綱八目把全書所有文句分配置入，這個工作，就像是筆者所編排的「王陽明傳習錄二十五講」之文字一樣，只是爲了讓陽明不一時而說的觀點能有一綱舉目張的架

構，本就不是在做訓詁考據，至於有些意見的補充，也是為了充實理論，這裡自然有筆者本人的哲學思想在，但也是為了解釋陽明思想。所以朱熹的工作，就是令大學意旨更明，如此而已。改動字句次序，並非改變文句本身。做一補傳，是為補充思想，並非謂古本必有。其實這裡的辯論仍然非關重點，重點還是工夫論的問題，而且是大學文本意旨解讀問題還是工夫理論的創作問題，陽明是在談工夫理論，朱熹是在談文本詮釋，不論陽明的工夫理論如何創作，都不會溢出孔孟學庸宗旨，問題就是羅整庵所說的「安於所見而遂以為極則也」，這是因為，陽明一味地主張工夫論就是直接落實實踐，這本來就是對的，但就是硬要藉由《大學》文本解讀以主張之，而否定朱熹的解讀。核心的問題下節見出。

三、格致誠正都是內心反觀自照的工夫之辨解

羅整庵指出，陽明強調的內先反觀的工夫，在《大學》本有誠意正心兩概念落實了，何必再把格物致知的概念也搭到這個意思之中？格物致知就是知的工夫，誠意正心則是純粹化意旨的本體工夫，但格致當然也是這個本體工夫的意志而有所之為，只是強調求知識於外，再繼以貫徹意志於內，此正本末先後之旨，正常可解。參見：

【174】來教謂：「如必以學不資於外求，但當反觀、內省以為務，則『正心誠意』四字亦何不盡之有，何必於入門之際，便困以『格物』一段工夫也？」（以上羅整庵，以下王陽明。）

誠然誠然！若語其要，則「修身」二字亦足矣！何必又言「正心」？「正心」二字亦足矣，何必又言「誠意」？「誠意」二字亦足矣，何必又言「致知」，又言「格物」？惟其工夫之詳密，而要之只是一事，此所以為「精一」之學，此正不可不思者也。夫理無內外，性無內外，故學無內外。講習、討論，未嘗非內也；反觀、內省，未嘗遺外也。夫謂學必資於外求，是以己性為有外也，是「義外」也，用智者也；謂反觀、內省為求之於內，

是以己性爲有內也，是有我也，自私者也；是皆不知性之無內外
也。

　　陽明展開辯論，說既然誠意正心足矣，那根本上修身即足矣，亦
不必誠意正心了。其實，修身是針對修齊治平身家國天下而說的，陽
明這樣辯論，頗似吵架。陽明說格致誠正就是爲了精之又精，都是本
體工夫之內觀反照之事，沒有內外之分，也從不顧內遺外。「講習、
討論，未嘗非內也；反觀、內省，未嘗遺外也。」陽明這樣說，是就
著純粹化主體意志而說的，講習是主體主動的行爲，發自於內，此
說無誤，但講習不是講自己的意志而已，更要講外在世界的知識，如
科學知識，這不是在自己肚子裡面也不是在自己的意志裡面，說動力
發自於內是對的，說知識存在肚子頭腦裡面是不可能的，陽明強調意
志，忽略遮罩了知識之在外。這跟孟子講仁義內在只管意志是一樣的
思路。講反觀未嘗遺外，既然不遺外，那就是有外，則又何必非得一
切約定之以爲內呢？後面說的無內外，還是就反觀內照而說的。又
說：「夫謂學必資於外求，是以己性爲有外也，是「義外」也，用智
者也；謂反觀、內省爲求之於內，是以己性爲有內也，是有我也，自
私者也；是皆不知性之無內外也。」這就是很強詞而說的了。陽明說
「以己性爲有外」，顯然他所談的是己性，也就是自己的道德意志，
講學就是講道德意志，此說亦無誤，但不必否定講學是講客觀知識，
講學是講知識從而去做而實踐完成，既有客觀知識也有道德意志，大
學格致就講客觀知識，誠正就講道德意志，這樣沒有問題。陽明又說
「以己性爲有內」，是自私，這又是自己打自己嘴巴，說求之心內是
他自己的話，說朱熹外理於心是他自己的話，現在爲了要建立無內
外，就說說內也是不對的，說內就是有己私，何其陽明之用語用詞之
任意不統一之大毛病啊！又言：

　　故曰：「精義入神，以致用也；利用安身，以崇德也。」、「性
　　之德也，合內外之道也。」此可以知「格物」之學矣。「格物」
　　者，《大學》之實下手處，徹首徹尾，自始學至聖人，只此工
　　夫而已，非但入門之際有此一段也。夫「正心」、「誠意」、

「致知」、「格物」，皆所以「修身」；而「格物」者，其所用力，日可見之地。故「格物」者，格其心之物也，格其意之物也，格其知之物也；「正心」者，正其物之心也；「誠意」者，誠其物之意也；「致知」者，致其物之知也。此豈有內外、彼此之分哉？理一而已：以其理之凝聚而言則謂之「性」，以其凝聚之主宰而言則謂之「心」，以其主宰之發動而言則謂之「意」，以其發動之明覺而言則謂之「知」，以其明覺之感應而言則謂之「物」；故就物而言謂之「格」，就知而言謂之「致」，就意而言謂之「誠」，就心而言謂之「正」。正者，正此也；誠者，誠此也；致者，致此也；格者，格此也；皆所謂窮理以盡性也；天下無性外之理，無性外之物。學之不明，皆由世之儒者認理為外，認物為外，而不知「義外」之說，孟子蓋嘗辟之，乃至襲陷其內而不覺，豈非亦有似是而難明者歟？不可以不察也！（《答羅整庵少宰書》）

陽明在此展開了以格物致知為反觀內照的本體工夫意旨的解讀，並以格致誠正都是同一個本體工夫的意志貫徹的意思解讀，並做了概念的同一化解釋而謂之為精一之旨。陽明自可創造性地如此解讀，但不需要是大學的原意，陽明只關心一件事情，不是大學本來在說什麼，而是所有的經典都應該要說什麼，要說的就是貫徹意志以落實價值信念。「天下無性外之理，無性外之物。」這不是說內是什麼？這就是說貫徹主體意志，純粹化主體意志，講的是反觀內照的自覺工夫，而不是研究事務的知識工夫。說「學之不明，皆由世之儒者認理為外，認物為外，而不知『義外』之說，孟子蓋嘗辟之」，主張認理於內是說把仁義禮知在意志中貫徹實踐，主張把格物致知解讀為研究知識就等於是認理於外，就是把知識學習割裂於意志貫徹之外，這其實是陽明自己的二之，刻意曲解，不是說「講習、討論，未嘗非內也」嗎？其實，沒有誰是認理為外的文本解讀，只有士子不於心內踐履此理的事實，不實踐是一回事，讀書明白外在事理是一回事，有人讀書求事理而不去踐履則可以批評此人為求理於外，當然，陽明時人

多是如此，但文本解讀是一回事，事實批評是另一回事，無須把格物致知硬是不許求知解讀，必是貫徹意志的實踐解讀。

四、格物並不遺外

羅氏以格物致知爲知的工夫，誠意正心爲意志貫徹的行的工夫，以爲陽明之說會有問題，陽明自己反駁道：

【175】凡執事所以致疑於「格物」之說者，必謂其是內而非外也；必謂其專事於反觀、內省之爲，而遺棄其講習、討論之功也；必謂其一意於綱領、本原之約，而脫略於支條、節目之詳也；必謂其沉溺於枯槁、虛寂之偏，而不盡於物理、人事之變也。審如是，豈但獲罪於聖門，獲罪於朱子，是邪說誣民，叛道亂正，人得而誅之也；而況於執事之正直哉？審如是，世之稍明訓詁，聞先哲之緒論者，皆知其非也，而況執事之高明哉？凡某之所謂「格物」，其於朱子九條之說，皆包羅統括於其中；但爲之有要，作用不同，正所謂毫釐之差耳。然毫釐之差，而千里之繆，實起於此，不可不辨。（《答羅整庵少宰書》）

陽明繼續回答羅整庵的格物批評，陽明認爲羅整庵認爲陽明的格物解讀一定是遺漏知識的學習，一定只是自我反省於內在心理，而不盡察人事物理之辨。陽明認爲朱熹所講的格物之說的意旨在他自己的格物之說都已經包含在內了，只是更強調根本在於革除物欲的意志強化之本體工夫義而已。如果是這樣，就不知道陽明究竟是在批評時人之弊病還是反對朱熹之解讀了，他的格物既內又外，既意志貫徹又研究知識，這樣是不是太求全了且又太執拗了呢？其實，整庵是提出質疑，必欲把朱熹之格物解釋說成外理於心的正是陽明自己，陽明說自己的格物非專於內而有及外，則朱熹的及於外者就非遺於內嗎？其實，先嚴分內外的是陽明，繼之而說無內外之分的是陽明，繼之否定別人說他的理論是專內遺外，繼之說自己的理論是有內有外。這不是無端自己惹來一堆麻煩嗎？罵人就罵人，批評時人之弊就批評時人之

弊，不必拿大學文本做文章，結果好好的先知後行、外內一貫之旨硬說成知行合一、顧內而不外求者。這才是引來羅整庵的質疑的關鍵，羅整庵不過就是說了格物致知求知識，然後誠意正心貫徹意志，你何必一定要把格物致知也講成貫徹意志呢？陽明說是為了救時弊，但是批評人病就好了，不必殃及文本解讀。

五、陽明以反朱子為辟楊墨

以下這段文字非關義理，非關文本詮釋，而是表明心態，強調事態嚴重，格物之說非依己意不可，否則害世傷民。

【176】孟子辟楊、墨，至於「無父、無君」。二子亦當時之賢者，使與孟子並世而生，未必不以之為賢。墨子兼愛，行仁而過耳，楊子為我，行義而過耳，此其為說亦豈滅理亂常之甚，而足以眩天下哉？而其流之弊，孟子至比於禽獸、夷狄，所謂以學術殺天下後世也。今世學術之弊，其謂之學仁而過者乎？謂之學義而過者乎？抑謂之學不仁、不義而過者乎？吾不知其於洪水、猛獸何如也。孟子云：「予豈好辯哉？予不得已也。」楊、墨之道塞天下。孟子之時，天下之尊信楊、墨，當不下於今日之崇尚朱說；而孟子獨以一人呶呶於其間，噫，可哀矣！韓氏云：「佛、老之害甚於楊、墨。」韓愈之賢不及孟子，孟子不能救之於未壞之先，而韓愈乃欲全之於已壞之後，其亦不量其力，且見其身之危，莫之救以死也。嗚呼！若某者，其尤不量其力，果見其身之危，莫之救以死也矣！夫眾方嘻嘻之中，而獨出涕嗟若，舉世恬然以趨，而獨疾首蹙額以為憂，此其非病狂喪心，殆必誠有大苦者隱於其中，而非天下之至仁，其孰能察之。

孟子辟楊墨，把事情說得很嚴重，謂之無君無父，韓愈辟佛老，謂之甚於楊墨，陽明說孟子之辟楊墨，「而其流之弊，孟子至比於禽獸、夷狄，所謂以學術殺天下後世也」。如此一來，陽明把朱熹比於楊墨佛老了，說這是自己有大苦之心隱於其中了。對於朱熹，陽明繼

續說道：

> 其爲《朱子晚年定論》，蓋亦不得已而然。中間年歲早晚，誠有
> 所未考，雖不必盡出於晚年，固多出於晚年者矣。然大意在委曲
> 調停，以明此學爲重。平生於朱子之說，如神明蓍龜，一旦與之
> 背馳，心誠有所未忍，故不得已而爲此。「知我者謂我心憂，不
> 知我者謂我何求。」蓋不忍抵牾朱子者，其本心也；不得已而與
> 之抵牾者，道固如是，不直則道不見也。執事所謂「決與朱子
> 異」者，僕敢自欺其心哉？夫道，天下之公道也；學，天下之公
> 學也，非朱子可得而私也，非孔子可得而私也，天下之公也，公
> 言之而已矣。故言之而是，雖異於己，乃益於己也；言之而非，
> 雖同於己，適損於己也。益於己者，己必喜之；損於己者，己必
> 惡之。然則某今日之論，雖或於朱子異，未必非其所喜也。君子
> 之過，如日月之食，其更也人皆仰之；而小人之過也必文。某雖
> 不肖，固不敢以小人之心事朱子也。（《答羅整庵少宰書》）

羅整庵說王陽明「決與朱子異」這正是事實，他說的「然則某
今日之論，雖或於朱子異，未必非其所喜也。君子之過，如日月之
食，其更也人皆仰之；而小人之過也必文。某雖不肖，固不敢以小人
之心事朱子也。」不就是直欲與朱熹異，但陽明卻做《朱子晚年定
論》以爲朱熹與己辯，引朱熹晚年書信談反觀內照的語句以爲同己之
說，由此可見，陽明在幾件事情上沒有弄明白。第一，談工夫理論，
朱熹不會與陽明不同，先知後行、知行合一、先行後知都是可以說
的，沒有衝突。陽明必欲衝撞之。第二，談意志貫徹，朱熹早就以主
敬說此，大學八目就是孟子求放心，陽明必須外理於心、析心與理爲
二說之。第三，談文本詮釋，大學明白先知後行，爲的治國平天下，
陽明明白要治人毛病，所以一切都是反觀內照的自覺工夫解讀，故而
必欲改朱熹三綱八目、下學上達、工夫次第的解說方式。筆者以爲，
陽明心切太過。羅整庵的評價有理。

六、申明格物之說

書信末尾，陽明曲言和解，然而文辭儘管意切情深，格物是革除物欲之解讀方式仍是不改。其言：

【177】執事所以教，反復數百言，皆以未悉鄙人「格物」之說；若鄙說一明，則此數百言皆可以不待辨說而釋然無滯，故今不敢縷縷，以滋瑣屑之瀆。然鄙說非面陳口析，斷亦未能了了於紙筆閒也。嗟乎！執事所以開導啓迪於我者，可謂懇到詳切矣，人之愛我，寧有如執事者乎！僕雖甚愚下，寧不知所感刻佩服；然而不敢遽捨其中心之誠然而姑以聽受云者，正不敢有負於深愛，亦思有以報之耳。秋盡東還，必求一面，以卒所請，千萬終教！（《答羅整庵少宰書》）

陽明自持其格物是去其不正以歸於正，以此爲大學本旨，絕不更改。這麼固執的態度，還說要再見面細談，恐羅欽順無暇奉陪了。

七、小結

陽明對朱熹的《朱子晚年定論》，筆者有專文討論，且附於本書篇章之中，此處不再申論。羅整庵的質疑就集中在格物概念的大學文本解讀，陽明的回信，就聚焦於革除物欲的工夫論的必要性申說。去其不正以歸於正確實是工夫核心，但一味以之爲大學格物說之文本解讀是不必要的，此筆者之明確立場。講工夫理論可以，講文本詮釋不必要，此處關節不明，非關道德，只是學術。

註釋：

20 羅欽順（1465年12月25日～1547年5月14日）[1]　，字允升，號整庵。

第十八章　從個人風格上評價朱熹與陸象

陽明學沒有朱熹是出不來的，至少絕非現在面貌，關鍵在於陽明幾乎就是沖著朱熹《大學》詮釋理論一一對辯問難，而提出他的致良知、知行合一種種諸說的。然而，或許是爲免心中不安，逐制《朱子晚年定論》一書，藉朱熹種種書信中與其心學工夫意旨相同的文字引文爲據，說朱子有與自己相同的立場，以免自己辟朱太甚。除此而外，陽明所有關於《大學》的文本解釋都是直接與朱熹辯論而言說的，表面上衝突不已。本節所選，則是有別於《大學》詮釋諸說，選出陽明直接針對朱熹個人的風格評價，其中從不見陽明惡意喝斥的口語，反而是充滿敬意的高重。可以說是「吾愛吾師，吾更愛眞理」的寫照。文末亦選評陸象山的一段話。

一、不要議論朱陸

周道通來信談到時人對朱陸的議論，表述了自己的看法：

【149】來書云：今之爲朱、陸之辨者尚未已。每對朋友言，正學不明已久，且不須枉費心力爲朱、陸爭是非，只依先生「立志」二字點化人，若其人果能辨得此志來，決意要知此學，已是大段明白了。朱、陸雖不辨，彼自能覺得。又嘗見朋友中見有人議先生之言者，輒爲動氣。昔在朱、陸二先生所以遺後世紛紛之議者，亦見二先生工夫有未純熟，分明亦有動氣之病。若明道則無此矣，觀其與吳涉禮[21]論介甫[22]之學云：「爲我盡達諸介甫，不有益於他，必有益於我也。」氣象何等從容！常見先生與人書中亦引此言，願朋友皆如此，如何？（《答周道通書》）

學生表示意見，針對朱陸之爭，要先擱下，自己立志才是最正確的，立志了就是工夫上的明白人，自己就能分辨朱陸之是非了。可是自己聽人家批評王陽明時又會生氣，認爲朱陸彼此也會動氣，朱陸工夫皆不純熟。程明道就不然，針對王安石，託朋友把自己的意見給他，說，把我的意見轉知王安石，對我倆必有益。不是有益於他，就是有益於我。學生說，王陽明常引用程明道這句話，希望大家都能如此從容看待論學議題。

程明道論學論政，不爲自己出鋒頭，就可心平氣和，若總是好勝，必起爭端。然而儒者常犯此病，幾乎都犯。王陽明回答：

> 此節議論得極是極是，願道通遍以告於同志，各自且論自己是非，莫論朱、陸是非也。以言語謗人，其謗淺。若自己不能身體實踐，而徒入耳出口，呶呶度日，是以身謗也，其謗深矣。凡今天下之論議我者，苟能取以爲善，皆是砥礪切磋我也，則在我無非警惕修省進德之地矣。昔人謂攻吾之短者是吾師，師又可惡乎？

陽明回答，這樣才對，不去論朱陸是非。用言語詆謗前賢，若自己又不切實篤行，則罪重。如果有人詆謗我，就當作對我的砥礪就好了。攻我短者是吾師，師就尊重就好，豈可厭惡？此處陽明收斂自己，對朱熹、陸象山都不施與人格攻擊，這是修養的態度。修養是好的，修養是做工夫，工夫理論是理論建構，陽明對朱熹的工夫理論是有所批評的，但對人格不予批評。最後，陽明認爲朱熹的工夫理論也是跟自己一樣的。筆者以爲，朱熹做工夫到位，陽明做工夫也到位，陸象山做工夫也到位，這指得是作爲一個儒者對待天下的態度，都是在服務社會的君子之風。可惜，彼此之間對別人的工夫理論都有批評，筆者認定，這是理論上的誤解，必須澄清，也可以澄清。但是對別人做工夫優劣的批評，涉及個人的好勝之心，這就有修養不足的遺憾了。陽明對朱熹陸象山的做工夫不予批評，但是對朱熹的工夫理論卻是批評得重中之重，這是陽明在理論上的能力有所欠缺的地方，必須檢討，至於對待朱熹人格的敬重，這是他的優點，應予肯定。但

是，若沒有化解理論的衝突而只對人格予以肯定，這樣也是矛盾的。陽明編寫的《朱子晚年定論》就是要解消這個矛盾。筆者已有專文討論於本書中，簡述之，陽明所引朱熹之語，都是朱熹反思自己行為的檢討語，正是做工夫的話語，陽明只管做工夫，遂引為同道，實際上誰不自做修養工夫呢？至於朱熹所提工夫理論，與象山陽明同者多矣，筆者已撰文於《南宋儒學》論朱熹本體工夫一章中，存有論、工夫次第論、與本體工夫論，各自不同，陽明只講本體工夫，朱熹同時講三種理論，實際上沒有對立衝突，是陽明自己矯枉過正，在誤解下的批評攻擊。

二、與朱熹之心未嘗異

陽明時代，除了王陽明，也有許多士子批評朱熹，學者讀書時多有見於批評朱熹之言。陽明表示了自己的立場：

【98】朋友觀書，多有摘議晦庵者。先生曰：「是有心求異，即不是。吾說與晦庵時有不同者，為入門下手處有毫釐千里之分，不得不辯；然吾之心與晦庵之心未嘗異也。若其餘文義解得明當處，如何動得一字！」（《門人薛侃錄》）

陽明說別人有心求異就不對了。可是，何謂有心求異，通常的意思就是為反對而反對，陽明認為他人批評朱熹是為反對而反對，至於自己，是不得不辯，因為下手處差之毫釐則將謬以千里。這下手處是什麼呢？當然就是尋求知識還是切身反省自覺立志，這都是針對格物致知的解讀。筆者完全不反對王陽明所說的做工夫首在切身反省篤定立志之說，唯獨對於大學文本詮釋的格物致知一說，何須必是格除物欲致良知於事事物物？這個意思在後面的誠意正心已經是如此了，所以格物致知就照朱熹所說是面對事務研究知識就好了，不過，這已經是千古之辯了，各持立場，筆者只是申明自己的立場。

陽明說吾心與朱熹之心未嘗異，只能說是捍衛聖學作個堂堂儒者的心，這一點，確實兩人無有不同，都是最具典範的大儒。

最後說朱熹其餘文字解得明當處，不可動一字，是說朱熹其他理論沒有問題。其實本來就沒有問題，朱熹理氣論也是陽明所預設的。

三、說朱熹工夫做顛倒了

學生質問為何朱熹解格物會與陽明如此不同，他這麼聰明，如何會錯解？當然，這是陽明弟子的想法，是陽明自己解錯了朱熹，而自己創造性誤讀了大學，陽明回答：

【100】士德問曰：「『格物』之說，如先生所教，明白簡易，人人見得；文公聰明絕世，於此反有未審，何也？」先生曰：「文公精神氣魄大，是他早年合下便要繼往開來，故一向只就考索著述上用功；若先切己自修，自然不暇及此；到得德盛後，果憂道之不明，如孔子退修六籍，刪繁就簡，開示來學，亦大段不費甚考索。文公早歲便著許多書，晚年方悔，是倒做了。」（《門人薛侃錄》）

陽明說朱熹早年要繼往開來，這當然確實是如此。說朱熹就考索著述上用功，這是不假，陽明關切個人修養與事功，朱熹關切聖學意旨與傳播，所以大作經典詮釋注解的工作。陽明卻說「若先切己自修，自然不暇及此」，這話是陽明說得太過頭了，不務天下國家百姓的人，誰會去深入聖學考索著述？聖學所言都是心懷天下，朱熹就是要解明之，同時，儒學千年，面對道佛競爭，勢必要有更為嚴密的理論以為回應，這就是周敦頤、張載、二程的使命，都是大儒也都是大學問家，憑什麼說朱熹沒有切己自修？而切己自修的人為什麼就不暇及此？問題都是時人光說不練，藉由聖學考得功名卻不真心實踐，從來不是聖學理論本身的問題。陽明又說，當朱熹切己自修德盛仁熟之後，再來訂正校對，都不必費力了，意思就是說就不會講錯了。儒學千年，經論繁多，世人無從下手，豈能無檢擇、訂正、注解之作？何況道佛昌明，儒學以何為辯？必須有人為此。朱熹就是承擔此一使命者，及四書章句集注傳世，定為科舉教本，天下士子風行捧讀，這就

是他的貢獻，一人之功，千古不越，陽明批評太過，不見前人之賢，幾乎是爲反對而反對了。

　　最後說朱熹晚年後悔了，學問是倒做了，這是不對的。聖賢永遠覺得自己實踐做得不夠好，所以在給友人書信之中做了一些自我反省的陳述，並不是朱熹晚年意識到新的工夫理論，這種本體工夫在朱熹終生之中都是講說的，意旨跟象山陽明一樣，只是解大學時重次第以及先知後行之說與陽明不同，以及重存有論概念解析與象山只重做工夫意旨不同，並不是朱熹後悔了，以致倒做學問了，這是陽明一廂情願之說。陽明一力護衛自己免被翻盤，又見：

> 士德曰：「晚年之悔，如謂『向來定本之誤』，又謂『雖讀得書，何益於吾事』，又謂『此與守書籍，泥言語，全無交涉』，是他到此方悔從前用功之錯，方去切己自修矣。」曰：「然。此是文公不可及處。他力量大，一悔便轉；可惜不久即去世，平日許多錯處，皆不及改正。」

　　學生提問，朱熹有謂「向來定本之誤」，此說非是陽明學生所理解之意，是陽明學生誤讀。朱熹是說「此是向來差誤」、「聖人教人有定本」、「教人須先立定本」，不是朱熹說自己的文本有誤[23]。至於講的朱熹自我反省的話，都收錄在《朱子晚年定論》書中，不是朱熹晚年後悔用功錯了，至此才眞正做了工夫，是陽明自己的一廂情願之說，說到做工夫，朱熹天天在做，至於朱熹的工夫理論，陽明是誤解了。事實上，王陽明批評於朱熹的卻都是朱熹的理論，而不是朱熹的人格，朱熹謙下懺悔的是自己的修養，絕不是學問上的說法，朱熹的學問絕對是頂天立地的爲往聖繼絕學，沒有自悔之處。

四、批評朱熹少頭腦

　　陽明批評朱熹的工夫理論少了頭腦：

　　【234】「文公『格物』之說，只是少頭腦。如所謂『察之於念

慮之微』，此一句不該與『求之文字之中，驗之於事爲之著，索
之講論之際』混作一例看，是無輕重也。」

少頭腦就是少了工夫下手的眞實地，也就是心念的意志，陽明認
爲，朱熹講的知識學習問題都沒有錯，只是談做工夫的觀點沒有談
好，重點是要「察之於念慮之微」，所以說和後面三句不應混同，因
爲後面只是講學問知識。其實四句合堪之下，也甚是合理。只是陽明
必欲抬高第一句的心念工夫，認爲這裡是頭腦。這裡是頭腦確實無
誤，但有了頭腦以後也要有身軀四肢，要去研究操作才行啊！四句就
是連成一氣的，沒有誤混的。

五、批評象山有粗處

陽明平日裡對象山之說所談不多，這其實就是因爲朱熹才是做學
問的大家，留下了大量的學術成果，可以藉由文字討論點評實際問
題，但朱熹解大學之說，正好作爲陽明批判時儒的出口，只重知識不
重實踐，至於實踐，陽明則認可象山，參見：

【205】又問：「陸子之學何如？」先生曰：「濂溪、明道之
後，還是象山；只是粗些。」九川曰：「看他論學，篇篇說出骨
髓，句句似針膏肓，卻不見他粗。」先生曰：「然他心上用過功
夫，與揣摹依仿、求之文義自不同，但細看有粗處。用功久，當
見之。」

陽明沒有明講象山的「粗些」指的是什麼，約莫是和自己的知行
合一說、格物致知說相比起來，沒有這種精微的心學。九川說象山說
出骨髓，是的，依據陽明的系統，關心的就是自我反思立志篤實，這
也正是象山自以爲的有別於朱熹之處，可是陽明卻也議論象山，說他
粗呀！雖然，對於象山的用功，仍是肯定的。

六、小結

　　陽明對朱陸不做人身攻擊，皆是引爲同道，這是本來當然如此。但是對於朱陸的理論，還是有異議，對象山，陽明話不多，就沒有得討論了，對朱熹，就是陽明一生的競爭者。筆者的努力，就在釐清問題，解消衝突，團結朱王，形成儒學的一大新的綜合體系。實際上，陽明之哲學意見都在朱熹言說裡面了，就文本詮釋而言，這不是眞正理論的衝突，只是解讀角度的無謂之爭了。

註釋：

21 疑為吳師禮之誤。

22 介甫，王安石。

23 參見：〈論朱澤云《朱子聖學考略》對朱陸異同的文獻探悉〉一文。

第十九章　心學進路的道佛知見

　　陽明心學，就儒學界而言，有人視爲兩千年儒學的第一高峰，並且在儒釋道三教辯證的問題上，陽明心學，亦是盡收道佛之優點而無其缺點的頂峰之學。果其然乎？事實上，陽明確實有對道佛的知見話語，其內涵顯現陽明大膽引用道佛名相入於儒學世界觀中，可以說是以儒學世界觀看道佛的名相，然而，道佛的意旨不見了，只有儒家的意旨，這就是陽明融會三教的作法，筆者認爲，理論上言，是不成功的。但是，其說雖不足以否定道佛以及辯駁道佛，卻是最好的呈現儒學立場的材料，亦值得閱讀理解。陽明心學當然偉大，但道佛意旨絕非陽明幾句話可以否定抹煞的，讀陽明道佛之見的文字，最重要的價值還是儒學觀點的建構，而非理解道佛的管道。

一、對佛教思想的批評

　　陽明辟佛，有從良知與般若對比的進路，有從著相不著相的進路，有從不及事功的進路之批評，但是，歸根結底，都是無視於佛教的世界觀與價值觀，只以儒家的經驗世界、仁義價值的立場發言，這樣對佛教的批評只是外部表像的攻擊，不能撼動佛學理論。

（一）〈對佛教般若思維的批評〉

　　佛教講「不思善不思惡時認本來面目」，這樣的話頭，陽明自己也是講的，但卻認爲儒佛有別，關鍵就是良知本體，參見：

　　【162】來書云：佛氏於「不思善不思惡時認本來面目」。於吾儒「隨物而格」之功不同。吾若於不思善、不思惡時，用致知之功，則已涉於思善矣。欲善惡不思，而心之良知清靜自在，惟有

寐而方醒之時耳。斯正孟子「夜氣」之說。但於斯光景不能久，倏忽之際，思慮已生，不知用功久者，其常寐初醒而思未起之時否乎？今澄欲求寧靜，愈不寧靜，欲念無生，則念愈生，如之何而能使此心前念易滅，後念不生，良知獨顯，而與造物者遊乎？（《答陸原靜書》）

陸原靜問了一個奇怪的問題。他認知的佛教的不思善不思惡的狀態就如孟子講的惡人也有的夜氣狀態，當時只是無念，似未發，然人一旦思慮，就必定遠離此一情境，所謂欲求寧靜愈不寧靜，欲其無生則卻愈生，故而提問，如何讓良知提起而獨顯，且能與造物者遊？其實，良知在陽明儒學就是天道本體，也是人道性體，亦是主宰心體，它在價值意識上只是至善，去除私心就是陽明的不思善不思惡的解讀模式，然後進入事功作為，服務社會。而且，是落實天道，不是與造物者遊，這是道家詞彙、道家態度了。陽明回答：

「不思善不思惡時認本來面目。」此佛氏為未識本來面目者設此方便。本來面目即吾聖門所謂良知，今既認得良知明白，即已不消如此說矣。

「不思善不思惡」是佛教般若智與菩提心的發用，般若智淨化自己，菩提心救渡眾生，根本動靜皆有，陸原靜只取其靜的一面，想像自己要去打坐入神與造物者遊，方向錯誤。佛教的「本來面目」是佛性，佛性的實相還是般若智、菩提心，其實不是良知，良知是儒家的本體，有道德目的性，落實在家國天下，但陽明要等同之，說就是聖門的良知，以良知操作方式似佛教，因此亦有可比之處，但他們畢竟不是一件事，關鍵就是對身體知識和世界觀知識的不同，最後境界更是不同，因為人生追求的方向不同，但陽明以之為相同的，並且還以儒家致良知高於佛教不思善惡之說，所以陽明說，若識得良知，也已經不需要再講「不思善不思惡時認本來面目」的話了。又言：

「隨物而格」是致知之功，即佛氏之「常惺惺」，亦是常存他本來面目耳。體段工夫大略相似，但佛氏有個自私自利之心，所以便有不同耳。

陽明格物說即是致良知，做法是隨時去除惡念，所以是「常惺惺」，也是「存它本來面目」，所以從工夫操作的形式上講，陽明說致良知「體段工夫」與佛教相同，這是對的。因為操作形式上都是本體工夫，就是純粹化主體意志，心念與本體價值合一。但陽明畢竟是要辟佛的，所以提出佛教尚有私心之說，這其實是對佛教本體沒有明白下的批評。儒家看到家國天下的責任，佛教看到生死輪迴的苦難，佛家處理生死，儒家處理家國，儒家認為佛教只顧個人，故而為私。其實，佛教的了生死是讓所有眾生皆了，所以也是救渡眾生之事業，說佛家為己私，就是世界觀的不同，因為佛教的世界觀中明講了因果業報輪迴，明講了三界六道、大千世界，他們的世界跨越家國天下，所以不集中於此，並非自私。這些世界觀的知識，陽明都不上心，只管談入世的本體工夫，又言：

> 今欲善惡不思，而心之良知清靜自在，此便有自私自利、將迎意必之心，所以有「不思善不思惡時用致知之功，則已涉於思善」之患。孟子說「夜氣」，亦只是為失其良心之人指出個良心萌動處，使他從此培養將去。今已知得良知明白，常用致知之功，即已不消說「夜氣」；卻是得兔後不知守兔，而仍去守株，兔將復失之矣。欲求寧靜，欲念無生，此正是自私自利、將迎意必之病，是以念愈生而愈不寧靜。

本段回應陸原靜的提問，本體工夫，儒佛形式上必是相同的，但是價值本體不同，作用領域不同，但依然是於心意之上堅定本體。佛教也有他們要做的事業，至少大乘佛教是明確地要救渡眾生的。陸原靜以為的不思善惡就是停止社會活動，依他的理解，這樣的不思善惡當然就是有私心在，因為知善知惡是良知，良知就是要去惡向善的，沒有提起良知而已，良知提起，都沒這些事情了，因為就是一直向前為善去惡才是。後面陽明說夜氣一段說得極好。夜氣就是無私欲雜念妄想的狀態，正是良知本體的主宰之時，此時良知既得，便行將去，這時候還在搞什麼念慮上不思不為就不對了，正是得兔後不知守兔而仍守株，若然，兔將復失。

其實，陸原靜這一切的誤解，還不都是因為陽明自己把佛教命題拿來說儒家觀念所致。既然良知就是本來面目，而本來面目不思善惡，則原靜自是當作陽明要講打坐入定的工夫了，所以陽明必須再為解釋。陽明又言：

> 良知只是一個良知，而善惡自辨，更有何善何惡可思！良知之體本自寧靜，今卻又添一個求寧靜，本自生生，今卻又添一個欲無生，非獨聖門致知之功不如此，雖佛氏之學亦未如此將迎意必也。只是一念良知，徹頭徹尾，無始無終，即是前念不滅，後念不生，今卻欲前念易滅，而後念不生，是佛氏所謂斷滅種性，入於槁木死灰之謂矣。

良知就像心臟，無時不動，無時不靜，是個活生生的活體。它辨善惡，故不需自己再有任何合理化惡行或刻意表彰善行的妄想，只要一直由良知主導自己的心思念慮就是最正確的，而不是要止息思維念慮，是要由仁德之心主宰，絕不偏離。若是完全不起念，陽明說就變成佛教講的斷滅種性、槁木死灰。其實，這是對斷滅見的修行者的批評，無論如何，任何有情眾生也不會斷滅，也不會死灰，佛性恆在，有情恆在。

（二）對佛教念頭工夫的批評

雖經上文之疏解，陸原靜仍然在概念上糾結，繼續提出似是而非的問題：

> 【163】來書云：佛氏又有常提念頭之說，其猶孟子所謂「必有事」，夫子所謂「致良知」之說乎？其即「常惺惺，常記得，常知得，常存得」者乎？於此念頭提在之時，而事至物來，應之必有其道。但恐此念頭提起時少，放下時多，則工夫間斷耳。且念頭放失，多因私欲客氣之動而始，忽然驚醒而後提，其放而未提之間，心之昏雜多不自覺，今欲日精日明，常提不放，以何道乎？只此常提不放，即全功乎？抑於常提不放之中，更宜加省克之功乎？雖曰常提不放，而不加戒懼克治之功，恐私欲不去；若

加戒懼克治之功焉，又爲「思善」之事，而於「本來面目」又未達一間也。如之何則可？（以上陸原靜問，以下陽明回答。）戒懼克治即是常提不放之功，即是「必有事焉」，豈有兩事邪！此節所問，前一段已自說得分曉，末後卻是自生迷惑，說得支離。及有「『本來面目』未達一間」之疑，都是自私自利、將迎意必之爲病，去此病自無此疑矣。（《答陸原靜書》）

陸原靜的問題，歸根結柢，沒有做工夫，關鍵就是立志不夠的結果，主體不立，則再怎麼頭上加頭，腳下加腳，都是沒用的，沒有眞立志，就沒有眞工夫；沒有做工夫，就沒有理解，就會一直問一直問個沒完沒了，這都沒有用的。實踐哲學講清楚之後，工夫操作就只是一個意志堅定的方法而已，然後就變成去做的事情了，所以佛教講第一義，道家講行不言之教，都是講正在做工夫。做工夫到何種地步，有了疑問，然後再問，老師再答，此時已經提升一個境界了。如果都沒有做工夫，只是在假設上提問，那麼老師回答得再多也是沒有用的。本來一個「長提不放」就講完事了，還問要不要加上「省克」，然後要擔心加上省克加上「戒懼」又變成有所思爲善惡了，則又不是「本來面目」了。前者是沒有做工夫的無謂的假設性問題，後者是把做工夫的方向搞錯了以爲是打坐入定。陽明的回答，就是把他罵一頓，前節的問題就是現在的問題，前面已經回答了，自己不去操作，還在瞎問。後面就是方向走偏，所以說是有私心，因爲有私心，所以才會想到不理世事只求入定。

（三）對佛教言靜的定位

學生知道佛教入靜工夫了得，以爲儒與其似，欲問其別：

【231】問：「儒者到三更時分，掃蕩胸中思慮，空空靜靜，與釋氏之靜只一般，兩下皆不用，此時何所分別？」先生曰：「動、靜只是一個。那三更時分空空靜靜的，只是存天理，即是如今應事接物的心；如今應事接物的心，亦是循此天理，便是那三更時分空空靜靜的心。故動、靜只是一個，分別不得。知得

動、靜合一，釋氏毫釐差處亦自莫揜矣。」（《門人黃直錄》）

　　這一條問佛教的靜與儒家的靜都是不用事，則儒佛何以別之？這樣提出的問題，就是以為言靜就是靜坐，不入世服務，實際上，儒佛言靜都是有動有靜，所以陽明說儒家半夜三更之靜，就是白天應事接物之心，都是依循天理。故而動靜只是一個天理主導，活動的形式不同，但是前後的價值相同，故而，其實也不需要言動靜之別了。陽明認為動靜形式於儒無別，但是於佛就不同了，意指釋氏不應事接物，故動靜分為兩事，有靜無動。佛之靜與儒之靜表面相似，但缺了動的一面，這樣儒佛就不相同了。陽明講的這個動，就是入世救世，陽明認為，佛教就不入世、不救世、不做事功，所以毫釐千里。當然，儒佛之辨絕不如此單純，陽明是簡說了佛教，此暫不深論。

（四）批評佛學本體價值觀

　　先儒講「當理而無私心」，學生問當理與無私心的概念同異問題，陽明以此主張當理即是無私心，且不可以析心與理為二，這就是批評朱熹了。學生又問佛教的「無私心」與儒家的不同，因為佛教雖無私心，卻外棄人倫，似有不妥，陽明立場相同，參見：

　　【94】問：「延平云：『當理而無私心。』當理與無私心，如何分別？」先生曰：「心即理也，無私心即是當理，未當理便是私心。若析心與理言之，恐亦未善。」又問：「釋氏於世間一切情欲之私，都不染著，似無私心；但外棄人倫，卻似未當理。」曰：「亦只是一統事，都只是成就他一個私己的心。」（《門人陸澄錄》）

　　本文前一段講「心即理」，所以肯定當理就是無私心，兩者沒有不同。所以心與理必須一體不分，否則就是心不在理上了。心不在理上就是析心與理言之，這就是為二了，是要批評的。以上是陽明意旨。以下是筆者的討論意見。「心即理」是合本體論、工夫論、境界論而說的，「析心與理」者是在存有論上說的，存有論不是不好的工夫論，講心性情、理氣概念之分，這不是在講工夫論，所以陽明不必

批評朱熹之所說爲「析心與理言之」而「爲二」。「心即理」就是當理，這是主體做到了「無私心」的工夫了，這樣講沒問題，但是說心概念理概念性概念情概念的概念意旨，將之一一分開釐清，這也是對的，這不是工夫論上的外理於心，陽明的解讀根本是錯置了。

後文講佛教亦無私心，學生問佛教的無私心是外棄人倫，故不當理。陽明以無私心與重人倫爲一件事，所以學生認爲佛教的無私心中又棄人倫，這樣就是有私心，未當理。陽明回應，說是一統事，都是有私心，要無私心，就不能棄人倫，這才是當理。

此說彰顯儒學宗旨，但於佛學理解有誤。佛教大乘悲心救世，絕非儒者所批評的私心，陽明或許看到表面現象，但這並不是佛學理論所主。

（五）對佛教著相的批評

佛教講空即不著相，陽明也要說儒家不著相，反過來卻批評佛教其實著相：

【236】先生嘗言：「佛氏不著相，其實著了相，吾儒著相，其實不著相。」請問。曰：「佛怕父子累，卻逃了父子，怕君臣累，卻逃了君臣，怕夫婦累，卻逃了夫婦，都是爲個君臣、父子、夫婦著了相，便須逃避。如吾儒有個父子，還他以仁，有個君臣，還他以義，有個夫婦，還他以別，何曾著父子、君臣、夫婦的相？」（《門人黃直錄》）

這一條就是最直接的儒佛價值立場的辯論，但是言語的脈絡還是儒家的思路，儒家關切家國天下，所論在父子、君臣、夫婦，所重在以仁、以義、以別。而佛教卻不在父子君臣夫婦上做工夫，所以都是逃了。以此說佛家的不著相其實是著相了。而儒家著相在父子君臣夫婦，卻有理想以貫之，故而眞不著相。此處眞著相不著相之辨，於儒佛辨爭上是沒有意義的，以儒家之所重，言儒家高於佛教，這樣沒有意義。論於佛教，所重不在人倫，而在三界六道大千世界，自然也不離人倫，但兩者都是要超越的，兩家之間，世界觀價值信念都不相

同，談著相還是不著相的，一點意義也沒有。就像不同的菜系，談優劣是無謂的，因爲無論是色澤、調味、食材、餐具、火候、烹飪、味道都是各自的標準。家國天下就是儒家的道場，對佛教言，人間固然也是道場，但生命的盡頭不是在人間，而是在重重無盡的法界，所以處理家國天下不是佛教的終極價值目標，但當然是要通過的環境，所以依陽明語就是逃了。

（六）〈對佛教不可治天下的批評〉

從家國天下去建立事功，這是儒家的立場，儒佛所追求的目標之間最大的差異就在這裡，就是眼前的家國天下才是儒家的直接目標，而佛教不是：

【270】或問：「釋氏亦務養心，然要之不可以治天下，何也？」先生曰：「吾儒養心未嘗離卻事物，只順其天則自然就是功夫。釋氏卻要盡絕事物，把心看做幻相，漸入虛寂去了，與世間若無些子交涉，所以不可治天下。」（《門人黃省曾錄》）

學生認爲養心工夫儒佛皆有，但佛教爲何不治天下？陽明回答，儒家養心即於天下事務處落實，佛教養心卻不治天下，視爲虛無，故而有別。其實，這並不是兩家眞正交鋒之處，論於治國，佛陀一樣指導了治國的方法，強調共議、和樂、敬長、禮貌，關鍵之處根本與儒家完全相同，問題是佛教的最精華之處並不在治理國家，而是在輪迴生死中超度自己並救渡眾生而成佛，忽略了這一層世界觀的不同，而說任何的高下，都是無謂的。可以討論的是，如何確定佛教世界觀的眞理性？如何檢證？若可確定，則與儒學理論的對比交流如何進行？而不是一味以己之所長，度人之所短。

（七）對仙佛虛無的批評

陽明以儒家良知天道本體總說天下事務，從而直面其與道佛、仙佛的區別：

【269】先生曰：「仙家說到虛，聖人豈能虛上加得一毫實？佛

氏説到無，聖人豈能無上加得一毫有？但仙家説虛從養生上來，佛氏説無從出離生死苦海上來，卻於本體上加卻這些子意思在，便不是他虛無的本色了，便於本體有障礙。聖人只是還他良知的本色，更不著些子意在。良知之虛便是天之太虛，良知之無便是太虛之無形，日、月、風、雷、山、川、民、物，凡有貌象形色，皆在太虛無形中發用流行，未嘗作得天的障礙。聖人只是順其良知之發用，天地萬物俱在我良知的發用流行中，何嘗又有一物超於良知之外能作得障礙？」（《門人黃省曾錄》）

一開始説到的虛無之旨，是不清楚的，但講養生與出離是清楚的，養生與出離正是道教及原始佛教要追求的目標，陽明説這樣是於本體上有障礙的，所以要討論本體論。但是，本體論要依據宇宙論。因為儒家把天道視為家國天下的落實，而良知正是生天生地的本體，所以良知提起無有障礙，是無有障礙於家國天下的事功，而非一己的養生出離。陽明以為本體就是儒家的天道本體，問題是儒家的天下是經驗現實世界，道佛的世界觀及於天地內外，不只是家國天下，於是追求的目標便有所不同。若就家國天下而言，道佛意旨不背於此，但不僅只於此。於是陽明對道佛在現世的目標只在養生及離世，便以為有個私心在，這就十分片面了。

後段言於良知之虛與無，便在天地日月動植飛潛中，其虛其無所指皆與道佛不類，不得比較。至於良知即在天地萬物之旨，直把良知當作天道本體在説了，此旨，下節論陽明世界觀再深談。

（八）對仙佛定位的批評

世人多以為仙佛有其可被聖學借鑒之功效，陽明不以為然，予以反駁：

【49】王嘉秀問：「佛以出離生死誘人入道，仙以長生久視誘人入道，其心亦不是要人做不好；究其極至，亦是見得聖人上一截。然非入道正路。如今仕者，有由科，有由貢，有由傳奉，一般做到大官，畢竟非入仕正路，君子不由也。仙、佛到極處，與

儒者略同，但有了上一截，遺了下一截，終不似聖人之全。然其上一截同者，不可誣也。後世儒者，又只得聖人下一截，分裂失真，流而爲記誦、詞章、功利、訓詁，亦卒不免爲異端。是四家者，終身勞苦，於身心無分毫益，視彼仙、佛之徒，清心寡欲，超然於世累之外者，反若有所不及矣。今學者不必先排仙、佛，且當篤志爲聖人之學。聖人之學明，則仙、佛自泯；不然，則此之所學，恐彼或有不屑，而反欲其俯就，不亦難乎！鄙見如此，先生以爲何如？」先生曰：「所論大略亦是。但謂上一截、下一截，亦是人見偏了如此；若論聖人大中至正之道，徹上徹下，只是一貫，更有甚上一截、下一截！『一陰一陽之謂道』，但『仁者見之便謂之仁，知者見之便謂之智，百姓又日用而不知，故君子之道鮮矣。』仁、智豈可不謂之道，但見得偏了，便有弊病。」（《門人陸澄錄》）

王嘉秀關切道佛入路，以上下兩截分別儒與其之所擅場，所以仙佛不必排斥。此處上下截之說似指內心修養爲上半截，具體知識技能爲下半截。至於上半截者，皆欲成聖，唯道佛以長生久視和出離生死誘人入道，這就多此一舉了。陽明回答，上下半截的說法也是多餘，內聖之心啓動，則一切科舉考試百工技藝都是聖學發揮的管道，沒有上下內外之別。這一條問得糊塗，答得模糊。

二、對道教神仙修煉的批評

（一）對元氣、元神、元精的定位

道家發展出了道教，從氣化宇宙論，發展出了人體宇宙論，據此，進行了身體修煉工夫，那麼這兩套宇宙論之間的關聯，以及人體宇宙論的精妙，成了學生好問的問題：

【57】問仙家元氣、元神、元精。先生曰：「只是一件，流行爲氣，凝聚爲精，妙用爲神。」（《門人陸澄錄》）

中國道教神仙術，是要在身體之外再煉出一個新的小的氣化的身

體，意識存在那裡，自由出入身體，這簡直是超越造化了。陽明曾習道家導引之術，對此絕非無所知曉，陽明此說，是把神仙術簡單化地收攝在氣化宇宙論裡，忽略元氣、元神、元精的修煉意旨，實之以氣化概念，抽離長生不死的意涵。依陽明自己，道家導引術使他有些感官知覺能力敏銳度的提升，但還沒有使他得到陽神飛天的境界，他聰明好奇善學各種知識技能是有的，但最終定位於儒家，就是只關切經驗現實世界，所有道教理論的本來意思就不重視了。

（二）對真陰之精、真陽之氣的定位

陽明把元神、元氣、元精的人體宇宙學意義取消，意思就是不談，學生不解，還要追問，問造成人類生命脫體出神成仙的精氣藏身何處？

> 【154】來書云：元神、元氣、元精必各有寄藏發生之處；又有真陰之精，真陽之氣，云云。（以上問，以下答）夫良知一也，以其妙用而言謂之神，以其流行而言謂之氣，以其凝聚而言謂之精，安可以形象方所求哉？真陰之精，即真陽之氣之母，真陽之氣，即真陰之精之父；陰根陽，陽根陰，亦非有二也。苟吾良知之說明，即凡若此類，皆可以不言而喻；不然，則如來書所云「三關」、「七返」[24]、「九還」[25] 之屬，尚有無窮可疑者也。（《答陸原靜書》）

陽明不是不知道道教神仙術的說法，陽明就是不進入這個系統去講事情，所以學生的提問，他就還是在儒家天道論的系統內講，以良知為本體，甚至是存在始源，基本上也就是道，含氣與理，其中之氣，流行為萬物，其中之陰陽，互為其根，這就只是周敦頤的氣化宇宙論的粗淺的說法，並非神仙術中人體宇宙學的說法，但他不欲弟子深陷其中，就是直接刪除問題式的做法。

（三）對怕鬼的批評與定位

神仙的討論既然跳過，那麼鬼呢？

【40】澄問：「有人夜怕鬼者，奈何？」先生曰：「只是平日不能『集義』而心有所慊，故怕。若素行合於神明，何怕之有！」子莘曰：「正直之鬼不須怕；恐邪鬼不管人善惡，故未免怕。」先生曰：「豈有邪鬼能迷正人乎！只此一怕，即是心邪，故有迷之者，非鬼迷也，心自迷耳。如人好色，即是色鬼迷；好貨，即是貨鬼迷；怒所不當怒，是怒鬼迷；懼所不當懼，是懼鬼迷也。」（《門人陸澄錄》）

學生問有人夜怕鬼，該怎麼辦？陽明未必是否認有鬼的存在，但是對其也是置之不理，主張一個人只要是積極實踐道德，有浩然之氣，必無懼鬼之事。但學生腦中所想，是有些惡鬼的存在，不管好人壞人，都會害人，那麼如何應付惡鬼？對此，陽明堅定明確地回應，不論人鬼，天道就是正氣主導，良知提起，渾身正氣，就沒有惡鬼侵人之事，鬼都退避三舍，自動退席，正氣提起，心想的就是家國天下人民百姓，惡鬼不能侵擾，除非自己心邪，一旦心邪，色鬼、貨鬼、怒鬼、懼鬼都來了。說到底，這些都不是鬼，只是個人自己的邪念，至於道教所言之鬼，作祟駭人之鬼，陽明根本沒有討論。至於做好一個正人君子的品格，是否鬼就不能侵擾他了呢？對於這個問題，陽明有所主張，但是談不上建立理論，因此也談不上檢證他的理論。首先要有鬼的存在的理論，然後要有遏制鬼的干擾的工夫論，然後再談實際操作的效果，與對此效果的檢證。這些進度，在陽明簡單化問題、漠視鬼的存在、漠視神仙修練的實際之下，在陽明哲學研究的脈絡裡，是無從深入探究的。

（四）對卜筮的定位

卜筮是問告於鬼神的預測性活動，那麼陽明如何面對卜筮之中的鬼神呢？

【247】問：「《易》，朱子主卜筮，程《傳》主理，何如？」先生曰：「卜筮是理，理亦是卜筮。天下之理孰有大於卜筮者乎？只爲後世將卜筮專主在占卦上看了，所以看得卜筮似小藝。

不知今之師友問答，博學、審問、慎思、明辨、篤行之類，皆是卜筮。卜筮者，不過求決狐疑，神明吾心而已。《易》是問諸天；人有疑，自信不及，故以《易》問天；謂人心尚有所涉，惟天不容偽耳。」（《門人黃直錄》）

學生問對於《易經》的認識，朱熹主卜筮，程頤主理，如何理解？筆者以為，朱熹就經文原是卜筮之書而定位之，未嘗遺卻言說其理，事實上就在說《周易》經文之義理。而程頤之《易程傳》則是解讀經文意旨，也並無任何否定《周易》是卜筮之書的立場。所以，這個問題其實問的本身十分粗暴。依陽明，卜筮與理二而為一，其實就是把問告鬼神的卜筮義給忽略掉了，一切都是良知天理的追求而已。良知天理就是儒者所追求的，朱熹不就是在追求事務之理嗎？博學、審問、慎思、明辨都是求知，現在改卜筮為求理，即是求理於事務之中，卻不是外之，而是神明吾心。至於神明吾心是求知又誠意正心呢？還是問天？問天怎麼問？問自己的良知嗎？這就不需要卜筮的動作了。卜筮的動作世人為之，無可消彌，卜筮是求事理，這也沒有問題，問題是以易問天究竟何意？還是吾心之良知嗎？則此人務必是做工夫已到家了的才可以，而且所問只能是在價值意識之理，不能及於事務客觀知識之理。則卜筮之意又消失了。可以說陽明正在盡一切的努力在概念知識理論上消彌鬼神，但是談不上在理論上做了建構，無法深入討論，因為他只是立場的申說，可以說對於鬼神，只有態度，只有立場，沒有知識，沒有理論。

三、小結

王陽明論於道佛，稍有不同。於佛，批評其沒有事功，卻在語言以及理論的形式上大量借用，後者，還為其帶來解釋上的麻煩，前者，則是其嚴守儒佛分際的堅定立場。由批評佛教無事功一面來看，王陽明對於大乘佛教的理解是淺薄的，對於大小乘佛教世界觀的認識是不深入的。但這也正是他之所以能夠堅守儒學立場，橫空出世、精

豔千秋的立足點所在，從而又能夠大膽運用佛教術語以及念頭上做工夫的禪宗理論模型。可以說，陽明是站在現實世界家國天下的情懷中，大膽利用佛教的思想資源而否定佛教的出世立場。

對於道教以及占筮活動和鬼神之說，陽明可以說是毫不看在眼裡，直接把這些都從致良知的本體工夫脈絡中去解讀，而不管他們在道教以及民間信仰中的知識意義，筆者以爲，陽明當然不是眞的沒有知識上的理解，而是對於弟子的做工夫要求，認清重點在自己的心思念慮，而不在鬼神信仰以及神通法術，因此直接忽略之而已。

陽明對道佛的認識，直接影響陽明自己的世界觀，下節論之。

註釋：

24 七返，指修煉精炁神的七個過程。具體過程爲：常愛惜精炁，握固閉口，吞氣吞液，液化爲精，精化爲氣，氣化爲神；神復化爲液，液復化爲精，精復化爲氣，氣復化爲神。（來源百度）

25 七返九還，也稱七返九轉。道教修煉認爲，天地有五行，人體有五臟，如此相配，水爲腎，火爲心，木爲肝，金爲肺，土爲脾。與五行生成之數相配（即天一生水，地二生火，天三生木，地四生金，天五生土；地六成水，天七成火，地八成木，天九成金，地十成土），腎得一與六，心得二與七，肝得三與八，肺得四與九，脾得五與十。此中七與九是兩個成數，也是兩個陽數，代表人身之陽炁。修煉之士，採煉的就是這個陽炁，以此點化全身陰氣，成就純陽之體。心七爲心爲火，心火下降，七返於中元而入下丹田，結成大丹，稱「七返還丹」。肺九爲金，金生水，水爲元精，精由炁化，故九爲元陽之炁，運此陽炁遍布全身，使陰息陽長，稱「九轉還丹」。二者相合，總謂「七返九還」。這是用大衍易數來比喻內丹之道。（來源百度）

九還七返，八歸六居。

【釋義】九、七、八、六，分居四方，即金、水、火、木也。配卦象則爲兑、離、震、坎，在方位則爲西、南、東、北；以宿言之則爲昴、星、房、盧；以動物言之則爲虎、蛇、龍、龜；以時言之則爲秋、夏、春、冬；以辰言之則爲酉、午、卯、子；在人身則爲魄、神、魂、精。經中講的『九還』的『還』、『七返』的『返』、『八歸』的『歸』，均是復本之意。唯有六居者乃北方坎位，天一之數所居，此處是三界之祖，萬類之宗。從宇宙宏觀講，即宇宙間的一點眞一之氣，它是天地之胚胎，陰陽之始起，萬類之根蒂，造化之樞機，故天地萬物的演化均是由此處開始。從人身微觀來講，乃是人身的一點元精眞陽，其鉛所居之地，它是人身的性命之本，魂魄之源，情性之機，神氣之根。人身的性命魂魄以及身軀，亦由此胚胎。所謂還、返、歸者，就是使金火木之正氣，如輻之轄轂，皆來朝宗於北方之水。也就是使虎要 還，雀要返，龍要歸之意，因它們都不是胚胎的最初階段，唯有北方水才是最早的胚胎

形象。故坎宮的天一水位，不還不返，不歸不變而自居不動。本經上篇中說的『水爲道樞，其數名一，陰陽之始，玄含黃芽，五金之主，北方河東』，下篇中說的：『青龍處六房兮，春華震東卯，白虎在昴七兮，秋芒兌西金，朱雀在張二兮，正陽離南午，三者俱來會兮，象屬爲親侶。』茲後相應地闡明瞭西金之九，南火之七，東八之木來歸朝於北方水的一元之始。由此可見，『九還七返，八歸六居』，是修煉內丹、九轉還丹之妙諦，後天返先天之大旨。

參見任法融著，《周易參同契釋義》，北京：東方出版社，2012年，第144頁。

第二十章　心學進路的世界觀

　　消化了道佛的世界觀之後，陽明儒學的世界觀卻因此變得模糊了，他所提出的儒學理論，心學色彩最重，遂難免於馮友蘭說其主觀唯心論的型態。心學就是工夫論，是題目的概念。而主觀唯心論則是形上學本體宇宙論的立場，是主張的概念。心學沒有問題，但主觀唯心論就很有理論的衝擊力了。然而，儒學世界觀自孔孟以降，得言其若此者乎？此誠陽明論說太過之失，亦有意旨不明之處，可以說，兩千年儒學應該是朝陽明學的主觀唯心論走？還是朱熹學的客觀唯心論走？若就工夫論言，陽明講工夫入手、本體工夫最為暢透，這是心學，朱熹講工夫次第明白嚴謹，這仍然是心學，其實都是儒學的好去路。若就世界觀而言，朱熹辯鬼神，理論上說其不存在，朱熹理氣論，明說了現實世界的存有結構，這是客觀唯心論之路，但是陽明講世界觀就走主觀唯心論之路，以良知而生天生地。若一意高揚王學貶抑朱學，其盡頭，就是本節要討論的陽明世界觀問題了，結果就是留下了本節所選諸文的世界觀話語究竟如何解讀的問題？若要依據陽明話頭再去申述，就是牟宗三所走的路，主觀唯心論的境界形上學。此處已進入當代新儒學的一大辯論議題。本人之見，陽明這些話，就當作他講過頭了的話吧！不要再去發揮創作了。否則，儒學的面貌模糊了，三教同異之辯也不成其理了，世間只剩儒學一支，道佛義理淹沒，其實是誤解不明而浪費資產了。

　　討論陽明世界觀，最核心的問題，就是他究竟是本體宇宙論的形上學意旨下的主觀唯心論，還是認識論進路上的感應之機之說？這就是因為本節所選的以下四段文字所致，陽明既從認識上又從存在上說良知與天地萬物的關係，而良知畢竟是人性主體的本體，不會只是天道實體，良知本身就是心是性，現在又被提升為道的角色功能，等於

把主宰道德行爲的人的良知，提升爲創造天地萬物的道，這樣的最大麻煩就是人變成神了。陽明沒有意識到這裡頭的分野，這自然是他潛意識中有佛教義理的緣故，但是不加檢別的結果，陽明哲學就要越出儒學模式之外了。

一、主觀唯心論的良知說

陽明說良知，說成了造化的精靈，依孟子與中庸，孟子說良知我固有之，中庸說天命之謂性，所以良知首出時就是天道賦命於人性的性體，但是在陽明的發揮下，功能被擴充了：

> 【261】先生曰：「良知是造化的精靈，這些精靈，生天生地，成鬼成帝，皆從此出，眞是與物無對。人若復得他完完全全，無少虧欠，自不覺手舞足蹈，不知天地間更有何樂可代。」（《門人黃省曾錄》）

說良知是造化的精靈，生天生地，成鬼成帝，這就把良知作爲心的主宰，掌握天理，變成掌握氣化世界了。原本提起良知，是可以用在規範人的生活的，是倫理世界的主宰，若復得他完完全全，無少虧欠，自當手舞足蹈，無比快樂。但本文卻說到了天道之造化創生的活動，「生天生地」這四個字如千鈞萬鈞，如果不是宇宙發生論，又要如何解讀呢？其結果就是價值意識、道德實踐和天地萬物宇宙發生是一樣的事件，良知既生天生地又主宰家國天下。再繼續看以下三文，則這樣的意思就可以更加明確了。

二、人之良知即天地萬物的良知

人有良知，然草木瓦石有否良知？若有，是何作用？這個問題就是主宰行爲與創造萬物的兩種不同問題，就是本體宇宙論與本體工夫論的兩種問題，陽明將之合在一起說，就等於擴充了良知的功能了。【274】朱本思問：「人有虛靈，方有良知，若草、木、瓦、石

之類，亦有良知否？」先生曰：「人的良知，就是草、木、瓦、石的良知；若草、木、瓦、石無人的良知，不可以爲草、木、瓦、石矣。豈惟草、木、瓦、石爲然，天、地無人的良知，亦不可爲天、地矣。蓋天、地、萬物與人原是一體，其發竅之最精處，是人心一點靈明，風、雨、露、雷，日、月、星、辰，禽、獸、草、木，山、川、土、石，與人原只一體。故五穀、禽獸之類皆可以養人，藥石之類皆可以療疾，只爲同此一氣，故能相通耳。」（《門人黃省曾錄》）

良知是人的虛靈能力而來的，所以良知能感通，說人的良知就是草木的良知，是說是這個良知讓草木瓦石成其爲草木瓦石的，甚至，是同一個良知而有天地的，理由是人與天地萬物爲一體，天地萬物發竅最精之處，就是人心一點靈明，也就是這個良知。後面又說，皆是同此一氣，方使禽獸可以養人，藥石可以治疾，同此一氣故相通矣。

以上種種諸說，就是把天道與良知二而爲一地說了，天道負責本體宇宙論，天道有價值意識，天道是個理體，生天生地生人生萬物，於是從存在的氣化角度，人可以飲食天地萬物，而人又還有靈明知覺，可以利用天地萬物，還可以創造人文，主宰人倫。但是，是人，就不可以創造天地萬物。今，陽明以人的良知爲草木瓦石天地萬物的良知，等於是說後者亦需良知靈明知覺，這是何意？儒家有此理論需求嗎？又說無此良知即無此草木瓦石天地萬物，就等於是此良知就是天道，就是天地萬物的創生原理了。說得過頭一些，等於是說人的良知也創生了天地萬物了。

討論天地萬物的存在，論同此一氣，這是可以的，然此氣是天道大化流行，還是人的良知流行？當然只能是天道，不能是人的良知，論天地萬物的存在與人的存在，共用了天道流行的價值意識，這也是可以的，亦即是天理的即是人的良知的，人的良知同此天理，而天理即是天道，這都是可以說的。但這等於是說天道有價值意識原理的一面，也有氣化流行的一面，價值意識的一面以良知說人與天地萬物同此良知，這也還說得過去；至於天地萬物與人的存在都說成是良知的生出，這就把良知說成了有氣化存在的大化流行意旨了，這顯然是

逾越了儒家應有的論旨。關鍵就是這一句：「天、地無人的良知，亦不可爲天、地矣。」這句話的解讀至爲關鍵。儒家的人性論，良知主體可以成就家國天下的事業，但這只是人倫社會的人文事業，良知也必須預設天道論，天地萬物的存在都是良知主體在正德利用厚生的意義下的存在，人還是在已造的自然世界創造社會文明，這樣說，良知還不是創生天地萬物的意思。但是若依照陽明的本文意旨，等於說良知創生了天地萬物了。這樣說他是主觀唯心論的本體宇宙論就沒有誤解他了，他幾乎確實就是此意了。但是這樣一來會造成更大的理論難題，那就是難道人類也將創造天地萬物嗎？後面兩文就討論這個問題。

三、天下無心外之物的認識論旨

陽明哲學裡面究竟有沒有主張我心之良知是天地萬物的創造主體呢？

【275】先生遊南鎮，一友指岩中花樹問曰：「天下無心外之物；如此花樹，在深山中自開自落，於我心亦何相關？」先生曰：「你未看此花時，此花與汝心同歸於寂；你來看此花時，則此花顏色一時明白起來；便知此花不在你的心外。」（《門人黃省曾錄》）

「天下無心外之物」在陽明，這只能是工夫論下的意思，講沒有什麼自我主體要做的事情是外於自我的心意識的，主體意志不能堅定，天下無可成之事。這句話絕不是說，外面現象世界是由我的心而創生化現的，佛教的萬法唯識確實就是此意，難道儒家要這樣建立形上學的唯心論立場嗎？儒家要變成佛學嗎？依據陽明的回答，此處只能用感應之機來看，而不是創生之動能主體來說。外在世界的天地萬物，是因爲我的心，而使其對我有了意義，是自我主體之心使其有意義，還不能直接解讀爲是自我之心使其被創生而存在。但是，對比前二文的言之鑿鑿，只能說陽明在宇宙論的問題上沒有認眞意識，沒有

清醒的問題意識，以致言語太過而不自覺。再論下文便曉。

四、良知感應天地萬物的工夫論

在儒家的工夫論旨中，孟子早已言及之：「反身而誠，天地萬物備於我。」這裡只是說就自我主體所見及的世界與事務而言，都在我的一心之中念慮思維之際決定了對待的態度、意旨、立場、價值觀，而並非說是由我創造了天地萬物。但是，天地萬物與自我的存在確實是一體的，因此是可以感通的，這指的是存在上的氣化一體，以及在正德利用厚生上的感通一體，參見：

【336】問：「人心與物同體，如吾身原是血氣流通的，所以謂之同體；若於人便異體了，禽、獸、草、木益遠矣。而何謂之同體？」先生曰：「你只在感應之幾上看；豈但禽、獸、草、木，雖天、地也與我同體的，鬼、神也與我同體的。」請問。先生曰：「你看這個天、地中間，什麼是天、地的心？」對曰：「嘗聞人是天地的心。」曰：「人又什麼教作心？」對曰：「只是一個靈明。」、「可知充天塞地中間，只有這個靈明。人只為形體自間隔了。我的靈明，便是天、地、鬼、神的主宰。天沒有我的靈明，誰去仰他高？地沒有我的靈明，誰去俯他深？鬼、神沒有我的靈明，誰去辯他吉、凶、災、祥？天、地、鬼、神、萬物，離卻我的靈明，便沒有天、地、鬼、神、萬物了；我的靈明，離卻天、地、鬼、神、萬物，亦沒有我的靈明。如此，便是一氣流通的，如何與他間隔得？」又問：「天、地、鬼、神、萬物，千古見在，何沒了我的靈明，便俱無了？」曰：「今看死的人，他這些精靈遊散了，他的天地萬物尚在何處？」

這一段文字，看似說得驚天動地，看到最後，原來是一個認識論的獨我論，人死則他的天地萬物便不存在了，這裡所談的就不是形上學宇宙論的問題了，而只是針對個人的認識、感覺、感應的問題而已了。至於，論於人，一樣是要就著宇宙論、本體論的進路來討論，對

此，陽明本無專題討論，陽明就著儒家社會觀、價值觀談個人主體的修養，對天地萬物鬼神都有感應，都不離卻自我的靈明知覺，在一氣流通的氣化宇宙論基礎下，人，肯定是氣化所成，至於這個氣化所成的具有氣稟之人，在生前死後的狀態如何？陽明絕無研究，陽明沒有發言，天道是如何生出此人的？他沒有研究也沒有發言。天道是如何生出萬物的？天道是如何而來的？這些都是宇宙論要談的根本問題，陽明未及之、未談之，單單只就已生為人的自我感官活動靈明知覺的進行，提出了「無心外之物」的命題，這也不難解，就依孟子意旨可矣。又提「充天塞地中間，只有這個靈明」。若不談宇宙論，只談認識論，這便是獨我論的認識論，但此旨無關大局，因為認識一定是單一主體的行為，重要的是公共的價值有眾人的共識，這才是要討論的重點，這裡才有宇宙論本體論的問題在。若論靈明的內涵是一，則無問題，這就是本體論旨。為何是一？這就要討論宇宙論觀點了，因為天地一氣也，故而萬物流通，其中，人有靈明知覺能力，就能感通天地萬物包含鬼神，這樣說也很合理，那麼，宇宙的存在呢？天地萬物的發生呢？這些問題，陽明並沒有考慮，他是就已存在的世界，談主體的活動，所以不是本體宇宙論的理論建構，而只是主體活動的工夫論理論。說「人是天地的心」，「只是一個靈明」，如此談的問題是天地萬物對人的意義，人要提起良知，承擔社會責任，就是溝通了天地萬物鬼神，天地萬物鬼神的存在意義就被這個人彰顯了。「天、地、鬼、神、萬物，離卻我的靈明，便沒有天、地、鬼、神、萬物了。」這句話不能解讀成為我的良知靈明創造出了天地萬物的存在，所以沒有我的靈明就沒有天地萬物，這句話只能解讀成，沒有我的靈明作用，我就無法感知天地萬物的存在。又見：「我的靈明，離卻天、地、鬼、神、萬物，亦沒有我的靈明。」這句話要解讀成我的靈明就是作用在與我一氣通流的天地萬物的感覺認知上頭的，就在這個作用中真實地彰顯了我的存在，因為「如此，便是一氣流通的，如何與他間隔得」？就是人與天地萬物的原本的氣化宇宙論的一體的存在，成為感應的基礎。原本，人心與人身一體，接著，人身與天地萬

物一體，然後再跟鬼神也是一體。但是，人的生命存在以及天地萬物鬼神的發生與存在，這個創生的起源，陽明是沒有在談的，只是就已生之後說其為一體，因此能有人之感應，所以，不能說王陽明有明確的宇宙發生論的唯心論立場，他只是就認識說、就感應說、就利用說，說主體的靈明彰顯了天地萬物鬼神的存在的意義與價值，而不是創造了他們的存在。同時，任何人都可以做這樣的彰顯，彰顯之後同時使得自己的生命有了意義與價值，否則自己的人生也無甚價值了，所以這是工夫境界論的命題，而非本體宇宙論的命題，就本體宇宙論而言，特別是宇宙論而言，陽明並無所說，至少在這一段文字中。

因此，本節前兩段文字的宇宙發生論意旨，並未在後兩文中被強化，反而更是談認識、談感應，而不是談創生。王陽明就是工夫論旨的大家，不是本體宇宙論旨的大家，不必認定他是本體宇宙論形上學的唯心論立場，因為他並沒有深入這個問題，但是他的話語很有這樣的味道，只能說他對哲學問題的全面理解有所不足，講話會溢出，原本講的都是工夫論的問題，把本體工夫的本體，作為主體面對天地萬物的價值立場之餘，過度地強調了天地萬物也因此一本體而有其存在的意旨，這就滑入了本體宇宙論的範疇，原本是主體的性體之良知，一下子溢出作用範疇成為了宇宙的本體，這不就要創造宇宙了嗎？這樣就導致主觀唯心論的形上學立場要出現了的結果。陽明話語的形式就是如此，說他主觀唯心論並無謬誤，但細究其說，他根本沒有真正展開宇宙論的討論，沒有足夠的問題意識與知識基礎以建構主觀唯心論的形上學問題之立場。

五、小結

陽明心學的工夫論旨，確實很像禪宗心法，但這不是問題，因為價值意識世界觀不同，只是操作形式相同，本體工夫的操作心法是三教皆同的。然而，陽明在價值意識的本體論上，卻說過心之本體是無善無惡的這樣的話，又說過，良知是生天生地的這樣的話，這就使得

他既是儒又像佛，這一部分，使得陽明後學有流入儒佛不分的發展，樹立了幾位儒佛含混的後學。又使得在當代新儒家的發展中，有了牟宗三先生的聖人境界即是天道本體的說法。為正本清源，本節之作，明確表示，陽明之說法確實自己越過邊界了，為遏止過溢，必須限縮他的講法只能停留在認識上的獨我論，天地萬物與人的關係只能說是作為主體的感性之機而一時見在，只是就著對主體而言，不是就著天地萬物的存在本身而言。否則，陽明真成了主觀唯心論者，真攝佛入儒，其結果，不儒不佛，絕非幸事矣。

第二十一章　心學進路的經典詮釋
——《論語》篇

　　陽明的及身實踐是儒學史上的第一人，而他的學力洞見更也是常儒所不及，陽明的學術，主要在《大學》的重新詮釋，但對於《論、孟、庸、易》亦是功底深厚。本節選其《論語》文本討論的若干條文。文中見出，陽明有一種絕對理想主義的政治哲學心態，論於蒯聵與輒的父子爭國事件，清澈如陽明子，便是父子相讓而最終由輒立位，當然，結果與過程皆非歷史史實，而是陽明的道德心境而已。其他條文，也都可以見到王陽明特殊的道德心法進路，以此來解讀《論語》意旨，學習陽明的《論語》解，真是別出心裁，更現境界。

一、我扣其兩端而竭焉

　　這一條講對於粗鄙者之求學應如何教導的問題。

　　【295】先生曰：「孔子有鄙夫來問，未嘗先有知識以應之，其心只空空而已；但叩他自知的是非兩端，與之一剖決，鄙夫之心便已了然。鄙夫自知的是非，便是他本來天則，雖聖人聰明，如何可與增減得一毫？他只不能自信，夫子與之一剖決，便已竭盡無餘了。若夫子與鄙夫言時，留得些子知識在，便是不能竭他的良知，道體即有二了。」

　　《論語》裡頭，孔子「扣其兩端而竭焉」一文，講述對於粗鄙的人，若來問學，該如何對待？針對孔子的「扣其兩端而竭焉」，陽明解之。孔子的辦法就是，讓對方自己發掘自己的良知就是了，而不是孔子自己要去教知識。不講大學問，只關心對方的心理狀態、人生問

題，讓他自己的良知發用，讓他提起自信，自作主宰，這就是說，教育者要先向對方學習，瞭解對方，找到辦法，才能教導對方，而不是自己一味展現博學的本事，自己博聞，卻對於聽者的品性毫無幫助。教育者要讓對方自己去探討他的良知本心之關懷，才能讓他自立自強。所以聖人心中無私，不是向人炫耀自己的知識，而是關心學生、開導學生。

二、子路、曾皙、冉有、公西華侍坐

陽明對孔子評價弟子做了再評價，談對孔子評價弟子的器之與不器之檢討，子路、曾皙、冉有、公西華侍坐，各自談了理想，孔子有肯定、有保留，陽明為此而評論。

【29】問：「孔門言志，由、求任政事，公西赤任禮樂，多少實用！及曾皙說來，卻似耍的事，聖人卻許他，是意何如？[26]」
曰：「三子是有意必，有意必便偏著一邊，能此未必能彼；曾點這意思卻無意必，便是『素其位而行，不願乎其外，素夷狄行乎夷狄，素患難行乎患難，無入而不自得矣。』三子所謂『汝器也』，曾點便有『不器』意。然三子之才各卓然成章，非若世之空言無實者，故夫子亦皆許之。」

針對《論語》「子路、曾皙、冉有、公西華侍坐」一段，陽明發表評論，說明了孔子肯定曾點的意義何在。就是器與不器之間，《論語‧為政》，「子曰：君子不器。」這是指要作領導者的人，不會把自己限定在某一個專業領域裡的專門執掌的角色中，因為他隨時都要應付各種突發的狀況，以及要解決各種不同的問題，或者就是補位到任何的空缺之處。而所謂器者，是有專業能力執掌具體事務的人。其實，一個人首先要成為得以被器之的人，這樣才是社會上有用的人，但是，在特殊狀況下，人們應該勇於承擔，臨危受命，不受任務執掌的限制，至於一般情況中，也不要長久滿足於同一職務，而是要學習成長，培養新的能力，挑戰新的事務。所以，器之並沒有不對，只是

不要受限於此就好，所以還要追求不器。

陽明就是以不器解讀孔子之「吾與點也」，同時，對於三子之成材，亦是肯定，並認為孔子也是肯定。只是與曾點有器之不器之別。

筆者以為，器之不器或尚非此段文本之重點，孔子自是嘉勉三子，但仍有所不足，故有更深的期勉，但是對於曾點，或許並未把他當作學生身分對待，而是年紀與自己相若的朋友，人生經歷過，此時已近晚年，第一線從政已非所能，但仍心繫天下，故仍積極教學，期許子弟成材，至於自己，若能偷得半日閑，唱歌吹風賞景品茗，正是所願。然而，這也是嘴上說說而已，孔子是發憤忘食、樂以忘憂、不知老之將至的人，現實生活上定然是不把時間花在這些事情上面的。

孔子嘴上說「吾與點也」，心中更想像三子一般在第一線政事上全身投入，只是時不我予了，既然弟子們還有可以成長改進的空間，藉由這些談話，給他們多些指導，才是本意所在。一生勞碌勤勉的孔子，定無時間為點之為，只是心嚮往之，說一說而已。

因此，陽明的解讀，只是說高了些，但也是無誤的。只是筆者要說，人的一生，能幹什麼就好好幹什麼，廣大農民工，好好顧自己的生活，就是對的。不用務高。三子已盡其才，就是對的。曾點說的是孔子一時的心境，所以夫子口頭上與之，其實心中所繫正是三子之事業，作為儒者，就應該像三子一般，終生戮力。

三、必也正名乎

陽明規劃衛國朝政大事，讓兒子僭父君之位。論語有「必也正名乎」一句，談的就是衛國父子爭國事件，孔子說要先正名，子路罵老師迂腐，陽明替孔子安排正名的具體操作流程，這等於是陽明替古人出謀劃策，規劃了衛國父子爭國事件的最高境界解決之道。

【43】問：「孔子正名[27]，先儒說上告天子，下告方伯，廢輒立郢，此意如何？」先生曰：「恐難如此。豈有一人[28]致敬盡禮，待我[29]而為政，我就先去廢他，豈人情天理！孔子既肯與輒為

政，必已是他能傾心委國而聽。聖人盛德至誠，必已感化衛輒，使知無父之不可以為人，必將痛哭奔走，往迎其父。父子之愛，本於天性，輒能悔痛真切如此，蒯聵豈不感動底豫。蒯聵既還，輒乃致國請戮。聵已見化於子，又有夫子至誠調和其間，當亦決不肯受，仍以命輒。群臣百姓又必欲得輒為君。輒乃自暴其罪惡，請於天子，告於方伯諸侯，而必欲致國於父。聵與群臣百姓亦皆表輒悔悟仁孝之美，請於天子，告於方伯諸侯，必欲得輒而為之君。於是集命於輒，使之復君衛國。輒不得已，乃如後世上皇故事，率群臣百姓尊聵為太公，備物致養，而始退復其位焉。則君君、臣臣，父父、子子，名正言順，一舉而可為政於天下矣。孔子正名，或是如此。」

這一段討論源自：《論語·子路》：「子路曰：『衛君待子而為政，子將奚先？』子曰：『必也正名乎！』」學生就問陽明，先前的儒者，對此之解讀，認為孔子的正名是主張廢掉現在的衛君輒，立其叔父郢為君，是為正名。因為，衛靈公子蒯聵，原為太子，蒯聵有子輒，衛靈公逝時，蒯聵卻因先前欲刺夫人南子之事而遭放逐在外，衛人因而欲立靈公所意之另一位公子郢繼君位，郢不受，讓於蒯聵子輒。子路之請問即在此時，孔子正是針對此事而說的「必也正名乎」，若輒有繼承君位之名分，那麼出亡在外的蒯聵如何定位？父親猶在，子繼祖位而為新君，何以正名？孔子只說了正名，陽明替大家出了主意，就是這一段文字之所說的。

陽明的大意就是，兒子向父親認錯，要求父親擔任國君，父親見兒子真誠，便原諒了他，仍讓他作國君，兒子仍然不敢，結果大家一起勸兒子好好坐上這個王位，最終圓滿收場。陽明的方案，預設了兒子知錯能退，預設了父親有對兒子的慈愛之心，能順勢而讓出本屬於自己的君位，預設了群臣百姓已經認定兒子是位明君，皆欲其仍任國君，大家推來推去，最後父親當個不管事的太上皇，兒子當了君王。此中，預設了父子兩位都是君子，而群臣與百姓皆有一致的立場，陽明此說，實在是非常假設性的想法，但這不是重點，重點是關鍵人物

都是君子，那麼正名之舉便可完成，理論上確實是如此沒錯。沒有君子人格，就沒有正名之行爲。一旦人格健全，行爲必定合理。當然，要挑毛病的話，這裡毛病也有的，兒子既然是位君子，當初怎會答應擔任君王。此處，陽明化解看似矛盾的事情，這就是孔子教育了衛君輒的結果，讓他知道錯了，因此有了後面這一整段的舉動。所以陽明可以說是爲了這件事情編整了一套優良的劇本，成全了儒家必也正名的理想。

當然，歷史是讓人遺憾的，當時蒯聵子輒，被拱上位，便急星燎火地稱王，父親在外國勢力協助下率兵爭位，吃了敗仗，兒子作了十年國君之後，因國內勢力的暗助，父親再次以武力爭奪，終於奪回了君位，兒子出亡，史稱衛出公，父親後來也只即位了三年便薨了，是爲衛莊公。而那位公子郢，則始終置身事外，倒似道家之流的人物風範。孔子的正名於史未行，陽明的劇本，也只是臆想。陽明的這一套劇本，確實儒家風範，但歷史上的君王，能做到讓位的極少，並非沒有，伯夷叔齊就是，故而萬古流芳。

至於歷史上出公之被拱立，依照政治現實，多半是少年國君易於操控，因此群臣擁立，而原太子蒯聵，朝中早已樹敵，故而不易即位，這樣的現實，怎可能輒依孔子規勸就禮讓君位恭請父親呢？當然，陽明期望人人是君子這是沒錯的，這就是聖賢的教育目標，只是處理政務，別這麼天眞就好。

四、子謂《韶》：「盡美矣，又盡善也。」

這一條陽明在談周王朝在文王、武王時期與商王朝不同的應對之道之背後原理。

【51】問：「孔子謂武王未盡善[30]，恐亦有不滿意？」先生曰：「在武王自合如此。」曰：「使文王未沒，畢竟如何？」曰：「文王在時，天下三分已有其二；若到武王伐商之時，文王若在，或者不致興兵，必然這一分亦來歸了。文王只善處紂，使不

得縱惡而已。」

孔子在評論堯舜音樂的時候，說它們是盡善又盡美，講武王之樂時說盡善矣，卻有所美中不足，人問陽明，孔子是否對武王有所不滿意？王陽明的意見是，認為武王的做法在他的時代來講也是正當的。也就是說，堯舜的禪讓政治，固是典範，但武王的征伐，也是合理的。至於孔子是否對武王有所不滿？陽明未說，依筆者之見，陽明之意當是：紂暴虐無道，禪讓當然不會發生，為救百姓，征伐難免，孔子也只是稍事感嘆，並未否定武王之舉。然而陽明又提出了更理想的做法，那就是，假使文王尚在，或許也不必舉兵伐紂了，天下歸心，最終仍是周人天下。因為文王之時，天下已經三分有二，歸屬周人，待紂王更加暴戾傷民之時，剩下三分之一的諸侯也要歸向文王之周了。最後一句話是說依文王的智慧胸襟，不會讓紂王以武力對付於他，以縱惡於周人或天下，所以或不必興兵相見。當然這是陽明的猜測，依然與史實無關。史實與道理就是，暴戾無道的天子，最終還是會被別人取代的，而取代的方式途徑，少有不是以暴制暴的，然而取代者若不能照顧百姓，則也會再度被取代的。陽明並未否定武王之舉，他尊重史實，予以肯定，陽明就是不願意有戰爭，但是也接受武王的戰爭。但陽明提出更為理想的做法，以文王之道處之，這樣更為符合儒家的胸懷，只是太過天真，這在現實上絕對是無效的。

五、仰之彌高，鑽之彌堅，瞻之在前，忽焉在後。

這一條是陽明談論顏回眼中的聖人觀，以論於聖學正派：

【77】問：「顏子沒而聖學亡，此語不能無疑。」先生曰：「見聖道之全者惟顏子，觀喟然一嘆可見。其謂：『夫子循循然善誘人，博我以文，約我以禮。』[31]，是見破後如此說。博文、約禮如何是善誘人？學者須思之。道之全體，聖人亦難以語人，須是學者自修自悟。顏子『雖欲從之，末由也已』，即文王『望道未見』意。望道未見，乃是真見。顏子沒而聖學之正派遂不盡傳

矣。」

顏回是陽明在談論孔子弟子時最常提到的人物，陽明對於孔子第一號弟子有他自己特殊的評價角度，那就是顏回是理解而且實踐的人，知行合一是陽明畢生心血的結晶，這一點他也用到了對顏回的評價上了。陽明曾說「顏子沒而聖學亡」，弟子質疑。陽明回答的重點是，顏回實得見聖道之全，且所謂全，就是在博學有禮的行動中追求，而且永遠不覺得自己做夠了，因而是終生的追求。首先，顏回說孔子教我以博文約禮、循循善誘，然而人師再怎麼教學，最終都是要有弟子的親自實踐，而現實上顏回就是最能實踐的人，不見孔子說：「有顏回者好學，不遷怒，不貳過。」[32]孔子是「天縱之將聖」，故「吾十有五而志於學」，從此一生勤勉任事從不退卻，卻說「若聖與仁，則吾豈敢」，也就是立志實踐不已，卻從不以為自己已經達標滿意了。顏回得遇名師，便終生追隨其後，自己也是戮力實踐修養自己，在老師身邊服侍，照顧自己的家人，對老師的教誨，堅持遵守，卻說「雖欲從之，末由也已」。對陽明而言，這句話有兩層意思，第一，積極努力實踐，第二，從不自以為完成了。重點就是後面講文王「望道未見」，是說文王未見道嗎？如果文王還未見道，那中華民族也幾乎沒有見道之人了，所以，文王之「望道未見」，並不是他不知道、不踐道，而是圓滿理想的社會這個目標尚未實現，所以感嘆，但絕不放棄，還要繼續追求，直到死為止，有這樣的態度的人，就是聖人，理想的社會永遠不會來到，因為永遠還有可以改善的事情，但是人們以這種態度來追求與努力，這樣的人就是有理想完美人格的人。陽明這樣詮釋顏回與文王及孔子，當然深刻有道理。但是對於「顏子沒而聖學之正派遂不盡傳矣」的斷語，仍是下得太過。只能說，孔子弟子之中，如顏回般的境界者，沒有人能做到，若有，則當世第二個孔子就接續活躍了，至於孔子之學，則絕非未傳，孔子諸弟子都是在傳播的，而且一直傳播到今天，只要有儒家的著作在，知識份子自學讀書就可以理解認同並且自己實踐，宋明儒學家們不就是千百年後自覺地繼承孔子之學的嗎？陽明話說太過，他自己固然是自覺地繼承，

然孔門後人曾子、子思、孟子豈不是沒角色了？

此說，就是知行合一的強調，但對人物之點評，言說超過了。

六、子夏之門人問交于子張

這一條談《論語》中兩種對於待人交流的態度。

【110】問「子夏門人問交」章。先生曰：「子夏是言小子之交，子張是言成人之交；若善用之，亦俱是。」

這一條中陽明對於子夏、子張的說法進行點評，參見《論語》：

子夏之門人問交於子張。子張曰：「子夏云何？」對曰：「子夏曰：『可者與之，其不可者拒之。』」子張曰：「異乎吾所聞：『君子尊賢而容眾，嘉善而矜不能。』我之大賢與，於人何所不容？我之不賢與，人將拒我，如之何其拒人也？」（《論語·子張第十九》）

筆者以爲陽明所說者是。陽明言：「子夏是言小子之交，子張是言成人之交；若善用之，亦俱是。」這就是善會意之的解讀，體貼古人說話的情境，每一句話都是發自肺腑，在情境中他的道理就出來了，不需要硬是誰反對誰的說法。子夏講：「可者與之，其不可者拒之。」孔子也講：「毋友不如己者。」對的事情支持他，不對的事情不允許，所以子夏講的是私人之間的交往態度。不是不關心他、不教導他、不與他爲友，而是不可姑息他，朋友之間尚須責善，就是這樣的意思而已。至於子張所講的「『君子尊賢而容眾，嘉善而矜不能。』我之大賢與，於人何所不容？我之不賢與，人將拒我，如之何其拒人也？」這是在上位者對待下屬及百姓的態度，上對下就是要帶領好，這是在社會上與人相處應有的風範，我自己是大人物了，就要好好要求自己的品德修養，更要善待所有的人。陽明說子夏言小子之交，子張言成人之交，這樣也是善解，小子之學習，對自己要求嚴厲，不要學壞的榜樣，要學好的榜樣。至於成人之交，就是要教化引領眾人，自己早已不會受到不好的影響，反而是要去影響別人，對任

何人都要善待，就是陽明所說的「善用之俱是」。「善用之」的前提是「善慧解」，解讀中國哲學的命題一定要在情境中，然而這就需要研究者自己的人生經驗了。惜乎孔子弟子子張就對自己的同學所說者不能善慧解了。

七、唯上智與下愚不移

這一條談人性論的問題。

【109】問：「上智下愚如何不可移[33]？」先生曰：「不是不可移，只是不肯移。」

孔子講話，都是直接要求、直接告誡、直接評價、直接責備的，因此「唯上智下愚不移」，不是在做人性論的命題論斷，而是在肯定上智者，與責備下愚者，當孟子建立性善論之後，對於不能行君子之行者，只能講是自己不肯做，而不能講是自己沒有能力，因為天賦的能力早已具備，所以陽明如此解讀，說他們不是不能是不肯。事實上程頤已經如此解讀了，程頤正是繼承孟子性善論的儒學家，除了對這一句《論語》的話語有所解釋以外，還有一句就是「性相近，習相遠」，程頤也說性是相同而非只是相近。孟子建立性善論，講的是天命之性人人俱有，於是天理自在性命之中，但人有氣稟存在，為了耳目口鼻之需，或有過度之行，過度進而損人利己即是惡，所以所謂的惡是行為惡，不是本體惡，本體是善的，這就是性善論。所以是性相同，但若論及張載所言的氣質之性，則確實是人皆不同，所以孔子講「性相近習相遠」的話也可以成立，這裡的性就有張載「氣質之性」的意義在了。張載講「變化氣質」、「善反之天地之性存焉」，對於人之為惡的行為，只要自己願意改正，變化後天習氣，必能成為君子聖賢，資質差者，只要願意人一己百，人十己千，一樣可以遷善成聖，所以不是不能移，只是不肯移。孔子責備之語，在後儒孟子、張載、程頤、陽明的輪番詮釋下，下愚者，是不肯移，而非能力上不能移。陽明之說是。

八、吾道一以貫之

這一條談對曾子言三省吾身之說是否見道，陽明的意思就是曾子之用中已是見體了。

【112】國英問：「曾子三省雖切，恐是未聞一貫時工夫？」[34]
先生曰：「一貫是夫子見曾子未得用功之要，故告之。學者果能忠、恕上用功，豈不是一貫？『一』如樹之根本，『貫』如樹之枝葉。未種根，何枝葉之可得？體、用一源，體未立，用安從生？謂曾子於其用處蓋已隨事精察而力行之，但未知其體之一，此恐未盡。」

這一條討論的問題其實是無中生有的，不過就是陽明學生國英的好事之問而已。孔子告曾子，吾道一以貫之，而曾子有三省之說，國英就力陳曾子之三省之說尚未即道，恐是未聞一貫時工夫，其實這是學生自以為是的說法，是好議論古人的毛病所顯示的，沒必要的問題。一切工夫都是本體工夫，一切本體工夫都有階段次第，都是悟後漸修，一路漸修一路頓悟，因此無法說於何時何事上已經是成聖成賢了，一貫之道是價值意識，需頓悟明瞭。三省工夫是具體實踐德目，是漸修的專案，兩者相輔相成。三省之說，正是任何人工夫入手的好法門，曾子能自守及此，已是掌握本體之道之後的工夫發用，所以陽明說這是悟後工夫，至於孔子告曾子吾道一以貫之，只是夫子見曾子用功未得要領，而告以忠恕之道，令其知曉體用是一源一貫的，至於三省之說是否已經得聞一貫，這都是沒必要問的問題。陽明之意，孔子指點強調忠恕之一貫，並不妨礙曾子已知本體及發用，而曾子之已知，也不妨礙孔子再為一以貫之之強調。評價古人工夫境界，是許多無根的臆測，討論古人理論意旨，是有根有據、有理可明的，積極分析哲理就好，少論斷人事高下，這才是研究古書的準確方法。

九、回也聞一以知十

孔子問子貢：「你和顏回誰較優秀呢？」子貢自是謙己不如顏回，陽明對此進行討論，認爲兩人不同在於用功於聞見還是心地，這又是陽明所關切的知識工夫和意志工夫的別異問題了。參見：

【113】黃誠甫問「汝與回也孰愈」章[35]。先生曰：「子貢多學而識，在聞見上用功，顏子在心地上用功，故聖人問以啓之。而子貢所對又只在知見上，故聖人嘆惜之，非許之也。」

陽明又對顏回進行點評了，這次談的是孔子對子貢的發問，問子貢自己覺得與顏回比起來如何？子貢自然是說不如顏回，子貢自許聞一知二，稱顏回聞一知十，故不如。果眞如此嗎？其實，在處理事情上頭，子貢的能力是最強的。但是在價值意識的理解選擇判斷上，在孔子看事情的緩急輕重上，只有顏回最得我心，一般人都知道一般的對錯，勇者就強行之，子貢是資質優異的人，對錯立判，又勇於實踐，更處事得當。但如何顏回更高於他呢？關鍵在於當事情做出更深入的分析討論時，能提出的觀點，子貢就不如顏回了，所以說顏回聞一知十。依論語，子貢亦有發言，但多是發問。至於顏回，少有發問，多是發言，甚至孔子都說他不愛問問題，不違如愚了，但顏回一旦有言，都深刻中理，更且，是孔子自己提到顏回的次數還眞是不少，這一條也是孔子提到顏回，而非顏回講了什麼話。所以，顏回在智慧上達及孔子，這是確實，這也是子貢之所知。

至於這一條，陽明的解讀，是說子貢在知識見聞上用功，而顏回在心地上用功，頗似陽明以朱熹爲知的工夫，結果理在心外，而自己爲知行合一的工夫，結果心理合一。筆者以爲，陽明說朱熹的話本身就不對，而這裡說子貢和顏回的比較也不是很好的詮釋。人之用功，各依其人資質，首先在知見上用功是必須的，而心地上下工夫的意思就是直接實踐，確實要求自己，這當然就是對的。然而，知見與心地都是必須的，不應論其高下。不論知見、心地，不要覺得自己高就沒事，一旦覺得自己高，不論知見心地，其時就是境界下滑了。

就此而言，子貢就是子貢，貢獻可大了，而顏回就是顏回，境界可高了。至於陽明最後說孔子對子貢的結語是對子貢的嘆息，筆者以為不然。孔子言說中少有機鋒，孔子並不是藉由探問而考察子貢，也不是藉由點評子貢而當機教學，孔子自嘆自己不如顏回，確實是對顏回的大力稱讚，但不是對子貢的嘆息。子貢謂之聞一知十，並非子貢知道在知見上顏回強於子貢，故而證明子貢是知見上用功。筆者以為，子貢顏回都是既有知見也有心地上用功的人，只是子貢認為顏回看事情的深度與廣度數倍於他，這既是知見也是心地，並非子貢只及知見，而顏回全是心地。

十、不遷怒，不貳過

這一條藉孔子對顏回的評價以說「未發之中」的本體工夫意旨。

【114】「顏子不遷怒，不貳過，亦是有『未發之中』始能。」

陽明概念使用下的「未發之中」，是指做到了「未發之中」的工夫，未發之中在程頤之說法中就是有本體的意旨的，因此在陽明討論下的「未發之中」也就是說的良知了。顏回好學，不遷怒、不貳過，當然是有中心主旨才能這樣的，因此就是做了本體工夫的意思，故稱其有「未發之中」。

其實，一切心理進路的修養工夫都是本體工夫，而本體工夫就是掌握本體價值意識以為生活蘄向，純粹化主體意志以為做工夫的實際，故而必有價值意識，此意識必是終極本體，任何心理修養工夫都是對著這個本體的實踐，不遷怒是，不貳過是，格致誠正修齊治平者亦皆是。「未發之中」就只是以《中庸》的名詞概念說這個本體。

十一、顏淵問為邦

這一條討論夫子對顏回為政的教喻之旨，主張顏回「根本」已立，所以孔子對他講些具體的辦法。辦法與時俱遷，「根本」萬世不

移。

【128】黃誠甫問：「先儒以孔子告顏淵爲邦之問[36]，是立萬世常行之道，如何？」先生曰：「顏子具體聖人，其於爲邦的大本大原都已完備，夫子平日知之已深，到此都不必言，只就制度文爲上説。此等處亦不可忽略，須要是如此方盡善；又不可因自己本領是當了，便於防範上疏闊，須是要放鄭聲、遠佞人。蓋顏子是個克己向裡、德上用心的人，孔子恐其外面末節或有疏略，故就他不足處幫補説。若在他人，須告以『爲政在人，取人以身，修身以道，修道以仁』，『達道』、『九經』及『誠身』許多工夫，方始做得。這個方是萬世常行之道。不然，只去行了夏時，乘了殷輅，服了周冕，作了韶舞，天下便治得？後人但見顏子是孔門第一人，又問個爲邦，便把做天大事看了。」

陽明對孔子和顏回之間的對話互動一直都是最看重的，顏回問爲邦？孔子講「用夏曆，乘商車，戴周帽，采舜樂」好好幹事，加之以謹慎防範，便是治國要方了。一般人以爲，既然顏回是孔子第一優秀大弟子，那麼這些具體操作的項目就眞的是治國最重要的根本大法，陽明對此則不是這麼認爲。陽明認爲，治國的大道理顏回肯定清楚明白，因此不須再多講，所以夫子僅就一些具體的細節再爲強調，若是旁人問及爲邦從政，肯定會有其他更爲根本性的答案出來，如，「『爲政在人，取人以身，修身以道，修道以仁』，『達道』、『九經』及『誠身』」等。陽明讀書，深入骨髓，直接理解，不會偏失，一般人讀書識字，只及表面，就有許多問題，陽明深入文義，聞一知十，便能善慧解，而予解答之。

十二、無適也，無莫也

這一條解讀《論語》的一句話，爲什麼要「無適、無莫」？

【248】黃勉之問：「『無適也，無莫也，義之與比。』事事要如此否？」先生曰：「固是事事要如此，須是識得個頭腦乃可。

義即是良知，曉得良知是個頭腦，方無執著。且如受人饋送，也有今日當受的，他日不當受的。也有今日不當受的，他日當受的。你若執著了今日當受的，便一切受去。執著了今日不當受的，便一切不受去。便是『適、莫』，便不是良知的本體。如何喚得做義？」

學生問孔子講的話是對任何事情都必須這樣嗎？陽明回答，做任何事情的重點在於以良知為主宰，有主意但無執著，「無適」、「無莫」就是無執著，「義之與比」就是以良知為做事的方向態度。對於無適無莫，陽明的解釋是說有人送你東西，有時候應該接受、有時候不應該接受。不論是何事，有時候應該這麼做，不表示永遠都應該這麼做。有時候不應該這麼做，不表示永遠都不應該做。這就是無適、無莫，這就是無執著，這就是厚薄輕重、通權達變。陽明認為，不能做到無適無莫，便不是良知的本體，這句話的意思是說這個人便不是以良知本體為主宰，則其所作所為便不符合道義。如此可知，良知於厚薄輕重的判斷是最能把握的，除卻良知提起，厚薄輕重之際都易於私欲奔流而自我欺騙，適也莫也就是固執，非如此不可，對他人的處境置之不理，只管自己的方便，藉口很多，但做事情不能處置得當。

十三、殺身以成仁

這一條談儒家的生死觀，真正的儒者該如何看待自己的死亡？

【254】問志士、仁人章[37]。先生曰：「只為世上人都把生身命子看得來太重，不問當死不當死，定要宛轉委曲保全，以此把天理卻丟去了，忍心害理，何者不為。若違了天理，便與禽獸無異，便偷生在世上百千年，也不過做了千百年的禽獸。學者要於此等處看得明白；比干、龍逢[38]，只為他看得分明，所以能成就得他的仁。」

這一條，孔子的意見極為明顯堅決，「無求生以害仁，有殺身以成仁」，陽明做了詮釋，重點在談何謂當死？志士仁人與世人是有所

不同的，世人怕死，不論當否，陽明說，世人畏死，就可能丟了天理，關鍵是爲了求生、偷生而損害了別人，甚至損害了社會。例如被威脅賣國時，怕死就去賣國了，除非不怕死。被威脅去害人時，怕死就去害人了，除非不怕死。例如自己饑餓難耐快要死時，也不能去搶別人的食物，搶了就換別人餓死，不搶，也就不怕死了。在當死的時候，能不怕死，就是「無求生以害仁，有殺身以成仁」，這就是不爲了求生而損害了天理，所以有當死的時候，當死就死，絕不偷生，這就保住仁德的品格。有當死時當然也會有不當死時，什麼是不當死的時候？例如，受到壓迫覺得活不下去了，便想死。經營失敗無法返回，沒有勇氣面對，便想死。這就是不當死，應該要勇敢活著。「殺身以成仁」是當死的情況，自己不死就損傷了對別人的關懷的仁德，所以「當死則死」，這樣才不違背天理。

陽明舉比干、龍逢的例子，堅持自己的信念，爲天下人講話，雖然被威脅去死，依然堅持天理，結果被殺死，這就是「殺身成仁」。本來可以不死，只要違背良心，但他們堅持維護天理、維護良心，因而受死，保住名節，千百年受到世人景仰，他們就是「無求生以害仁，有殺身以成仁」的典範。何其難能啊？

十四、克己復禮

這一條就《論語》談「克己復禮、天下歸仁」與朱熹的解釋作比較。陽明從工夫講，關鍵在自己。朱熹從效驗講，做的是文本詮釋，而效驗正是儒家的目標：

【285】問：「『一日克己復禮，天下歸仁』，朱子作效驗說，如何？」先生曰：「聖賢只是爲己之學，重功夫不重效驗。仁者以萬物爲體；不能一體，只是己私未忘。全得仁體，則天下皆歸於吾仁，就是八荒皆在我闥意；天下皆與，其仁亦在其中。如『在邦無怨，在家無怨』，亦只是自家不怨，如『不怨天，不尤人』之意；然家邦無怨於我，亦在其中，但所重不在此。」

對於《論語》「一日克己復禮，天下歸仁」，「朱子作效驗說」，陽明則以為重在工夫，不在效驗。陽明認為，聖學之所以是聖學，是因為工夫，而不是因為效驗。一旦講工夫，陽明講的是心性意志，而認為朱熹講的是名物度數，一旦講聖學，陽明自己講的是動機，認為朱熹講的是結果。此說，可以討論。試想，孔門之教，會不重效驗嗎？儒家是世間法，入世之學，就是要追求天下太平的，因此孔子講「一日克己復禮，天下歸仁」，論其理想，當然是講自己做了克己復禮的工夫之後，自己所為之任何事情就都找到正確的定位了，就此，必有效驗意。只是，要有天下真正歸仁的境界，畢竟此事難求，因為有客觀因素的阻礙，並非可必之事。因此，陽明轉而就主觀面說，主觀面是可必之事，當然有理，只是筆者要強調，內聖就是為了外王，不是光內聖而可以不必外王，只是內聖可以就個人的修養而確定，至於外王就要現實事功的完成才算完成。評價是否聖賢固是如此，評價事業是否圓滿則不如此。儒者重外王事功，本身就是目的，故需戮力施行。所以孔子不輕易許人以仁，惟有對管仲許之。許人以仁和論定人是聖人，這在孔子的說法上是標準明確的，目的還是為了效驗，是真正要追求天下太平、百姓安居樂業的。至於孟子的性善論，和王陽明的成色分兩說，是就個人的德性上做要求而說的，性善論使人人有為堯舜的人性論上的可能，甚至是必然，只是現實上是否操存而做而已。陽明的成色分兩，不重現實效驗的大小，只重主觀態度的純粹，所以匹夫匹婦只要純心為仁，就是聖人，學聖人的天理，不是學他的能力。因此論聖賢與否，當重動機，陽明要學生學聖人的也是在存天理一事上，這是陽明理論繼孟子之後又一大創造性的貢獻，論聖人，孟子把人在人性上的可能性鋪陳好了，但是人人都很難成為堯舜。王陽明卻把效驗的標準下降，只管動機，此心純粹，不論能力大小，只要一心服務，都可以是聖人，側身其間毫不遜色。可不可以說王陽明否定了孔子的必須是「使天下太平的人」才是聖人的說法呢？這樣說也不可以。聖人追求天下太平，也就是使人人為有德的君子，則人人此心純粹，正是聖人之所期許。王陽明以現實上天下人

去人欲存天理便可為聖人，這是就內聖說。孔子對天下太平百姓幸福說的聖王之事業，這是就外王說。兩者不必衝突。

因此就「一日克己復禮，天下歸仁」而言，既是我的主觀的處事歸仁，也是客觀的外在世界的歸仁，後者是一個堅定的信念，只是不強求於一時，作為永恆追求的目標，終極的信念，相信必有達成之一日，也就是天下人皆歸仁了，即天下為公、太平盛世了。因此就效驗說，必然正確無誤。至於朱熹的解釋，在《朱子語類》中，針對此章，討論繁多。主觀意志的角度言之鑿鑿，例如：「克己復禮，間不容髮，無私便是仁。」[39]「克己則禮自復，閑邪則誠自存，非克己外別有復禮，閑邪外別有存誠。」[40]，至於客觀效驗言，「天下歸仁，天下以仁歸之」，[41]朱熹的解釋並非天下太平之天下人歸仁，而是天下人皆盛讚其為仁德之人，其實還是就人之所以為聖說的，這個解釋，就跟王陽明的討論方向是一致的了。這是說效驗沒錯，可是是就個人被許為聖人之效驗說，而非天下已達太平聖境之說。就個人之修養而言，工夫與境界必是一事兩面同時完成，有工夫必有境界，有境界必有人稱讚，至少有比自己境界高的人的讚許，不論是否讚之以言語，更不論是否尚有人譭謗之，所以朱熹從人歸其仁之修養境界的效驗說，和王陽明此處從己顯其德的工夫說，並沒有意境上的高下之別。

十五、回也非助我者也

王陽明就孔子說顏回「非助我者也」一句話作了檢討，重點在討論聖人是否必然需要學生弟子的協助。

【341】問：「孔子曰：『回也非助我者也[42]。』是聖人果以相助望門弟子否？」先生曰：「亦是實話。此道本無窮盡，問難愈多，則精微愈顯。聖人之言本自周遍，但有問難的人胸中窒礙，聖人被他一難，發揮得愈加精神。若顏子聞一知十，胸中了然，如何得問難；故聖人亦寂然不動，無所發揮，故曰非助。」

學生問老師：「是聖人果以相助望門弟子否？」這個問題，對所有的老師都是有效的。筆者以為，聖人體系完備，學生之問，如叩鐘，有叩有響，聖人得以就原則而發揮之，故而樂意被問。就教學而言，因問而答，學習效果更好。所以是對學生好，對老師也好，這裡的「望」，並非聖人理論不完備，而須學生之問以補足之。但是學生之提問是可以幫助師說必是事實。所以陽明說「亦是實話」。因為，「此道本無窮盡」，為什麼？歷史有多久，正人君子就要盡道多久，只要有國家社會存在的一天，就會有君子該為之事業，且環境時刻變化，處事的方案亦須隨時而變，所以可為之事是無窮盡的。此就事而言。就理而言，答案總是隨問題而產生，理論總是可以無止境地再建構，故而問得愈多愈精，反思的結果也就愈深愈妙。「聖人之言本自周遍」，否則何由而稱聖人。但如果老師被學生問問題之後老師的學問會長進，是不是說老師的學問本身還不夠完整呢？並不是的。聖人之言是針對人生意義、生命理想之言，講多了，形成一套理論，理論就問題之回答而建構，抽象上升而為普遍原理。但問題還是可以無窮無盡地追問，角度不同，詞彙不同，層次不同，答案可以是同一套理論，但是也必須針對每一個問題的角度層次而回應，這樣才叫作接地氣。回答問題的時候，價值意識是一樣的，但是處理的事件是不同的，問問題的人的疑惑是具體的，能夠肆應具體問題的理論才是真正有用的人生哲學，所以聖人歡迎學生提問，也就總可以發明新的說法，故而有問有答就有所增益自己，這就是「發揮得愈加精神」。像顏回這樣的學生，孔子一說話，他自己就在心中發揮了，聞一知十，所以於孔子不再增加，但也未損孔子。

十六、以良知而不逆詐不億不信

【191】「億、逆、先覺」之說，文蔚謂：「誠則旁行曲防，皆良知之用。」甚善甚善！間有攙搭處，則前已言之矣。惟浚之言，亦未為不是。在文蔚須有取於惟浚之言而後盡，在惟浚又須

有取於文蔚之言而後明；不然，則亦未免各有倚著之病也。舜察邇言而詢芻蕘[43]，非是以邇言當察，芻蕘當詢，而後如此，乃良知之發見流行，光明圓瑩，更無罣礙遮隔處，此所以謂之大知；才有執著意必，其知便小矣。講學中自有去取分辨，然就心地上著實用工夫，卻須如此方是。（《答聶文蔚》）

這一段是講《論語》中孔子的話，「子曰：『不逆詐，不億不信，抑亦先覺者，是賢乎！』（《論語・憲問》）」這是對付小人的原則，先不去設定對方會為惡，但也能警覺防範。學生說旁行曲防都是良知之用，惟浚之言未錄，不明如何兩取。陽明講舜察邇言而詢芻蕘，說這樣善體微言、善詢小事的作為，正是良知的發用。聖王的作為，不以事小而輕忽，不以人微而輕言，這就是毋「意必固我」，一以事之當為而為。以上說法，解讀「億逆先覺」，就是發揮了，不在文義上做基本注解，而是掌握心法，體貼聖人之意，只是一個真誠坦惻的良知作用，自然知事，更且做事。

十七、小結

陽明論學重實踐，對於人性有超常的洞見，每能透過文字見其真彰，陽明所有出名的理論，都來自《大學》詮釋，至於《論語》，陽明的用力不在暢談心學的工夫理論，而是進入《論語》文字背後的情境作疏解，似如親見，似如親說，體貼聖人心境，而入乎其內出乎其外，這都是得力於他自己的躬身實踐，才能有的成績。品味陽明解說《論語》的文字，幾如夫子親臨。

註釋：

26 《論語・先進》11-25：子路、曾皙、冉有、公西華侍坐。子曰：「以吾一日長乎爾，毋吾以也。居則曰：『不吾知也。』如或知爾，則何以哉？」子路率爾而對，曰：「千乘之國，攝乎大國之間，加之以師旅，因之以饑饉，由也爲之，比及三年，可使有勇，亦知方也。」夫子哂之。「求，爾何如？」對曰：「方六七十，如五六十，求也爲之，比及三年，可使足民；如其禮樂，以俟君子。」、「赤，爾何如？」對曰：「非曰能之，願學焉！宗廟之事，如會同，端章甫，願爲小相焉。」、「點，爾何如？」鼓瑟希，鏗爾，舍瑟而作；對曰：「異乎三子者之撰。」子曰：「何傷乎！亦各言其志也。」曰：「暮春者，春服既成；冠者五六人，童子六七人。浴乎沂，風乎舞雩，詠而歸。」夫子喟然嘆曰：「吾與點也！」三子者出，曾皙後。曾皙曰：「夫三子者之言何如？」子曰：「亦各言其志也已矣。」曰：「夫子何哂由也？」曰：「爲國以禮，其言不讓，是故哂之。」「唯求則非邦也與？」「安見方六七十，如五六十，而非邦也者！」「唯赤則非邦也與？」「宗廟會同，非諸侯而何？赤也爲之小，孰能爲之大！」

27 參見：子路曰：「衛君待子而爲政，子將奚先？」子曰：「必也正名乎！」子路曰：「有是哉，子之迂也！奚其正？」子曰：「野哉！由也！君子於其所不知，蓋闕如也。名不正，則言不順；言不順，則事不成；事不成，則禮樂不興；禮樂不興，則刑罰不中；刑罰不中，則民無所錯手足。故君子名之必可言也，言之必可行也。君子于其言，無所苟而已矣。」（《論語・子路篇》）

28 衛君輒。

29 講孔子。

30 《論語・八佾》：子謂《韶》：「盡美矣，又盡善也。」謂《武》：「盡美矣，未盡善也。」《韶》，歌頌堯舜的樂曲。《武》，頌揚周武王的樂曲。

31 《論語・子罕》：顏淵喟然歎曰：「夫子循循然善誘人，博我以文，約我以禮，欲罷不能。即竭吾才，如有所立卓爾。雖欲從之，末由也

已。」

32 《論語・雍也》：「哀公問弟子孰爲好學。孔子對曰：「有顏回者好學，不遷怒，不貳過，不幸短命死矣；今也則亡，未聞好學者也。」

33 《論語・陽貨第十七》：「唯上智與下愚不移」。

34 《論語・學而》：曾子曰：「吾日三省吾身：爲人謀而不忠乎？與朋友交而不信乎？傳不習乎？」。里仁：子曰：「參乎！吾道一以貫之。」曾子曰：「唯。」子出。門人問曰：「何謂也？」曾子曰：「夫子之道，忠恕而已矣。」

35 《論語・公冶長》：子謂子貢曰：「汝與回也孰愈？」對曰：「賜也何敢望回。回也聞一以知十，賜也聞一以知二。」子曰：「弗如也！吾與汝弗如也。」。

36 《論語・衛靈公第十五》：顏淵問爲邦。子曰：「行夏之時，乘殷之輅（音路），服周之冕，樂則韶舞。放鄭聲，遠佞人。鄭聲淫，佞人殆。」

37 《論語・衛靈公》：「志士仁人，無求生以害仁，有殺身以成仁。」

38 百度：關龍逢（前1713年～前1620年），生於夏廑19年，卒於夏桀32年，中國歷史上第一位名相，因爲進諫忠言而被殺，享年93歲，作了發、桀兩代夏王的相。故里在今惱里鎮龍相村。古時此地稱龍城，原有一座大墓，墓前有祠，那就是夏朝末年中國第一位以死諫君的忠臣關龍逢的陵墓。此地松柏遮陰，莊嚴肅穆。可惜後來連年戰亂，加上黃河水淤積，到清末竟蕩然無存。

39 《朱子語類》卷第四十一，論語二十三，顏淵篇上，顏淵問仁章。1042。

40 《朱子語類》卷第四十一，論語二十三，顏淵篇上，顏淵問仁章。1042。

41 《朱子語類》卷第四十一，論語二十三，顏淵篇上，顏淵問仁章。1050。

42 《論語・先進篇》：子曰：「回也非助我者也，於吾言無所不說。」

43 詢問割草打柴者。

第二十二章　心學進路的經典詮釋
——《孟子》篇

　　陽明學毫無疑問是孟子學，孟子學意旨重點在於性善論以及工夫論，陽明以《大學》詮釋發揮孟子學，概念都是《大學》、《孟子》共通的。因此陽明的孟子學亦是最為可觀，本節選錄陽明論於《孟子》文本之意旨解讀若干條，重點還是在工夫論上。包括集義說、必有事焉說、立志說等等，其中，盡心知性知天、存心養性事天、夭壽不貳修身以俟之解讀，又正與朱熹有異，可以說從經典詮釋角度言，陽明學表面上是《大學》之學，骨子裡卻真真正正就是孟子學。因此，最後落實在他的《孟子》文本詮釋意見上，正是必須收尾的要點。

一、論孟子的仁義禮智說

　　哲學專業術語是要分類認識的，有價值意識的、有概念範疇的、有情感狀態的、有操作方式的，學生提問，陽明則幾乎合併諸說於一「性」概念字上談，然後其思路都是工夫論的。參見：

　　【38】澄問：「仁、義、禮、智之名，因已發而有？」曰：「然。」他日，澄曰：「惻隱、羞惡、辭讓、是非，是性之表德邪？」曰：「仁、義、禮、智也，是表德。性一而已，自其形體也，謂之天。主宰也，謂之帝。流行也，謂之命。賦於人也，謂之性。主於身也，謂之心。心之發也，遇父便謂之孝，遇君便謂之忠，自此以往，名至於無窮，只一性而已；猶人一而已，對父謂之子，對子謂之父，自此以往，至於無窮，只一人而已。人只

要在性上用功，看得一性字分明，即萬理燦然。」（《門人陸澄錄》）

　　陸原靜問的問題，向來語意不清，根本不知道自己在問什麼，也不知道老師回答了什麼。原靜問仁義禮智是因已發而有嗎？若就程頤之言，未發爲性，已發爲情，所以仁義禮知是性，四端是情。但仁義禮知又可收爲性體、仁體、道體、天道、天理一事中，因此仁義禮知是仁體的表現，因而說爲因已發而有也可以，故而陽明說「然」。然而，這實在不是個重要的問題，就是概念使用的定位約定而已。陸原靜又問四端是表德否？筆者還是認爲，這還是語意約定的問題，講道、講性、講情、講才、講氣，要有問題才有答案，要列出功能才有主張，陸原靜的問法，等於是沒有哲學問題，只是在問概念使用，而哲學家的概念使用都是在特定問題下的使用，如果沒有必須解決的理論的問題，而只是在問概念意思的問題，這其實是任何答案都可以的，因爲每一套答案都有一個思路在背後。針對表德的問題，陽明卻說仁義禮知本身就是表德，這顯然是就仁義禮知相對於性體天道天理概念而言，而這一切分說的概念，陽明都用性這個概念統攝了，於是而有形體、主宰、流行、賦人、主身等說法，而有天帝命性心等概念範疇的出現，心發爲孝爲忠，忠孝是價值意識的概念，仁義禮知也是價值意識的概念，所以仁義禮知也被陽明視爲心之所發，因此前說仁義禮知因發而有時陽明曰然，結果針對四端爲表德的問題時，陽明就根本沒有回答了，基本上就是仁義禮知已是已發、已是表德，陽明竟無法安頓四端，實際上只要說個情就可以了，情是心的狀態，性是心的主宰價值，中庸所說的已發是指喜怒哀樂，喜怒哀樂自是情，就像惻隱羞惡辭讓是非一般，未發是性，以仁義禮知說之。陽明用詞，一切都是性，性就是人之本性，就是良知，所以把未發已發是性是情的都說爲性了。關於天道理氣心性情才等概念，它們是範疇性概念，仁義禮知忠孝等概念，它們是價值意識的概念，喜怒哀樂惻隱羞惡辭讓是非，這些是情感狀態的概念，古人用詞，問題到哪裡，詞彙到哪裡，陽明用詞，問題不在這個上面，因此所說跳躍度大。「名至

於無窮，只一性而已」關鍵是陽明是工夫論進路的思維。「人只要在性上用功，看得一性字分明，即萬理燦然。」性就是孟子所說的性善之本性，也就是良知，致良知於事事物物，便是做工夫，做工夫就是把性善良知發揮擴充一事而已。陽明就是工夫論進路，所以對於概念範疇之間的關係問題，沒有用心定位，這是朱熹這樣的頭腦在關切的問題。這一條，陽明談得籠統，也可見出這種問題不是他的注意力所在。

二、論孟子的夜氣說

夜氣就是正氣，日夜皆有，陽明從做工夫進路上詮釋之。

【47】「『夜氣[44]』是就常人說，學者能用功，則日間有事無事，皆是此氣翕聚發生處。聖人則不消說『夜氣』。」（《門人陸澄錄》）

陽明詮釋「夜氣不足以存」一句，主張聖人不需要說這個夜氣之存，因為他時時都在浩然之氣的狀態，也就是良知時時提起，沒有為惡墮落之時，不需要等到夜裡沒有為惡之時的一時清明。此夜氣，就是浩然之氣，良知發用時的精神狀態，可說為正氣，聖人有正氣，作用不分晝夜，惡人白天為惡，只剩夜間稍安勿躁而已，故夜間稍能反思是非對錯，尚稍有良知作用，此時之氣，謂之夜氣，以其良知尚存。陽明說，夜氣是就常人說，非就聖人說，就常人、惡人說，依然有良知，警覺提起就是，一旦此氣提起，就要發揚。陽明從做工夫的進路講良知發用的狀態，言說清晰合理。

三、論孟子操存捨亡說

對於操則存、捨則亡，究竟是指本體還是狀態？則其與動靜之間的關係為何？陽明討論到：

【48】澄問操存捨亡章[45]。曰：「『出入無時，莫知其鄉。』此

雖就常人心說，學者亦須是知得心之本體亦原是如此，則操存功夫始沒病痛；不可便謂出爲亡，入爲存。若論本體，原是無出無入的；若論出入，則其思慮運用是出；然主宰常昭昭在此，何出之有？既無所出，何入之有？程子所謂『腔子』亦只是天理而已。雖終日應酬而不出天理，即是在腔子裡。若出天理，斯謂之放，斯謂之亡。」又曰：「出入亦只是動靜，動靜無端，豈有鄉邪！」（《門人陸澄錄》）

這一段，陽明深入發揮孟子書中所引孔子之言：「孔子曰：『操則存，舍則亡；出入無時，莫知其鄉。』惟心之謂與？」雖是孔子語，但是是孟子提出來的，而且是明指心而言，心是工夫的主體，一切工夫都是心在主宰的，願意作用，它的功能就能發揮，不願作用，就不能發揮。它不斷變化，自己都難以捉摸。雖然如此，還是應該自作主宰，努力操存，爲社會服務，而非放捨而亡，自我放逐。孔子的說法與孟子的解讀大致此意，配合性善論旨，則操存理論的可能性更加強化了，明指要進行道德實踐活動時，定是自主地可行的。陸澄的問題沒有講出來，從陽明的回答看來，陽明要強調的是良知固有，本自存在，且時時自主地作用，無一停時，因此就工夫論而言，陽明必是堅毅主張的，因爲常人與聖人都一樣，心之本體是自存永存的，說本體就是帶著價值自覺的良知主體，性善本體，說其無出入是說恆存作用不變，至於主體的心的狀態，那仍是「出入無時，莫知其鄉」的，只是有性善良知本體在照管，一定成事，就是把天理始終放在腔子裡，如此一切行爲有良知主宰著，方向不會有變，都是向善，沒有偏邪的方向。此處，陽明講無向，是無偏邪向，是就良知而說的。而「出入無時，莫知其鄉」指的是尚未純粹化主體意志之狀態下的平常心，它東奔西跑到處亂竄，方向不定，捉摸不到，像佛教講的心猿意馬之狀。這些涉及心性概念定義的討論，陽明之所說都頗爲跳躍，關鍵就是他不對準概念定義的存有論問題，他只關心良知固有，之後就是自做工夫一路而已。

文中講到「若論本體，原是無出無入的」，這就是跟朱熹講的理

是靜的意思一樣。

文中講「雖終日應酬而不出天理，即是在腔子裡」這就是心即理的解讀，談的是工夫論。主體方向宗旨已定，只有動靜之別，沒有方向偏差之事，所以又說：「出入亦只是動靜，動靜無端，豈有鄉邪！」

四、論孟子執中無權猶執一說

孟子執中權變一說，最能應事，陽明深刻發揮之。參見：

【52】問：「孟子言『執中無權猶執一[46]』。」先生曰：「中只是天理，只是易，隨時變易，如何執得？須是因時制宜，難預先定一個規矩在。如後世儒者，要將道理一一說得無罅[47]漏，立定個格式，此正是執一。」（《門人陸澄錄》）

孟子的原話是：「子莫執中，執中為近之，執中無權，猶執一也。所惡執一者，為其賊道也，舉一而廢百也。」執中就是不執一偏，但是執中不能變成固定模式，一成不變，永遠執中，這樣必會遭受利用濫用，知道你執中，就製造情境，讓你因為執中而掉入陷阱，旁人因而從中取利。或者，不能應付是非分明的情況，既是是非分明，就不是執中，而是要執正、執是，所以，形式化、僵化了的執中又是不對了，所以孟子說執中無權還是執一了。執一為何是賊道呢？因為此處的一，也是一個道理，但就是假藉這個道理，遮罩了其他更重要道理，這就像是賊一樣，道理萬千，輕重緩急，要有分辨，若一味執一，挂一漏萬已是不佳，固執己見敗壞公事即成大錯，更有甚者假借一理傷人害事便是為惡了。

陽明的討論，從做工夫說，拳守良知，肆應無窮，無方無向，唯適所變，所以沒有固定的作法。陽明說「中」只是良知，是良知知輕重厚薄、執兩用中下的「中」，情境改變，此「中」也是跟著變了，所以不能執於何種具體作法上。陽明說後儒一段，又是在罵人了，對後儒也批評得太過了。陽明以朱熹求事事物物之理之說為執一，其

實，就客觀知識而言，一是一、二是二，春是春、夏是夏，鍋是鍋、碗是碗，特定時空場合還是要執一的，具體的執一就是權變。不顧時空，通盤的執一才是執一不變，這確實是會壞事的。朱熹談的是研究事務客觀知識，陽明關切的是現實做事處世的場合，前者必須確定化，後者必須通變靈活。

五、論孟子持其志毋暴其氣說

孟子講做工夫，在持其志毋暴其氣，陽明發揮之。

【73】問志至氣次[48]。先生曰：「志之所至，氣亦至焉之謂，非極至、次貳之謂。『持其志』，則養氣在其中；『無暴其氣』，則亦持其志矣。孟子救告子之偏，故如此夾持說。」（《門人陸澄錄》）

陽明解讀志至氣次之意，不是說氣接著志而出現而發生，而是說一旦持志，氣亦作為志向展示的載具，人將由氣來支撐這個志，其實就是提起意志，理性上良知已知曉，意志上立志，則氣次焉，是說勇氣、決心、理智、情感等等配合跟上的意思，不要因為懶惰膽小等心理因素又退卻了，就是無暴其氣。「非極至、次貳之謂」次焉是同時發起之意，意思上先說志再說氣，不是先做志功再做氣功。

六、論孟子不動心與集義說

陽明對孟子告子的差異進行了發揮，不料卻用到了朱熹的理論，參見：

【81】尚謙問孟子之不動心[49]與告子異。先生曰：「告子是硬把捉著此心，要他不動；孟子卻是集義到自然不動。」又曰：「心之本體，原自不動。心之本體即是性，性即是理，性原不動，理原不動。集義是復其心之本體。」（《門人陸澄錄》）

告子之意，亦非陽明所說者，實際上孟子就是錯誤的反駁。「告

子曰：『不得於言，勿求於心；不得於心，勿求於氣。』」告子之意，嘴上說不了的沒道理的事情，就不要在心志上強求了。心志上知道不對的事情，更不要意氣用事，蠻幹下去。告子之說，十分合理。孟子關切的是一旦提起良知，便能知是知非，所以說：「不得於心，勿求於氣，可。」心上的良知知道不對，不可暴其氣。至於「不得於言，勿求於心，不可」，是指心上知道對的事情，不可以因為嘴巴上說不好，就放棄堅持。因為孟子口才最好，沒有辨析不明的道理，學生們卻常常被別人問得啞口無言，這也是心智不足的結果。孟子價值意識清楚，口才便給，沒有說不明白的道理，所以這樣反駁告子之言，其實沒必要，告子之說是合理的。

孟子的話，「夫志，氣之帥也；氣，體之充也。夫志至焉，氣次焉。故曰：『持其志，無暴其氣。』」都是在講自己要立志、要實踐、要做工夫。王陽明也是這樣的思路，說孟子的理論是「集義到不動心」是對的，就是純粹化主體意志，主體性價值自覺，自然貞定。這就是做工夫，心理強化的價值自覺工夫。陽明說告子是硬把捉，筆者認為這也沒有根據，只是順了孟子的說法而已。

陽明後面一段話，進入了形上學、存有論的討論以及本體工夫論的討論。說心之本體原自不動，這跟朱熹講的「理是不動的」意思一樣，就是絕對價值，天理不變，賦命於性也是不變的，所以任何人都有性善本體，也就是良知，因此工夫論的模式就是「復其心之本體」。至於所說「性即是理」，是說人性之本善就是天理之本善，這與程頤朱熹的「性即理」說思路一致、問題一致、主張一致、用詞一致。今日之學者本無須在朱王之間費力衝突。只要問題相同，主張定是一致的。只因陽明多關切做工夫的問題，朱熹關心理論建構概念定義的問題，而陽明此處之所說，就是理論建構概念定義的問題，筆者以「概念思辨的存有論」問題說之，有別於「價值意識的本體論」與「主體實踐的工夫論」說之。

陽明說「孟子卻是集義到自然不動」，這就是在講工夫論，就是「心即理」了。工夫論講心即理，人性論講性即理，本不衝突。

七、論孟子必有事焉與勿忘勿助說

陽明對孟子講的「必有事焉而勿正，心勿忘，勿助長也」一句，強調得最多的，就是「必有事焉」，也就是要真的去做了事業，真的認真做事了，自然沒有了忘助之病了，筆者常說，「努力工作治百病」，真用心於服務工作上時，自然私人的毛病就都沒有了。陽明的討論參見：

【186】來書所詢，草草奉覆一二：近歲來山中講學者，往往多說「勿忘、勿助」[50]工夫甚難。問之，則云才著意便是助，才不著意便是忘，所以甚難。區區因問之云「忘是忘個什麼？助是助個什麼？」其人默然無對，始請問。區區因與說，我此間講學，卻只說個「必有事焉」，不說「勿忘、勿助」。「必有事焉」者只是時時去「集義」。若時時去用「必有事」的工夫，而或有時間斷，此便是忘了，即須「勿忘」；時時去用「必有事」的工夫，而或有時欲速求效，此便是助了，即須「勿助」。其工夫全在「必有事焉」上用；「勿忘、勿助」，只就其間提撕警覺而已。若是工夫原不間斷，即不須更說「勿忘」；原不欲速求效，即不須更說「勿助」。此其工夫何等明白簡易！何等灑脫自在！今卻不去「必有事」上用工，而乃懸空守著一個「勿忘、勿助」，此正如燒鍋煮飯，鍋內不曾漬水下米，而乃專去添柴放火，不知畢竟煮出個什麼物來！吾恐火候未及調停，而鍋已先破裂矣。近日，一種專在「勿忘、勿助」上用工者，其病正是如此。終日懸空去做個「勿忘」，又懸空去做個「勿助」，濟濟蕩蕩，全無實落下手處，究竟工夫，只做得個沈空守寂，學成一個癡騃漢。才遇些子事來，即便牽滯紛擾，不復能經綸宰制。此皆有志之士，而乃使之勞苦纏縛，擔閣一生，皆由學術誤人之故，甚可憫矣！（《答聶文蔚》）

陽明詮釋孟子勿忘勿助一段文義，主張落實了「必有事焉」，就無需「勿忘、勿助」，否則無事而為時，若還「勿忘、勿助」就是

「空鍋煮飯」，只能學成一個「癡漢」。陽明此說，卻又意指佛教工夫就在此處，這是陽明以爲可以批評道佛的地方，儒者多以爲道佛就這點工夫，也學人家「勿忘、勿助」，結果丟了「必有事焉」，變成沒事瞎用功，結果有事搞不定。所以儒學工夫就是「集義」而已，「集義」就是針對正義之事戮力行之，只有戮力行之一事，若有間斷，要求勿忘，若求急速，要求勿助，只此而已。不能沒有去做服務社會的事情，卻還一味「勿忘、勿助」。

陽明以此批評道佛，但這也是不解道佛之下的批評，對儒學而言，治理天下服務社會才是做工夫的目標，沒有服務天下，只管自己勿忘勿助，就是空鍋煮飯，所以陽明不要求弟子無謂自責懺悔，就是去做事就對了。努力工作治百病。一、碰到了，有事就認眞做。二、想到了，該做的就去做。如此自無心病。

八、論必有事焉只是集義說只是致良知說

陽明說孟子必有事焉一段，是在與聶文蔚書中暢談而出的，陽明以孟子的必有事焉只是集義，集義也是孟子語，而又說集義只是致良知，良知固是孟子語，致良知則是陽明語了，以下，陽明便以「格致誠正」解釋孟子語。參見：

【187】夫「必有事焉」[51]只是「集義」，「集義」只是「致良知」。說「集義」則一時未見頭腦，說「致良知」即當下便有實地步可用工。故區區專說「致良知」。隨時就事上致其良知，便是「格物」；著實去致良知，便是「誠意」；著實致其良知，而無一毫意必固我，便是「正心」。著實致良知，則自無忘之病；無一毫意必固我，則自無助之病。故說「格、致、誠、正」，則不必更說個「忘、助」。孟子說「忘、助」，亦就告子得病處立方。告子強制其心，是助的病痛，故孟子專說助長之害。告子助長，亦是他以義爲外，不知就自心上「集義」，在「必有事焉」上用功，是以如此。若時時刻刻就自心上「集義」，則良知之體

洞然明白，自然是是非非纖毫莫遁，又焉有「不得於言，勿求於心，不得於心，勿求於氣」之弊乎？孟子「集義」、「養氣」之說，固大有功於後學，然亦是因病立方，說得大段，不若《大學》「格、致、誠、正」之功，尤極精一簡易，為徹上徹下，萬世無弊者也。（《答聶文蔚》）

陽明論工夫，宗旨在「致良知」。孟子談浩然之氣，入手在「必有事焉」，意旨直接在做事功上磨練，願意做事，直接在做事的狀態中，而勿正、勿忘、勿助長，意旨不必刻意彰顯標榜正在做的有道德的事。論「必有事焉只是集義」，是說以人倫價值意識之義理原則為主旨，處理萬事，而必有事焉就是強調工夫就在事功上，做事遵守道義原理，守道義就是將良知提起而發用，良知一旦發用，不論用於何事，都有了頭腦主宰，所以陽明就以致良知解讀格物致知誠意正心諸行動，一旦真實格致誠正，既不會忘也不需助了，因為就在實踐中了，所以不必說勿忘，因為就在實踐中了，所以不必說勿助。至於孟子之所以要說心勿正、勿忘、勿助，是對治病徵而說的，此即告子義外之病。有病即治，致良知即格致誠正即無病，即不必講勿正、勿忘、勿助。至於告子之病為何？陽明以朱熹言於理氣論諸說及格物致知說及窮理說為理在心外，這當然也是他理解告子義外之意，至於告子義外之義為何？筆者不以為在《孟子》書中能得其要旨。陽明說告子強制其心，筆者也認為無從查知，不宜深論。故而告子部分，不必深究，告子談倫理原理，而主仁內義外，其實不礙本體工夫。

陽明強調孟子必有事焉就是集義，凡事道義為主，就是良知發用，此時全知，言心氣盡善，故不必如告子所言「不得於言，勿求於心，不得於心，勿求於氣」之境，其實告子意旨明白，道理不明時，不能以言語服人，勿求於心。心上不能正道理時，不可暴其氣，意氣用事。就孟子而言，他講的是已經做了工夫，良知已經提起，故而不能因為口條表達不擅長，就放棄心正。當然孟子也承認，心上不認為是對的事情，是不能意氣用事去做它的，所以同意告子後半段文字意旨。其實善解之，告子前半段也是沒有問題的。他是敘述情況，而孟

子是講直接做工夫。

最後，陽明還是以他自己的《大學》格致誠正解讀爲談工夫的澈解，以爲比孟子必有事焉、集義諸說更加完備。其實也不必這麼說吧！陽明高《大學》抑《孟子》，實在不必要。陽明對《大學》之解說即是《孟子》之意旨，這樣說就好。

九、論孟子集義與致良知

陽明以孟子學意旨解讀大學文本，回過頭來又以對大學自創之解釋，解釋孟子概念，因謂之：聖賢論學，隨時就事，隨事就理。參見：

【188】聖賢論學，多是隨時就事，雖言若人殊，而要其工夫頭腦，若合符節。緣天地之間，原只有此性，只有此理，只有此良知，只有此一件事耳。故凡就古人論學處說工夫，更不必攙和兼搭而說，自然無不吻合貫通者；才須攙和兼搭而說，即是自己工夫未明徹也。近時有謂「集義」之功，必須兼搭個「致良知」而後備者，則是「集義」之功尚未了徹也；「集義」之功尚未了徹，適足以爲「致良知」之累而已矣。謂「致良知」之功，必須兼搭一個「勿忘、勿助」而後明者，則是「致良知」之功尚未了徹也；「致良知」之功尚未了徹也，適足以爲「勿忘、勿助」之累而已矣。若此者，皆是就文義上解釋牽附，以求混融湊泊，而不曾就自己實工夫上體驗，是以論之愈精，而去之愈遠。文蔚之論，其於大本達道既已沛然無疑，至於「致知」、「窮理」及「忘、助」等說，時亦有攙和兼搭處，卻是區區所謂康莊大道之中，或時橫斜迂曲者，到得工夫熟後，自將釋然矣。（《答聶文蔚》）

古來聖人談做工夫，都是同一個意思，儘管用詞不同，都是同指。其頭腦關鍵，都是立志。陽明談立志做工夫成聖人之道，那就是盡其性善之性，揚其天理之理，提起良知，應對萬緣，只此一事而

已。此一事就是意志貫徹於聖學工夫，這就是立志篤定。這樣說工夫的話就說完了。只有一事是說就是主體自覺而已。至於用什麼概念說，這不會影響的。所以不同概念都行，但若要在不同概念之間找關聯性、次第性、包含性，就做工夫而言，這就愈走愈遠了。陽明只講做工夫。能理解一個觀念，貫徹做工夫，能事畢已。只為求知解，一個概念勾搭另一個概念，只是未做工夫，瞎比附，騰口舌，搞支離。所以能做工夫，一個概念就夠了，可以是集義是必有事焉、是致良知，不必再加上別的概念輔助，這就是陽明指點聶文蔚的意思。關鍵都是，做工夫的意志沒有堅定，才需要東拉西扯找別的方法。

另，象山謂朱熹支離，指的不是工夫論，而是存有論，存有論必分解，故象山之批評不對。朱熹論工夫時亦是提起大頭腦，就是立志貫徹同一意旨。

十、論孟子盡心知性知天說

孟子盡心、存心、夭壽三段文字，陽明對之有特殊解釋，認為這是三個不同等級的功夫階段，由下而上，參見：

【192】「盡心」三節[52]，區區曾有「生知、學知、困知」之說，頗已明白，無可疑者。蓋盡心、知性、知天者，不必說存心、養性，事天，不必說夭壽不貳、修身以俟，而存心、養性與修身以俟之功已在其中矣；存心、養性、事天者，雖未到得盡心、知天的地位，然已是在那裡做個求到盡心、知天的工夫，更不必說夭壽不貳、修身以俟，而夭壽不貳、修身以俟之功已在其中矣。譬之行路，盡心、知天者，如年力壯健之人，既能奔走往來於數千百里之間者也；存心、事天者，如童稚之年，使之學習步趨於庭除之間者也；夭壽不貳、修身以俟者，如襁褓之孩，方使之扶牆傍壁，而漸學起立移步者也。既已能奔走往來於數千里之間者，則不必更使之於庭除之間而學步趨，而步趨於庭除之間，自無弗能矣；既已能步趨於庭除之間，則不必更使之扶牆傍

壁而學起立移步，而起立移步自無弗能矣。然學起立移步，便是學步趨庭除之始，學步趨庭除，便是學奔走往來於數千里之基，固非有二事，但其工夫之難易則相去懸絕矣。心也，性也，天也，一也。故及其知之成功則一。然而三者人品力量，自有階級，不可躐等而能也。細觀文蔚之論，其意以恐盡心、知天者，廢卻存心、修身之功，而反爲盡心、知天之病；是蓋爲聖人憂工夫之或間斷，而不知爲自己憂工夫之未眞切也。吾儕用工，卻須專心致志，在夭壽不貳、修身以俟上做，只此便是做盡心、知天功夫之始；正如學起立移步，便是學奔走千里之始。吾方自慮其不能起立移步，而豈遽慮其不能奔走千里，又況爲奔走千里者而慮其或遺忘於起立移步之習哉？文蔚識見本自超絕邁往，而所論云然者，亦是未能脫去舊時解說文義之習，是爲此三段書分疏比合，以求融會貫通，而自添許多意見纏繞，反使用工不專一也。近時懸空去做勿忘、勿助者，其意見正有此病，最能擔誤人，不可不滌除耳。（《答聶文蔚》）

孟子之說是一路發展向上，「盡心」一節乃初時立志工夫，「存心」一節乃平時持久工夫，「夭壽」一節乃終生工夫境界。從三個層面說做工夫的意旨。陽明是盡心已是澈上澈下，養性在前，尚未盡心，修身更前，尚未盡性。王陽明之解讀則不然，他把孟子盡心、存心、夭壽三段文字做了特殊解釋，陽明以學走路的階段比喻之。全能者即是盡心知性知天，猶如在社會上奔走活動。剛會者即是存心養性事天，猶如在自家庭院學習走路。始學者即是夭壽不貳修身以俟之，猶如嬰孩在床上學走路。床上學走、庭院學走、社會奔走是有次第的，到得最後，就不須前兩段工夫了。陽明講的是工夫澈盡之後、純熟之後，就是盡心知性知天的境界。而前面兩節只是預熟階段。陽明認爲聶文蔚之討論有些沾滯，聶文蔚的文字這裡沒有呈現，筆者以爲，未必是文蔚自我纏繞，而是陽明於盡心三段有特殊解釋，其解亦非是孟子之意。孟子之意，人於任何時刻都是當下必須盡心知性知天的，至於平日裡就需存心養性事天，以求其日漸積累之效，而這樣的

人生，就是一個心境的寫照，夭壽不貳修身以俟之。陽明陽剛性格，一盡心即知性知天了，不落第二義，故而以為存心、夭壽兩節是第二義的後頭緊追工夫，自可不必，此或文蔚致疑之節。筆者以為，孟子盡心、存心、夭壽三節，雖分三節，義理層次不斷抽象上升，然其意旨相同，三節一時一事，要求人要盡心，盡心即是求放心，也是擴而充之，也是養浩然之氣，盡心貫徹，知性知天，體察天道，盡心成性合天。這是時時刻刻的事情，更是當下的事情，體察知此，就要終生奉行，存心養性事天，也就是修養自己以服務社會國家。而這件事情就是人生的意義，不論夭壽，修身以俟之，就如同佛家講的，盡形壽，是一輩子的事情。孟子之語高妙，解讀可以多樣。至於陽明，關鍵就是不欲支離，提起良知，立志貫徹，以為有節次助力者，便不在最高意志中貫徹了，因此提出特殊解釋，以為是三階段論，遂反對做了最高級的盡心工夫之後還要回去做初級中級階段工夫，認為這就是意志不堅定、不純粹了。

十一、論孟子談生之謂性

孟子性善論，卻不能逃於人會為惡之說，於是性善論必須調整，而有「生之謂性說」之提出，告子即言於此，陽明認同，但強調須有頭腦，把原本屬於人性論存有論的問題一下跳到工夫論問題上去談了，參見：

【242】問：「『生之謂性』，告子亦說得是，孟子如何非之？」先生曰：「固是性，但告子認得一邊去了，不曉得頭腦；若曉得頭腦，如此說亦是。孟子亦曰：『形色，天性也』，這也是指氣說。」又曰：「凡人信口說，任意行，皆說此是依我心性出來，此是所謂生之謂性；然卻要有過差。若曉得頭腦，依吾良知上說出來，行將去，便自是停當。然良知亦只是這口說，這身行，豈能外得氣，別有個去行去說。故曰：『論性不論氣，不備；論氣不論性，不明。』氣亦性也，性亦氣也，但須認得頭腦

是當。」（《門人黃直錄》）

　　陽明討論《孟子》書中講的告子之「生之謂性」的觀念，學生認爲此說有理，孟子何以反對？陽明解說，說告子看偏了，不曉得頭腦。頭腦就是價值意識，有了價值意識就是要去做，所以陽明學說就是要求做工夫的學說，光有工夫理論而不去做是無用的，沒有頭腦了。一套理論若是沒談工夫理論只談人性善惡氣稟如何，則更是偏離了宗旨。筆者以爲，談工夫、談本體、談存有論之理氣觀是一回事，談工夫論、談要求做工夫是另一回事，這兩件事在理論上是直接內在相關的。至於這個人有沒有做工夫，這跟這個人談工夫論、還是談人性論、還是談本體宇宙論或存有論都是不相干的事情。陽明當然可以要求人人應該做工夫，儒者就是要做工夫的，從沒見到有一個儒者要求人不需要做工夫的。但是，不可以因爲別人談理氣論的存有論，談下學上達的工夫次第論，就說人家不做工夫、沒有頭腦。朱熹就說做工夫就在立大頭腦，其說與陽明心學意旨相同，就是在講要去做工夫的。但朱熹也講氣稟論的理氣論、存有論，講了性善論的人性論，講人性論的目的就是要講人生的意義與方向，這就落實到天理、天命上，這就是孟子所說的知天的內涵，天道是必須要講的，這是中庸開頭前三句的重點，講天道、講人性，再講工夫。在講天道、人性的時候，告子之說就是基礎之一，必須消化。耳目口鼻之欲是現實的眞相，生之謂性。有天道，所以不以之爲性，做工夫，更是擺脫氣稟之生之謂性，所以陽明說要立頭腦，立了頭腦，生之謂性並不是錯的。孟子也講形色天性，這也是就氣稟說的生之謂性。所以，談存有論是正常的、正確的。關鍵只是，一讀到告子談存有論，孟子就要批評，說人家是偏了，因爲自己還要講工夫論，要做工夫才不偏。其實，講生之謂性並不是主張要只依感性生理需求去過日子，只是在講人的感性生理存在的事實，就做工夫而言，這一部分就是要善調理的對象。所以要曉頭腦，依良知去做。但就算依良知，也不是能夠外於身體生理的感性需求，所以陽明自己也說良知也不能外於這氣。因此，何必一味批評告子之說呢？

論性氣一段，是程頤所說，論於人性，陽明不能外於程朱。張載「天地之性、氣質之性」之說，「心統性情」說，朱熹「理氣論」，都是比較清楚的人性論哲學。人性論是要講的，天道論、本體論是要講的，這就是哲學理論的發展，孟子性善論、中庸本體論都是順著理論發展的需要而講的，都是要強調天命之善的部分，以及人性的本性是善的立場。但即便如此，依然不能否定氣稟存在以及人會為惡的事實，因此要有理論討論之、說明之，並安頓之，這就是在告子的生之謂性說、孟子的形色天性說之後，宋明儒學的人性論要解決的理論問題。陽明對程頤之說當然贊成，只是要加上一句，「但要認得頭腦」，就是要認得天理、人性之善，以及必須立志做工夫。

筆者以為，哲學家講的都是對的，但各依其問，而各說其旨，不必否定人說，只須善解之，都是有道理的，這也是筆者所認為當代中國哲學研究者的任務重點，就是講清楚並說好中國哲學的各家理論。全面繼承，不必非議彼此。

十二、發揮孟子勿助長說

陽明談工夫，最知儒者知病痛，就是助長之病，要避免此病，就是不自欺。參見：

【243】又曰：「諸君功夫，最不可『助長』。上智絕少，學者無超入聖人之理。一起一伏，一進一退，自是功夫節次。不可以我前日用得功夫了，今卻不濟，便要矯強做出一個沒破綻的模樣，這便是『助長』，連前些子功夫都壞了。此非小過。譬如行路的人遭一蹶跌，起來便走，不要欺人做那不曾跌倒的樣子出來。諸君只要常常懷個『遯世無悶，不見是而無悶』之心，依此良知忍耐做去，不管人非笑，不管人譭謗，不管人榮辱，任他功夫有進有退，我只是這致良知的主宰，不息久久，自然有得力處，一切外事亦自能不動。」又曰：「人若著實用功，隨人譭謗，隨人欺慢，處處得益，處處是進德之資；若不用功，只是魔

也，終被累倒。」（《門人黃直錄》）

陽明此說，就是要人做工夫時要誠懇眞誠，不自我造假，並且，要時時刻刻眞誠堅持，不好高騖遠，不愛慕虛榮。有就有，沒有就沒有，老實用功，不裝模作樣。此說中說到了超絕之聖人絕少，沒有一步登天之事，就要工夫節次，這樣說是對的，但這就進入了次第工夫的思路了，人都是一步一腳印地成長的。堅定意志是當然，過程中犯錯也是通常，知過而改便是，就怕死不認錯，甚至造假，因爲怕人非笑，好勝致僞。陽明說做工夫是自己的事情，不是要人稱讚，也不是不要人譭謗，都是自己堅定而已，不是做給人看的。這樣久久做去，自然增長。若不在心地上堅定，只是一味表演，最終無成。

十三、論孟子夭壽不貳

儒家的做工夫、做人、做學問，就是服務社會，服務社會夾雜私欲就做不好，勘破私欲的最高境界就是勘破生死，就是孟子的夭壽不貳修身以俟之意旨。參見：

【278】問：「夭壽不貳。」先生曰：「學問功夫，於一切聲利、嗜好俱能脫落殆盡，尚有一種生死念頭毫髮掛帶，便於全體有未融釋處。人於生死念頭，本從生身命根上帶來，故不易去。若於此處見得破、透得過，此心全體方是流行無礙，方是盡性至命之學。」（《門人黃省曾錄》）

陽明解盡心、存心、修身三句話時，把「夭壽不貳，修身以俟之」解作剛開始起步的工夫，其說硬是要跟朱熹的解讀對立，只能說是他自己的特殊解釋。此處，針對最後一句，卻做了高度境界的解讀，一個人做工夫，就算可以擺脫名利聲色的欲望，但還是不能免於生死的畏懼，爲了生命的維持，不一定能夠堅持正義，有可能退縮，就做不到「殺身成仁，捨生取義」了，所以說，若一個人能把道義看得比生死更重要，此時把自身與天地齊一了，故不畏生死了，這樣做工夫就是到了盡頭，才是盡性至命之學。陽明這樣說自然是很恰當

的，只是這樣說的話就跟他原先在盡心、存心、夭壽三句中的解讀不一致了。不過，筆者本來就認為陽明之前那三句關係的解讀是強解，三句都是一件事情，從當下、從平常、從永恆處講而已，因此陽明此時對第三句話的解讀反而是更恰當的了，所以談文本解讀，不可以時時與他人對立，否則為反對而反對時，所說的就是打辯論，而不是善會意了。

十四、論孟子巧力聖智說

孟子論四聖不同的話語，萬分深刻。但智巧與聖力的說明會產生後人不同的解讀。朱熹以孟子之說明簡約之為「三子力有餘而巧不足」，陽明辯之，以為此說反謂其力勝過孔子了。參見：

【286】問：「孟子『巧力、聖智』之說[53]，朱子云：『三子力有餘而巧不足[54]。』何如？」先生曰：「三子固有力亦有巧。巧、力實非兩事，巧亦只在用力處，力而不巧，亦是徒力。三子譬如射，一能步箭，一能馬箭，一能遠箭，他射得到俱謂之力，中處俱可謂之巧；但步不能馬，馬不能遠，各有所長，便是才力分限有不同處。孔子則三者皆長。然孔子之和只到得柳下惠而極，清只到得伯夷而極，任只到得伊尹而極，何曾加得些子。若謂『三子力有餘而巧不足』，則其力反過孔子了。『巧、力』只是發明『聖、知』之義，若識得『聖、知』本體是何物，便自了然。」（《門人黃省曾錄》）

討論之前，先見孟子之原文：

「伯夷，聖之清者也；伊尹，聖之任者也；柳下惠，聖之和者也；孔子，聖之時者也。孔子之謂集大成。集大成也者，金聲而玉振之也。金聲也者，始條理也；玉振之也者，終條理也。始條理者，智之事也；終條理者，聖之事也。智，譬則巧也；聖，譬則力也。由射於百步之外也，其至，爾力也；其中，非爾力也。」（《萬章下》）

孟子之意，三聖皆有聖之力，故其射皆能至，唯方向不同，不一定中，故成聖型態不同，關鍵在智巧也。孟子這樣說，有點麻煩，既已至矣，既謂之聖之力之所至，即已是聖，雖有四聖之不同類型，然皆是聖。其後又說中不中，顯然有所中之別，中和、中清、中任，而孔子是皆能中，故謂之時，集大成者。所以論於中，不是只有誰中，而是所中各不相同，非關乎聖否，只是聖之型態不同，故所中不同。陽明則說，就和而言不能超過柳下惠，就清而言不能超過伯夷，就任而言不能超過伊尹，三聖皆型態之極。陽明之解讀，深刻地說明了孟子的意旨。其智，方向之始，其聖，事功之完成。就此而言，三子未有不足，皆足，足於各自的型態。孟子說孔子集大成，就是各種型態都可以做得到也做得好。陽明說步射、馬射、遠射，都能射中，就是都成才，每一種才都有其特殊的智巧，其中即靠此巧，而其巧人各有別，只孔子全具其巧。此說亦孟子巧力之說之善解。如此說來，朱熹之解不如陽明了。

十五、論孟子從源頭上說性

陽明「四句教」中有「無善無惡心之體」之說，本文中，又有「性之本體原是無善無惡的」一說，於是便與孟子的性善論有了衝突，所以他講「性無定體，論亦無定體」，這一段說得不好，導致陽明必須費盡唇舌以開脫之。參見：

【308】問：「古人論性，各有異同，何者乃為定論？」先生曰：「性無定體，論亦無定體，有自本體上說者，有自發用上說者，有自源頭上說者，有自流弊處說者；總而言之，只是一個性，但所見有淺深爾。若執定一邊，便不是了。性之本體，原是無善、無惡的；發用上也原是可以為善、可以為不善的；其流弊也原是一定善、一定惡的。譬如眼，有喜時的眼，有怒時的眼，直視就是看的眼，微視就是覷的眼；總而言之，只是這個眼。若見得怒時眼，就說未嘗有喜的眼，見得看時眼，就說未嘗有覷的

眼，皆是執定，就知是錯。孟子說性，直從源頭上說來，亦是說個大概如此。荀子性惡之說，是從流弊上說來，也未可盡說他不是，只是見得未精耳。眾人則失了心之本體。」問：「孟子從源頭上說性，要人用功在源頭上明徹；荀子從流弊說性，功夫只在末流上救正，便費力了。」先生曰：「然。」（《門人黃省曾錄》）

　　歷來人性論主張多矣，但儒家之說，只能以孟子為終極意旨，就是性善論一說而已。這就是如同大乘佛教，說到底只能是眾生皆有佛性，否則不能保證眾生皆可成佛。陽明說性無定體，又說性之本體只能是無善無惡，此說不佳，背離儒家宗旨，也背離他自己認同的良知良能我固有之之說。陽明別處有云，「性之本體至善而已」，這才是正解。無善無惡之說，一為利用佛家高妙語講話，一為刻意將心意知物做成四句教說，則「無善無惡心之體」只能說是心意未發之前的心理情態，隨後就格物致知做了本體工夫了。既然「知善知惡是良知」，則此良知乃我固有，何來心之體是無善無惡呢？本體無善無惡，發用為善為惡，流弊一善一惡，陽明說這些話，都跟他過往一味強調立志向善、提起良知之說不類。可以說，陽明正在討論存有論問題、人性論問題、本體宇宙論問題，這些問題，程朱擅長，皆已解決，陽明其他地方的說法，也是朱熹理氣論的說法，亦未偏失，只是這一段話說得沒有頭腦，這比起告子的「生之謂性」還要嚴重得多，還說孟子只從源頭上說，只是說個大概，非也。儒家論性，只能是孟子的性善論，陽明托大了。後儒盡力藉由氣質之性、天地之性、心統性情諸說，就是為保住孟子的性善論。陽明無此興致，只管說工夫，一旦說起人性論之善惡問題，反而說淺了、說壞了。孟子說源頭就是說頭腦就是說本體，本體只能是善，說現象說萬物說人類，則既有本體也有氣稟之現象，自然有善有不善，但說本體，就儒家而言，只能是至善。因此，筆者以為此段文字陽明必然是說錯了、說壞了。陽明說只是一性，見有深淺，不能執定。其實，認良知固有，要求提起良知，正是陽明宗旨，問題不同，答案可以不同，陽明卻自己總是只

執定一個面向，就是提起意志貫徹到底直接做工夫的工夫論，但就儒學理論之完備而言，有本體論的終極價值問題，有宇宙論的天地萬物與人生命的物質結構問題，有人性論的善惡本質問題，有存有論的概念定義及關係問題，問題多元，各有善解。唯論於本體不能是無善無惡，只能是至善本體。

十六、再論孟子必有事焉說：致良知

陽明始終把孟子的必有事焉與他的致良知說合併為一個意思，參見：

【330】問：「先儒謂鳶飛魚躍，與『必有事焉』，同一活潑潑地。」先生曰：「亦是。天地間活潑潑地，無非此理，便是吾良知的流行不息，『致良知』便是『必有事』的工夫。此理非惟不可離，實亦不得而離也。無往而非道，無往而非工夫。」

陽明講活潑潑地，就是在良知發用時，良知固有，必可發用，好好做工夫即是，做工夫，不可須臾離也，這正是下工夫所在。因此，致良知就是必有事焉的內涵。

十七、論孔子性相近與孟子性善說

依程頤，性相近與性善是不同的，但陽明竟把兩者講成相同的了，參見：

【334】「夫子說『性相近』，即孟子說『性善』，不可專在氣質上說。若說氣質，如剛與柔對，如何相近得，惟性善則同耳。人生初時善，原是同的，但剛的習於善則為剛善，習於惡則為剛惡，柔的習於善則為柔善，習於惡則為柔惡，便日相遠了。」

陽明於人性論問題上，所思不如程朱之深刻普遍且具理論深度，陽明之談，顯得沒有一套固定的模型，想怎麼說就怎麼說，但也屢有深意。陽明說，孔子說相近，意思就是孟子說性善，不能把孔子之相

近說理解成講氣稟。相近的就是那個性善，出生時原是同的，只因後天習慣造成而相遠了的。陽明此說，竟沒有氣稟的角色。依據孟子，性善之同，是指惻隱、羞惡、辭讓、是非之心我固有之，只是未做工夫，自暴其氣，故而爲惡。孟子之說，亦未及氣稟，氣稟限制之說，乃宋儒補之者。有天地之性，有氣質之性，人能變化氣質，善反之，則天地之性存焉。所以，宋儒有形上學存有論的問題意識，存有論說清楚，工夫論就邏輯明晰了。陽明說出生時同，長大日漸不同，這就是性相近習相遠之說，此說於宋儒程頤已經調整過，主張性相同，而不只是相近，認爲這才是孟子意旨，孟子才是孔子立場的哲學繼承發揮者，宋儒繼承之，張載、程頤、朱熹一脈相承，講天地之性，本心本性，人人是善，至於氣稟則有所不同，好壞優劣，至於習相遠就是修道之教或不教之別了。

十八、小結

陽明詮釋孟子，時現創意，惟問題亦不少。論工夫，都說禪宗心法與孟子心學一致，陽明確實發揮之，斐然有成。然而，佛教主無善無惡之說，孟子主性善之說，陽明偏偏多言佛說，致使孟子性善論旨難以清澈面目，此不可說陽明未受佛教理論形式誤導所致。哲學問題面向諸多，陽明只關心做工夫的問題，至於性善論的存有論形上學本體論問題，陽明之發言都顯任意，且與佛教命題糾纏不清，唯一沒有佛教色彩的，就是宇宙論，從未見陽明談及輪迴、三界諸事，所以，陽明還是儒學立場無誤。只是，就孟子學的繼承而言，在工夫論面向中陽明繼承之且發揮創造之，在本體論面相卻必須說是張載、程朱一系發揮繼承得更好了。

註釋：

44 《孟子・告子上》：孟子曰：「牛山之木嘗美矣，以其郊於大國也，斧斤伐之，可以爲美乎？是其日夜之所息，雨露之所潤，非無萌蘖之生焉，牛羊又從而牧之，是以若彼濯濯也。人見其濯濯也，以爲未嘗有材焉，此豈山之性也哉？雖存乎人者，豈無仁義之心哉？其所以放其良心者，亦猶斧斤之於木也，旦旦而伐之，可以爲美乎？其日夜之所息，平旦之氣，其好惡與人相近也者幾希，則其旦晝之所爲，有梏亡之矣。梏之反復，則其夜氣不足以存；夜氣不足以存，則其違禽獸不遠矣。人見其禽獸也，而以爲未嘗有才焉者，是豈人之情也哉？故苟得其養，無物不長；苟失其養，無物不消。孔子曰：『操則存，舍則亡；出入無時，莫知其鄉。惟心之謂歟？』」

45 參見前注。

46 《孟子・盡心上》：孟子曰：「楊子取爲我，拔一毛而利天下，不爲也。墨子兼愛，摩頂放踵，利天下，爲之。子莫（魯國人名）執中，執中爲近之，執中無權，猶執一也。所惡執一者，爲其賊道也，舉一而廢百也。」

47 縫隙、裂縫。

48 《孟子・公孫丑上》：「告子曰：『不得於言，勿求於心；不得於心，勿求於氣。』不得於心，勿求於氣，可；不得於言，勿求於心，不可。夫志，氣之帥也；氣，體之充也。夫志至焉，氣次焉。故曰：『持其志，無暴其氣。』」「既曰『志至焉，氣次焉』，又曰『持其志無暴其氣』者，何也？」曰：「志壹則動氣，氣壹則動志也。今夫蹶者趨者，是氣也，而反動其心。」

49 《孟子・公孫丑上》：曰：「敢問夫子之不動心，與告子之不動心，可得聞與？」「告子曰：『不得於言，勿求於心；不得於心，勿求於氣。』不得於心，勿求於氣，可；不得於言，勿求於心，不可。夫志，氣之帥也；氣，體之充也。夫志至焉，氣次焉。故曰：『持其志，無暴其氣。』」

50 《孟子・公孫丑上》：「敢問夫子惡乎長？」曰：「我知言，我善養吾

浩然之氣。」「敢問何謂浩然之氣?」曰:「難言也。其爲氣也,至大至剛,以直養而無害,則塞於天地之閒。其爲氣也,配義與道;無是,餒也。是集義所生者,非義襲而取之也。行有不慊於心,則餒矣。我故曰,告子未嘗知義,以其外之也。必有事焉而勿正,心勿忘,勿助長也。無若宋人然:宋人有閔其苗之不長而揠之者,芒芒然歸。謂其人曰:『今日病矣,予助苗長矣。』其子趨而往視之,苗則槁矣。天下之不助苗長者寡矣。以爲無益而舍之者,不耘苗者也;助之長者,揠苗者也。非徒無益,而又害之。」

51 同前注。

52 《孟子·盡心上》:孟子曰:「盡其心者,知其性也。知其性,則知天矣。存其心,養其性,所以事天也。殀壽不貳,修身以俟之,所以立命也。」

53 《孟子·萬章下》:孟子曰:「伯夷,聖之清者也;伊尹,聖之任者也;柳下惠,聖之和者也;孔子,聖之時者也。孔子之謂集大成。集大成也者,金聲而玉振之也。金聲也者,始條理也;玉振之也者,終條理也。始條理者,智之事也;終條理者,聖之事也。智,譬則巧也;聖,譬則力也。由射於百步之外也,其至,爾力也;其中,非爾力也。

54 三子,伯夷、伊尹、柳下惠。朱熹以孔子高於三子,故謂其智巧不足。

第二十三章 心學進路的經典詮釋
——《中庸》篇

陸象山以不知尊德性如何道問學貶抑朱熹，陽明則有自己的中庸解。程朱以未發涵養、已發察識為工夫次第，陽明則以涵養是涵養那察識底，察識是察識那涵養底說之。朱熹說戒懼是未發工夫，慎獨是已發察識工夫，陽明辯之。可見，《中庸》文本經程朱深入發揮之後，依然是陽明論學的要緊之地，其中，未發之中即是良知之地，陽明亦處處用之於良知教中。此外，陽明亦合性道教於一義之中。朱熹說四書閱讀次序以《大學》、《論語》、《孟子》後《中庸》，本講次也以陽明《中庸》之解殿後圓滿結束。

一、對「修道之謂教」的討論

陽明工夫論中心的儒學思維，也呈現在他的《中庸》詮釋上，《大學》格物致知被他講成了誠意正心，那麼，《中庸》首章的「修道之謂教」一句，在陽明的詮釋中，典章制度的意義大減，仍是本體工夫的心學為主了。

（一）道即是教

《中庸》「修道之謂教」，則有道與教的關聯在，陽明則仍以道說教，強調價值意識的道的一面，而非客觀制度的教的一面，參見：

【265】先生曰：「『天命之謂性』，命即是性。『率性之謂道』，性即是道。『修道之謂教』，道即是教。」問：「如何道即是教？」曰：「道即是良知；良知原是完完全全，是的還他

是，非的還他非，是非只依著他，更無有不是處，這良知還是你的明師。」（《門人黃省曾錄》）

陽明針對《中庸》首章有許多的討論問答，以下先錄《中庸》首章：

天命之謂性，率性之謂道，修道之謂教。道也者，不可須臾離也，可離非道也。是故君子戒慎乎其所不睹，恐懼乎其所不聞。莫見乎隱，莫顯乎微，故君子慎其獨也。喜怒哀樂之未發，謂之中；發而皆中節，謂之和；中也者，天下之大本也；和也者，天下之達道也。致中和，天地位焉，萬物育焉。

《中庸》講「天命之謂性，率性之謂道，修道之謂教。」首先是天命，在儒家，就是理性的原理，道德性的意志，由天命賦命至人性，人生而行，秉此天命之性，則所行之路即是道，故而道就是天命之原理，亦是人性之本質，更是人行之由路，簡言之，依天命而行之道路。將此一道路打造完美栽培鍛鍊的過程就是教育。陽明說「道即是教」，是說教就是要教育依此道而行之理。陽明深度解讀之，就說「道即是良知」，這是更就個人主體的靈明知覺能力而說的，良知是性善本體的主體，是心的靈明知覺，既然天命與之人性，人的活潑生動的生命主宰，就能以性善之天命天理為主宰而行為，這就是率性之謂道，此時靈明知覺主體，必是完完全全，是的知是、非的知非，聽任自己的良知就是自己的名師了。「修道之謂教」，陽明強調道，但還是忽略了教。教要落實在學習之處，陽明則是講一切做人學問的學習的關鍵還是提起良知，所以說良知就是明師，陽明強調主體自我的意志純粹化，但學習也得有具體知識的傳授，所以禮樂刑政還是必要的節目，教者即在這些具體事項上的強調。這個遺留的問題，下文即將處理。

（二）修道之謂教也是本體直貫工夫

陽明以子思本意為據，主張「修道之謂教」的重點仍在修心，而非禮樂刑政之屬，參見：

【127】馬子莘問：「『修道之教』，舊說謂聖人品節吾性之固有，以爲法於天下，若禮、樂、刑、政之屬。此意如何？」先生曰：「道即性即命，本是完完全全、增減不得、不假修飾的。何須要聖人品節，卻是不完全的物件！禮、樂、刑、政是治天下之法，固亦可謂之教，但不是子思本旨。若如先儒之說，下面由教入道的，緣何舍了聖人禮、樂、刑、政之教，別說出一段戒愼恐懼工夫？卻是聖人之教爲虛設矣。」子莘請問。先生曰：「子思性、道、教皆從本原上說，天命於人則命便謂之性，率性而行則性便謂之道，修道而學則道便謂之教。率性是誠者事，所謂『自誠明謂之性』也；修道是誠之者事，所謂『自明誠謂之教』也。聖人率性而行即是道。聖人以下未能率性，於道未免有過不及，故須修道。修道則賢知者不得而過，愚不肖者不得而不及，都要循著這個道，則道便是個教。此『教』字與『天道至教』、『風雨霜露，無非教也』之『教』同。『修道』字與『修道以仁』同。人能修道，然後能不違於道，以復其性之本體，則亦是聖人率性之道矣。下面『戒愼恐懼』便是修道的工夫，『中和』便是復其性之本體。如易所謂『窮理盡性以至於命』，『中和位育』便是盡性至命。」（《門人薛侃錄》）

針對「修道之謂教」，學生問舊說在此強調要落實禮樂行政之事業，陽明說禮樂刑政雖然也可以說是教育教化的重點專案，但不是子思本旨，子思做中庸，從本源上說。所以率性修道都是在談主體意志的純粹化。陽明辯論道，中庸講修道之謂教之後，就直接講戒愼恐懼，而不是禮樂刑政，則是貫徹主體意志的工夫路數無疑，如是禮樂刑政，何故下文不說即此，而談戒懼愼獨呢？後面引文證實其說，都把言道者當成本體工夫的意志貫徹之解了。依陽明所說，亦成一理，只不過，「率性之謂道」與「修道之謂教」兩說就等同一義了。陽明強調「命、率、修」，而非「性、道、教」。總是講工夫，總以提起良知爲重點，做工夫提起良知是重點，強調「性、道、教」各是何事何物也是對的，大學、中庸都有知識一節，但陽明一切收回本體工夫

路數說，即是一個良知提起，便一切俱足。陽明論教在心法層面上把握，講的是本體工夫，而不是本體工夫在具體的教化事項上。陽明講修道就是本體工夫，講核心的心法，故曰修道以仁。一如陽明把大學格物致知說成誠意正心般，他也把中庸修道說成了率性了，陽明談什麼事情都是從本源上說的，但是具體落實處有知識的建構，則都被他置入第二義了。

二、對戒懼與慎獨的解讀

中庸言：「君子戒慎乎其所不睹，恐懼乎其所不聞。」學生有本體和工夫的問題，陽明回答了。朱熹亦有所解讀，陽明則有不同意見，而辯論了。

（一）不睹不聞與戒慎恐懼既是本體也是工夫

學生以本體和工夫兩分睹聞和戒懼，陽明對此展開討論，參見：

【266】問：「『不睹不聞』是說本體，『戒慎恐懼』是說功夫否？」先生曰：「此處須信得本體原是不睹不聞的，亦原是戒慎恐懼的，戒慎恐懼不曾在不睹不聞上加得些子。見得眞時，便謂戒慎恐懼是本體，不睹不聞是功夫亦得。」（《門人黃省曾錄》）

對於睹聞和戒懼之是本體、是工夫的提問，陽明掌握本體工夫的意旨，本體就是必須作爲工夫的指導，工夫就是必須直入本體以爲工夫，所以兩者不論說本體、說工夫都必須意旨相通，因此討論上再不做區分了。就問題本身而言，本體就是價值意識，價值意識自己的狀態是不睹不聞的，它就在，但你不去體察，它也不會對你呈顯。至於戒懼是主體的工夫狀態，自己要提起良知，體察本體，隨處落實。所以問題本身問得也是極好的，意旨是對的。至於陽明將其顛倒過來說睹聞是工夫，戒懼是本體，這只能說是陽明自己藝高人膽大，不重語言語意、不重理論形式的自由揮灑了。

（二）戒懼與慎獨也是一貫工夫

中庸言：「是故君子戒慎乎其所不睹，恐懼乎其所不聞。莫見乎隱，莫顯乎微，故君子慎其獨也。」此處，戒慎恐懼是一套工夫，慎獨是一套工夫，於是有戒懼與慎獨兩套工夫之間的關係問題。前有朱熹的解讀，後有學生的提問，於是有陽明的處理，參見：

【120】正之問：「戒懼是己所不知時工夫，慎獨是己所獨知時工夫，此說如何？」先生曰：「只是一個工夫，無事時固是獨知，有事時亦是獨知。人若不知於此獨知之地用力，只在人所共知處用功，便是作偽，便是『見君子而後厭然[55]』。此獨知處便是誠的萌芽；此處不論善念、惡念，更無虛假，一是百是，一錯百錯，正是王霸、義利、誠偽、善惡界頭，於此一立立定，便是端本澄源，便是立誠。古人許多誠身的工夫，精神命脈，全體只在此處，真是莫見莫顯，無時無處，無終無始，只是此個工夫。今若又分戒懼為己所不知，即工夫便支離，亦有間斷。既戒懼即是知，己若不知，是誰戒懼？如此見解，便要流入斷滅禪定。」曰：「不論善念、惡念，更無虛假，則獨知之地，更無無念時邪？」曰：「戒懼亦是念。戒懼之念，無時可息；若戒懼之心稍有不存，不是昏瞶，便已流入惡念；自朝至暮，自少至老，若要無念，即是己不知，此除是昏睡，除是槁木死灰。」（《門人薛侃錄》）

朱熹曾對戒懼與慎獨做過概念解析，主張：

「戒慎」一節，當分為兩事，「戒慎不睹，恐懼不聞」，如言「聽於無聲，視於無形」，是防之於未然，以全其體；「慎獨」，是察之於將然，以審其幾。[56]

朱熹是說戒懼是喜怒哀樂未發時，慎獨是已發時，非謂戒懼時未有覺知能力。戒懼是平時的狀態，沒有公私義利之辨的情況，也不知道會有什麼突發狀況時，就好好保持修身的自覺警惕，就是戒懼，即是未發涵養。慎獨是已經知道事情的對錯，只是沒有別人監督，那就自我要求，即是已發察識，看住自己的念頭。朱熹此說甚佳，就是情

境的分析，當然做得有點細膩，也可以不這麼細膩地分析。但畢竟說得是兩套概念指涉的主體的兩種情境，分析深入可解。

陽明則不然，他關心的是兩種情境下使用的是同一套工夫。就情境而言，確實就是無事時和有事時，所以就可以分說戒懼和慎獨。陽明不重於分辨有事無事，而是重於分辨有無提起良知，良知提起，就是獨知，無分有事無事、未發已發。如此，則朱熹與陽明解讀就不同了，其實就是談問題的角度不同。陽明說：「只是一個工夫，無事時固是獨知，有事時亦是獨知。人若不知於此獨知之地用力，只在人所共知處用功，便是作偽，便是『見君子而後厭然』。」就是說有事無事時用的都是同一個本體工夫。筆者以為，說工夫的本體價值觀相同是可以的，但是工夫的時段情勢是可以分類別異的，無事時獨知是戒懼，有事時獨知是慎獨。不論戒懼、慎獨都是獨知，這沒問題，因此陽明後面的批評則是無謂多餘的，顯是誤解。陽明說不能獨知，而要彰顯於人前，就是作偽，隱藏自己的惡行。大學誠意章：「小人閒居為不善，無所不至，見君子，而後厭然。揜其不善，而著其善。人之視己，如見其肺肝然，則何益矣。此謂誠於中，形於外。故君子必慎其獨也。」大學講的慎獨，意旨相同，都是自我要求做本體工夫。陽明講一切工夫都是獨知的本體工夫也是對的，唯一的問題就是，朱熹是就工夫的情境做了戒懼、慎獨的情境分析，而不是說戒懼、慎獨不是相同的本體工夫，說的只是情境之差異，陽明自己也說有無事時有有事時，中庸後文也說有未發時有已發時，這就確實是情境的不同。至於工夫，一切儒家的工夫都是徹頭徹尾相同的，就像一切佛教的工夫都是徹頭徹尾相同的一般，工夫都是本體工夫，本體永不可變，工夫永遠同一，不論使用何種詞彙處在何種情境都是同一個意旨。

陽明從不善解朱熹，必須爭辯是非，其言：「今若又分戒懼為己所不知，即工夫便支離，亦有間斷。既戒懼即是知，己若不知，是誰戒懼？如此見解，便要流入斷滅禪定。」陽明說朱熹這樣的分解，便支離、間斷，其實不必這麼說，朱熹根本就不是說要有一個不知、未

知、無知且不做工夫的戒懼階段，這就是陽明的曲解。陽明知道「既戒懼便是知」，已經是做工夫時節，但朱熹也知道，朱熹只是在說此刻具體公私義利的事項尚未出現，對事件未知。陽明卻以爲朱熹講此時要刻意求個不知，這樣就流入斷滅了，因爲人沒有一念死絕之時，人任何時刻都要活在警覺察識的狀態，這就是良知提起，陽明這裡要拿禪宗批評別人的話頭來批評朱熹了。陽明就是要強調戒懼之不睹不聞之時，主體依然是察識警覺的狀態。朱王都講得對，問題情境不同而已，朱熹是做了工夫情境的知識建構，將戒懼愼獨分爲未發已發，陽明是做了工夫宗旨的本源規範，未發已發都是同一本體念慮思維。

陽明講「既戒懼即是知」者，指的是已有良知自覺，所以才要戒懼，此時提起明覺即是，便能肆應無窮。做工夫時就不分已知未知，就是當下一念純善良知提起肆應萬事，這也是對的。但是，概念上說明時必有未發已發、未知已知、人知己知等等分解，這樣分解並沒有錯，這是在做理性的抽象分析，只是人在處於做工夫的狀態中時，工夫主體可以不必去分解這些，只要去體證當下之事即可。至於朱熹所說的工夫理論，是在說明主體的體證有哪些狀態，因此分解言之是必須的。所以陽明講昏瞶槁木死灰的批評，都是對朱熹的錯解。

三、對未發已發的解讀

在《中庸》「未發已發」以及「中和」概念一段的文字中，後儒展開許多討論，進入了本體論、人性論、工夫論、人的狀態等等脈絡中，弟子們紛紛提問，陽明藉由此些問題的討論，也深入地發揮了他的心學意旨。

（一）未發之中已是良知提起

陽明於未發之中一詞，他的解讀就是將之視爲中體性體，也就是本體，既是本體，必將發用，於是有本體工夫論只之可說者，然而，工夫有做得好、做不好的區別，做不好時，就是本體未能發露時。參

見：

> 【45】「不可謂『未發之中』常人俱有。蓋體用一源，有是體即有是用。有『未發之中』，即有『發而皆中節之和』。今人未能有『發而皆中節之和』，須知是他『未發之中』亦未能全得。」
> （《門人陸澄錄》）

未發之中後來在程頤、朱熹的使用下就直接指的是本體、性體了，既是本性，人人具有且是至善。陽明卻說不可謂常人具有未發之中，這只能是陽明個人的特殊用法。當中以性體說時，陽明把此一本體當狀態說了，因此當中被指為狀態時，陽明就以不是人人皆有此中的狀態說之，因為它必須是提起良知後才能得到的中的狀態。存有論講，性體是人人皆有的，即如孟子之性善論，此處即是中庸講的未發之中在程朱下的解讀，動態地說就是良知靈明。但從工夫論講，主體之性體未必提起，即是良知未必提起，若提起，即是有體有用，體用一源，所以這是做了工夫以後的狀態。既做了工夫，自然是事事處置得當，發而中節矣。若人未能發而中節，定是此人未做本體工夫，則平時未發之中的時候就是工夫沒做，就沒有一個未發之中的氣象狀態了。依狀態說已發未發，則一旦做了工夫，良知提起，必是不論未發已發的狀態都是在氣象中的，反之不然。這一條就是「未發之中」的語意釐清就能說清楚的。

（二）未發之中在伊川、延平

對於未發之中作為性體也好、作為狀態也好，程伊川有說法，朱熹的老師李延平也有說法，且正好相反，對此，陽明表達了觀點，參見：

> 【75】問：「伊川謂『不當於喜怒哀樂未發之前求中』，延平卻教學者看未發之前氣象，何如？」先生曰：「皆是也。伊川恐人於未發前討個中，把中做一物看，如吾向所謂認氣定時做中，故令只於涵養省察上用功。延平恐人未便有下手處，故令人時時刻刻求未發前氣象，使人正目而視惟此，傾耳而聽惟此，即是

『戒慎不睹，恐懼不聞』的工夫。皆古人不得已誘人之言也。」（《門人陸澄錄》）

伊川不求「未發之中」而延平求「未發之中」，學生求陽明解釋。其實，古人說話，只講答案，沒把問題釐清，後人就依著自己的問題去解釋答案，所以總是系統分歧。伊川是說，中就是本體，本體工夫是在事上作用的，未有事時，只能體察性體之中，這又是延平教做的事情，一旦有事，提起良知，肆應無窮，中體發用，性體發用，良知發用，中就呈顯了，所以必須要在必有事焉處去求中的呈顯，這是伊川語句之意。

陽明對此，戮力為伊川解說，為何不求未發之中呢？陽明認為伊川在講一種沒有做工夫前的空寂狀態，若在此處用功，就像只求打坐入定，擔心流入空寂，做工夫就是孟子「必有事焉」的宗旨，要在有事中操持，否則一味求虛靜，反而是耽擱。

至於延平講求未發之中是另一回事，延平要的就是要人去確定自己的價值意識，它就是性體中體，所以要去看未發時如何氣象。在沒什麼事情的時候要去戒慎恐懼，則陽明此處的解釋，正是跟前文朱熹講戒懼是未發工夫完全同一個意思。

（三）做工夫時不分未發已發

談狀態可以分未發已發，談本體與工夫也可以分未發已發，至於陽明，則是在談工夫時解消了未發已發的區分，參見：

【307】或問未發、已發。先生曰：「只緣後儒將未發、已發分說了，只得劈頭說個無未發、已發，使人自思得之。若說有個已發、未發，聽者依舊落在後儒見解。若真見得無未發、已發，說個有未發、已發原不妨，原有個未發、已發在」。問曰：「未發未嘗不和，已發未嘗不中。譬如鐘聲未扣，不可謂無，既扣不可謂有。畢竟有個扣與不扣，何如」？先生曰：「未扣時原是驚天動地，既扣時也只是寂天寞地」。（《門人黃省曾錄》）

陽明講解《大學》，都是在直接做工夫上講，至於形上學存有論

的問題，他是不深談的，講知識時都轉到講工夫上說了。對於學生就中庸的未發已發之區別而提問時，陽明的回答並沒有在知識上處理，而是在如何正確做工夫的操作下，回應了未發已發的區分，而主張不必區分未發已發的說法。其實，在知識上、進度上、層次上本來就有未發已發之分，至於良知提起本體工夫正進行時，則無分於主體狀態是在未發還是已發，工夫本體都是相同的，就是這個良知天理。陽明專注本體工夫，純粹化主體意志，故而先剪斷未發已發之分，至於此區分，陽明在它處是作為主體未有事時和已經有事時的狀態之分來說的。學生問了一個貌似屬害的問題，陽明還給他一個更屬害的心境說法，即「未扣時原是驚天動地，既扣時也只是寂天寞地」，這樣說是在說心境了。這是說本體永恆存在，可以萬鈞力道地有所作為，而雖然在作為，它卻是永遠不變根本立場，就像寂寞天地。陽明永遠強調做工夫，而不重概念定義及概念關係的討論，然而這個問題本來就是《中庸》自己已經區分了的概念。後儒討論時可以在形上學、存有論脈絡上深入，這是程朱的進路，也可以是陽明在論上的深入。

（四）從工夫論談未發已發之大本達道一貫工夫

作為本體的中與發用結果的和，都是工夫論進路下的意旨，如果不做工夫，而是一味進行概念定義、理論討論，這樣是無意義的，對於大本、達道的問題，陽明從工夫論脈絡深入地討論了。參見：

【76】澄問：「喜、怒、哀、樂之中、和，其全體常人固不能有，如一件小事當喜、怒者，平時無有喜、怒之心，至其臨時，亦能中節，亦可謂之中、和乎？」先生曰：「在一時一事，固亦可謂之中、和；然未可謂之大本、達道。人性皆善，中、和是人人原有的，豈可謂無？但常人之心既有所昏蔽，則其本體雖亦時時發見，終是暫明暫滅，非其全體大用矣。無所不中，然後謂之大本；無所不和，然後謂之達道。惟天下之至誠，然後能立天下之大本。」

曰：「澄於中字之義尚未明。」曰：「此須自心體認出來，非言

語所能喻。中只是天理。」曰：「何者爲天理？」曰：「去得人欲，便識天理。」曰：「天理何以謂之中？」曰：「無所偏倚。」曰：「無所偏倚是何等氣象？」曰：「如明鏡然，全體瑩徹，略無纖塵染著。」曰：「偏倚是有所染著，如著在好色、好利、好名等項上，方見得偏倚；若未發時，美色、名、利皆未相著，何以便知其有所偏倚？」曰：「雖未相著，然平日好色、好利、好名之心原未嘗無，既未嘗無，即謂之有，既謂之有，則亦不可謂無偏倚；譬之病瘧之人，雖有時不發，而病根原不曾除，則亦不得謂之無病之人矣。須是平日好色、好利、好名等項一應私心掃除蕩滌，無復纖毫留滯，而此心全體廓然，純是天理，方可謂之喜、怒、哀、樂未發之中，方是天下之大本。」（《門人陸澄錄》）

這一條藉由「中也者天下之大本也，和也者天下之達道也」說出了一套未發之中的工夫。陽明講未發之中的工夫就是指未發之性體在良知完全發用中保住了，這樣才是大本達道徹頭徹尾的聖學。

學生問，人於喜怒哀樂種種境遇中不能做到全體中和，但對於一般小事尚可保持，這樣算達到了中和嗎？陽明講，這樣固亦是中和，但尚不能說成大本達道。關鍵是還有昏蔽，大本達道者，無絲毫之昏蔽了。此時之人，主動承擔責任，以服務社會進而治國平天下爲己任，如此則時時刻刻事事物物都在中和狀態。至於昏蔽，程朱理氣論就是形上學進路地說明爲何會有遮蔽，但這不是陽明討論的重點。

學生再問如何體會中字？以下就轉入陽明的工夫論發揮了。首先說中就是天理，這就是把中說成性體良知之義。學生問天理爲何？依存有論形上學說，天理就是天地萬物運行的總原理、根本意義，成爲人類的終極價值意識，在儒家就是仁義禮知。但陽明不是概念定義地講天理，而是工夫操作地講天理，便說「去得人欲，便識天理」這是從操作上講。若從價值意識上講呢？天理的價值意識就是仁義禮智。學生問何以中說天理？陽明說「無所偏倚」，天理從價值意識上說就是仁義禮知，天理爲中這就是《中庸》著作的特徵，平和兼顧，執

兩用中，這是從工夫論的操作方式說的。學生問無所偏倚的氣象為何？陽明說「如明鏡然，全體瑩徹，略無纖塵染著」，這就說到了境界了。學生問平日未發時，一切未著相，何以知其偏倚？陽明的工夫論要旨的特徵就出現了，那就是，任何時刻都把自己的妄念剔除，因為人人都還有自私自利的妄根，雖是未發，仍是不淨，「須是平日好色、好利、好名等項一應私心掃除蕩滌，無復纖毫留滯，此心全體廓然，純是天理，方可謂之喜、怒、哀、樂未發之中，方是天下之大本」。陽明講的「未發之中」是已經做到了致良知的平日生活之時，平日就已經是聖人了。但是一個真正的平日的聖人，他的生活其時已經沒有平日了，因為它一定是每天都在忙碌做事中。至於常人，這種日日剔除的工夫，只能是念頭上的工夫，甚至是未有事時的工夫，陽明別處詮釋《孟子》「必有事焉」之說時，就說要在事上正念頭，則此處等於是要在無事時也正念頭了，這樣就會有陽明自己說的「空鍋煮飯」、「斷滅種性」的毛病了。不過，心學就是念頭上做工夫之學，有事除妄念，無事自淨念，都是做工夫，語言過於纖細，也未必講得好意見，所以筆者也不在此處詰問陽明、做無謂的辯難了。總之，未發之中，就是要養出一個全體燦然明朗的性體，心中無一絲毫妄念雜想，時刻念頭清淨端正，當下就是聖人氣象。這種講法，就是境界工夫，不能說無下手處，下手處就是立志，意志堅定，絲毫不移，然於常人難矣哉，還是「必有事焉」就做工夫才是可行之道。

（五）未發已發之動靜問題

　　未發已發如何解讀？端視所問的問題為何。對於陸原靜而言，他只有概念的問題，沒有工夫論、形上學的問題意識，且把動靜、先後、未發已發糾纏地詢問，自以為問了很深入的問題，其實都是不解文義，沒有問題意識，只有支離概念的毛病，陸原靜這樣的提問，才真正是支離事業，提了許多沒有實質意義問題，至於陽明的回答，倒是深入地發揮了他的理論內涵，說完後把陸原靜批評了一番，說他：「所謂動靜無端，陰陽無始，在知道者默而識之，非可以言語窮也。

若只牽文泥句，比擬仿像，則所謂心從法華轉，非是轉法華矣。」參見：

【157】來書云：此心未發之體，其在已發之前乎？其在已發之中而爲之主乎？其無前後、內外而渾然之體者乎？今謂心之動、靜者，其主有事、無事而言乎？其主寂然、感通而言乎？其主循理、從欲而言乎？若以循理爲靜，從欲爲動，則於所謂「動中有靜，靜中有動，動極而靜，靜極而動」者，不可通矣。若以有事而感通爲動，無事而寂然爲靜，則於所謂「動而無動，靜而無靜」者，不可通矣。若謂未發在已發之先，靜而生動，是至誠有息也，聖人有復也，又不可矣。若謂未發在已發之中，則不知未發、已發俱當主靜乎？抑未發爲靜而已發爲動乎？抑未發、已發俱無動無靜乎？俱有動有靜乎？幸教。

未發之中，即良知也，無前後內外，而渾然一體者也。有事、無事可以言動、靜，而良知無分於有事、無事也；寂然、感通可以言動、靜，而良知無分於寂然、感通也。動、靜者，所遇之時；心之本體，固無分於動、靜也。理無動者也，動即爲欲。循理則雖酬酢萬變而未嘗動也；從欲則雖槁心一念而未嘗靜也。「動中有靜，靜中有動」，又何疑乎？有事而感通，固可以言動，然而寂然者未嘗有增也；無事而寂然，固可以言靜，然而感通者未嘗有減也。「動而無動，靜而無靜」，又何疑乎？無前後內外而渾然一體，則至誠有息之疑，不待解矣。未發在已發之中，而已發之中未嘗別有未發者在；已發在未發之中，而未發之中未嘗別有已發者存；是未嘗無動、靜，而不可以動、靜分者也。凡觀古人言語，在以意逆志而得其大旨；若必拘滯於文義，則「靡有孑遺」者，是周果無遺民也。周子「靜極而動」之說，苟不善觀，亦未免有病。蓋其意從「太極動而生陽，靜而生陰」說來。太極生生之理，妙用無息，而常體不易。太極之生生，即陰陽之生生。就其生生之中，指其妙用無息者而謂之動，謂之陽之生，非謂動而後生陽也，就其生生之中，指其常體不易者而謂之靜，謂

之陰之生，非謂靜而後生陰也。若果靜而後生陰，動而後生陽，則是陰陽、動靜，截然各自爲一物矣。陰陽一氣也，一氣屈伸而爲陰陽；動靜一理也，一理隱顯而爲動、靜。春夏可以爲陽、爲動，而未嘗無陰與靜也；秋冬可以爲陰、爲靜，而未嘗無陽與動也。春夏此不息，秋冬此不息，皆可謂之陽，謂之動也；春夏此常體，秋冬此常體，皆可謂之陰、謂之靜也。自元、會、運、世、歲、月、日、時以至刻、杪、忽、微，莫不皆然。所謂動靜無端，陰陽無始，在知道者默而識之，非可以言語窮也。若只牽文泥句，比擬仿像，則所謂心從法華轉，非是轉法華矣。（《答陸原靜書》）

學生問的問題，可以說是爲了問問題而問問題。中國哲學的理論命題，是去做了就知道了，因爲是實踐哲學，概念與理論的意旨都指向實踐的活動，理解與詮釋的進路只在此處。它不是假設推演討論的思辨活動而已，若要思辨，永遠沒完沒了，但是未有實踐的話，對所知所學是無益的，因爲本來就是爲了實踐的，固然它會有知識概念命題的產生，這也是爲了實踐解說而設立的，經過實踐，逼近相同的境界，對於前人的語言，進行體證與闡述，便理解了。若不去實踐，也不相信，只把它拿來作概念思辨的往返周折，這樣沒完沒了的抽象活動，對於成就完美人格是無意義的。什麼支離、什麼析心與理爲二，就是說這樣的討論，這就是此處陸原靜的提問態度。至於程朱之學，是爲了完備理論而建構的，不是爲了問問題而問的，故而必須善解之，不可謂之爲支離。

陽明說：「凡觀古人言語，在以意逆志而得其大旨；若必拘滯于文義，則『靡有子遺』者，是周果無遺民也。」又說「若只牽文泥句，比擬仿像，則所謂心從法華轉，非是轉法華矣。」陽明從工夫實踐中說，只重體合天理，提起良知，盡在掌握。就無需這些抽象的有無、動靜、陰陽、內外之分辨了。陽明所說需爲解讀者有下面一句：「未發在已發之中，而已發之中未嘗別有未發者在；已發在未發之中，而未發之中未嘗別有已發者存；是未嘗無動、靜，而不可以動、

靜分者也。」前一句說已發時，就是在做工夫的時候，未發之中的良知已在行動時發用，行動時就是未發之中的主體在主導的，全神貫注，已經發用在當下，不必去說還有個中體在內在未發。其實這就是說法的問題。第二句講未發，講中體，本就能發用，而再怎麼發用，還是這個未發的中體，所有的行動都是中體而已，不是有一個外在的他心在動。陽明這樣說，就是要說本體工夫是一貫的，一個心，一個靈明良知，作用到底。

陽明對太極圖說的討論，又是把宇宙發生論的概念架構使用主體實踐的本體工夫之言語模式去講了，因此所有陰陽動靜之分也可以交攝互融。但是宇宙發生論的架構是知識性的，就是為解決客觀世界的存在與發展的問題，分立概念仍是必須的。但要進行繁瑣的細節推演而無分於有分也是思辨上可以進行的，但這樣一來也只是思辨的活動而已了。

四、對尊德性與道問學的解讀

尊德性與道問學的一對概念，在中庸是個人修養工夫的互助相輔的概念，卻在朱熹與陸象山的言語往來中變成工夫入手的高下較勁問題，陽明為此展開了他的討論。參見：

【324】以方問「尊德性」一條。先生曰：「『道問學』即所以『尊德性』也。晦翁言子靜以『尊德性』誨人，某教人豈不是『道問學』處多了些子。是分『尊德性』、『道問學』作兩件。且如今講習討論下許多工夫，無非只是存此心，不失其德性而已；豈有『尊德性』只空空去尊，更不去問學，問學只是空空去問學，更與德性無關涉？如此，則不知今之所以講習討論者，更學何事！」問「致廣大」二句。曰：「『盡精微』即所以「致廣大」也，「道中庸」即所以『極高明』也。蓋心之本體自是廣大底，人不能『盡精微』，則便為私欲所蔽，有不勝其小者矣。故能細微曲折，無所不盡，則私意不足以蔽之，自無許多障礙遮隔

處，如何廣大不致？」又問：「精微還是念慮之精微，是事理之精微？」曰：「念慮之精微，即事理之精微也。」（《黃以方錄》）

學生問《中庸》「尊德性」一段文字應為何解？《中庸》文本：「故君子尊德性而道問學，致廣大而盡精微，極高明而道中庸，溫故而知新，敦厚以崇禮。」崇禮必定是有分的，對君對父對兄友對尊長都是不同的，但心法是相同的，做法是相通的，講心法不分，講做法要分。這一條，朱熹自謂象山「尊德性」做得好，自己「道問學」做得多了，這句話就是朱熹自謙之詞，朱熹確實問學做得又多又好，難道象山、陽明不問學嗎？當然問學，但象山、陽明重在自己實踐以及教人實踐，而朱熹為捍衛儒學理論建構、對抗道佛而做的問學工夫自是千古事業。朱熹是說朱陸工夫做得多少比對而已，尊德性、道問學本來就是《中庸》說的兩個概念，做工夫時是統一的，講概念時是分開的。這一段話，陸象山也批評了朱熹：「朱元晦曾作書與學者云，陸子靜專以尊德性誨人，故遊其門者，多踐履之士，然於道問學處欠了，某教人豈不是道問學處多了些子，故遊某之門者，踐履多不及之。觀此，則是元晦欲去兩短合兩長，然吾以為不可，既不知尊德性，焉有所謂道問學。」[57]朱熹之意當然是兩者都是重要的，象山卻批評他不知尊德性，陽明也是這樣批評朱熹的。筆者以為，朱熹、象山、陽明都是尊德性之人，也都道問學，朱熹、象山、陽明都是在道問學的基礎上強調切實落實實踐，並且躬身黽力行之，這就是在做尊德性的工夫，這正是儒者本色。但是朱熹在尊德性之餘，於道問學下得工夫更多，建立理論體系，為往聖繼絕學，立言，此亦是儒家理論事業之必要之事，象山批評他不知尊德性，陽明批評他空空問學與德性無關，這都是罵人的話，汙蔑朱熹，甚不可取。

五、小結

陽明工夫論進路的心學意旨，在《中庸》文本的解讀上，時與朱

熹辯論，特別是修道之謂教與尊德性道問學之說，至於未發已發之說，則是被弟子問難而回應。前者是問題意識的不同因而各有異解，後者是弟子未做工夫，因而在概念知解上糾纏。

註釋：

55 《大學・誠意章》
56 《朱子語類・卷第六十二・中庸一・第一章》
57 《象山先生全集・卷三十四・語錄》，頁255。

附錄　對王陽明批評朱熹的理論反省[58]

摘要

　　本文針對哲學史上王陽明對朱熹批評的意見做反思，指出這些批評意見，從直接的材料上講，主要都是依據《大學》文本詮釋而來的，從陽明的哲學創作來講，又多是針對朱熹理論做反對而來，就此而言，王陽明實在是受到朱熹影響很深的人，兩人真正的差距，並不是哲學史上將程朱、陸王分為理學、心學兩派之差異那樣的極端。實際上從王陽明所爭辯的問題來看，則多為朱熹工夫不得力的批評，這就又有屬於朱熹談工夫理論、還是朱熹自己的工夫修養程度兩種問題，陽明亦是混淆此兩者。又從工夫理論的批評來講，陽明又有哲學基本問題的錯置，將朱熹談於工夫次第及形上學存有論問題的發言都從本體工夫的形式去批評，以致失去其批評的準確度。此外，還有從不同的先秦典籍之義理依據而做的文本詮釋之批評，以及對《大學》版本本身的意見不同之批評，但上述批評，還是可以化約到哲學基本問題的不同所致之批評。本文即以此為進路，說明陽明批評朱熹的意見是有可以被解消之處，關鍵即在問題意識不同。此外，陽明對朱熹的態度，既有對人格的肯定，又有對理論的否定，對朱陸之爭，有站在象山的立場，但更有企圖化解爭端的態度，不過，這卻主要是教導弟子專心修養自己、莫論前賢是非的用意。總之，陽明對朱熹，有種種冷熱不一的態度，終其一生，都在與朱熹的理論與人格景象做抗爭，可以說他從未擺脫朱熹的影響，縱然創造了他自己的儒學體系，但不宜高看兩人之間的理論差異，反而更應該在良好的研究方法使用下，保住兩者作為儒家兩大體系應有的義理一致性形象，此即本文寫作之主旨及內容的要點。

關鍵字：王陽明、朱熹、析心理爲二、大學、格物致知

一、前言

哲學史上對宋明儒學的分系以程朱、陸王爲大貌，基本沒有疑義，只是如何解讀？以及是否眞有對立？大家仍有出入。究其實，朱陸有文辭交鋒，陽明對朱熹有批評意見，這都是使得程朱、陸王成爲宋明不同陣營的事實。至於程朱的程頤或二程的定位[59]，自是另一議題，但基本上不妨礙仍是朱陸二分的格局。

而對此一哲學史的事實，筆者的立場是，朱陸之間有互相批評，以及陽明對朱熹有所批評之事，已是事實，因此兩分陣營實屬自然。但是，如何解讀，卻是一大問題。筆者以爲，同屬儒門之朱陸及朱王，意氣之爭難免，誤解錯讀亦極有可能，若說其理論有根本立場的對立，那是不應該發生的。因此，其互相批評之間，究竟是發生了什麼問題？此即本文要探討的主題。關於朱陸之爭問題，筆者已有專書討論[60]，不在此處重複，而朱、王之間，則是本文要討論的焦點，並且要以王陽明對朱熹的批評以爲討論的直接材料。

筆者討論這個問題的方法，則是「哲學基本問題分析法」。意旨爲以「宇宙論、本體論、工夫論、境界論」爲討論具有實踐哲學特色的中國儒釋道三家哲學的解釋架構。筆者的做法是，深入文本的問題意識，就哲學作品的命題意旨，扣合其問題意識與使用材料，進行文本解讀，使文本的意旨獲得正確的理解與準確的詮釋，如此則不僅能使各家義理清晰，而不同系統間的論爭亦將清晰可辨，甚至，可以化解爭端，關鍵就是找出問題意識的錯置，說明爭端本身的不成立，並藉由找到共同依據的基礎，認定其爲同一學派的不同發展型態，從而改變學界對哲學史上同一學派不同系統間的對立、衝突的印象。亦即，意氣及誤解誠有之，根本衝突則不存在。此一態度即是本文討論王陽明對朱熹批評的基本做法。

王陽明所處的時代，正是朱子學為官學、為士子科舉考試所依據之文本的時代，可以說終其一生都是在朱熹的話語系統下做學問以及勵學為人，卻因為對於時儒作風的觀察，與在自己心行體悟的所得，對朱熹在士林間的影響，有了自己不同的看法。這其中，有衷心服膺的階段，也有發言批評的內涵，又有調和折衷的做法。陳榮傑先生謂其：「總之在在以朱子為模範。」[61]此一立場，筆者甚為同意。並非陽明不批評朱熹，而是，在個人品格問題的態度上，陽明始終尊崇朱熹，至於對學術理論及文本詮釋的意見上，尤其是入道工夫的問題上，陽明則堅持自己的創見，對朱熹的批評絲毫不加寬容。然而，或許是為抵擋士林排山倒海的反撲意見，或許是對朱熹仍然衷心佩服，陽明又為《朱子晚年定論》之作，以朱、王相同來告慰自己，並宣揚於世。陳榮捷教授謂此為陽明單邊的定論[62]，並非對朱熹的全面評價。陽明的實際做法，就是把朱熹中晚年的一些書信文字中涉及自我反省的文字列出，編輯成《朱子晚年定論》，認為這些反省性文字才是朱熹學思的最後精華，至於早期討論的知行問題及理氣問題，陽明則是激烈地批評。筆者以為，陽明的做法，充滿了研究方法與問題意識的混淆，陽明一方面認為自己的學說與朱熹衝突，二方面又為了敬重朱熹的為人，故為《朱子晚年定論》以尊崇之，說朱熹到了晚年，在為學態度上已與己同。討論這些問題，必須訴諸「哲學基本問題研究法」，而重作文本解讀，才能澄清。筆者同意陽明「在在以朱子為模範」，是指陽明哲學創作主要依據《大學》文本，這正是受朱熹以《大學》詮釋講「先知後行」的「工夫次第論」的根本影響，此其一。陽明自己的學說建立中，又主要以朱熹的命題作為批評反對的對象，但筆者以為這其中充滿誤解，本文主要焦點即在澄清此事，此其二。陽明始終在談到朱熹個人的時候，都是崇敬有加，甚至為《朱子晚年定論》以親近之，此其三。筆者強調這點，主要是為重新疏解陽明批評朱熹的詮釋立場做準備，即：朱、王之間在基本立場與理論系統上皆難以劃分為對立之系統，而陽明對朱熹之所有批評則是不同問題的錯置下的誤解。當然，這是需要有良好的理論工具才能說清楚

的。

　　當代中國哲學界，從馮友蘭的程朱、陸王二分爲理學、心學之說，到牟宗三的陸王嫡傳、程朱別子之說，以及勞思光的程朱形上學、陸王心性論之說，在在都是站在朱陸之爭及陽明批評朱熹的基礎上二分兩系。除馮友蘭外，牟、勞亦皆有明確宗陸王、貶程朱之立場，至少在港臺的中國哲學界，現今的態勢仍是陽明地位高於朱熹，理論上的兩套典範，就是牟、勞之說。勞思光先生是以程朱形上學、陸王心性論兩分之，而牟宗三先生批評朱熹的理論模型，甚至即是王陽明批評朱熹的思路與詞句，可見陽明批評朱熹的影響如此之深。但是，筆者要指出，牟、勞二先生也可以說就是奠基在詮釋程朱、陸王之分派對立的評價中，建立他們自己的創造系統，因此，與其說他們在爲程朱、陸王學說做文本詮釋，不如說他們是藉程朱、陸王的互相批評的話語，建立他們自己的哲學系統。因此，這就與以文本詮釋爲研究進路的筆者的做法有根本的不同。筆者提出「哲學基本問題分析法」，就是要進行文本詮釋，還原哲學史本貌，而不是要創爲新說。

　　本文之討論，首先將從陽明批評朱熹的哲學理論開始，包括陽明對朱熹在《大學》、《中庸》、及《孟子》詮釋上的一些不同意見，且是形成陽明最重要的「良知說」及「知行合一」說的部分。其次要轉進陽明對於《大學》版本與朱熹有不同意見的討論，這些意見有些是不涉及基本哲學立場的，而只是文獻研究的觀點差異而已。最後再討論陽明對朱熹其人、對朱陸之間，以及對象山本人的態度，從這些對朱、陸個別人品的發言態度，可以看出陽明對朱熹的既欲近之又欲遠之的複雜心態。不過，心態遠近是一回事，理論對立與否則是另一回事，心態不決定理論，而理論則是本文要澄清的重點。

　　在陽明對朱熹的批評意見中，有涉及陽明哲學創作的核心觀點部分，甚至可以說，陽明最重要的創作意見，主要就是針對朱熹的理論而發揮的，其既已成爲陽明創作的核心，故而發言眾多，限於篇幅，本文主要僅引用直接點名朱熹的文本以爲討論的依據，其餘相關的文本便不多引，它們都在筆者討論陽明學思的其他文章中處理過了[63]。

本文以「基本哲學問題分析法」為研究方法，行文之際，涉及基本哲學問題的釐清者以基本哲學問題為標題，涉及文本詮釋及版本意見及個人態度者，則不以基本哲學問題為標題。以下展開之。故而以下的段落將先由基本哲學問題的「工夫論」批評開始，這當然是因為，陽明就是「工夫論進路」的儒學型態。

二、陽明對朱熹「窮理」工夫論的批評

以下先討論陽明對朱熹哲學的直接批評意見，首先從工夫論說，事實上，陽明學說中的創造部分主要就是工夫論旨，當然在他的工夫論旨之外，仍有形上學問題的意見[64]，但核心還是工夫論。陽明對朱熹工夫論旨之批評包括以窮理而說的「義外說」、「析心理為二說」；以格物而說的「知行分裂」、「沒有實做工夫義」；以尊德性、道問學而說的「偏於一邊義」。筆者以為，這些都是誤解，本節及次二節即將予以澄清。首先就朱熹言「窮理」而批評其為「義外」及「析心與理為二」之說者，參見陽明言：

> 愛問：「『知止而後有定』，朱子以為『事事物物皆有定理』，似與先生之說相戾」。先生曰：「於事事物物上求至善，卻是義外也。至善是心之本體。只是明明德到至精至一處便是然，亦未嘗離卻事物，本注所謂『盡夫天理之極，而無一毫人欲之私』者得之。」[65]

首先，朱熹重視下學上達的工夫修養論問題，藉注解《大學》發為工夫次第論說，工夫次第是《大學》本旨，朱熹藉注解之而發揮，實際上還是做得文本詮釋的工作。王陽明則不然，自己創造新說，並依《大學》文句做創造性解釋，兩人對待《大學》的進路，一開始就不同。朱熹談修齊治平的事功，主張需求格物致知之功於先，因此是一「先知後行」的「工夫次第」說，此原《大學》本旨。講到「工夫次第」，即是次第之先及次第之後皆一齊完成才是工夫的完成，否則何須言此次第，所以，理論上次第之先後乃一貫相承，不會有先後

割裂的立場。就《大學》最終要平治天下言，其次第之先者需以格物致知為之，再繼之以誠正修齊治平，此即是先知後行的主意。又，此先知之工夫即是求事事物物之理，故而說「格物致知」時，常與《易傳》「窮理說」合併為一以為討論。格致即窮理，理者「事事物物皆有理」，此事事物物之理即是實事實務之公共政策之理，就工夫次第意旨而言，知後即去行之。此事務客觀之道理含「聞見之知」義，亦含「德性之知」義，實踐之即是誠正修齊治平諸項。實踐之即是此理在心上落實，實踐之即是心理為一了。只是工夫次第論旨中必須強調要有正確之知了以後才行而已。

王陽明的解讀卻不然，基本上就是創造性誤讀，陽明割裂朱熹依《大學》次第講工夫之意旨，單提格物致知一事以為朱熹工夫論的全貌，並以其為求事理於心外，故有「義外」之說。實際上是以朱熹所言之求事物之理之工夫只為求其理，不為求實踐此理，不求實踐即不於心上實現此理，而實踐是心上之事，故其求事理於外之事即是外於此心之事，因此是告子的「義外」之旨。告子確實講「義外」，但「義外」沒什麼不對，而孟子講的「義內」也無誤，有誤者為孟子批評告子「義外」是不需要的。因為告子講敬於年長、孝於父母、愛於子女、信於朋友、別於夫婦等之「義」，此「義」之意旨確實是以外在對象與自己的關係來決定的，故說「義外」，這是一種「後設倫理學」或「存有論」的討論[66]。但孟子講「義內」亦無誤，重點是孟子是在講主體要去實踐這些敬、孝、愛、信、別等義理時，當然是在心內提起此一價值意識才能成就的，故說「義內」。亦即孟子說「工夫論」而主「義內」，告子說「價值意識的普遍原理」而主「義外」，兩邊根本問題不同，孟告義外之辯正是問題錯置導致誤解的顯例。至於朱熹格致窮理說則是在談即事求理之義，求其普遍原理，故屬告子「義外」型態的問題意識[67]。王陽明當然是誤解朱熹，但說朱熹是「義外」是無誤的，因為朱熹說的是存有論的概念範疇之討論[68]，談的是決定於外在事物本身的原理義，義在事理中，說其外之亦無誤。但陽明說的是做工夫不得力的心外義之義外，這就不對了，朱熹絕無

此意，朱熹談理時只是在談知識，並非不主張要做工夫，朱熹另有談做工夫處[69]，兩路問題不同，沒有什麼好非議批評的。

文中，王陽明亦說「至善是心之本體」之旨，此即是預設形上學的性善說，以此性善之本體發爲心行實踐之工夫，此亦同於孟告之辯中的孟子以仁義爲內之說之意旨，可以說陽明是在談主體實踐的工夫，主張義是由心內發出的，這正是談的本體工夫論，然而，此義亦決是朱熹所重[70]，惟在工夫次第中講先知後行時，朱熹就是在談社會實踐的事務客觀處理原則，與陽明所談的問題不同。無論如何，陽明批評朱熹的「義外」之說卻是一記重擊，故應爲朱熹辯析。陽明此說暢快淋漓，卻於文義的客觀認知有所偏差，對朱熹是一大誤解。

從朱熹談格致窮理說以批評其爲「義外」之說，與批評其爲「析心與理爲二」之說，是同一套思路。另見陽明下文：

來書云：「聞語學者，乃謂即物窮理之說亦是玩物喪志。人取其厭繁就約、涵養本原數説標示學者，指爲晚年定論，此亦恐非。」朱子所謂「格物」云者，在即物而窮其理也。即物窮理，是就事事物物上求其所謂定理者也。是以吾心而求理於事事物物之中，析心與理爲二矣。夫求理於事事物物者，如求孝之理於其親之謂也。求孝之理於其親，則孝之理其果在於吾之心邪？抑果在於親之身邪？假而果在於親之身，則親沒之後，吾心遂無孝之理歟？見孺子之入井，必有惻隱之理。是惻隱之理果在於孺子之身歟？抑在於吾心之良知歟？其或不可以從之於井歟？其或可以手而援之歟？是皆所謂理也。是果在於孺子之身歟？抑果出於吾心之良知歟？以是例之，萬事萬物之理莫不皆然。是可以知析心與理爲二之非矣。夫析心與理而爲二，此告子「義外」之説，孟子之所深辟也。「務外遺內，博而寡要」，吾子既已知之矣，是果何謂而然哉？謂之玩物喪志，尚猶以爲不可歟？若鄙人所謂致知格物者，致吾心之良知於事事物物也。吾心之良知，即所謂「天理」也。致吾心良知之「天理」於事事物物，則事事物物皆得其理矣。致吾心之良知者，致知也。事事物物皆得其理者，格

物也。是合心與理而爲一者也。合心與理而爲一，則凡區區前之所云，與朱子晚年之論，皆可以不言而喻矣。[71]

陽明著《朱子晚年定論》，欲牽合朱子之說與己說爲一[72]，所謂陽明己說，即闡釋於本文中。本文從朱熹格物窮理說談到陽明的格物致知說，文中批評朱熹之說爲析心與理爲二，以及爲義外之說，理由是此理是在自家身內而非外物之中。陽明批評朱熹之思路與孟子對告子之批評幾乎完全相同。孟子言主體的意志，謂仁義內在，告子談價值的確定，謂仁內義外，兩造皆成立，且所談問題根本不同，故無需爭辯對錯。陽明複製孟告之辯，以爲朱熹有義外之立場。其實，朱熹談的是事事物物之理，且是在「格致誠正修齊治平」的工夫次第脈絡下的談法，故倡先知後行，實際上亦是一「知行合一」之論。先求知事物之理於事物之中，再提起價值意識於誠正工夫中，從而實踐於修齊治平的事業中。陽明是把提起價值意識以爲意志貫徹合爲一事，故需理在心內，義在心內，此時客觀的價值意識即已進入主體的意志之內，而爲一「知行合一」的狀態。至於朱熹跟告子的說法，首先只是專注於那個價值意識的本身的客觀知識性定義，如對父母是孝而非慈、對兄長是敬、對弟妹是愛、對朋友是信等等原理，豈可混亂？然欲貫徹意志以爲實踐時，又當然是要在心內，意即在心上提起這個價值意識以爲主體的意志，朱熹講主敬時都是這樣談的了。

本文批評朱熹的格物說，是即物窮理，故而析心理爲二，是告子義外之說。而陽明自己的格物致知說，是致吾心之良知於事事物物，使事事物物皆得其理，是合心與理爲一。此說十分典型，是陽明說朱熹的精要之詞。其中析心與理爲二之批評，即是以朱熹乃求理於外在之事務，即如求孝親之理於其親，然而此心未發，則無有孝親之行，因此是析心與理爲二。這樣的說法真是陽明自己的創造性誤解，完全不在工夫次第義之格致誠正修齊治平的脈絡中閱讀朱熹及《大學》之文義，朱熹求理於事物之中是爲處事之知之需，此事極爲重要，陽明天資過高，可以忽略，但眾人皆不能忽略之，否則即是冥行妄做，認真求知之後繼之以誠意正心，更繼之以修齊治平，這才是各種資質

者都能做到的成聖工夫之歷程，陽明何需發爲言論批評此說？陽明應是以與他同時代的人經朱熹著書而科舉得名，卻不能同他一起承擔天下，以致於以朱熹先知後行及窮理之說爲心理爲二之義，故批評之。遺憾的是，命題之意涵不決定於後人之妄行，陽明竟以後學者之妄行以定義朱熹之哲思，豈合理乎？

朱王兩種問題根本不同，本來可以層次分明，陽明要不強人曲己，哲學理解力有偏差；要不亦爲勝心作祟，必欲逼朱熹一誤失不可；而若是以時人之病批判朱熹理論則又是文不對題，總之，以陽明批評朱熹之說來瞭解陽明的思路則可，以之認識朱熹就是大謬了。

就析心理爲二之批評言，又見陽明之文：

> 或問：「晦庵先生曰：『人之所以爲學者，心與理而已』。此語如何」？曰，「心即性，性即理。下一『與』字，恐未免爲二。此在學者善觀之」。[73]

朱熹講所以爲學在心與理，意思是說在這兩個概念的材料中談，至於所談到的爲何？那當然是在談就工夫論說時應如何處理的問題，則此時朱熹的話語必然是「去人欲，存天理」，人欲是心的部分，天理是理的部分，所以說談爲學的問題就是在這兩個概念的材料中談。王陽明卻認爲朱熹之說「未免爲二」，「未免爲二」之意是說不能達到「全心如理」的境界，以致此心此理仍是二事。顯見，王陽明是就工夫境界的問題在說的，而朱熹則只是就存有範疇說，意即是屬於討論概念材料的問題，因此只說了「心與理而已」這句話，等於在這句話中朱熹尚未正式宣講工夫論旨。所以可以說是陽明自己已有了工夫境界論的積極立場，而批評朱熹這句話中沒有這個立場。但朱熹亦非沒有工夫論旨，只是他是在其他地方說，而「心與理而已」這句話並不是直接講工夫論問題的立場，而是說針對這個來講時，該談的問題就是心的問題、及理的問題。這樣看來，朱熹何有「未免爲二」的主張？何有「析心與理爲二」的立場？陽明不善讀，又己意甚強，故而誤解朱熹。

陽明說朱熹窮理之理爲「義外」、爲「析心與理爲二」，就等於

是說朱熹窮理說是「知而不行」，因其「分裂知行」，參見：

> 問：「知至然後可以言誠意，今天理人欲知之未盡，如何用得克己工夫？」先生曰：「人若真實切己用功不已，則於此心天理之精微，日見一日。私欲之細微，亦日見一日。若不用克己工夫，終日只是說話而已。天理終不自見，私欲亦終不自見。如人走路一般。走得一段，方認得一段。走到歧路處，有疑便問。問了又走。方漸能到得欲到之處。今人於已知之天理不肯存。已知之人欲不肯去。且只管愁不能盡知。只管閑講。何益之有？且待克得自己無私可克，方愁不能盡知，亦未遲在。」[74]

本文不是直接批評朱熹理論，而是對朱熹「先知後行」說在後人曲解下的不當行為之批評。朱熹理論關心的是治國的事功要先講究方法細節才能去實行，以免遺誤了天下事。一般人的毛病是，不去實踐，卻藉口要先知道方法細節，再來實踐。這正是陽明的批評重點，陽明關心的是，真正在實踐上產生障礙的是自己的私心，因此首先要拿已經知道的道理去實踐，實踐之後，接著也還是會產生私欲，這時就要繼續克制私欲，所以才說「走得一段，方認得一段」。陽明談的正是本體工夫的宗旨，然依朱熹，要追求國治與天下平的目標，故而是要先知道往哪裡走，才去走，這是就外在事物的客觀認識來說的。陽明談的是自己的私心私欲，要碰到了威脅利誘之後才會引發出來，引發出來就克制即是，未出來前也發覺不到，因此「今人於已知之天理不肯存。已知之人欲不肯去。且只管愁不能盡知。只管閑講。何益之有」？陽明問題方向與朱熹不同，因此命題重點就不同於朱熹，不可謂陽明有不同於朱熹的工夫理論，只能說陽明有不同於朱熹談知行問題時的問題意識，至於就陽明的問題意識及其哲學立場而言，朱熹亦不會反對其說的。

三、王陽明對朱熹「格物」工夫論的批評

「格物」是《大學》文本中的命題，朱熹依《大學》本末終始、

先知後行之意旨以爲文本詮釋，而陽明卻以本體工夫進路做創造性詮釋，並且對朱熹的工夫實踐成果有所批評，也就是說，法病與人病一齊攻擊。筆者以爲，朱熹的工夫理論是一回事，朱熹的工夫實踐成效是另一回事，兩者問題不同，討論的依據亦應不同，陽明混淆兩事爲一事，對朱熹的理論而言也沒看清楚，就朱熹的爲人部分則是立場不一致，或肯定或否定，意旨不斷改變。下文就是典型的混淆理論與實踐的一段批評文字，參見：

> 士德問曰：「格物之説，如先生所教，明白簡易，人人見得。文公聰明絕世，於此反有未審，何也？」先生曰：「文公精神氣魄大，是他早年合下便要繼往開來，故一向只就考索著述上用功。若先切己自修，自然不暇及此。到得德盛後，果憂道之不明，如孔子退修六籍，刪繁就簡，開示來學，亦大段不費甚考索。文公早歲便著許多書，晚年方悔是倒做了。」士德曰：「晚年之悔，如謂『向來定本之悟』，又謂『雖讀得書，何益於吾事？』又謂『此與守書籍，泥言語，全無交涉。』，是他到此方悔從前用功之錯，方去切己自修矣。」曰：「然，此是文公不可及處，他力量大，一悔便轉，可惜不久即去世，平日許多錯處皆不及改正。」[75]

本文從格物概念談對朱熹工夫論的批評，陽明批評朱熹的格物就是「一向只就考索著述上用功」，而不能「先切己自修」，至晚年才悔悟：爲學與書籍、語言無涉。筆者不同意這種批評。陽明自己的格物意旨此處不再申述。僅就本文對朱熹的批評言，陽明以爲朱熹的工夫就是「考索著述」，而不能爲「切己自修」。筆者不以爲然。察朱熹「考索著述」，是爲了知識傳承，本身即是儒門的大事業。爲學有講明、有踐履，都是重要的事。至於於講明之際，亦必有「切己自修」之反省事業在，「切己自修」是提起價值意識、自我覺醒、知是非善惡及知人生方向，「考索著述」是研議經典、究明知識、傳承文化、爲士子留下治學的依據。「切己自修」是陽明要強調的本體工夫，但是，朱熹之所以能夠「考索著述」，就是站在「切己自修」的

意志上千錘百煉而出來的實功。因此對朱熹而言，「考索著述」是他「切己自修」後的人生選擇。終身奉行，荷擔儒門家業，兩事一事。此外，朱熹多有書信言及自己修心反省得不夠之事，這確實是重新「切己自修」，陽明以此為標準，收集朱熹言錄，編為《朱子晚年定論》，以為朱熹至此才真正「切己自修」，並引為自己同道。筆者以為，「自修」都是要「切己」的，切己就是自己真實實踐，自修則有多種目標人個不同，陽明多在「事功」上「切己自修」，而朱熹多在「著述」的生活歷程中「切己自修」，朱熹一生，亦不少動心忍性的磨難，即如王陽明所言之「知即是行，行即是知」之本意，求知的著述生涯即是朱熹道德實踐的行動。但是朱熹曾經反思自己用力在著述講學時不能同時切己自修，意即沒有去實踐切進身邊的當為之事，而王陽明即以朱熹所提修養不夠的反省意見，說這就是朱熹最終走上了與自己相同的道路，亦即切己反思之實踐，甚至發為《朱子晚年定論》之作，以證實朱熹有切己自修的實踐，此事筆者亦不以為然。朱熹不必等到反省實踐不夠時才是在實踐，朱熹不必等到陽明所謂的晚年才有在實踐，這就是陽明以自己的切己自修的模式去論斷朱熹走考索著述的實踐模式，才會不以為那也是切己自修的實踐。論斷他人的實踐是不容易的，研議他人的理論才是有明確工作對象的學術活動，王陽明談的是朱熹的實踐活動，而不是他的理論，朱熹的理論有不同於王陽明的問題意識，因而有不同的命題主張，朱熹不會因為反省自己的修養不足，即改定他的哲學意見，這是完全不同的範疇，是陽明自己混淆了。因此，朱熹並非晚年才走上跟陽明一樣的路，朱熹一生跟陽明一樣都是終生實踐切己自修的儒者，只是路徑不同，故典範不同，但兩人都是儒家實踐的高級典範。

格物是要面對外在事物的，朱熹格物旨在此處，陽明格物卻在正心念，對此，羅整庵有嚴厲的批評，陽明因此必須有所回應，參見下文：

> 凡執事所以致疑於「格物」之說者，必謂其是內而非外也，必謂其專事於反觀、內省之為，而遺棄其講習討論之功也，必謂其一

意於綱領、本原之約，而脫略於支條、節目之詳也，必謂其沉溺於枯槁、虛寂之偏，而不盡於物理、人事之變也。審如是，豈但獲罪於聖門，獲罪於朱子，是邪說誣民，叛道亂正，人得而誅之也。而況於執事之正直哉？審如是，世之稍明訓詁，聞先哲之緒論者，皆知其非也。而況執事之高明哉？凡某之所謂「格物」，其於朱子九條之說，皆包羅統括於其中。但爲之有要，作用不同。正所謂毫釐之差耳。然毫釐之差，而千里之謬，實起於此，不可不辨。[76]

陽明批評朱熹分內分外，主要是指朱熹的窮理，是講究求理於事物之中，是外於吾心而求物理，故是義外之說。陽明自己則主張求事事物物於吾心中。羅整庵即反問這樣豈不是等於是「是內而非外」了？陽明則又不同意這樣的解釋，認爲自己的立場將朱子九條皆包括[77]。所謂朱子九條，條條皆是格物窮理的做法，也正是面對外在事物的求知做法，陽明並不認爲其說有誤，也不認爲自己的說法沒有包括這些要點，因此否認自己有遺外之病。但是，陽明仍然認爲自己的做法與朱熹有所不同，兩者正有要點與作用的不一，且將導致千里之謬。而這個差異，就在他更重內心的工夫一面。

筆者以爲，陽明否認自己棄外遺外，但所說遭致此番質疑，故需辯之。其實，若非其指控他人棄內遺內，則如何引來他人批評陽明棄外遺外呢？陽明對朱熹即是指控其偏外遺內，然而，朱熹豈有遺內？只是就次第上說先知後行的格致窮理義而已，內心的工夫豈不都在誠正的次第階段中落實，陽明本不必刻意求異。對於陽明亦須重視外在事物的知識而言，參見以下的一段討論：

問：「名物度數，亦須先講求否？」先生曰：「人只要成就自家心體，則用在其中。如養得心體果有未發之中，自然有發而中節之和，自然無施不可。苟無是心，雖預先講得世上許多名物度數，與己原不相干，只是裝綴，臨時自行不去。亦不是將名物度數全然不理，只要『知所先後，則近道』」。又曰：「人要隨才成就，才是其所能爲。如夔之樂，稷之種。是他資性合下便如

此，成就之者，亦只是要他心體純乎天理。其運用處，皆從天理上發來，然後謂之才，到得純乎天理處，亦能不器，使變稷易藝而爲，當亦能之。」又曰：「如『素富貴，行乎富貴。素患難，行乎患難』，皆是不器。此惟養得心體正者能之。」[78]

「名物度數」之講求即是朱熹先知後行的問題意識重點，陽明亦不反對，只是更關切「成就自家心體」的問題，亦即是否在主體心行上立志實踐的問題，至於「名物度數」，「亦不是將名物度數全然不理，只要『知所先後，則近道』」，在《大學》中的「知所先後」者，即是格物致知爲先，至少是朱熹及其他陽明以前所有儒者的共解之意，包括象山亦持此解[79]。《大學》確乎言於先後之道，而陽明之先後卻是先立志於主體則自然能於用上求知，故而格物致知變成致良知，幾乎就是誠意、正心之意。對於陽明，人生的苦難磨練無一不是良知發動之後才得度過艱難的，他自幼聰穎過人，名物度數從來不是問題，倒是在道德實踐的過程中遭受無限的痛苦，此時是否仍能堅持仁義之心才是眞正的問題，因此堅持仁義的本體工夫才是他以爲的先後之先，因此要求做本體工夫、提起主體（亦即致良知）意志才是他所關切的工夫實踐之重點。於是，格物之義變成正念頭，而面對事物以求知識的格物義便需另外強調，可以說把《大學》好好一套工夫次第的論述脈絡給打亂了，雖然如此，陽明仍不否定求知事務知識義的格物說，因此，不能說他與朱熹有對立的意見，但也不能說他與朱熹有共同的核心問題，同時，也無須爭辯何者才是《大學》正解，只是一部《大學》同時被不同的問題意識及思路觀點所詮釋而已。

朱熹就《大學》釋格物義，陽明就純粹化主體意志釋格物義，可以說本來就不是《大學》本旨，連帶地，陽明對朱熹格物說根本錯解，下文即是最典型的一段討論，陽明以爲就此得以否定朱熹格物說，實際上正是錯謬異常。參見：

先生曰：「眾人只說『格物』要依晦翁，何曾把他的說去用！我著實曾用來。初年與錢友同論做聖賢要格天下之物，如今安得這等大的力量！因指亭前竹子，令去格看。錢子早夜去窮格竹子的

道理，竭其心思至於三日，便致勞神成疾。當初說他這是精力不足，某因自去窮格，早夜不得其理，到七日，亦以勞思致疾，遂相與嘆聖賢是做不得的，無他大力量去格物了。及在夷中三年，頗見得此意思，乃知天下之物本無可格者，其格物之功只在身心上做，決然以聖人爲人人可到，便自有擔當了。這裡意思，卻要說與諸公知道。」[80]

這段話是陽明直接批評朱熹格物致知的修養方法的話語，陽明以爲朱熹格物就是坐在事物面前去空想，後來才領悟爲學之道是在自家身心上做工夫的事業，陽明即以此反對朱熹的格物工夫的方法，而發展出批評朱熹將心與理及心與物分而爲二的理論。其實，王陽明想的是實踐得力的問題，而朱熹格物窮理處理的是工夫次第中的先知後行階段，知即所以爲行，亦不割裂知行。而陽明處理的是行的意志力在於自家身心中，實踐之前早已預設了知道所行的方向與方法，所以竹子本身當然沒有行動的道理，而是主體的意志決定了行動，因此枯坐竹前必致思成疾。但是，朱熹的格物窮理是爲了實踐之前的知識準備，最終是爲了平天下，因此過程中需要客觀知識的建立，而建立知識也不是枯坐冥想，當然是要眼到、口到、心到、手到，而知識的建立中卻同時包括聞見之知與德性之知，亦即是外在事物的客觀知識與主體實踐的價值決斷，從而接續之以誠正修齊治平。可以說，確實是王陽明窮格竹子的做法天眞過度，自己會錯意，而不是朱熹格物窮理的理論有何不當。

總之，陽明以己意解《大學》，就哲學創作言，本無不可，但朱熹以《大學》本義說格物，不應被批評。陽明既不能否定名物度數之知，就無需批評朱熹格物義，至於因其自己誤解而格庭前竹子之舉，更不能由此進路以批評朱熹。

四、王陽明對朱熹尊德性與道問學工夫論的批評

自陽明倡知行合一宗旨之後，凡言工夫皆合兩邊爲一事，格致與

誠正一事，尊德性與道問學又一事，見朱熹於此有反省，即予批評爲分作兩件。參見：

> 以方問「尊德性」一條。先生曰：「『道問學』即所以「尊德性』也。晦翁言：子靜以『尊德性』晦人，某教人豈不是『道問學』處多了些子！是分『尊德性』、『道問學』作兩件。且如今講習討論下許多工夫，無非只是存此心，不失其德性而已。豈有『尊德性』只空空去尊，更不去問學，問學只是空空去問學，更與德性無關涉？如此則不知今之所以講習討論者更學何事！」問「致廣大」二句，曰：「『盡精微』即所以『致廣大』也，『道中庸』即所以『極高明』也。蓋心之本體自是廣大底，人不能『盡精微』，則便爲私欲所蔽，有不勝其小者矣。故能細微曲折無所不盡，則私意不足以蔽之，自無許多障礙遮隔處，如何廣大不致！」又問：「精微還是念慮之精微，事理之精微？」曰：「念慮之精微，即事理之精微也。」[81]

這段文字是陽明批評朱熹分尊德性與道問學爲兩件事的話，實際上的依據是朱熹對於自己與象山爲學風格的評價與反省的話語，朱熹的評價是象山尊德性做得好，但問學不仔細，而自己這邊則是道問學做得好，但尊德性講究不夠[82]，亦即朱熹在做實踐不得力的反省，而不是在做尊德性與道問學兩者孰輕孰重的理論討論。關於朱熹對於《中庸》文本詮釋的尊德性與道問題的意見，其實是兩者一樣重要，且是二合一的[83]，亦即兩邊互倚、無從割離。而這也正是陽明的意見，陽明倡知行合一，故而尊德性與道問學乃兩相爲用，而且「『盡精微』即所以『致廣大』也，『道中庸』即所以『極高明』也」，皆是兩相爲用。由此可見，陽明特重實踐一路，也只從實踐一路理解別人的所有的話語，以及詮釋別人的理論，但對涉及理論的材料認識卻不夠全面，僅以一兩句話語的內容即發爲評論。陽明從實踐方法的理論去解讀朱熹的意見，而不是從生活語言來瞭解朱熹的反省，陽明因此判朱熹爲主張尊德性與道問學爲兩事者，這實在是一個很淺薄的誤解。其實，依據陽明所編著之《朱子晚年定論》的精神標準，朱熹上

述那一段話，是很可以編入《朱子晚年定論》裡的，因爲那正是一套反省尊德性不得力的話語，因此正是可爲陽明引爲同道的切己自修的路數。至於朱熹如何被視爲分尊德性與道問學爲二，此事象山亦有責任，象山聞朱熹此言，斥之曰：「既不知尊德性，如何道問學[84]？」此又象山直指朱熹修養境界的人格批評話語，象山自是將朱熹自我反省的說話當成對象山的攻擊，因此反過來攻擊朱熹，但細究朱熹的理論立場，尊德性與道問學根本就是不可分割的整體，至於朱熹自己反省尊德性不得力，這是實際實踐的問題，而不是理論主張的問題，因此，這又是陽明對朱熹的又一誤解了。

五、王陽明對朱熹「理氣說」存有論的繼承

　　陽明對朱熹的批評有工夫論旨也有文本詮釋意見，但就哲學基本問題而言，形上學論旨部分卻就是繼承而已，這指的是朱熹在理氣說、心性情說的存有論系統。至於本體宇宙論，陽明確有唯心主義傾向的創作，以有別於道佛體系，這一部分倒是朱熹未及言之者[85]。然而，筆者要強調的是，在朱熹已有所言之存有論系統，陽明卻是未有批判，直接繼承。這就顯示，只要問題意識對焦，只要大家想到的是相同的問題，則儒者之間實無可爭辯之空間，就是繼承及再發揮而已。參見：

來書云：「有引程子『人生而靜以上不容說，才說性，便已不是性。』何故不容說，何故不是性？晦庵答云：『不容說者，未有性之可言；不是性者，已不能無氣質之雜矣。』二先生之言皆未能曉，每看書至此，輒爲一惑，請問？」、「生之謂性」，生字即是氣字，猶言「氣即是性」也；氣即是性，「人生而靜以上不容說」，才說「氣即是性」，即已落在一邊，不是性之本原矣。孟子性善，是從本原上說，然性善之端須在氣上始見得，若無氣亦無可見矣。惻隱、羞惡、辭讓、是非即是氣，程子謂：「論性不論氣，不備；論氣不論性，不明。」亦是爲學者各認一邊，只

得如此說。若見得自性明白時，氣即是性，性即是氣，原無性、氣之可分也。[86]

這一段文字，是陽明討論程頤及朱熹的性氣說，程朱在此一議題的討論上全然是存有論的思路，亦即是從概念關係說出一套形上學存有論的理論。陽明的討論可謂直接繼承，甚至為之疏解。可以說王陽明不討論存有論問題則已，若要討論，則一定是和程朱一樣的立場，本文的意見即是例證。王陽明在此處的唯一特殊意見，就是最後所說的：「若見得自性明白時，氣即是性，性即是氣，原無性、氣之可分也。」這指的是主體做了工夫以後的特殊且個別的狀態，而不是在談普遍原理的存有論。沒有性氣之可分的重點是說沒有氣稟不良的影響，主體雖是以氣稟而存在，但其行為皆符合天命之性，這裡並不是在說存有論義的性氣不分，所以並沒有陽明提出了新的存有論理論而有異於朱熹之事者。

陽明談存有論的話語尚不只此，惟本文直接點名晦庵，故引出討論，顯示陽明對朱熹並非全都是批評的意見，至於陽明繼承朱熹存有論旨的其他說法，筆者已討論於他文[87]，且非本文主題，故不再申引。

總之，透過哲學基本問題的分疏，陽明與晦庵之別異，幾乎都可以化解。這也正是筆者的基本立場。

六、王陽明對朱熹文本詮釋及《大學》版本意見的批評

前四節討論在工夫論上陽明對朱熹的批評意見，及存有論上的繼承意見。當然，這些工夫論或存有論的理論也直接是文本詮釋下的理論，或依《大學》、或依《中庸》、或依《孟子》，只是這些討論脈絡裡哲學問題意識極為明確，因此本文先以哲學基本問題為標題而專節處理之。接下來要討論的一些陽明批評朱熹的意見，卻主要是文本文義及文本版本的問題，但也是針對朱熹的批評，實在來說，除了朱熹以外，陽明也沒有什麼值得他鄭重發言的對象，所以，說陽明一生

在在以朱熹爲範圍，誠非虛言。

以下這段文字，是陽明針對朱熹的《孟子》文本詮釋提出的批評意見。朱熹依《大學》說《孟子》，陽明依《論語》說《孟子》，兩者所思考的問題並不相同，可以說是各說各話。參見：

來書云：「所釋《大學》古本謂『致其本體之知』，此固孟子『盡心』之旨，朱子亦以虛靈知覺爲此心之量。然盡心由於知性，致知在於格物。」、「盡心由於知性，致知在於格物。」此語然矣。然而推本吾子之意，則其所以爲是語者，尚有未明也。朱子以「盡心知性知天」爲「物格」、「知致」。以「存心養性事天」爲「誠意正心修身」，以「夭壽不貳，修身以俟」爲「知至仁盡」、「聖人之事」。若鄙人之見，則與朱子正相反矣。夫「盡心知性知天」者，生知安行，聖人之事也；「存心養性事天」者，學知利行，賢人之事也；「夭壽不貳，修身以俟」者，困知勉行，學者之事也。豈可專以「盡心知性」爲知，「存心養性」爲行乎！吾子驟聞此言，必又以爲大駭矣！然其間實無可疑者。一爲吾子言之。夫心之體，性也；性之原，天也。能盡其心，是能盡其性矣。《中庸》云：「惟天下至誠。爲能盡其性。」又云：「知天地之化育」，「質諸鬼神而無疑，知天也。」此惟聖人而後能然，故曰此生知安行，聖人之事也。「存其心」者，未能盡其心者也，故須加存之之功，必存之既久，不待於存而自無不存，然後可以進而言盡。蓋「知天」之「知」，如「知州」、「知縣」之知，「知州」，則一州之事皆己事也，「知縣」，則一縣之事皆己事也，是與天爲一者也。「事天」則如子之事父，臣之事君，猶與天爲二也，天之所以命於我者，心也，性也，吾但存之而不敢失，養之而不敢害，如「父母全而生之，子全而歸之」者也，故曰此學知利行，賢人之事也。至於「夭壽不貳」，則與存其心者又有間矣，存其心者雖未能盡其心，固已一心於爲善，時有不存，則存之而已，今使之「夭壽不貳」，是猶以夭壽貳其心者也，猶以夭壽貳其心，是其爲善之心

猶未能一也，存之尚有所未可，而何盡之可云乎？今且使之不以夭壽貳其爲善之心，若曰死生夭壽皆有定命，吾但一心於爲善，修吾之身以俟天命而已，是其平日尚未知有天命也。事天雖與天爲二，然已眞知天命之所在，但惟恭敬奉承之而已耳，若俟之雲者，則尚未能眞知天命之所在，猶有所俟者，故曰，所以立命，立者，創立之立，如立德、立言、立功、立名之類，凡言立者，皆是昔未嘗有本始建立之謂，孔子所謂「不知命，無以爲君子」者也，故曰此困知勉行，學者之事也。今以「盡心知性知天」爲「格物致知」，使初學之士，尚未能不貳其心者，而遽責之以聖人生知安行之事，如捕風捉影，茫然莫知所措，其心幾何而不至於「率天下而路」也！今世致知格物之弊，亦居然可見矣。吾子所謂務外遺內、博而寡要者，無乃亦是過歟？此學問最緊要處，於此而差，將無往而不差矣。此鄙人之所以冒天下之非笑，忘其身之陷於罪戮，呶呶其言其不容已者也！[88]

這一段文字是針對《孟子盡心篇》一文的討論，《孟子》原文如下：「孟子曰：『盡其心者，知其性也。知其性，則知天矣。存其心，養其性，所以事天也。夭壽不貳，修身以俟之，所以立命也。』」這一段文字朱熹有發揮，陽明完全不同意朱熹的發揮，自己另講一套。孟子語意如何？可以有多種解讀，但陽明與朱熹之爭辯，卻是將《孟子》語意套用在《大學》或《論語》文字脈絡的解讀上所造成的意見差異，《孟子》與《大學》及《論語》本不一事，各有各的面對的問題，以及語言的系統，以及意見的主張。朱熹強爲結構，基本上是在他的先知後行的架構上設定的，文本依據是《大學》。陽明硬是反對，則是在他的知行合一的架構下及工夫境界論合構的思維下所提出的，文本依據是《論語》。筆者以爲，此事無需爭辯，各人有各人的系統，都是藉《孟子》來發揮的，一旦以自己的系統來發揮，則《孟子》的原意已退位給朱、王兩人各自的系統來使用，所以是兩套不同的理論系統共用了同一套文字系統的衝突，其實是沒有眞正的理論上的衝突的。

朱熹的詮釋就是他的先知後行的思路，也是依據《大學》工夫次第的次序在解讀《孟子》的文本的。所以「盡心知性知天」是屬於格物致知的層次。「存心養性事天」是屬於誠意正心修身的層次。「夭壽不貳，修身以俟之」是屬於齊家治國以至平天下的層次。王陽明則不然。他是從工夫境界的等級，訴說了三項命題，分別是聖人、賢人、學者的事業，理由是生知安行、學知利行、困知勉行。這正是《論語季氏篇》的一段內容。其實，朱熹的《大學》工夫次第詮釋的版本也好，王陽明的《論語》境界等級詮釋的版本也好，都各是另一套理論的事實，陽明無須與朱熹爭辯，陽明更能體會《論語》生知、學知、困知的思路，以此發揮即是，無須批評朱熹的解讀。尤其是以「盡心知性知天」應為聖人事業，卻被朱熹放在初學者工夫上說，必致生迷惘，這一段批評，是因為格物致知是工夫次第的開端，故而說是初學者，這也是對朱熹所說的正解，只是用在了陽明自己的系統後就不對路了而已。

不過，陽明對於如何是生知、學知、困知的詮釋，卻是十分精采的哲學創作。他是將「盡心」解讀成為真能徹底做到盡其心者，此一解讀就像是程顥對「識仁」的解讀一般，程顥的「識仁」也是指真正做到了徹頭徹尾的識仁者境界，所以是聖人事業。至於「存心養性事天」，陽明解為「學而知之」，理由是尚須為存養之功，其實這是刻意的排比而已，解為工夫達致最高境界的存養亦無不可。至於將「修身以俟」解為「困知勉行」則又更為牽強了，理由是此時是以夭壽貳其心，以及尚未知有天命。總之，脫離了《孟子》原意之後，學者盡可從各種思路來套住文本以為創造性的解讀，既有創造，則為另一新的哲學義理系統，重點在其創造，而不在其文本詮釋，因其文本詮釋是會溢出文本原意的，既然如此，去說朱王孰是孰非已無意義。

以上是文本討論上的一段批評朱熹的文字，以下是版本問題上的一段批評朱熹的文字。參見：

來教謂某：「《大學》古本之復，以人之為學但當求之於內，而程、朱『格物』之說不免求之於外，遂去朱子之分章，而削其所

補之傳。」非敢然也。學豈有內外乎？《大學》古本乃孔門相傳舊本耳，朱子疑其有所脫誤而改正補緝之，在某則謂其本無脫誤，悉從其舊而已矣。失在於過信孔子則有之，非故去朱子之分章而削其傳也。夫學貴得之心，求之於心而非也，雖其言之出於孔子，不敢以爲是也，而況其未及孔子者乎；求之於心而是也，雖其言之出於庸常，不敢以爲非也，而況其出於孔子者乎！且舊本之傳數千載矣，今讀其文詞，則明白而可通，論其工夫，又易簡而可入，亦何所按據而斷其此段之必在於彼，彼段之必在於此，與此之如何而缺，彼之如何而補，而遂改正補緝之，無乃重于背朱而輕於叛孔子乎？[89]

朱子爲《大學》分章，且做〈格致章〉補傳，自此影響天下讀書人皆依朱子之章句、集注爲認識《大學》的進路，陽明學思亦爲從《大學》文義中詮釋而來，但其進路似程顥所謂之「吾學雖有所授受，天理二字卻是自家體貼出來」，意思是說，陽明對《大學》文本的詮釋意見，亦是從自家動心忍性中鍛煉出來的，自其龍場悟道之後，倡知行合一、良知教等意旨，終於連帶地對人人所孰悉的朱子注本之《大學》文義意旨，甚至章節段落，都有了自己的看法。且陽明幾條最重要的哲學命題，更即是藉《大學》文本詮釋而說出的，如致良知說、格物說、四句教等。陽明對《大學》的意見，如羅整庵來書所言，有對經傳編輯的意見，也有對文義宗旨的意見。經傳編輯部分是反對朱熹之分章及補傳，文義宗旨部分則是陽明整個《大學》哲學的創作系統。其實，章句補傳不是重點，重點還是哲學詮釋的立場。但是就這一段書信的文字來看，陽明討論的重點卻是章句補傳，陽明的立場是古本無誤，無須重新編排，也無須補傳。否則似是輕於叛孔、重於背朱，意即不敢反對朱熹的修改，就等於是敢於反對孔子，這樣就變成反對孔子反而很容易，而反對朱熹變成不敢去做了。依據陽明自己的創造性解讀，古本文義宗旨已然可解，不須修改，朱熹的修改反而有誤。羅整庵說陽明主張朱熹之章句補傳有分內分外的缺失，這當然是陽明的立場，陽明的回答也重述了此意，雖口說非敢然

也，只是謙詞，實際上就是這個立場，只其討論的方向轉入章句補傳中。不過，批評朱熹分內外的立場是陽明一貫的思路，仍應視爲是這段文字的眞正要點。陽明反對朱熹對《大學》的編排、章句、補傳的意見，當然是基於對朱熹的《大學》詮釋的反對意見，但筆者要強調的是，陽明對朱熹的反對意見，說爲不同問題上的創作差異則可，說爲文本詮釋的正解之爭則不可，說爲哲學立場的截然對立亦不可。

七、王陽明對朱熹及陸象山的個人態度

本文討論王陽明對朱熹的批評意見，主要的立場是要解消這些批評的合法性，也並不是要否定陽明的理論，只是要否定陽明對朱熹的批評意見，因爲這些意見是基於不同問題意識而來的批評。事實上，陽明對朱熹個人確是十分崇敬的，只是誤以爲有什麼理論上不得不爭的立場而已。本節即要從陽明對朱熹個人、朱陸之爭以及對象山個人的意見，重新定位陽明對朱子的根本態度。首先，針對朱熹個人，參見其言：

> 孟子辟楊、墨，至於「無父、無君」。二子亦當時之賢者，使與孟子並世而生，未必不以之爲賢。墨子兼愛，行仁而過耳。楊子爲我，行義而過耳。此其爲說，亦豈滅理亂常之甚而足以眩天下哉？而其流之弊，孟子則比於禽獸、夷狄，所謂以學術殺天下後世也。今世學術之弊，其謂之學仁而過者乎？謂之學義而過者乎？抑謂之學不仁、不義而過者乎？吾不知其於洪水、猛獸何如也。孟子云：「予豈好辯哉？予不得已也。」楊、墨之道塞天下。孟子之時，天下之尊信楊、墨，當不下於今日之崇尚朱之說。而孟子獨以一人呶呶於其間。噫！可哀矣！韓氏云：「佛、老之害，甚於楊、墨。」韓愈之賢，不及孟子，孟子不能救之於未壞之先，而韓愈乃欲全之於已壞之後，其亦不量其力，且見其身之危，莫之救以死也。嗚呼！若某者，其尤不量其力，果見其身之危，莫之救以死也矣！夫眾方嘻嘻之中，而猶出涕嗟若。舉

世恬然以趨，而獨疾首蹙額以爲憂。此其非病狂喪心，殆必誠有大苦者隱於其中。而非天下之至仁，其孰能察之？其爲「朱子晚年定論」，蓋亦不得已而然。中間年歲早晚，誠有所未考，雖不必盡出於晚年，固多出於晚年者矣。然大意在委曲調停，以明此學爲重。平生於朱子之説，如神明蓍龜，一旦與之背馳，心誠有所未忍，故不得已而爲此。「知我者謂我心憂，不知我者謂我何求。」蓋不忍牴牾朱子者，其本心也，不得已而與之牴牾者，道固如是，不直則道不見也。執事所謂「決與朱子異」者，僕敢自欺其心哉？夫道，天下之公道也，學，天下之公學也，非朱子可得而私也，非孔子可得而私也，天下之公也。公言之而已矣，故言之而是，雖異於己，乃益於己也。言之而非，雖同於己，適損於己也。益於己者，己必喜之；損於己者，己必惡之；然則某今日之論，雖或於朱子異，未必非其所喜也。君子之過，如日月之食，其更也，人皆仰之。而小人之過也必文。某雖不肖，固不敢以小人之心事朱子也。[90]

　　這段文字是王陽明自己在討論他與朱子有所差異的立場。這段文字，看似重要，實際上只是一些心情的發抒與立場的再表明而已，義理上的鋪陳並未展開。陽明之意，今時之世，眾人「學不仁不義而過者」之世，孟子、韓愈與自己都是力挽狂瀾、不畏生死之人，故孟子辟楊墨，韓愈辯佛，而陽明，則批朱子。這些話說下來，分量已經太重了，即是把朱熹比作楊墨、比作佛、比作倡不仁不義且又有所過之者了，但陽明竟說出口了，當然這也顯示陽明認定朱熹理論有時代性的巨大影響，因此必須辯之。陽明雖然批評朱熹的很多理論，但是私心上陽明對朱熹倒並不是視爲小人之輩，相反地仍有極高的敬意，陽明的《朱子晚年定論》，就是要引之爲同道之作，然學界一般不明其意，便在知識細節上批評反對，有人謂其所引之書信有些並非朱熹晚年之作，陽明自己澄清，重點不在時段早晚，而在意旨的立場，此誠其然，筆者同意，且豈止晚年、中年而已，若論於自我反省，本就是儒門基本工夫，朱熹實是終其一生早中晚歲皆在實踐的。陽明雖對朱

熹晚年有實踐上的尊敬與肯定，但是對於朱熹的言論，因爲涉及入道要門，故而不能不辯，但雖辯其理論，卻對朱熹之本心，誠無疑義。意即只是說朱熹的爲學方法不好，而不是他的價值意識及道德立場有問題。只是爲了天下之公學與天下之公道，非朱子可得而私，故人可與議。且朱熹爲一大儒，必能受人實攻，故陽明子所言，未必非朱熹所喜，此不以小人之心度朱熹也。陽明說來說去，把自己對朱熹的批評及對晚年朱熹的肯定，說成了是孟子、韓愈的事業了。筆者以爲，此誠言之有過矣。但陽明主張自己的方法與朱熹不同，這是可以做哲學討論的，而筆者則是不同意兩者的哲學理論有什麼根本上的對立的。至於把朱熹當成了君子而非小人，因此可以實攻之，這當然算是正面的恭維了，只不過這個恭維是爲了提出批評，所以也只能說陽明是在講一些漂亮話而已。

陽明對朱熹本人的態度，又見下文：

朋友觀書，多有摘議晦庵者。先生曰：「是有心求異，即不是。吾說與晦庵時有不同者，爲入門下手處有毫釐千里之分，不得不辯。然吾之心與晦庵之心，未嘗異也。若其餘文義解得明當處，如何動得一字」？[91]

王陽明說自己的心與晦庵的心未嘗異也，是說追求理想的儒者境界之心意是相同的，但是入門下手的方案卻有所不同，於是將有毫釐千里之分。王陽明講的入門下手之不同，就是他對朱熹的種種批評的意見中所示的，包括析心與理爲二、理在心外、義外說、格物的方法等等。但其實，這些陽明所以爲的不同，筆者皆認爲是他自己的誤解，並非是事實，但亦無妨藉此瞭解陽明的思路，至於其說與朱熹的差異，則並不是陽明所自以爲的那樣。

對朱陸之爭，陽明有所明言：

來書云：「今之爲朱陸之辨者尚未已，每對朋友言，正學不明已久，且不須枉費心力爲朱陸爭是非，只依先生『立志』二字點化人。若其人果能辨得此志來，決意要知此學，已走大段明白了；朱陸雖不辨，彼自能覺得。又嘗見朋友中見有人議先生之言者，

輒為動氣。昔在朱陸二先生所以遺後世紛紛之議者，亦見二先生功夫有未純熟分明，亦有動氣之病。若明道則無此矣。觀其與吳涉禮論介甫之學云：『為我盡達諸介甫，不有益於他，必有益於我也。』氣象何等從容！嘗見先生與人書中，亦引此言，願朋友皆如此，如何？」此節議論得極是，極是。願道通遍以告於同志，各自且論自己是非，莫論朱陸是非也。以言語謗人，其謗淺，若自己不能身體實踐，而徒入耳出口，呶呶度日，是以身謗也，其謗深矣。凡今天下之論議我者，苟能取以為善，皆是砥礪切磋我也，則在我無非警惕修省進德之地矣。昔人謂攻吾之短者是吾師，師又可惡乎？[92]

本文為陽明弟子道通之來信及陽明的回應，道通討論對朱陸之爭的態度問題，道通自己的態度是不需論究朱陸是非，論究者都是自學不明的人，而朱陸彼此之爭，正顯示朱陸二先生工夫不純熟。道通這個責諸己的態度是絕對是正確的，但道通這個對朱陸有工夫不純熟的說法，卻是以朱陸之爭的現象去證明朱陸兩人修養不純熟，所以等於道通也批評了朱陸兩人的個人修養境界。但是，重點仍是，朱陸之爭是在爭什麼？是爭兩人的形上學理論？還是工夫論的理論？還是做工夫後的修養境界？以道通之見，朱陸兩人的修養不夠，似乎所爭者亦在兩人各自的修養境界上，而這個立場，亦是筆者的立場。朱陸在形上學問題上沒有對立，在工夫論問題上也沒有對立，卻對彼此及對方子弟的工夫修養境界時有爭執，因此這便是個人修養之爭的問題，而這正是道通對兩人的批評的重點。對於朱陸之爭的問題，筆者另有專書討論[93]，此暫不多論。

而陽明對弟子道通這一段談話的態度是支持的，陽明也是要求弟子反求諸己即可，而勿議論前賢是非，至於陽明自己對朱陸之爭的意見，在這段文字中卻沒有談出來。而陽明的討論，重點在講究自我反省的重要，切勿謗人。若是謗人而己更未達之，則既是言謗，更是身謗，所謗者正為己爾。若是別人議論於我，則引別人以為師，正好自我砥礪，豈能反謗於師？

以本文觀之，陽明對朱熹個人修養是不做批評的，若有所批評，則是以針對理論爲主。然而，事實上，陽明針對朱熹理論所做的批評，卻多有朱熹工夫不得力的批評，如尊德性、道問學分爲二事的批評，至於析心理爲二及義外諸說，則爲錯誤的工夫理論的批評。工夫理論都錯了，則工夫豈能做對？則亦等於進入了對朱熹工夫做不好的批評了。當然，陽明自己更沒少了被時人批評之事，政治官場上暫不說，就是在哲學討論的學術陣營裡，如羅整庵及湛甘泉對其都有批評，但卻多爲直接針對理論，而不是針對個人了，此陽明或爲不及羅整庵及湛甘泉之處矣。

陽明對象山個人亦有說法，參見：

又問：「陸子之學何如？」先生曰：「濂溪、明道之後，還是象山；只還粗些。」九川曰：「看他論學，篇篇說出骨髓，句句似針膏肓，卻不見他粗。」先生曰：「然他心上用過功夫，與揣摹依仿、求之文義，自不同。但細看有粗處，用功久，當見之。」[94]

本段文字是王陽明直接表達對陸象山學術成就的看法，認爲象山能繼濂溪、明道之路，但卻粗些。粗些何意？陽明未明講細節，故意旨難揣，便不多加猜測。無論如何，陽明對朱陸之爭的態度是建議子弟不要去議論，但是對朱熹有義理上的直接批評，不過又作《朱子晚年定論》一書，以爲朱熹與陽明自己也是同道，關鍵正是朱子書信中有許多自我反省的話語。這就是說，陽明是把理論立場與爲人修養合在一起談了，這對儒學作爲一套生命的學問、一套人生哲學而言，本是適宜的。但在今日的學術分工下，對儒學的討論，仍應是放在理論面，而不是放在哲學家本身的人格修養面，因爲所據以討論的材料多是哲學家的理論著作。因此，人格修養固然會影響到理論，但若不是直接談修養境界的理論，則其實與人格修養的命題不能混爲一事。朱熹的「理氣說」就是被當作工夫修養論而被陽明批評的；而朱熹與象山的爭執，則也是被當作朱陸兩人修養不好的證據而被陽明弟子批評的；但是朱熹有關自己修養反省的話語卻被陽明大力讚賞。那麼，

象山的修養理論，與象山的修養，應該也是被陽明混在一起批評評價了。

八、結論

哲學史上王陽明對朱熹多有批評，雖然陽明偶爾發爲對朱熹個人的親善態度，但是朱、王對立的印象卻已深入人心，學界多言其異，說同者少。筆者並非刻意要說其同，而是要指出其所異者正非同一事爾，因此說異亦無甚重大意義。當代學者，固有針對程朱、陸王之別異者大作文章說其不同者，但筆者以爲，僅從文本詮釋而非哲學創作角度言，朱王二人的差異實可解消，當代學者的討論，不如說是要建立自己的新哲學系統，而藉由朱王之別異的創造性詮釋來落實的。筆者在朱陸之爭的研究中，即已獲得此項心得。筆者認爲，透過良好的研究工具，即可見出，陽明對朱熹的批評，都沒有對準朱熹的問題意識，陽明自己的問題意識主要是工夫論進路的，而且是直接談本體工夫的，在工夫論的批評上，「析心與理爲二說」的批評，是以陽明自己的「心即理」的本體工夫，對上朱熹談「先知後行」、「格致、窮理」的工夫次第論；「義外說」是以「仁義內在」的本體工夫論，對上朱熹談「一物有一物的道理」的存有論普遍原理。既然文不對題，硬說其異者，則只能見到哲學理性的薄弱而已。陽明是求實踐之心甚切，導致薄於對朱熹的文本理解；至於當代學者是造爲新說之心切，導致薄於對哲學基本問題的分判。至於談到陽明對朱熹個人的態度而言，反而多見陽明認同朱熹之說法，但卻在理論上嚴厲批評朱熹，則陽明是否真在人格修養上十分同情朱熹，筆者也要置疑了。陽明大作《朱子晚年定論》之書，既受時人反駁，亦不被後學接受，這還是要怪陽明自己批評朱熹過甚，區區書信之內文，不足以推翻早已深入人心的朱王別異之印象。然而，筆者的努力卻是，儘管陽明有種種的理論錯置，及對朱熹忽冷忽熱的不一態度，朱王之間的根本形式應該是，雖有差別，卻無對立。要說對立，三教之間對立更多，更應去

談，但在同一學派內，教內之間的別異，多是基本哲學問題意識的混淆所致。本文之作，即是以哲學基本問題分析法，澄清朱王之別異，主張其並非對立之作。

參考書目：

王陽明《傳習錄》

朱熹《朱子文集》，臺北：德富古籍叢刊

陸象山《象山先生全集》

馮友蘭《中國哲學史新編》，臺北：藍燈

馮友蘭《中國哲學史》，臺灣商務印書館

牟宗三《心體與性體》，臺北：正中

勞思光《新編中國哲學史》，臺北：三民

陳榮捷《王陽明傳習錄詳注集評》，臺灣學生書局

杜保瑞《南宋儒學》，臺北：商務

註釋：

58 本文於2011年9月27-29日，首次發表於「世界儒學大會」，主辦單位：山東大學，國際儒聯。本文也已正式發表於學術期刊，參見：杜保瑞，2012年10月，〈對王陽明批評朱熹的理論反省〉，《台大哲學論評》，第44期：頁33-72。

59 馮友蘭及牟宗三先生是將程顥及程頤二分爲兩系，但勞思光先生就把二程都當成是形上學的階段，因此與朱熹屬於同一階段。參見：馮友蘭言：「各方面的材料都說明，二程的氣象是不同的。」《中國哲學史新編》第三冊，臺北，藍燈文化事業股份有限公司，1991年12月，初版，頁133。又見：《二程遺書》中所載二人語錄，有一部分俱未注明爲二人中何人之語，但二人之學，開此後宋明道學中所謂程朱、陸王兩派，亦可稱爲理學、心學之二派。程伊川爲程朱，即理學一派之先驅，而程明道則陸王，即心學一派之先驅也。然二人之主張雖異，而其所討論之問題，則大致相同。」馮友蘭，《中國哲學史下》，臺灣商務印書館，1999年11月，增訂台一版第四刷，頁869。牟宗三言：明道不言太極，不言太虛，直從「於穆不已」、「純亦不已」言道體、性體、誠體、敬體。首挺立「仁體」之無外，首言「只心便是天，盡之便知性，知性便知天，當下便認取，更不可外求」，而成其「一本」之義。是則道體、性體、誠體、敬體、神體、仁體，乃至心體，一切皆一。故眞相應先秦儒家之呼應而直下通而爲一之者是明道。明道是此「通而一之」之造型者，故明道之「一本」義乃是圓教之模型。從濂溪、橫渠，而至明道是此回歸之成然。兩方皆挺立而一之，故是圓教之造型亦是宋明儒學之所以爲新，此是順先秦儒家之呼應直下通而一之，調適上遂之新。……由濂溪橫渠而至明道，此爲一組。此時猶未分系也。義理間架至伊川而轉向。伊川對於客觀言之的「於穆不已」之體以及主體言之的仁體、心體與性體似均未能有相應之體會，既不同於前三家，亦不能與先秦儒家之發展相呼應。他把「於穆不已」之體（道體）以及由之而說的性體只收縮提練，清楚割截地視爲「只是理」，即「只存有而不活動」的理。（明道亦說理或天理，但明道所說的天理是就其所體悟的「於穆不已」

之體說，廣之，是就其所體悟的道體、誠體、敬體、神體、仁體、心體皆一說，是即存有即活動者）牟宗三，《心體與性體·第一冊》，臺北，正中，1968年第一版，頁44。勞思光言：「依一系說之觀點論之，宋明儒學運動可視爲一整體，其基本方向是歸向孔孟之心性論，而排斥漢儒及佛教；其發展則有三階段，周張，程朱，陸王恰可分別代表此三階段。」勞思光《新編中國哲學史》臺北，三民，1990年11月，六版，頁50。「濂溪橫渠及康節之學，屬於宋明儒學之初期。迨二程立說，宋儒思想遂進入另一階段。蓋以『本性論』爲中心之形上學，實建立於二程之手。二程弟子殊多；尤以伊川之門爲聖；然其述師說亦每有趨向之不同。」勞思光，頁205。

60 杜保瑞，2010年9月，《南宋儒學》〈第十一章、朱陸《辯太極圖說書》之義理爭辯〉及〈第十二章：鵝湖之會與朱陸之爭〉。臺北：臺灣商務印書館。

61 參見：《王陽明傳習錄詳注集評》，陳榮捷著，臺灣學生書局，1988年2月修訂再版，頁457。

62 參見：《王陽明傳習錄詳注集評》：「陽明單採一邊以爲定論。實則非朱子之定論，而乃陽明之定論也。其必靠朱子以爲定論者，蓋由其必求與朱子歸一之故。」頁457。

63 參見：杜保瑞，2001年4月，〈王陽明功夫哲學進路的哲學體系探究〉，《東吳哲學學報第六期》頁61-118。以及筆者的會議論文，杜保瑞，2010年3月27-28日，〈論王陽明的知行關係〉，「第十三屆儒佛會通暨文化哲學學術研討會──德行與知識」，主辦單位：華梵大學哲學系。杜保瑞，2010年6月5-8日，〈王陽明的三教辨正與教學風格〉，「第三屆東方人文思想國際學術研討會」，主辦單位：華梵大學東方人文思想研究所。以上第二文及第三文已收錄於筆者所著《陽明哲學與陽明文選》專書中，浙江大學出版社。

64 談陽明的形上學，有他的明顯的工夫論旨背後所預設的部分，也有他被後學詮釋而創造出來的部分，當然，更有他自己創作發言的部分，以下幾段文字都使得陽明難以擺脫大陸學者說他是主觀唯心論的形上學型

態，參見：「良知是造化的精靈，這些精靈，生天生地，成鬼成帝，皆從此出，眞是與物無對。人若複得他完完全全，無少虧欠，自不覺手舞足蹈，不知天地閒更有何樂可代。」《王陽明傳習錄及大學問・傳習錄下》；「夫良知一也，以其妙用而言謂之神，以其流行而言謂之氣。」《王陽明傳習錄及大學問・傳習錄中・答陸原靜書》；「良知之虛便是天之太虛，良知之無便是太虛之無形，日、月、風、雷、山、川、民、物，凡有貌象形色，皆在太虛無形中發用流行，未嘗作得天的障礙。」《王陽明傳習錄及大學問・傳習錄下》。針對這個問題，筆者另有討論，參見：杜保瑞，2021年6月5-8日，〈王陽明的三教辨正與教學風格〉，「第三屆東方人文思想國際學術研討會」，主辦單位：華梵大學東方人文思想研究所。

65 《傳習錄上・徐愛錄》

66 從倫理學的角度説，也可以説告子之論是情境倫理學或道德實在論的討論。

67 説朱熹之理學討論爲告子義外説之思路確實是筆者的意見，朱熹也未必正確理解告子，朱熹確實不會承認自己是告子，朱熹還批評象山是告子。但筆者在這個問題上卻與牟宗三先生意見相同，但牟先生以此批判朱熹，筆者卻同時要替告子及朱熹澄清，主張兩人的問題意識合法，且有哲學功能，應予重視及肯定，這種義外之思路就是存有論之思路，而孟子及陽明的義內之思路就是工夫論之思路，問題意識不同，不需批評對方。

68 或者説朱熹在談的是客觀的道德知識，而陽明在談的是道德實踐的主體自覺。

69 參見：杜保瑞，2009年6月，〈朱子談本體工夫的項目與義涵〉，華東師範大學出版社，《宋代新儒學的精神世界——以朱子學爲中心》，頁87-111。參見：杜保瑞，《南宋儒學》〈朱熹其他詮釋傳統中的本體工夫〉，臺灣商務印書館，2010年9月初版。

70 參見：杜保瑞，《南宋儒學》〈朱熹其他詮釋傳統中的本體工夫〉，臺灣商務印書館。朱熹講主敬諸義即是本體工夫的論旨，包括專一、收

斂、謹畏等義。

71 《傳習錄中・答顧東橋書》

72 《朱子晚年定論》陽明子序曰：洙、泗之傳，至孟氏而息。千五百餘年，濂溪、明道始復追尋其緒。自後辨析日詳，然亦日就支離決裂，旋復湮晦。吾嘗深求其故，大抵皆世儒之多言有以亂之。守仁早歲業舉，溺志詞章之習，既乃稍知從事正學，而苦於眾說之紛擾疲爾，茫無可入，因求諸老、釋，欣然有會於心，以爲聖人之學在此矣。然於孔子之教間相出入，而措之日用，往往缺漏無歸，依違往返，且信且疑。其後謫官龍場，居夷處困，動心忍性之餘，恍若有悟，體驗探求，再更寒暑，證諸《五經》、《四子》，沛然若決江河而放諸海也。然後嘆聖人之道坦如大路，而世之儒者妄開竇逕，蹈荊棘，墮坑塹，究其爲說，反出二氏之下，宜乎世之高明之士厭此而趨彼也，此豈二氏之罪哉？間嘗以語同志，而聞者競相非議，目以爲立異好奇。雖每痛反探抑，務自搜剔斑瑕，而愈益精明的確，洞然無復可疑。獨於朱子之說有相牴牾，恒疚於心，竊疑朱子之賢，而豈其於此尚有未察？及官留都，復取朱子之書而檢求之，然後知其晚歲故已大悟舊說之非，痛悔極艾，至以爲自誑誑人之罪不可勝贖。世之所傳《集注》、《或問》之類，乃其中年未定之說，自咎以爲舊本之誤，思改正而未及，而其諸《語類》之屬，又其門人挾勝心以附己見，固於朱子平日之說猶有大相謬戾者。而世之學者局於見聞，不過持循講習於此，其於悟後之論概乎其未有聞，則亦何怪乎予言之不信，而朱子之心無以自暴於後世也乎？予既自幸其說之不謬於朱子，又喜朱子之先得我心之同然，且慨夫世之學者徒守朱子中年未定之說，而不復知求其晚歲既悟之論，競相呶呶，以亂正學，不自知其已入於異端，輒採錄而裒集之，私以示夫同志，庶幾無疑於吾說，而聖學之明可冀矣。正德乙亥冬十一月朔，後學余姚王守仁序。

73 《傳習錄上・陸澄錄》

74 《傳習錄上・陸澄錄》

75 《傳習錄上・薛侃錄》

76 《傳習錄中・答羅整庵少宰書》

77 參見:《王陽明傳習錄詳注集評》，頁252。「九條，爲（一）或讀書講
　　道義，或論古今人物而別其是非，或應接事務而處其當。今日格物。明
　　日又格一物。（二）自一身之中，以至萬物之理，多多理會。（三）非
　　窮盡天下之理，亦非只窮得一理，但須多積累。（四）於一事上窮盡，
　　可以類推，一事上窮不得，且別窮一事。或先其易，或先其難，各隨人
　　深淺。（五）物必有理，皆所當窮。（六）如欲爲孝，當知所以爲孝之
　　道。（七）物我一理，才明彼，即曉此。一草一木皆有理，不可不察。
　　（八）知至善之所在。（九）察之於身。此九條皆言格物致知所當用力
　　之地與其次第工程。詳大學或問……」

78 《傳習錄上・陸澄錄》

79 歷來兩分朱陸的學者，多以象山批評朱熹的支離、易簡定位兩造，實過
　　於簡化問題，朱陸之間亦是同多於異，直就《大學》文本詮釋而言，在
　　「先知後行」議題的詮釋立場上，象山與朱熹都接受《大學》文本本來
　　的立場。參見象山言：「大學言明明德之序，先於致知，孟子言誠身之
　　道，在於明善，今善之未明，知之未至……適越而北轅，愈篤而愈遠，
　　不知開端發足，大指之非，……必沒身於大澤，窮老於幽都而已。」
　　《陸象山全集》卷一，書，〈與胡季隨〉。又見：「爲學有講明，有踐
　　履，大學致知格物，中庸博學審問謹思明辨，孟子始條理者，智之事，
　　此講明也。大學修身正心，中庸篤行之，孟子終條理者，聖之事，此踐
　　履也。物有本末，事有終始，知所先後，則近道矣。欲修其身者，先正
　　其心，欲正其心者，先誠其意，欲誠其意者，先致其知，致知在格物，
　　自大學言之，固先乎講明矣。自中庸言之，學之弗能，問之弗知，思之
　　弗得，辯之弗明，則亦何所行哉。未嘗學問思辯，而曰吾唯篤行之而
　　已，是冥行者也。」《陸象山全集》卷十二，書，〈與趙詠道二〉。相
　　關討論參見拙著《南宋儒學》〈第十二章：鵝湖之會與朱陸之爭〉。

80 《傳習錄下・黃以芳錄》

81 《傳習錄下・黃以芳錄》

82 朱熹對自己在尊德性及道問學兩路工夫的實踐結果進行反省，卻引來象
　　山批評其不知尊德性如何道問學，無獨有偶，陽明亦批評其將尊德性

與道問學分爲兩事。參見朱熹的原文：「大抵子思以來，教人之法，惟以「尊德性」、「道問學」兩事爲用力之要，今子靜所說，專是「尊德性」之事，而熹平日所論，卻是問學上多了。所以爲彼學者，多持守可觀，而看得義理全不仔細，又別說一種杜撰道理，遮蓋不肯放下；而熹自覺雖於義理上不敢亂說，卻於緊要爲己爲人上，多不得力。今當反身用力，去短集長，庶幾不墮一邊耳。」《朱子文集·卷五十四·答項平父二》，頁2550，臺北：德富古籍叢刊，2000年2月。此文亦記載於《象山先生全集·卷三十六·年譜·先生四十五歲》。

83 參見：杜保瑞《南宋儒學》〈第七章：朱熹經典詮釋進路的工夫論建構〉，臺灣商務印書館。

84 參見象山原文：「朱元晦曾作書與學者云，陸子靜專以尊德性誨人，故遊其門者，多踐履之士，然於道問學處欠了，某教人豈不是道問學處多了些子，故遊某之門者，踐履多不及之。觀此，則是元晦欲去兩短合兩長，然吾以爲不可，既不知尊德性，焉有所謂道問學。」《象山先生全集·卷三十四·語錄》

85 參見：杜保瑞，2010年6月5-8日，〈王陽明的三教辨正與教學風格〉，「第三屆東方人文思想國際學術研討會」，主辦單位：華梵大學東方人文思想研究所。本文已出版於《天問》期刊中。相關討論在本書的世界觀與道佛知見章節中。

86 《傳習錄中·啓周道通書》

87 筆者的意見是，在理氣存有論的問題上，陽明事實上都是用到了朱熹的氣稟說。參見：杜保瑞，2010年6月5-8日，〈王陽明的三教辨正與教學風格〉，「第三屆東方人文思想國際學術研討會」，主辦單位：華梵大學東方人文思想研究所。本文已出版於《天問》期刊中。

88 《傳習錄中·答顧東橋書》
89 《傳習錄中·答羅整庵少宰書》
90 《傳習錄中·答羅整庵少宰書》
91 《傳習錄上·薛侃錄》
92 《傳習錄中·啓周道通書》

93 參見杜保瑞《南宋儒學》，臺灣商務印書館。

94 《傳習錄下・陳九川錄》

附錄　工夫論與做工夫──論王陽明編定《朱子晚年定論》的理論合理性

摘要

　　就王陽明所編選之《朱子晚年定論》全書之文稿而言，朱熹所述，皆痛切悔悟自己未能身體力行之言，陽明心學重實踐，對於此些文字，深喜其說，皆同己意，故引爲同道，說爲定論。本文之作，主張這是王陽明混淆了做工夫與工夫論的界線，儒家工夫都是本體工夫，意即心上修養的工夫，純化意志，篤定實踐，此事，表現在深自反省之際，做工夫就是要反省自己的動機之是非好惡，檢索有無好勝妒忌懈怠貪求之病，凡行爲於此，即是做工夫。至於工夫理論，有心理修養的本體工夫，有身體修煉的工夫，有工夫入手、工夫次第、還有境界工夫，爲使工夫論於理有據，還有形上學普遍原理，就儒學而言，就是朱熹的理氣心性情論，這就是繼承發揚先秦儒家天道論性善論的統合之作。朱熹以學問事功見長，陽明以軍事教育事功見長，兩人皆有事功，儒家就是要有現實事功的，這也是儒者別於道佛之立足點。孔孟亦無陽明許大軍事事功，孔孟卻有學術人格事功，也沒有被陽明比下去了。至於個人的修身工夫，朱熹做工夫，陽明做工夫，《朱子晚年定論》就是王陽明替朱熹證明朱熹有在自家心上做工夫的著作。於工夫論中，朱熹重下學上達，此爲通人計，陽明重知行合一，此就實際處言，理論上不須別異高下。《朱子晚年定論》書文中多有朱熹批評自己讀書太多且不得力，故而深切自責，宜靜心反省，反而得力之說，這就是朱熹在做自我反省的心上修養工夫，文中無一語及於朱熹對自己任何理論內涵進行更動，只深責未能力行。因此，王陽明的《朱子晚年定論》只是還了一半的朱熹公道，其實還是犧牲

了朱熹建構儒學理論的形象地位。至於牟宗三先生，不僅以做工夫貶抑工夫論，還把做工夫高抬爲動態的形上學，愈說愈遠，書生好勝之意氣，高己貶人之心胸，溢於言表，不僅於儒學理論發展無益，亦扭曲了儒學理論的完整風貌。

關鍵字：朱熹、王陽明、朱子晚年定論

一、前言

　　史上朱王之爭，在王陽明的立場上，可以說最後他以《朱子晚年定論》一書終結了這個爭議，宗旨就是，朱熹晚年的論述立場已經與他完全一致，自己的儒學就是朱熹的儒學，兩家無庸爭議了。就此而言，學界有若干討論指稱所編之朱熹文句其中有許多並非晚年之作，故而陽明的結論並不成立。筆者以爲，朱熹文句的年代早晚問題並不重要，重點是爲陽明所選編的朱熹文句究竟在什麼意義下被陽明視爲與己見相同，從而可以免去陽明對朱熹提出的許多理論上的攻擊意見？例如批判朱熹爲「理在心外」、「析心與理爲二」，且主「知行合一」，甚至是「先行後知」，而非「先知後行」之見等等。本文之作，將先疏解陽明所編朱熹文句的理論意旨，其次討論該書之中的陽明及其弟子的評價意見，最終將指出，朱熹的工夫論與陽明的工夫論完全可以融合，因爲眞正的問題只是，陽明在《朱子晚年定論》書中談的是「要求做工夫」，而不是在談「工夫論」，「工夫論」和「要求做工夫」是一而二、二而一的事情，但是陽明的《朱子晚年定論》顯然是把朱熹談做工夫的話語視爲與己意相同，這也就是說，陽明總是談「要求做工夫」，雖然也談工夫論中的本體工夫、工夫入手、境界工夫，但關鍵就是要做工夫，因此更會要求眾人做工夫，而當朱熹談「工夫次第」的工夫論時，陽明即批評其爲「知而不行」，一旦朱熹檢討自己做工夫不得力而反省自責並立志實踐時，陽明就覺得朱熹之意與己相同了。實際上，陽明想的是「要求做工夫」，朱王之間並

不是眞的有什麼工夫理論的絕大衝突，「要求做工夫」與「工夫理論」不是一回事，誰都會做工夫，做工夫就是反省、立志、改過這幾件事，至於工夫論，朱王有不同重點，但也不可能有理論的衝突，以爲有重大衝突只是知識份子好勝爭強的意氣而已，理論上稍有方法論的分析能力者，都可以解消之[95]。

二、王陽明究竟發現了什麼朱子晚年定論？

以下，筆者將王陽明的《朱子晚年定論》做通篇的解讀，目標在指點出王陽明挑選的朱熹文字，都談不上是什麼工夫理論，而只是朱熹自己的反省自修，都是朱熹正在做工夫的句子，所以王陽明要的就是一個儒者必須要做工夫，並不是眞的談了什麼不同於朱熹、程頤的新的儒學工夫論，以下論之。

〈答黃直卿書〉：爲學直是先要立本。文義卻可且與說出正意，令其寬心玩味；未可便令考校同異，研究纖密，恐其意思促迫，難得是向來定本之誤。今幸見得，卻煩勇革。不可苟避譏笑，卻誤人也。

朱熹對黃直卿說：爲學要立本，就是要立志，書中義理可以弄清楚，好好玩味，不必花力氣去訓詁考據，過去文本也會有誤，但是，道理看明瞭，卻不能耐煩於勇敢改變自己的行爲，這是不行的，硬撐、自以爲是、不肯認錯，這樣也是誤人。朱熹這段文字，就是要人實踐，這就是王陽明一貫的路數，也是陸象山的路數，並沒有談工夫理論，只是勸人去實踐，也就是要求做工夫。

〈答呂子約〉：日用工夫，比復何如？文字雖不可廢，然涵養本原而察於天理人欲之判，此是日用動靜之間，不可頃刻間斷底事。若於此處見得分明，自然不到得流入世俗功利權謀裡去矣。熹亦近日方實見得向日支離之病，雖與彼中證候不同，然忘己逐物，貪外虛內之失，則一而已。程子說「不得以天下萬物擾己，己立後自能了得天下萬物」，今自家一個身心不知安頓去處，而

談王說伯，將經世事業別作一個技倆商量講究，不亦誤乎！相去遠，不得面論；書問終說不盡，臨風嘆息而已。

朱熹要呂子約直接涵養本源，雖然文字工夫不可廢，但日用之間的工夫更不可間斷，這就是時刻反省，這樣為官處事才不會與人權奪爭利，因此，朱熹也反省自己有忘己逐物之病，也用了象山批評他的支離之病說自己，不過，象山講的支離是指在義理文字上的工夫，而朱熹自謙的支離卻是貪外虛內的修養之病，正是說得自己沒有好好內反自修。引程頤的話，強調要自己安頓自己身心，就是要做工夫。

〈答何叔京〉：前此僭易拜稟博觀之蔽，誠不自揆。乃蒙見是，何幸如此！然觀來論，似有未能遽舍之意，何邪？此理甚明，何疑之有？若使道可以多聞博觀而得，則世之知道者為不少矣。熹近日因事方有少省發處，如「鳶飛魚躍」，明道以為與「必有事焉勿正」之意同者，乃今曉然無疑。日用之間，觀此流行之體，初無間斷處，有下功夫處。乃知日前自誑誑人之罪，蓋不可勝贖也。此與守書冊，泥言語，全無交涉；幸於日用間察之，知此則知仁矣。

朱熹開頭就先自謙，自責之前的博觀之弊。其實博觀無弊，弊在不實踐。然後就指出何叔京固然同意己說，卻似乎未能落實，所以朱熹再函說明，關鍵就在「若使道可以多聞博觀而得，則世之知道者為不少矣。」也就是說，重點在於自覺，自覺之後要在日用之間去下工夫，否則，心上不自覺，光在研究義理，這不是聖學工夫，聖學工夫，「此與守書冊，泥言語，全無交涉」。必須得要在生活中實踐，「幸於日用間察之，知此則知仁矣。」這個察，就幾乎是程顥的識仁，察之即存守之，守此仁而已，也就是直接做工夫了。

以上這段文字，雖然朱熹自己批評書讀太多、研究文義太多，卻未及實行，但這並不表示：朱熹所研究的義理以及所提出的工夫理論是不正確的，只能是說，這些形上學的理論以及工夫論的理論就是為了實踐的依據以及實踐的方法而研究的正確知見，只是，還差了身體力行這一步。就像科學理論，沒有在科技上應用，並不表示理論錯

誤，更不表示理論無價值，只是要利用厚生的話，就要藉由科技產品以為人類所使用，但普遍原理義上的科學理論，正是一切科技發明的依據，具有絕對的核心價值、關鍵地位，所以朱熹的形上學理論和下學上達以及求放心的工夫理論，仍是正確的，而且，知了就是要行，要知得正確就是為了要行得正確，若未能行，等於白學了。朱熹並沒有主張知而不學，但是在實踐上卻有反省自己學而未行，於是指責自己只是博觀，卻未在無間斷中實下工夫。因此，被王陽明看重的這段文字，實際上就是朱熹指責自己沒有好好在心地上用功的文字，也就是朱熹自己要求自己要做工夫，也就是筆者於本文宗旨上所明言的，王陽明的《朱子晚年定論》實際上就是談「要求做工夫」，而不是談了什麼不一樣的工夫理論，但王陽明卻以為朱熹到了晚年開始講了跟自己一樣的工夫理論了。

〈答潘叔昌〉：示喻「天上無不識字的神仙」，此論甚中一偏之弊。然亦恐只學得識字，卻不曾學得上天，即不如且學上天耳。上得天了，卻旋學上天人，亦不妨也。中年以後，氣血精神能有幾何？不是記故事時節。熹以目昏，不敢著力讀書。閒中靜坐，收斂身心，頗覺得力。間起看書，聊復遮眼，遇有會心處，時一喟然耳！

潘淑昌以「天上無不識字的神仙」比喻有科舉功名的人沒有學問不好的，所以必須好好做學問，不像有些人，讀書不看仔細，任意解說，所以論中一偏之弊。基本上這個反省就是要強調讀書識字搞學問，這正是朱熹擅長的武功。但朱熹自己卻又做了反省，上天指的是各方面成功的人，關鍵就是真的去做，前說之弊是只知道人家有學問卻不知道人家已經做足了工夫，「卻不曾學得上天」，沒有學到別人做工夫的辛勞，「即不如且學上天耳」，還是先做工夫把自己搞好吧！這個工夫就是念頭的純化、意志的堅定。這一步完成了，成了大人物了，再去加強那些學問上的工夫，「上得天了，卻旋學上天人，亦不妨也」。雖然如此，朱熹自己就是這種上得天了，而搞起學問的人，但是，年紀愈大，精力不從，讀書又變得不是最重要的事

了。「中年以後，氣血精神能有幾何？不是記故事時節。熹以目昏，不敢著力讀書」。「不是記故事時節」，就是說也不是博聞強記的年紀了，那怎麼辦呢？再度回到反省修心的工夫路上就對了，「閑中靜坐，收斂身心，頗覺得力」。因爲收斂身心，所以得力，得力是得在心上的篤定自信，對於價值感的堅定，所以「間起看書，聊復遮眼，遇有會心處，時一喟然耳」，心定了之後還是可以看書，看書貴在心領神會，有體會時，心下釋然。

這一段談話活生生地說出了朱熹在要求自己做工夫，以及要求別人做工夫方面的準確話語，實際上王陽明所有對朱熹哲學理論的批評，都是以做工夫的要求來批判理論建構的活動，說朱熹「理在心外」，說朱熹「析心與理爲二」，說朱熹割裂知行，就是對朱熹談形上學理論的理氣心性情說予以不做工夫的「理在心外」、「心理爲二」的批評，這當然是不準確的進路。又以「知行合一」的要求做工夫批評朱熹談「先知後行」的「工夫次第論」，這一樣是不準確的批評。就是王陽明自己所引的這一段文字，正顯示朱熹完全是在王陽明要求做工夫的思路之中，只可惜，王陽明對朱熹的所有批評，卻顯示王陽明完全不進入朱熹的問題意識與思維世界。並不是朱熹晚年領悟與王陽明相同，而是朱熹對王陽明所談的儒者就是要真切直接地做工夫的要求，自朱熹爲學之始，就是走在這條路上，只是朱熹的形上學理論之心性情理氣說，工夫次第論之先知後行說，王陽明完全不能領會而已。

〈答潘叔度〉：熹衰病，今歲幸不至劇，但精力益衰，目力全短，看文字不得；冥目靜坐，卻得收拾放心，決得日前外面走作不少，頗恨盲廢之不早也。看書鮮識之喻，誠然。然嚴霜大凍之中，豈無些小風和日暖意思？要是多者勝耳！

朱熹說因爲自己身體不好，沒法好好讀書看文字，只好靜坐沉思，卻反而把自己的心念收拾得更好。此說，不能解爲不讀書光打坐時反而工夫才能做得好，而是要認識到朱熹平日努力看書做解就是爲了知識份子有個好的義理知見的依據而做的努力，在做這樣的學術事

業的過程中，依然要回到本心時刻反省有無在待人處驕矜失禮之處，或是在做學問上投機懈怠之時，而這樣的反思，卻只能是在不讀書不做學問而只是靜坐反思時才更能專心檢視，朱熹說：「頗恨盲廢之不早也。」這只是文學手法，書生之氣的話語表示而已，當不得眞。但是在「靜坐」中，「收拾放心」卻是直接收效，也是直接做工夫，做自己的修心工夫。王陽明會引此文，正是因爲朱熹自己講了要收拾放心的話，這就是要把胸中任何一絲雜念妄想除去的直接做工夫的話，然而，這樣的話終朱熹一生都是會說的，至於形上原理與工夫次第和本體工夫的話，卻是在讀書講明義理的狀態下才寫的文字，並不表示那些話不主張做工夫，而是那些話是關乎工夫理論以及它的普遍原理之依據。而王陽明是知道要直接做工夫亦要求弟子做工夫，因而在看到朱熹也講自己做工夫的話語時便以之爲與己同道者。

〈與呂子約〉：孟子言「學問之道，惟在求其放心」；而程子亦言「心要在腔子裡」。今一向耽著文字，令此心全體都奔在冊子上，更不知有己；便是個無知覺不識痛癢之人，雖讀得書，亦何益於吾事邪？

讀書的目的就是爲了知人事，知了人事就要去做人事，但是朱熹的讀書又與一般的知人事是不同的，朱熹的讀書是爲了理論研究，以及義理考證，讓所謂的人事的道理被講明清楚，所以需要有理氣論的普遍原理以證性善論之爲眞，以及要有先知後行的工夫次第論使人的修養程途依序有據，但這些理論做得再多再好，一樣自己要去實踐，朱熹沒有因爲談理論而不實踐，實際是他談的正是實踐的目的與方向及方法的理論，他談理論是學術進路地談，他談實踐是自我要求地談，亦即是直接在做工夫的狀態下談，即如本文，引孟子言及程子言都是講要直接在心上做工夫，至於朱熹自己說的：「今一向耽著文字，令此心全體都奔在冊子上，更不知有己；便是個無知覺不識痛癢之人，雖讀得書，亦何益於吾事邪？」是指爲了科舉功名而讀書，爲了較競辯論而讀書，不顧書中道理的實踐，只顧意旨的講究考索，這就是自己沒做工夫了，所以說「不知有己」，這樣便是「無知覺不識

痛癢之人」，這樣的書就是白讀了，一位儒者就要行修齊治平之事業的人，若不在自己身心上做，這儒書自然是白讀了，就算讀得再好，可以中舉，也與儒者氣象無關了。所以說：「亦何益於吾事邪？」其實，本段文字沒有談任何的工夫理論，而是說讀書了就是要去做的，也就是要求做工夫而已，而這正是這段文字被王陽明看上的關鍵。王陽明就是講直接做工夫，朱熹此文也是講不做工夫只讀書是沒用的，此旨，兩人完全相同，實際上這種立場本來就是要相同的，朱熹注四書，目的就是告訴儒者正確的價值觀以及修養方式，道理既明就是去做，所以讀書不是問題，沒去做才是問題，此理不需一直強調，本來如是，朱熹偶爾強調，王陽明見得天下人多不能實踐，故時時強調，甚至以為朱熹講的工夫理論是析心與理為二、外理於心、割裂知行，這是陽明的錯解，但陽明特別標出朱熹強調做工夫的話語以為朱熹晚年在學問上的意旨和自己相同，這是拆解朱熹，捍衛己說的作法，不能是對朱熹的正確解讀，若是陽明自己不要對朱熹批評過甚，而引用朱熹這些話與說朱熹自始即是與己相同，筆者以為，如此才是善解朱熹，同時也是理解朱熹哲學理論的專家，當然，陽明不解朱熹並不妨礙陽明自己仍為大家，但是他對朱熹有錯解就是有錯解，此點必須為朱熹澄清。

〈與周叔謹〉：應之甚恨未得相見，其為學規模次第如何？近來呂、陸門人互相排斥，此由各徇所見之偏，而不能公天下之心以觀天下之理，甚覺不滿人意。應之蓋嘗學於兩家，未知其於此看得果如何？因話扣之，因書論及為幸也。熹近日亦覺向來說話有大支離處，反身以求，正坐自己用功亦未切耳。因此減去文字工夫，覺得閒中氣象甚適。每勸學者且亦看《孟子》「道性善」、「求放心」兩章，著實體察收拾為要；其餘文字，且大概諷誦涵養，未須大段著力考索也。

大家都知道象山批評朱熹為支離，這個支離有兩層的意思，其一為談論概念範疇之間的關係，如理氣心性情概念關係，以其分析地說，故指為支離，其實這是形上學普遍原理的討論，目的在建立性善

論以及成聖成賢的可能性，這是象山批評的主要脈絡。其二爲先知後行，這是朱熹詮釋《大學》的工夫次第論，這是陽明以爲朱熹支離的地方，以其不能知行合一，故爲支離。可以說兩家都是把朱熹的理建構當工夫實踐活動來批評，以朱熹不直接做工夫，因此批評爲支離。其實，就爲人處事而言，朱熹豈有不做工夫？不做工夫何必用公於書冊以定宗旨、以留下著作？這不都是爲聖學而做的事功嗎？做事功而無理想的堅持是不可能的，所以朱熹當然時刻在做工夫，亦即象山自謂之易簡。然而，此處朱熹自謂之支離者，實際上就是朱熹在作學問事功過程中對於自己的發心動念喜怒哀樂尚有不眞切之處，自斥之爲支離，所以說是「用功未切」，至於「減去文字工夫」，就是他的著書立說的事功稍停稍緩，讓心思多在念頭動機意志是非上打打轉，這樣就能「氣象甚適」，朱熹又要人多看《孟子》「道性善」、「求放心」兩章，就是孟子要人做工夫兼及性善建構的地方，所以朱熹講「著實體察收拾爲要」，就是要在心上用功，管理體察自己的念頭動機意志喜怒等等，這還是要求做工夫，故爲陽明所喜，然而，哪個儒者不做這樣的工夫？曾子曰「吾日三省吾身」即是，這是儒者本來該做的事，並不是朱熹講了什麼不做這些工夫的話，然後到了晚年再回頭講這些每個儒者都該做的事情的話。

〈答陸象山〉：熹衰病日侵，去年災患亦不少，比來病軀方似略可支吾。然精神耗減，日甚一日，恐終非能久於世者。所幸邇來日用工夫頗覺有力，無復向來支離之病。甚恨未得從容面論。未知異時相見，尚複有異同否耳？

朱熹自稱：「所幸邇來日用工夫頗覺有力，無復向來支離之病。」，就是說這幾天一直用心於反省自己的行爲，使得事事都得其條理，價值意識分明，沒有進退得失之病。這段話，說得還是有做工夫，至於價值是什麼？事功是什麼？何爲是何爲非？這就是學問知識上的事情了，這就需要講學究明，究明之後，拳守不失，時日既久，又或有失，那就再度反思究明，這也很合理，因爲時間環境進度層次階級都會改變，外部環境既變，處事應對之理就宜再度深究追問，所

以就「所幸邇來日用工夫頗覺有力，無復向來支離之病」。其實就是時時在心上自我提醒，就是做工夫了。

〈答符復仲〉：聞向道之意甚勤。向所喻義利之間，誠有難擇者；但意所疑，以爲近利者，即便舍去可也。向後見得親切，卻看舊事，又有見未盡、舍未盡者，不解有過當也。見陸丈回書，其言明當，且就此持守，自見功效；不須多疑多問，卻轉迷惑也。

這段話也就是強調既然看到自己的行爲是爲利而爲，那就把這個行爲給捨去，而若是知有所該做的事，那就是好好持守，不要自己懷疑迷惑。這一段話都是講就去做工夫的話語，跟王陽明平日教育子弟是同樣的話語類型。

〈答呂子約〉：日用工夫，不敢以老病而自懈。覺得此心操存舍亡，只在反掌之間。向來誠是太涉支離。蓋無本以自立，則事事皆病爾。又聞講授亦頗勤勞，此恐或有未便。今日正要清源正本，以察事變之幾微，豈可一向汩溺於故紙堆中，使精神昏弊，失後忘前，而可以謂之學乎？

這一段文字好像朱熹自己在否定他自己一生之中全力投入的學問事功，表面上看確實是如此，但筆者要好好疏理一下。首先，朱熹的讀書是研究做人處事的學問，也就是孔孟之學，周張二程之學，既要明解文義又要辯證道佛，這些皆是學問事功之事，做這些事是需要意志力的，這就是做工夫，而這些事情本身都是有益社會國家世人的，這就是儒者的家國大事之事功，但是做這些事的過程中卻需要有不斷的自我反思、自我敦勉之力，因爲不如此，動力會不足，因爲艱難，方向會偏失，因爲私欲，所以，時刻反省是必須的。

朱熹說：「日用工夫，不敢以老病而自懈。」這就是說反省動機意志是非好惡之心，本來就是朱熹自讀書明理以來的日課而已，雖老病卻不能懈怠。說：「覺得此心操存舍亡，只在反掌之間。」這就是對孟子操存捨亡之文的理解與實務經驗。說：「向來誠是太涉支離。蓋無本以自立，則事事皆病爾。又聞講授亦頗勤勞，此恐或有未

便。」此處談的是修養自己，那就是要時刻處於警覺省察的狀態，但朱熹爲了復興聖學的事功，是有可能會有貪功求快或傲視鄙人的毛病的，所以指責自己「太涉支離」，若非時刻警覺，就犯了「蓋無本以自立，則事事皆病爾」的毛病，即便努力問學講課，也未必濟事，也就是說：「又聞講授亦頗勤勞，此恐或有未便。」因此就匯出本文的宗旨：「今日正要清源正本，以察事變之幾微，豈可一向汨溺於故紙堆中，使精神昏弊，失後忘前，而可以謂之學乎？」其實就是日用常行中的每時每刻的念頭好惡，是否爲公不爲私？這就是「正本清源」，就是「察事變之幾微」，雖然投身儒家義理研究就是偉大的事功、正確的人生道路，但就在爲公的做事過程中，還是要時刻警惕自己的私心是否作祟，否則就是「失後忘前」，如此，「而可以謂之學乎」？

所以，這一段文字不能理解爲是朱熹否定了讀書，而是要求在讀書研究的學問事功之際，依然要時刻反省動機、好惡、勤惰、是非，這就是做工夫，心念上用功，這和象山講的「先立乎其大者」以及王陽明講的「致良知」都是同樣的事情，都是確立價值，然後就去做了。所以關鍵還是「去做」，王陽明選用此段的用意是引爲同道，筆者以爲，朱王就是同道，但不能認爲朱熹否定了自己的哲學理論以及學術事功。

〈與吳茂實〉：近來自覺向時工夫，止是講論文義，以爲積集義理，久當自有得力處，卻於日用工夫全少檢點。諸朋友往往亦只如此做工夫，所以多不得力。今方深省而痛懲之，亦欲與諸同志勉焉。幸老兄遍以告之也。

朱熹之「講論文義」，所講所說全是儒家的道理，所以「以爲積集義理，久當自有得力處」，此誠不假，並非虛言。讀書明理就是要去實踐的，但問題是，日常生活上的舉手投足言與應對，是否兢兢業業？這就是朱熹自己反省到的：「卻於日用工夫全少檢點。」既要檢點，就是要「深省而痛懲」，但這就是自我檢討一事而已，檢討而有過，就悔過嚴懲，嚴懲什麼呢？也不過就是勇猛地做該做的工夫就

是了。筆者還是要強調，不是讀書明文義不對，這就是朱熹的學問事功，這和天下儒者或是政治事功、軍事事功、經濟事功、科技事功、醫療事功等等事功都是一樣的儒者事功，只是盡力於事功之際要時刻反思，要檢點、要深省。這就是直接做工夫，而非只是談工夫理論的階段而已。當然，談工夫理論也是對的，這是儒學的學問事功。

〈答張敬夫〉：熹窮居如昨，無足言者。自遠去師友之益，兀兀度日。讀書反己，固不無警省處，終是旁無疆輔，因循汩沒，尋復失之。近日一種向外走作，心悅之而不能自已者，皆准止酒例戒而絕之，似覺省事。此前輩所謂「下士晚聞道，聊以拙自修」者，若充擴不已，補復前非，庶其有日。舊讀《中庸》「慎獨」、《大學》「誠意」、「毋自欺」處，常苦求之太過，措詞煩猥；近日乃覺其非，此正是最切近處，最分明處。乃舍之而談空於冥漠之間，其亦誤矣。方竊以此意痛自檢勒，懍然度日，惟恐有怠而失之也。至於文字之間，亦覺向來病痛不少。蓋平日解經最為守章句者，然亦多是推衍文義，自做一片文字；非惟屋下架屋，說得意味淡薄，且是使人看者將注與經作兩項工夫做了，下梢看得支離，至於本旨，全不相照。以此方知漢儒可謂善說經者，不過只說訓詁，使人以此訓詁玩索經文。訓詁經文不相離異，只做一道看了，直是意味深長也。

這篇文字有好幾個段落的重點，首先講：「讀書反己，固不無警省處，終是旁無疆輔，因循汩沒，尋復失之。」讀書是對的，象山、陽明何嘗不讀書呢？但讀了就要去做，所以朱熹反省自己沒有找到好的方法讓自己精神昂揚。於是針對《中庸》慎獨、《大學》誠意再做反思，重新理解到「此正是最切近處，最分明處」。實際上這兩個觀念都是工夫論的觀念，朱熹過去覺得這套工夫要求得太嚴密了，做起來太辛苦，但在本文中，就指出這就是做工夫的真正關鍵，也就是在心上反思立志。

接著進入讀書工夫和反思工夫的討論中，也是本文最重要的部分。朱熹說，書本上的文字本身也有許多問題需要考究勘定，但朱熹

自己卻多做的是義理的發揮，以今天的話來說就是做了太多哲學理論的詮釋工作，於是人們變成唯讀朱熹的注解，而少於經文本身，但朱熹又覺得自己的詮釋注解只是「屋下架屋」、「意味淡薄」，不如漢儒注經只是做了訓詁工作，亦即訂正字句推明字義而已，而不是發爲長篇文字做哲學建構，因此漢儒之作，能讓讀者回到原典本身，這樣才能在自家身上落實。

對於朱熹以上的反省，筆者以爲，朱熹自謙了。朱熹的理論發揮，面對的是眞正的哲學問題，所有的意見都有創作的價值，至於朱熹自己的心思念頭，是否做到了盡善盡美，這當然是要另外下工夫，也就是說，朱熹自己也把工夫理論和做工夫搞混了，朱熹沒有做好修心工夫，並不等於他的工夫理論沒有提好，而他的工夫理論配合他的形上思想正是儒學理論建構的發展性創作品，王陽明以爲朱熹此處談的要求自己做工夫的說法正是和自己的理論一致的，其實，王陽明和朱熹的理論始終都是一致的，「知行合一」不礙「先知後行」，亦不礙「先行後知」，「理在心外」、「心理爲二」亦不礙「心即理」，理論上本就貫通，只是語意上、問題意識上明析後即可疏通，至於陽明自家的修養工夫以及朱熹自家的修養工夫，都是實做深做的，朱熹落在經點疏解上，陽明落在軍事教育上，都是大儒的行徑，而兩家的修心自省工夫，都是大家風範，就是陽明所選錄之本文，正是見證了朱熹的修心反省工夫眞是無時無刻地在進行著。朱熹反省自己在做學問事功時心念的淨化還不澈竟，必須再做愼獨誠意之工夫，於是就在文字中間我們看到了朱熹自己就做了這樣的反思。至於朱熹對自己的學問事功的批評，批評這項工作使得後學者專注於義理，卻失去了反省自修之功，筆者以爲，這項批評並不成立。後學者是否落實於心性反思這就是做工夫的事情，做工夫都是自己作用在自己心上的事業，唯獨學問道理需要與大家講明，需要孔孟聖賢創作於前，而由後人習之，由學者注之，由哲學家與他家他教辯證之。後學者是否好好自做工夫，與朱熹這樣的學者是否好好注解經文，這完全是兩回事，後者不會妨礙前者，只是學生們不知自己去心上用功，只是在知見上向朱

熹學習，故而用在自家身心時並不得力而已。

總之，事功上朱王有別，學術理論和軍事、教育之別，但兩者都是儒者事功，孔子刪詩書定禮樂作春秋豈不正是朱熹所爲之學術事功嗎？所以朱熹也有事功。至於自己做心上反思的工夫，陽明死前說「此心光明，夫復何求」，王陽明選錄朱熹晚年定論之文，都是說明王陽明和朱熹都在做心上工夫。做工夫，就是陽明的宗旨。但陽明也有工夫理論，也有學問事功，「知行合一、心即理、致良知、四句教」等等，無一不是他的學問事功，此外還有軍事、政治、教育的事功。而朱熹以學問事功爲主，但也有地方官員施政以及教育之事功。也就是說，朱王皆有社會事功，也皆有學術事功，朱王亦皆做有反己自省之工夫，因此，王陽明選編之《朱子晚年定論》，正好替朱熹解了套，朱熹也是實做工夫的儒者，並不是朱熹跟陽明的工夫理論就一樣了，而是朱熹跟陽明一樣都是做工夫的儒者，至於朱熹跟陽明的工夫理論本來就可以內部融通，關鍵是哲學基本問題的釐清。總之，朱熹跟陽明一樣是實做工夫的儒者，此處並無朱熹修改了自己的哲學理論的實際。

〈答呂伯恭〉：道間與季通講論，因悟向來涵養工夫全少，而講說又多，強探必取巡流逐末之弊；推類以求，眾病非一，而其源皆在此，恍然自失，似有頓進之功。若保此不懈，庶有望於將來。然非如近日諸賢所謂頓悟之機也。向來所聞誨諭諸說之未契者，今日細思，吻合無疑。大抵前日之病，皆是氣質躁妄之偏，不曾涵養克治，任意直前之弊耳。

本文中朱熹屢屢強調涵養工夫，實際上朱熹繼承程頤而言「未發涵養、已發察識」，這是就工夫次第上說的工夫理論，就個人實際做工夫而言，「涵養克治」就是對付自己「氣質躁妄之偏」的，就理論而言，都是清楚明白的，但在本文中的要點就是，朱熹發現自己：「因悟向來涵養工夫全少」、「不曾涵養克治」，工夫理論是正確的，但是個人自己並沒有落實去實踐它，所以朱熹是發現了自己沒有好好實做工夫的問題，而不是發現了自己的工夫理論有誤的問題。問

題還是有沒有做工夫，而不是過去的工夫理論錯了，現在要改正了。

〈答周純仁〉：閒中無事，固宜謹出，然想亦不能一併讀得許多。似此專人來往勞費，亦是未能省事隨寓而安之病。又如多服燥熱藥，亦使人血氣偏勝，不得和平，不但非所以衛生，亦非所閒退之意勝，而飛揚燥擾之氣消，則治心養氣、處事接物自然安穩，一時長進，無復前日內外之患矣。

本文正是朱熹一般所言之自我反思的文字，言於「未能省事隨寓而安之病」，該如何呢？那就是「治心養氣」，在日用常行中好好注重念頭、條理情緒，以便「處事接物」。一句話，就是要做心上工夫。

〈答寶文卿〉：為學之要，只在著實操存，密切體認，自己身心上理會。切忌輕自表暴，引惹外人辯論，枉費酬應，分卻向裡工夫。

這段話說得簡明直截，根本就和象山、陽明平日講話一樣的，而且這類的話並不是偶一為之，而是像王陽明以為的整個晚年都是如此，牟宗三先生每每碰到此些語句的時候，就說這是朱熹恍然的穎悟，並非真正的見解。實則不然，說得嚴重些，象山、陽明、牟宗三對朱熹的批評都是犯了書生好勝之氣所致，就此三家而言，還是王陽明大器些，乾脆把朱熹拉為同道，而不再貶抑，因為，象山、陽明、牟宗三所認為的朱熹與自己不同的地方就在於，他們三位都是心學家，都在強調要做工夫，都認為做工夫才是真正的儒者，都認為朱熹只是談理論，沒有談必須要做工夫的觀點，但此刻，王陽明卻把朱熹談要做工夫的所有文章都找出來，一口氣編成一本書，所以直接否定了三位心學家對朱熹的批評立場。實際上，牟宗三也建立理論，建立做工夫的理論，把做工夫的理論和工夫論和形上學和知識論混在一起，創造了動態的形上學理論，實在是一套詭譎繁瑣的怪論。簡言之，做工夫就是去做而已，好的老師就是要求弟子去做工夫就對了，好的儒者就是自己反省自己的工夫做得夠不夠，實際上所有的反省結果都是認為自己還大大地不夠的，其實沒有哪位儒者會覺得自己做夠

了，王陽明說「此心光明，夫復何求」的時候是人生已到盡頭的臨死前的話，孔子都還講「若聖與仁，則吾豈敢」，所以此段文字中朱熹明講：「為學之要，只在著實操存，密切體認，自己身心上理會。」也就是，做自己的心性工夫，自己要求自己就對了，不必去談什麼理論而要跟人辯論，其實，象山、陽明、牟宗三反而是不斷地談理論，而且就是要跟朱熹做辯論的，一句話，因為朱熹是理論能力最強的儒學家，三家也都想帶上這個桂冠，可是他們對對朱熹的批評都是有誤的，他們對朱熹的批評關鍵都是說朱熹有沒有實做工夫，而牟宗三則是把做工夫的活動創造成工夫論並形上學並知識論的新儒學理論。就此而言，王陽明的《朱子晚年定論》一書之編纂，至少在文字上讓所有人看到，就做工夫而言，朱熹所說的與象山、陽明的話都是一樣的，至於工夫理論，疏解之後則朱熹與三家都是可以溝通相融，共成一家的。

〈答呂子約〉：聞欲與二友俱來而復不果，深以為恨。年來覺得日前為學不得要領，自身做主不起，反為文字奪卻精神，不是小病。每一念之，惕然自懼，且為朋友憂之。而每得子約書，輒復恍然，尤不知所以為賢者謀也。且如臨事遲回，瞻前顧後，只此亦可見得心術影子。當時若得相聚一番，彼此極論，庶幾或有剖決之助。今又失此機會，極令人悵恨也！訓導後生，若說得是，當極有可自警省處，不會減人氣力。若只如此支離，漫無絕紀，則雖不教後生，亦只見得輾轉迷惑，無出頭處也。

本文就是朱熹自己自做心理修養工夫的話語：「年來覺得日前為學不得要領，自身做主不起，反為文字奪卻精神，不是小病。」朱熹的事業就是學術研究工作為主，當然也在地方做個小官，但是大片精力就是用在學問上，此處所謂「為學不得要領」，實際上就是生活上的事件之處理在價值方向上、意志堅定上不得要領，並不是理論的研究找不到路徑與觀點，說「自身做主不起」，就是沒在日常生活上搞定，還有些許得失利害之計慮，「且如臨事遲回，瞻前顧後，只此亦可見得心術影子」。這都是自己檢討自己的心術使用，也就是正在做

心性反省的工夫了。莫怪王陽明也選錄了這一段。

〈答林擇之〉：熹哀苦之餘，無他外誘，日用之間，痛自斂飭，乃知敬費光陰，人欲橫流，天理幾滅。今而思之，怛然震悚，蓋不知所以措其躬也。又：此中見有朋友數人講學，其間亦難得樸實頭負荷得者。因思日前講論，只是口說，不曾實體於身，故在己在人，都不得力。今方欲與朋友說日用之間，常切點檢氣習偏處、意欲萌處，與平日所講相似與不相似，就此痛著工夫，庶幾有益。陸子壽兄弟，近日議論，卻肯向講學上理會。其門人有相訪者，氣象皆好。但其間亦有舊病。此間學者卻是與渠相反，初謂只如此講學，漸涵自能入德。不謂末流之弊只成說話，至於人倫日用最切近處，亦都不得毫毛氣力。此不可不深懲而痛警也！

講學是講道理、講理論，做工夫是以自己為實例，體證於身，要把平日所講的用在檢查自己的行為上。可以說，朱熹與象山之差別，象山就是要求弟子做工夫，而朱熹就是在談這些工夫理論及其所以為據的形上原理，但是，朱熹自己也做工夫，朱熹也知道光講究工夫理論是不足的，必須將理論用在實踐上，否則必不得力，故言：「因思日前講論，只是口說，不曾實體於身，故在己在人，都不得力。」如何體證？就是反省自己的念頭動機意志好惡是非，如其言：「今方欲與朋友說日用之間，常切點檢氣習偏處、意欲萌處，與平日所講相似與不相似，就此痛著工夫，庶幾有益。」這樣自己反省自己，誠實地反省，就是做工夫，而反省的標準，就是平日所講的道理。所以，道理無誤，講道理是對的，沒有不對，不對的是沒有去實踐，所以，當象山弟子也願意講學，朱熹是贊許的，而當他自己的弟子只知講學卻未實踐時，朱熹也是批評的。這一段文字，就是朱熹強調自己除了好好講學以外，更要把講學所明的道理用在自家身心上好好檢視一番，這一段文字，完全沒有否定講學時所講的內容，所以，不是工夫理論的問題，而是有沒有做工夫的問題。

〈答梁文叔〉：近看孟子見人即道性善，稱堯、舜，此是第一義。若於此看得透，信得及，直下便是聖賢，便無一毫人欲之私

做得病痛。若信不及孟子，又説個第二節工夫，又只引成覸、顏淵、公明儀三段説話教人如此，發憤勇猛向前，日用之間，不得存留一毫人欲之私在這裡，此外更無別法。若於此有個奮迅興起處，方有田地可下工夫。不然，即是畫脂鏤冰，無眞實得力處也。近日見得如此，自覺頗得力，與前日不同，故此奉報。

朱熹此文，説第一義，其實，在佛教所言的第一義就是去做，已經不講理論了，但朱熹以孟子話語爲第一義時，指的是爲人處世的最高理想目標，但是，指出理想也就是用來就要去做的，朱熹不割裂孟子話語，所以去實踐孟子話語時，「若於此看得透，信得及，直下便是聖賢，便無一毫人欲之私做得病痛」。這就是工夫做到了，王陽明也不割裂孟子話語，但就是割裂了朱熹講「性即理」、「事事物物有理」的話語，朱熹這些話，只要是去做了當然也成就了聖賢人格，關鍵是有沒有去做，而不是朱熹的形上學、工夫論説得對不對。如何做呢？沒有別法，就是：「發憤勇猛向前，日用之間，不得存留一毫人欲之私在這裡，此外更無別法。」藉由眼前事手中事，好好去做，「於此有個奮迅興起處，方有田地可下工夫」。朱熹很難得地在這篇文字中説自己有得力之處：「近日見得如此，自覺頗得力，與前日不同，故此奉報。」王陽明選出的這些朱熹文字，確實就是與王陽明平日所説的話頭是一樣一味的，所以引爲同道。但是，這些話語及其意旨本來就是作爲儒者的朱熹自身的修養，這並不是工夫理論，而是要求實做工夫，若論工夫理論，朱王之論亦必有融通之處，若論實做工夫，陽明已經證實朱熹做了工夫，那麼，朱王之別還要再説什麼呢？王陽明以朱熹爲同道之後，接下來的人應該是回頭去疏解陽明對朱熹理論的批評，使其融通，而不是再度建立理論，擴大衝突，如牟宗三先生之所爲。

〈答潘叔恭〉：學問根本在日用間，持敬集義工夫，直是要得念念省察。讀書求義，乃其間之一事耳。舊來雖知此意，然於緩急之間，終是不覺有倒置處，誤人不少。今方自悔耳！

做工夫就是在日常生活中注意自己的動機行爲，也就是「直是要

得念念省察」，至於讀書明道理，只是所有日常生活中的一個環節而已，所以朱熹自己批評自己在緩急之間犯了錯誤，反而「倒置」了，故而有所「自悔」，這個「自悔」，就是在做工夫了。至於倒置之誤，必須理解為並不是不宜讀書明理，而是讀書講學的同時還要做省察的工夫，讀書講學針對的是義理的研議，目的是在講明聖學之理，至於省察之功，則是日用常行的生活事件，針對的是每天生活上的小細節。待人接物的態度、處理世間事的做法，這兩者之間，沒有對立矛盾之處，讀書講學就是明白日用常行的價值，只是就要去做，而不是癡迷於講明義理而忘了自家行為，若只講明而沒有做，就是倒置。朱熹講學，是為聖學講明義理，朱熹反思自己必須念念省察，則是自己在做工夫。

〈答林充之〉：充之近讀何書？恐更當於日用之間為人之本者，深加省察，而去其有害於此者為佳。不然，誦說雖精，而不踐其實，君子蓋深恥之。此固充之平日所講聞也。

這一段文字就是教導弟子要省察日用作為，去其害者，何為害者？正是忌妒諂媚懈怠自私等事，讀了書就要去做，「不然，誦說雖精，而不踐其實，君子蓋深恥之。」不論此文之時代為何，並不需要朱熹到了晚年才知道，而早年的時候就只是主張「知而不行」、「理在心外」種種異端之說，其實，朱熹講工夫次第而主「先知後行」並非主張「知而不行」。朱熹講理氣論是在為性善論張本形上原理，並非是講工夫論的「理在心外」。王陽明發現朱熹所講的自省之說與己意相同，其實朱熹始終都是會自省且會做工夫的儒者，這些書信之文都是教育子弟之文，就如《論語》中的孔子教育子弟如何行仁、為政、治禮、盡孝等等實做工夫的觀點。朱熹本不少做工夫，更不少講要求做工夫的話語，只是象山也好、陽明也好，都不解朱熹講的理氣心性情說的問題意識及理論功能，故而都從「要求做工夫」的路徑上予以批評，牟宗三承之，發為形上學討論，但是又從怪異的路徑上講說這些形上學的理是不活動的理，而主象山、陽明的理才是活動的理，實際上是把象山、陽明的工夫論命題說成動態的形上學原理，這

才是混淆義理的做法。

〈答何叔景〉：李先生教人，大抵令於靜中體認大本未發時氣象分明，即處事應物，自然中節。此乃龜山門下相傳指訣，然當時親炙之時，貪聽講論，又方竊好章句訓詁之習，不得盡心於此；至今若存若亡，無一的實見處，辜負教育之意。每一念此，未嘗不愧汗沾衣也。

又：熹近來尤覺昏憒無進步處。蓋緣日前偷墮苟簡，無深探力行之志，凡所論說，皆出入口耳之餘，以故全不得力。今方覺悟，欲勇革舊習，而血氣已衰，心志亦不復強，不知終能有所濟否？

又：向來妄論「持敬」之說，亦不自記其云何。但因其良心發現之微，猛省提撕，使心不昧，則是做工夫的本領。本領既立，自然下學而上達矣。若不察良心發現處，即渺渺茫茫，恐無下手處也。中間所見亦是如此。近因反求未得個安穩處，卻始知此未免支離，如所謂因諸公以求程氏，因程氏以求聖人，是隔幾重公案，曷若默會諸心，以立其本，而其言之得失，自不能逃吾之鑒邪？欽夫之學所以超脫自在，見得分明，不為言句所桎梏，只為合下人處親切。今日說話雖未能絕無滲漏，終是本領。是當非吾輩所及，但詳觀所論，自可見矣。

以上三段，真陽明非喜愛不可之文句，思路與陽明強調的要做工夫是完全一致的。第一段講自己跟隨李延平學習之時，老師講要體會未發時氣象，這其實就是涵養工夫，在朱熹後來的理論中也有極大的發揮。但是朱熹自己批評自己，當時更多的力氣用在理論的推敲思辨，反而少用於涵養省察自己的日用常行，所以對自己的工夫做得不夠，慚愧不已。第二段講自己近日在生活上似無出路，心智恢墮，雖有講學，僅止於口耳，未能真在心上落實，應付自己日常事務，並不得力，頗悔於昔日並無真有深探力行之志。第三段講真做工夫，就是發現良心，反省入心，立得本領，自然下學上達，倒不是在理論研討上找到程頤的依據再上溯孔孟的依據就是做了工夫了，而是直下會心立本。

朱熹以上所說，都是要做工夫，而儒家的工夫都是本體工夫，也就是心上落實的工夫，也就是提起良知，立志去實踐，實踐儒家四維、八德、五倫的價值信念，當人心意志堅定，自然在日用之間應對進退動則有據，不會茫無頭緒，人生的成長都是一個階段一個階段地發展的，環境在變、角色在變，自我期許以及他人的期待也不斷改變，但始終都要把持頭腦，就是儒家的仁義禮知的價值觀，所以是時刻不停地反思的工夫。朱熹此些話語是與他人的生活對話，所以就不斷出現自我反思的語句，這就是自己在檢討做工夫，這樣的工夫，是儒者都是終生為之。朱熹讀書研究儒學理論，是為弘揚儒學保住民族精神而做，厥功至偉，朱熹自己的生活是不斷反思，遙無止境，稍不懈怠。重點是，朱熹這些反思，沒有涉及自己的理論的對錯，講的都是自己的實踐的優劣，也就是做工夫的問題，而不是工夫論的問題。宜哉陽明選錄以為同道，惜陽明不能理解朱熹理氣心性、先知後行之學的理論意義，以為與做工夫的要求不類而批評在先，之後再選錄朱熹自我反省之文才引為同道，繞了一個大彎，一樣沒有還朱熹真正的公道。

　　〈答林擇之〉：所論顏、孟不同處，極善極善！正要見此曲折，始無窒礙耳。比來想亦只如此用功。熹近只就此處見得向來未見底意思，乃知存久自明，何待窮索之語，是真實不誑語。今未能久，已有此驗，況真能久邪？但當益加勉勵，不敢少弛其勞耳！

　　此文就是講學習顏孟，要「存久」，「不敢少弛其勞」，說的都是要做工夫的話。

　　〈答楊子直〉：學者墮在語言，心實無得，固為大病；然於語言中，罕見有究竟得徹頭徹尾者。蓋資質已是不及古人，而工夫又草草，所以終身於此，若存若亡，未有卓然可恃之實。近因病後，不敢極力讀書，閑中卻覺有進步處。大抵孟子所論求其放心，是要訣爾！

　　學者讀書明白道理然後去實踐它，但是讀書有學問自然能得社會地位，因此學者常常反過來為得社會地位而讀書，結果書中的道理說

得頭頭是道，但就在自己的身心上沒有實踐落實，這就是「學者墮在語言，心實無得」，更何況是那些讀書也未必深入的人。朱熹說自己病後少讀書，反而用功在心上，又「有進步」，顯然就是孟子「求放心」是要訣了。其實，儒家所有的工夫論的命題意旨都是一樣的，一個收一個發，求放心是收，擴而充之是發，涵養察識是收，致良知是發，格致誠正是收，修齊治平是發，用哪個概念講工夫在理論上都是相通的，重點是要去做，朱熹畢生致力於理論，但作爲一個儒者，也必須去做，本文就是朱熹強調去做的文字，而所做的工夫，以理論來說，孟子「求放心」已一語道盡了。

〈與田侍郎子眞〉：吾輩今日事事做不得，只有向裡存心窮理，外人無交涉。然亦不免違條礙貫，看來無著力處，只有更攢近裡面，安身立命爾。不審比日何所用心？因書及之，深所欲聞也。

朱熹此文中的窮理概念的用法，就是陽明的用法，就是自己找出仁義禮知的價值以訂正行爲，至於研究理氣論的窮理，對朱熹而言，並不與此衝突，事物之理窮究清楚，就要去「正德利用厚生」了，當然，此處有事物以及事務的兩層意思，並且格物致知了以後，就是要誠意正心地做，朱熹此處的「存心窮理」就是誠意正心地做，朱熹理氣論中的窮理，就是格物致知的工夫，格物致知之後，就要誠意正心，就是此文中的「向裡存心窮理，外人無交涉。」是自己要求自己的，如果還不得力，也無別法，就是還是「有更攢近裡面，安身立命爾」。其實就是更加緊地堅定意志而已，也就是再做誠意正心的工夫。

〈答陳才卿〉：詳來示，知日用工夫精進如此，尤以爲喜。若知此心理端的在我，則參前倚衡，自有不容舍者，亦不待求而得，不待操而存矣。格物致知，亦是因其所已知者推之，以及其所未知，只是一本，原無兩樣工夫也。

朱熹對陳才卿的日用精進贊許不已，關鍵就是「知此心理端的在我」，也就是有頭腦、有主見、有儒者的價值意識，自然面對任何事情都不必再有得失好惡的疑惑了。而這個狀態的獲得，也離不開格物

致知，先把道理搞清楚，然後去做，所以朱熹的格致工夫不離誠正工夫，「只是一本，原無兩樣工夫也」。對朱熹而言是如此，固然強調要去做工夫，也從未丟棄讀書講理的事功，是陽明割裂朱熹知行的工夫，朱熹也重行，卻未否定知，強調直接實踐，也重視實踐前的知見研究。

〈與劉子澄〉：居官無修業之益，若以俗學言之，誠是如此；若論聖門所謂德業者，卻初不在日用之外，只押文字，便是進德修業地頭，不必編綴異聞，乃爲修業也。近覺向來爲學，實有向外浮泛之弊；不惟自誤，而誤人亦不少。方別尋得一頭緒，似差簡約端的，始知文字言語之外，眞別有用心處，恨未得面論也。浙中後來事體，大段支離乖僻，恐不止似正似邪而已，極令人難說，只得惶恐，痛自警省！恐未可專執舊說以爲取捨也。

這段文字，明顯地批評自己過去的學術事功對自修之無直接效益，正是陽明心意。爲何居官於修業無益呢？因爲用力在官場傾軋的話，自然無益修身，但陽明不也說，就訟案中好好訟案，就是致良知，所以不是居官無益於修身，而是任何事情都與修身有關，但修身是本、事功是跡，依聖門事業而言，「押文字，便是進德修業地頭」把字義搞清楚，也是修身，倒「不必編綴異聞，乃爲修業也」就是做了一大堆的思想比較，尋源溯本，增加知見。朱熹此說，對於自己在學術事功上的多方窮索做了檢討，其實，「向外浮泛之弊」重點不在向外，而在浮泛，講清楚的觀念就去實用就好了，不必再多方考索，以爲賣弄學識的聰明，「不惟自誤，而誤人亦不少」。朱熹此說，也是客氣了，看朱熹的理論，從學術研究的角度言，豈有「浮泛之弊」，都是大家之論，否則孟子之文、董仲舒之文，相比於《論語》之簡要，豈不都是「浮泛」之文了。重點是，找到要旨，就去做，「方別尋得一頭緒，似差簡約端的，始知文字言語之外，眞別有用心處」。但這裡說得是自己的日用常行，要做工夫，倒不是學術研究妨礙了做工夫，而是不立志做工夫才使得生活不得力。朱熹最後一段：「浙中後來事體，大段支離乖僻，恐不止似正似邪而已，極令人

難說，只得惶恐，痛自警省！恐未可專執舊說以為取捨也。」筆者以為是自謙之詞，批評自己心上少做工夫，學問再大，沒有入心就是邪說，此說，筆者以為朱熹過度謙虛，批判自己過於用力，實是警醒自反之詞，朱熹也沒具體指出那些理論有誤，實際上朱熹也不會認為自己的那些理論有誤，這篇文章以及陽明所選的其他文章都是人際往來書信之文，朋友酬酢之際，多方自省，正是做工夫實際。

〈與林擇之〉：熹近覺向來乖謬處不可縷數，方惕然思所以自新者，而日用之間，悔吝潛積，又已甚多。朝夕惴懼，不知所以為計。若擇之能一來輔此不逮，幸甚！然講學之功，比舊卻覺稍有寸進。以此知初學得些靜中功夫，亦為助不小。

這篇文字就是對自己日常生活的得失好惡沒有頭腦的自我批評，但對講學中的義理內涵，並無批評，只是找到「靜中工夫」，以為有助。其實就是自己靜下心來應對生活，反而得力，所以朱熹講的是做工夫的自我要求，並不是理論研究的失敗，而是自我要求得不夠而已。

〈答呂子約〉：示喻日用工夫如此，甚善！然亦且要見一大頭腦分明，便於操舍之間有用力處；如實有一物，把住放行在自家手裡，不是謾說求其放心，實卻茫茫無把捉處也。

工夫理論是講價值方向、講操作方式，這一段就是講操作方式，「要見一大頭腦分明」就是要立志，找出價值，於是不論做什麼事、在什麼場合，「便於操舍之間有用力處；如實有一物，把住放行在自家手裡」，就是心中有主，而且是應對有據。「不是謾說求其放心，實卻茫茫無把捉處也」是說做工夫就是要在自己心上落實，不是光知道「求放心」的工夫理論，卻不把本心找出來，去面對事情，去處置日常生活，而還是沒有頭腦。這就是說立志後就去做，也是要求做工夫的意思，這些話頭，自然與陽明學思一致相同，朱熹講這些話，自然流出，心中本有，與他自己的工夫理論一致相同，這就是本體工夫的標準格式。並不是朱熹悔了前說的而講了後說的，而是這就是儒學本體工夫的基本格式，朱熹所論與象山陽明皆同，陽明批評了朱熹其

他的理論，卻肯定這些說法，問題是其他理論與這些說法的內部義理是相貫通的，善做理論分析者即可貫通，若非文人好勝相輕之習，豈需批評否定？

子約覆書云：「某蓋嘗深體之，此個大頭腦本非外面物事，是我元初本有底。其曰『人生而靜』，其曰『喜怒哀樂之未發』，其曰『寂然不動』，人汩汩地過了日月，不曾存息，不曾實現此體段，如何會有用力處？程子謂『這個義理，仁者又看作仁了，智者又看作智了，百姓日用不知，此所以君子之道鮮』。此個亦不少，亦不剩，只是人看他不見，不大段信得此話。及其言於勿忘勿助長間認取者，認乎此也。認得此，則一動一靜皆不昧矣！惻隱羞惡辭讓是非，四端之著也，操存久則發現多；忿憶憂患好樂恐懼，不得其正也，放舍甚則日滋長。記得南軒先生謂『驗厥操舍，乃知出入』，乃是見得主腦，於操舍間有用力處之實話。蓋苟知主腦不放下，雖是未能常常操存，然語默應酬間歷歷能自省驗，雖其實有一物在我手裡，然可欲者是我的物，不可放失；不可欲者非是我物，不可留藏；雖謂之實有一物在我手裡，亦可也。若是謾說，既無歸宿，亦無依據，縱使羈把捉得住，亦止是襲取，夫豈是我元有的邪？愚見哪些，敢望指教。」朱子答書云：「此段大概，甚正當親切。」

子約的回覆，保持朱熹所講的大頭腦的思路，也就是立志篤定的思路而做的發揮，朱熹甚許之。其實就是立志，立志是孟子學、象山學、陽明學，當然也是朱子學，沒有奇特之處，只是一個立志篤實地做去而已。這還是強調要去做，立志了才能去做，大頭腦就是找到價值方向，以此為據，然後做去。

〈答吳德夫〉：承喻仁字之說，足見用力之深。熹意不欲如此坐談，但直以孔子、程子所示求仁之方，擇其一二切於吾身者，篤志而力行之，於動靜語默間，勿令間斷，則久久自當知味矣。去人欲，存天理，且據所見去之存之。工夫既深，則所謂似天理而實人欲者次第可見。今大體未正，而便察及細微，恐有放飯流

啜，而問無齒決之譏也。如何如何？

朱熹自己大做學問，談「仁者天地生物之心」，現在吳德夫也談仁說，朱熹卻說談得甚好，但不如篤志力行之，「於動靜語默間，勿令間斷，則久久自當知味矣」。朱熹並不是說理論談得不對，而是強調要實做工夫，「去人欲，存天理，且據所見去之存之」。理論就是對的，但要在自家身心上作用，「工夫既深，則所謂似天理而實人欲者次第可見」。眞有作用，自己的人欲就察覺了，自能自己導正而回復天理，若是沒做工夫，沒有立志，理論說得再多，也不實用，就變成「今大體未正，而便察及細微，恐有放飯流啜，而問無齒決之譏也」。講理論要講對，講對了就要去做，否則說食不飽，這就是強調要做工夫。此說，「去人欲存天理」是工夫論，朱熹陽明共主之，「仁說」也是朱熹的大作，理論上未有廢置，只是強調要去實踐而已。

〈答或人〉：中和二字，皆道之體用。舊聞李先生論此最詳，後來所見不同，遂不復致思。今乃知其爲人深切，然恨已不能盡記其曲折矣。如云「人固有無所喜怒哀樂之時，然謂之未發，則不可言無主也」，又如先言愼獨，然後及中和，此亦嘗言之。但當時既不領略，後來又不深思，遂成蹉過，孤負此翁耳！

《中庸》「中和說」中講已發未發，朱熹後來形成「未發涵養、已發察識」的工夫論，無論未發已發都是反歸本心良知發用，這一段話是他尋思舊時老師的教誨，認爲自己沒好好下工夫去實踐，並不是反省自己的理論有何錯誤，未發不可無主，就是未發之中仍要涵養，理論上朱熹並無改動什麼，就是自我檢討實踐未盡力而已。

〈答劉子澄〉：日前爲學，緩於反己追思，凡多百可悔者。所論注文字，亦坐此病，多無著實處。回首茫然，計非歲月工夫所能救治，以此愈不自快。前時猶得敬夫、伯恭時惠規益，得以自警省；二友云亡，耳中絕不聞此等語。今乃深有望於吾子澄。自此惠書，痛加鐫誨，乃君子愛人之意也。

朱熹自己感慨，理論做得再多，不過置於書櫃，自己反省檢點於

日用之間，才有實處，才對自己有用，既感念友朋規勸，也勉勵朋友要實做工夫。文字之病，不是病在義理，而是未得力受用，亦即未著實去做。

三、王陽明及其弟子於《朱子晚年定論》說了什麼？

以上，筆者已經疏理完《朱子晚年定論》全書之文義，以下，再就《朱子晚年定論》書中的陽明語及弟子語進行討論。

陽明於《朱子晚年定論》的刊頭語中，首先說了自己讀書過程，曾經入迷於佛老，後又返正於吾儒，深信吾儒一切具足，但是卻對朱熹的理論，多有不契，其言：

> 獨於朱子之說有相抵悟，恆疚於心，切疑朱子之賢，而豈其於此尚有未察？及官留都，復取朱子之書而檢求之，然後知其晚歲固已大悟舊說之非，痛悔極艾，至以爲自誑誑人之罪，不可勝贖。世之所傳《集注》、《或問》之類，乃其中年未定之說，自咎以爲舊本之誤，思改正而未及，而其諸《語類》之屬，又其門人挾勝心以附己見，固於朱子平日之說猶有大相謬戾者，而世之學者局於見聞，不過持循講習於此。其餘悟後之論，概乎其未有聞，則亦何怪乎予言之不信、而朱子之心無以自暴於後事也乎？予既自幸其說之不謬於朱子，又喜朱子之先得我心之同，然且慨夫世之學者徒守朱子中年未定之說，而不復知求其晚歲既悟之論，競相呶呶，以亂正學，不自知其已入於異端；輒採錄而裒集之，私以示夫同志，庶幾無疑於吾說，而聖學之明可冀矣！

陽明即知即行，智慧勇氣超乎常人，學問事功成就之後，對於曠古來今的朱熹思想，有所不契，又不能全與否認，於是建立「中年未定之論」的朱熹學思和「晚年定論」的朱熹學思，於是引爲同道，慶朱熹先得之於我心，從此心下安然矣，弟子亦釋然有據矣。細究王陽明對朱熹的批評，主要在於「理在心外」、「心理爲二」、「知而不行」、「先知後行」諸說，這些不契，並不是佛老與吾儒之異同問

題，只是當他自己歸返吾儒之後，體會致「良知」、「知行合一」之後，深疑爲何朱熹之言與己不類？但就在重新翻閱朱熹文集之後，找到朱熹晚年許多書信中的文字，強調返歸自心、篤志力行的話語之後，深慶皆與己說相同，歡喜朱熹已悔其早歲之說，因而所論已與己同，顯然朱熹到了晚年亦得到王陽明的骨髓，欣喜之餘，編輯成書，示諸弟子，要求共學。

筆者以爲，朱熹中年之論及晚歲之著，皆是一以貫之，就是形上學普遍原理以及工夫論之說，而工夫論中，猶重《大學》工夫次第之論，但亦重與象山、陽明一樣的本體工夫之論，更有書信往來痛切責己之文。至於陽明所編選之朱文，本貫串其中歲、晚歲，其實都是朱熹之文，重點在，朱熹也講「要求做工夫」的話了，陽明講的晚歲之文置身於中歲之作中，象山、陽明皆不察，皆率以己意先予批判，獨陽明更用心些，後來察之，然仍不能與朱熹所論之「理氣心性、先知後行」之說併合而觀以爲一致之論，然而全部都是朱熹文字，差別就是一說理論、一說實踐，理論爲普世共法，實踐爲修證於己心之文，實踐之文倡直接做工夫，悔日用常行未能眞正得力，故而深致檢討，正是朱熹自己用功於修身之文。理論之文，置諸天地，繼往開來，爲儒學正法，既有創作性善論的本體論之理氣心性情說，又有延續內聖外王的先知後行之工夫次第說。理論上無弊，必與象山、陽明之論融貫同構，只象山、陽明直接用力於實踐，聖學之理了悟於胸，直接用於自己實踐以及帶領弟子，眼見收效快速，如禪宗之於佛教，也是直接講做工夫之宗派，於是陸、王皆將理論之事，置諸高閣，唯種實踐，至於理論事業，唯待有哲學問題意識的學者來繼續鑽研、辯證三教，如朱熹之學問事功，然其效用不在日用常行，而在義理辯證與理論創造之處，陽明、象山皆不契其說，因兩家皆重於立即性的教育事功，理論上的深思力辨不及朱熹，卻每以立志實踐譏朱熹之學爲支離。實際上，立志實踐作爲工夫理論，亦早已出現在朱熹之作中，不必等到晚歲，朱熹自稱其悔者，不過未之力行，絕非在於理論，陽明、象山重力行，理論上也絕不能否定朱熹的「理氣心性、先

知後行」之說，筆者於《南宋儒學》之書中即已指出[96]，象山的「理氣論」及「先知後行」論同於朱熹，筆者於〈對王陽明批評朱熹的理論反省〉[97]一文中，亦指出其中的許多問題意識的錯置，理論上陽明絕不能駁倒朱熹。此處《朱子晚年定論》之書文，只能證明朱熹是大儒，陽明是大儒，儒者就是要做工夫的，陽明做到，朱熹也做到，書中無一文字及於對過去理論的具體辯誤，說的都是自己檢討用功不得力的愧文，而這正是「要求直接做工夫」的象山、陽明的主調，故而陽明喜之，以著文定論引爲同道，實際上尚未還朱熹理論與實踐的眞正公道。

又，臨川吳氏曰：

「天之所以生人，人之所以爲人，以此德性也。然自聖傳不嗣，士學靡宗，漢、唐千餘年間，董、韓二子依稀數語近之，而原本竟昧昧也。逮夫周、程、張、邵興，始能上通孟氏而爲一。程氏四傳而至朱，文義之精密，又孟氏以來所未有者。其學徒往往滯於此而溺其心。夫既以世儒記誦詞章爲俗學矣，而其爲學亦未離乎言語文字之末。此則嘉定以後朱門末學之敝，而未有能救之者也。」

此說中直以朱熹後學淪於「夫既以世儒記誦詞章爲俗學矣，而其爲學亦未離乎言語文字之末」。實際上這是人身攻擊，是人格批評，而不是理論批評，此說中亦無一字詞置於論說朱熹的「理氣心性情」諸理論，最多批評朱熹弟子亦未身體力行，然而，弟子未能身體力行豈是老師理論的錯誤？那麼孔孟弟子如何？孔孟豈不理論有誤？不能分清楚理論的本身和行爲的本身，這是知識份子好勝之見，理論是理性上去辨證的，實踐是感性上去作用的，朱熹在實踐的感性上自我批評，都被陽明及其弟子在理論的理性上去理解了，以爲朱熹後悔了理論，其實朱熹只是感性上去後悔實踐之不力而已。

門人零都袁慶麟曰：

《朱子晚年定論》，我陽明先生在留都時所採集者也。揭陽薛君尚謙舊錄一本，同志見之，至有不及抄寫，袖之而去者。眾皆憚

於翻錄，乃謀而壽諸梓。謂：「子以齒，當志一言。」惟朱子一生勤苦，以惠來學，凡一言一字，皆所當守；而獨表章是、尊崇乎此者，蓋以為朱子之定見也。今學者不求諸此，而猶踵其所悔，是蹈舛也，豈善學朱子者哉？麟無似；從事於朱子之訓餘三十年，非不專且篤，而竟亦未有居安資深之地，則猶以為知之未詳，而覽之未博也。戊寅夏，持所著論若干卷來見先生。聞其言，如日中天，睹之即見；象五穀之藝地，種之即生；不假外求，而真切簡易，恍然有悟。退求其故而不合，則又不免遲疑於其間。及讀是編，始釋然，盡投其所業，假館而受學，蓋三月而若將有聞焉。然後知鄉之所學，乃朱子中年未定之論，是故三十年而無獲。今賴天之靈，始克從事於其所謂定見者，故能三月而若將有聞也。非吾先生，幾乎已矣！敢以告夫同志，使無若麟之晚而後悔也。若夫直求本原於言語之外，真有以驗其必然而無疑者，則存乎其之自力，是編特為之指迷耳。

袁氏讀朱熹書三十年不解其意，經過陽明一編選，就大徹大悟，此公資質非常有問題，也是過譽了師門，沒有獨立思考的能力。

知識份子對於公私義利之辨不易過關，孟子告誡之，就算過關了，對於做工夫與工夫理論不易過關，亦即對於理論與實踐不易分辨，陽明就是分不清理論與實踐，總以「要求做工夫」為工夫論，牟宗三則是分不清工夫論和形上學，以工夫論為實做工夫，繼以實做工夫為形上學，於是倡說動態的形上學。真乃宋明新儒學與當代新儒家之大過。辨及道佛，既不理解，又以價值意識鄙視傲人。辨及儒門，則是好高自視，傷及同門，必欲己說為一大高屋建領而寧損同門之見矣。

四、結論

王陽明理論上有其創建，但在哲學問題上沒有遍觀之睿智，但他有良心，畢竟上窮碧落下黃泉地為朱熹編選朱熹自己言說的《朱子晚

年定論》，把自己一生篤志力行之學與朱公共擁之，從教育弟子處說，爲朱熹選編《朱子晚年定論》仍是有功於儒學，但爲儒學理論發展計，亦是有過於儒學，仍是有損於朱熹。

　　就王陽明所編選之《朱子晚年定論》全書之文稿而言，朱熹所述，皆痛切悔悟自己未能身體力行之言，陽明心學重實踐，對於此些文字，深喜其說，皆同己意，故引爲同道，說爲定論。本文之作，主張這是王陽明混淆了做工夫與工夫論的界線，儒家工夫都是本體工夫，意即心上修養的工夫，純化意志，篤定實踐，此事，表現在深自反省之際，做工夫就是要反省自己的動機之是非好惡，檢索有無好勝妒忌懈怠貪求之病，凡行爲於此，即是做工夫。至於工夫理論，有心理修養的本體工夫，有身體修煉的工夫，有工夫入手、工夫次第、還有境界工夫，爲使工夫論於理有據，還有形上學普遍原理，就儒學而言，就是朱熹的理氣心性情論，這就是繼承發揚先秦儒家天道論性善論的統合之作。朱熹以學問事功見長，陽明以軍事教育事功見長，兩人皆有事功，儒家就是要有現實事功的，這也是儒者別於道佛之立足點。孔孟亦無陽明許大軍事事功，孔孟卻有學術人格事功，也沒有被陽明比下去了。至於個人的修身工夫，朱熹做工夫，陽明做工夫，《朱子晚年定論》就是王陽明替朱熹證明朱熹有在自家心上做工夫的著作。於工夫論中，朱熹重下學上達，此爲通人計，陽明重知行合一，此就實際處言，理論上不須別異高下。《朱子晚年定論》書文中多有朱熹批評自己讀書太多且不得力，故而深切自責，宜靜心反省，反而得力之說，這就是朱熹在做自我反省的心上修養工夫，文中無一語及於朱熹對自己任何理論內涵進行更動，只深責未能力行。因此，王陽明的《朱子晚年定論》只是還了一半的朱熹公道，其實還是犧牲了朱熹建構儒學理論的形象地位。至於牟宗三先生，不僅以做工夫貶抑工夫論，還把做工夫高抬爲動態的形上學，愈說愈遠，書生好勝之意氣，高己貶人之心胸，溢於言表，不僅於儒學理論發展無益，亦扭曲了儒學理論的完整風貌。

註釋：

95 參見：杜保瑞，2012年10月，〈對王陽明批評朱熹的理論反省〉，《台大哲學論評》，第44期：頁33-72

96 杜保瑞，《南宋儒學》，臺灣商務印書館，2010年9月初版

97 杜保瑞，2012年10月，〈對王陽明批評朱熹的理論反省〉，《台大哲學論評》，第44期：頁33-72

結語

　　近年來，陽明心學暢行國內，陽明生平蹤跡相關各地都有紀念活動，今年又適逢王陽明誕辰五百五十週年，明顯易見各地紀念活動將達到空前，本書正值此時出版，特別榮幸。本書之作，以工夫論爲心法意旨，彰顯其意，以地毯式研究爲模式，盡現其旨，最有特色的討論是，除了陽明心學涉及的儒學理論之外，其他對於先儒、對於道佛、對於他教他家的種種陽明學思，筆者都是站在學術傳統的立場，忠實討論，並未屈從陽明意見，而是客觀地予以評價，甚至反駁。其用意是，正本清源，務使中國哲學各家各派的理論被清楚認識、正確理解、準確詮釋，而不是依憑於某家某派的單一立場。這樣的討論，尤見於談陽明心學的道佛知見、世界觀，以及對朱熹、象山的評價等等編目中。

　　陽明學在近日的昌盛，一方面表現在社會各界的心學熱之學習力度，二方面表現在依據陽明心學而闡釋建構的中國哲學理論，尤其是在當代新儒家的學術陣營中，然而此一建構與創造，頗有過溢現象，筆者亦已另外討論於當代中國哲學家的研究著作中，目的在廓清中國哲學的現代化走向，務使儒佛平等，有異有同，各擅勝場，而不是誰家高於誰家或是否定誰家的討論方式。

　　本書全文完。

二〇二二年六月十五日星期三

NOTE

NOTE

國家圖書館出版品預行編目資料

王陽明傳習錄疏解 / 杜保瑞著. -- 初版. -- 新北市：華夏出版有限
公司, 2024.08
　　面；　　　公分. -- （抱樸文庫；003）
ISBN 978-626-7393-87-1（平裝）

1.CST：（明）王守仁 2.CST：傳習錄 3.CST：注釋

126.4　　　　　　　　　　　　　　　　　　113008142

抱樸文庫　　003

王陽明傳習錄疏解

著　　作　杜保瑞
執行編輯　王國慶
出　　版　華夏出版有限公司
　　　　　220 新北市板橋區縣民大道 3 段 93 巷 30 弄 25 號 1 樓
　　　　　電話：02-32343788　傳眞：02-22234544
　　　　　E - m a i l　pftwsdom@ms7.hinet.net
印　　刷　百通科技股份有限公司
　　　　　電話：02-86926066　傳眞：02-86926016
總 經 銷　貿騰發賣股份有限公司
　　　　　新北市 235 中和區立德街 136 號 6 樓
　　　　　電話：02-82275988　傳眞：02-82275989
　　　　　網址：www.namode.com
版　　次　2024年8月初版一刷
特　　價　新台幣 720 元
　　　　　人民幣 170 元　　（缺頁或破損的書，請寄回更換）

ISBN：978-626-7393-87-1
《王陽明傳習錄疏解》由杜保瑞先生授權華夏出版有限公司
出版繁體字版
尊重智慧財產權‧未經同意，請勿翻印 (Printed in Taiwan)